DONAU

Vom Quellgebiet bis nach Passau

Mit Riedlingen, Ulm, Donauwörth, Ingolstadt und Regensburg

Sabine Herre

TRESCHER VERLAG

1. Auflage 2021

Trescher Verlag
Reinhardtstr. 9
10117 Berlin
www.trescher-verlag.de

ISBN 978-3-89794-553-1

Herausgegeben von Bernd Schwenkros und
Detlev von Oppeln

Reihenentwurf und Gesamtgestaltung:
Bernd Chill
Gestaltung, Satz, Bildbearbeitung: Ulla Nickl
Lektorat: Sabine Fach
Stadtpläne und Karten: Dorit Hahnewald,
Johann Maria Just, Martin Kapp
sowie ©OpenStreetMap-Mitwirkende
www.openstreetmap.org
(siehe Kartenregister → S. 314)

Gedruckt auf chlorfrei gebleichtem Papier

Printed in Germany

Alle Angaben in diesem Reiseführer wurden sorgfältig recherchiert und überprüft. Dennoch können Entwicklungen vor Ort dazu führen, dass einzelne Informationen nicht mehr aktuell sind. Gerne nehmen wir dazu Ihre Hinweise und Anregungen entgegen. Bitte schreiben Sie an **post@trescher-verlag.de**.

Titelbild: Regensburg → S. 262
Vordere Umschlagklappe: Passau → S. 295
Hintere Umschlagklappe: Engtal der Schwäbischen Alb → S. 118

LAND UND LEUTE

DIE JUNGE DONAU

WO DIE DONAU SCHIFFBAR WIRD – VON ULM BIS KELHEIM

VON REGENSBURG NACH PASSAU

REISETIPPS VON A BIS Z

ANHANG

ANHANG

EXTRAS

Die Donau bahnt sich bei Kelheim ihren Weg durch die Felsen des Jura

Vorwort

Die Donau, die im Schwarzwald entspringt und knappe 3000 Kilometer später im Schwarzen Meer mündet, ist mit all ihren Geschichten von Krieg und Frieden ein Sinnbild Europas. Durch insgesamt zehn Staaten fließt sie auf ihrem Weg von West nach Ost.

Die Landschaften und Orte am deutschen Flussabschnitt sind Thema dieses Reiseführers, sie reichen von Oberschwaben über die Schwäbische Alb, das Nördlinger Ries und die Oberpfalz bis nach Niederbayern. Diese so unterschiedlichen Regionen machen den ganz besonderen Charakter dieses Flusses aus. Mal fließt er vorbei an steil aufragenden Felsen, mal durch Ebenen, die keinen Horizont kennen.

Aus wirtschaftlichen Gründen ist die Donau schon vor mehr als 100 Jahren an vielen Stellen in ein enges Bett gezwängt worden, errichtete man zur Stromgewinnung unzählige Staudämme und Kraftwerke. Doch inzwischen hat ein Umdenken eingesetzt. Projekte zur Wiederbelebung der typischen Donauauwälder entstehen und auch die Regulierung des frei fließenden Donauabschnitts zwischen Straubing und Vilshofen konnte verhindert werden. Viele Bereiche stehen heute unter Naturschutz und bieten hunderten von bedrohten Pflanzen- und Tierarten einen Überlebensraum. Selbst ein Luchs wurde unlängst an der Isarmündung gesichtet. Durch all diese Maßnahmen ist auch das Wasser der Donau wieder sehr viel sauberer geworden, ihre Kies- und Sandstrände werden bei Einheimischen, aber auch Urlaubern immer beliebter.

Die Donau ist jedoch ein Reiseziel nicht nur für Natur-, sondern auch für Kunstliebhaber. Vermutlich gibt es keine Region in Deutschland, in der auf engstem Raum so viele kunsthistorische Sehenswürdigkeiten zu finden sind. Dies hängt vor allem damit zusammen, dass nach dem Dreißigjährigen Krieg die katholische Kirche das Land mit barocken Klöstern und Kirchen überzog. Hinzu kommen die gotischen Kirchen von Regensburg, Ulm oder Ingolstadt, die Patrizierhäuser der Freien Reichsstädte wie Donauwörth oder Nördlingen, die Fachwerkbauten in der Hochburg der alemannischen Fasnet Riedlingen oder die manchmal schon um das Jahr 1000 entstanden Burgen, die hoch über der Donau und ihren Nebenflüssen stehen. Diese vor allem aus den Alpen oder dem Bayerischen Wald kommenden Flüsse locken immer wieder zu einem Abstecher – heißen sie Inn, Ilz, Altmühl oder Große Lauter.

Die Donau zwischen Schwäbischer Alb und Bayerischem Wald ist nicht erst seit Corona ein attraktives Ziel für Radfahrer. Tausende fahren jedes Jahr auf dem Donauradweg den Fluss hinab. Viele Gasthöfe haben sich darauf eingestellt und bieten einen speziellen Radlerservice. Dass es der Region nicht nur dank des Tourismus, sondern auch durch die Ansiedlung von Technologieunternehmen immer besser geht, davon zeugt nicht zuletzt die wachsende Zahl an Restaurants, die vom Guide Michelin mit einem Stern oder einem Bib Gourmand ausgezeichnet werden, rund 20 sind es inzwischen. Mein schönstes Donau-Bild aber ist ein anderes: Wenn an einem frühen Herbstmorgen die Nebel über dem Fluss stehen und die ersten Angler ihre Klappstühle an seinem Ufer aufstellen. Seit einigen Jahren werden ihre Fänge wieder zahlreicher und vielfältiger, doch darauf kommt es ihnen gar nicht so sehr an. Vielmehr sehen sie der Donau zu, die langsam ostwärts fließt.

Die schönsten Reiseziele

Naturpark Obere Donau ▼
Hier, zwischen Tuttlingen und Sigmaringen, wird die Donau wild und romantisch. Sie fließt durch ein enges Tal, vorbei an steil aufragenden Jura-Felsen – es ist ein Paradies für Kanufahrer und Kletterer. Höhepunkt ist der Donaudurchbruch bei Kloster Beuron, wo der Naturpark sein Infozentrum hat. Auch die Erzabtei selbst zieht mit ihren neobyzantinischen den Werken der hier gegründeten »Beuroner Schule«, neobyzantinischen Malereien, tausende jährlich zehntausende Besucher an. → S. 40, 118

Regensburg ▶
Mit über 150 000 Einwohnern ist Regensburg die größte Stadt an der deutschen Donau. Hier befindet sich ihr größter Hafen und die älteste steinerne Brücke über den Fluss. In einer der politisch wichtigsten Städte des Heiligen Römischen Reiches deutscher Nation hat sich viel Mittelalterliches erhalten. Zugleich lockt rund um den gotischen Dom aber auch eine ausgeprägte Kneipenszene, in der bis weit nach Mitternacht gefeiert wird. → S. 262

Donauauen zwischen Straubing und Vilshofen
Jahrzehntelang kämpften Naturschützer mit der bayerischen Staatsregierung um die Zukunft dieses knapp 70 Kilometer langen Flussabschnittes. Doch schließlich gab die CSU nach und die Donau wurde nicht begradigt. So konnte rings um die Mündung der Isar einer der letzten großen Auwälder Mitteleuropas erhalten werden. Ein Besucherzentrum in Moos informiert über die Pflanzen- und Tierwelt. → S. 291

Donaudurchbruch Kloster Weltenburg ▶
Bis zu 80 Meter sind sie hoch, die Felsen am bedeutendsten Durchbruchs der deutschen Donau. Mehrere Wanderwege führen an ihnen entlang. Schöner aber noch ist es, von Kelheim mit einem Ausflugsdampfer rund 45 Minuten durch die »Weltenburger Enge« hindurch bis zum Kloster Weltenburg zu fahren. Dort wartet nicht nur eine der eindrucksvollsten Barockkirchen des Asam-Brüder, sondern auch das berühmte dunkle Klosterbier auf die Besucher. → S. 254

Ulm
Mit seinen 169 Metern ist der Turm des Ulmer Münsters immer noch der höchste Kirchturm der Welt. Und das Fischer- und Gerberviertel an der Donau der Ort, wo man sich gut vorstellen kann, wie die Menschen im Mittelalter mit ihrem Fluss lebten. Daneben aber bietet Ulm mit seinen knapp 130 000 Einwohnern ungewöhnlich viel moderne Architektur. Am bekanntesten und umstrittensten: das leuchtend weiße Stadthaus direkt neben dem gotischen Münster. → S. 164

Passau ▶
Kurz bevor sich die Donau aus Deutschland verabschiedet, prägt sie noch eine der schönsten Städte an ihrem Ufer. Donau, Inn und Ilz verleihen der »Dreiflüssestadt« ihren ganz besonderen Charakter. Was freilich nicht immer zum Wohlstand der heute gut 50 000 Einwohner beitrug: Nur zu oft hat Hochwasser die barocken Gassen mit ihren kleinen Läden und Galerien überflutet. Unterkriegen ließen sich die Passauer davon nicht. → S. 295

Die Donauquellen
Es sind gleich drei Orte, an denen man die Entstehung der Donau verfolgen kann. Da sind zunächst am Rande des Schwarzwalds die Quellflüsse Brigach und Breg, die dem Sprichwort zufolge »die Donau zuweg bringen«. Und dann ist da Donaueschingen, wo die hier einst herrschenden Fürstenbergs ein sanft sprudelndes Wasser als »offizielle Donauquelle« einfassen ließen. → S. 109

Bussen und Heuneburg
Schon von Weitem ist er sichtbar – der 767 Meter hohe Bussen, genannt auch der »Heilige Berg Oberschwabens«. Auf seinem Gipfel steht heute eine Wallfahrtskirche, doch schon in vorchristlichen Zeiten dürfte den Menschen dieser freistehende Berg als etwas Heiliges erschienen sein. Eröffnet er doch einen Ausblick, der manchmal bis zu den Alpen reicht. Keine 20 Kilometer südwestlich steht bei Hundersingen die Heuneburg, eine der bekanntesten Fundstellen keltischer Kultur in Mitteleuropa. → S. 145, 137

Neuburg an der Donau ▼
Auf einem Felsrücken hoch über der Donau erhebt sich das prächtige Renaissanceschloss der Grafen von Neuburg-Pfalz. Ottheinrich ließ hier die erste protestantische Kirche Bayerns errichten und auch seine Nachfolger statteten die oberbayerische Stadt mit ihren heute 30 000 Einwohnern mit viel Glanz und Kunstwerken aus. In der »Staatsgalerie Flämische Barockmalerei« sind sie unter anderem zu sehen. → S. 231

Unterwegs mit Kindern

Legoland

Der absolute Höhepunkt für Kinder ist mit Sicherheit das »Legoland« im bayerischen Günzburg. Mit mehr als 55 Millionen Legosteinen wurden hier ganze Stadtviertel nachgebaut. Es gibt einen Themenpark für Ritter und einen für wilde Tiere, Dinosaurier aus Legosteinen, eine Eisenbahn aus Legosteinen und natürlich unzählige Fahrgeschäfte. Ein Aussichtsturm ermöglicht einen Überblick über das 140 Hektar große Gelände. Nicht zuletzt kann man in dem angeschlossenen Feriendorf auch übernachten.
www.legoland.de

Käthe-Kruse-Museum in Donauwörth

Ein anderes Highlight für Kinder ist das Käthe-Kruse-Museum in Donauwörth, wo der Sohn der Puppenschöpferin, Max Kruse, nach dem Zweiten Weltkrieg eine Werkstatt eröffnete und wo heute rund 150 Puppen zu sehen sind.
www.kaethe-kruse-puppenmuseum.de

Tierparks

Der bekannteste Tierpark der Region mit rund 1000 Tieren findet sich im niederbayerischen **Straubing**, aber natürlich gibt es auch in Ulm oder Ingolstadt einen Zoo. **Neu-Ulm** besitzt sogar einen Reptilienzoo mit Schildkröten, Schlangen und Geckos.
Wanderungen mit Lamas und Alpakas bietet ein Bauernhof in Buch in Bayerisch-Schwaben an. www.huaca-lamas.de
Bei Günzburg gibt es ähnliche **Ausflüge mit Alpakas** ins Donaumoos.
www.alpakasimdonaumoos.de

Kletterparks

In Donauwörth findet sich eine »Kraxl-Stadt« mit fast unglaublichen 95 Routen, auch einen Schnupperkurs kann man hier buchen. Klettermöglichkeiten bieten aber auch viele andere Orte, so Sigmaringen und Günzburg mit ihren Hochseilgärten. Im besonders kinderfreundlichen Günzburg wurde außerdem das Kikimondo-Abenteuerland eröffnet, ein Hallenspielplatz mit Trampolin, Airtrail und vielem mehr.

Spaß für die ganze Familie im Legoland Günzburg

Kinderfreundlicher Brunnen am Karlsplatz in Sigmaringen

Lehrpfade und Geocoaching

Geocoaching, also eine digitale Schnitzeljagd, hat die Stadt Donaueschingen unter anderem zur »Donaunixe Rosawa« im Angebot, hierzu erschien zum Lesen und Vorlesen auch das Märchenbuch »Die Donaukönigin«. www.donaueschingen.de

In Ulm entwickelte der BUND einen speziellen **Donaulehrpfad** für Kinder und auch hierzu wurde ein Buch herausgeben: »Natur entdecken an der Donau«.
www.bund-ulm.de

Die **Umweltstation mooseum** in Bächingen an der Brenz bietet Entdeckungstouren in den Auwald und das Donaumoos und auch Geocoaching für Kinder und Jugendliche an.
www.mooseum.net

Besondere Museen

Im **Dinosauriermuseum** von Denkendorf im Altmühltal ist unter anderem der Urvogel Archeopteryx zu bestaunen.
www.dinopark-bayern.de

In Donaueschingen können Kinder in einem eigens für sie gestalteten **Kinder- und Jugendmuseum** viel über Technik, Mensch und Natur lernen.
www.kijumu-donaueschingen.de

Das **Urgeschichtliche Museum** von Blaubeuren bietet spezielle Führungen für Kinder und auch eine Wanderung in einer Höhle wird angeboten. www.urmu.de

Das **Edwin-Scharff-Museum** in Neu-Ulm hat ein Kindermuseum mit »Schreiraum«, Sonderausstellungen zu Themen des Alltags und viele weitere Mitmachmöglichkeiten.
www.edwinscharffmuseum.de

Bademöglichkeiten

Nicht zuletzt finden sich an der Donau und an ihren zahlreichen Nebenflüssen, an Baggerseen sowie in Frei- beziehungsweise Hallenbädern in eigentlich jeder Stadt gute Bademöglichkeiten.

Das **Freibad auf dem Schellenberg** bietet nicht nur einen schönen Blick auf Donauwörth, sondern auch eine 90 Meter lange Wasserrutsche, einen Sprungturm sowie mehrere Spiel- und Sportplätze.
www.donauwoerth.de

Als eines der schönsten Bäder der schwäbischen Donau gilt das **Erlebnisfreibad in Ehingen**, mit tollem Blick ins Donautal, Strömungskanal und 55-Meter-Rutsche.
www.freibad.ehingen.de

Der kleine **Gartnersee bei Gundelfingen** hat einen abgetrennten Nichtschwimmerbereich, Sprungtürme und einen Trimm-Dich-Pfad.
www.bayerisch-schwaben.de/a-gartnersee

Das Wichtigste in Kürze

Autorouten

Von Norddeutschland kommend, erreicht man das Quellgebiet der Donau im Schwarzwald am schnellsten über die A 81, die von Stuttgart nach Singen und zum Bodensee führt. In Freiburg im Breisgau beginnt die B 31, die ostwärts über Donaueschingen bis zur Donauversickerung bei Immendingen verläuft. Danach fährt man auf Landstraßen durch den Donaudurchbruch der Schwäbischen Alb, bevor man in Sigmaringen die Bundestraße 311 erreicht, auf der man durch eine sanfte Hügellandschaft bis Ulm fahren kann. Anschließend führen die B 10 und die sehr stark befahrene B 16 bis Ingolstadt, ab Donauwörth sollte man sich daher für kleine Landstraßen links der Donau entscheiden. Dies bietet sich auch für die Strecke von Ingolstadt über Kelheim bis Regensburg an. Ab Regensburg führt dann die B 8 bis Passau. Wer es ganz besonders schnell mag, kann die knapp 100 Kilometer auf der A 3 zurücklegen, die mehrmals die Donau überquert. Beschaulicher ist auch hier die Fahrt auf der Landstraße am linken Ufer, die meist direkt am Fluss entlangführt.

Wanderwegweiser bei Burg Wildenstein

Anreise mit der Bahn

Haltestellen des ICE in der Donauregion existieren in Freiburg, Tuttlingen, Ulm, Günzburg, Donauwörth, Ingolstadt, Regensburg, Plattling und Passau. Der Regionalexpress zwischen Donaueschingen und Ulm fährt tagsüber stündlich und benötigt für die sehr sehenswerte Strecke gute zwei Stunden. Danach jedoch wird es für regionale Bahnreisen komplizierter. Wer von Ulm ohne viel Umsteigen in die nächsten größeren Städte, also nach Ingolstadt oder Regensburg möchte, muss über Augsburg oder sogar München fahren. Wer jedoch an der Donau bleiben will, wählt die häufig verkehrenden Regionalbahnen über Günzburg und Donauwörth. Zwischen Regensburg, Straubing und Passau sind die Zugverbindungen sehr gut.

Klima und Reisezeit

In Wetterberichten im Radio ist häufig der Begriff »südlich der Donau« zu hören. Dies könnte den Eindruck vermitteln, dass die Donau eine natürliche Wetterscheide ist – etwa so wie die Alpen. Dies ist jedoch falsch, allenfalls gibt es an der Donau wie auch an anderen Flüssen mehr Nebel als anderswo, vor allem im Herbst. Tatsächlich hat der Fluss nur wenig Einfluss auf die klimatischen Bedingungen. In der deutschen Donauregion herrscht gemäßigtes, kontinentaleuropäisches Klima. Die beste Zeit für einen Urlaub ist daher Mitte April bis Mitte Oktober. Allerdings kann es im Juli und August als Folge der Klimaveränderung gerade in Wassernähe und in den Auwäldern sehr heiß und schwül werden. Die Winter sind an der Donau dagegen meist mild und angenehm, die durchschnittliche Temperatur liegt bei 4 Grad Celsius. Seit rund 70 Jahren ist die Donau nicht mehr zugefroren, mit einer Ausnahme: Nach wochenlangen Temperaturen von bis zu minus 30 Grad bildete sich im Januar 1963 bei Ingolstadt eine dicke Eisschicht.

Übernachten

Auch in kleineren Städten an der Donau gibt es ein gutes Angebot an Übernachtungsmöglichkeiten. In den Hotels liegen die Preise für ein Doppelzimmer durchschnittlich zwischen 80 und 100 Euro ohne Frühstück, ab 120 Euro ist auch schon mal eine Junior-Suite drin. In Gasthöfen und Pensionen mit Frühstück beginnen die Preise bei 60 Euro für ein Doppelzimmer, häufig werden auch günstige Mehrbettzimmer angeboten. Im Übrigen sind die Zimmer in Bayern durchschnittlich günstiger als in Baden-Württemberg. Da immer mehr Deutsche sich für eine Radtour an der Donau entscheiden, können Hotels an sommerlichen Wochenenden schnell ausgebucht sein. Bei frühzeitigem Reservieren gibt es jedoch keine Probleme. Pauschale Angebote für Radurlauber bieten zum Beispiel Radweg-Reisen (www.radweg-reisen.de) oder ebuchen (www.ebuchen.com).

Aktivurlaub

Hier ist für jeden etwas geboten: Es beginnt mit dem Schwimmen in der Donau, in ihren Nebenflüssen oder in Stauseen und Freizeitbädern, führt über Kanufahren, Angeln, Klettern, Wandern und Reiten bis hin zum Golfspielen. Die wichtigste Sportart an der Donau ist jedoch mit Abstand das Radfahren.

Weitere Informationen in den Reisetipps von A bis Z ab → S. 305.

Im Fischerviertel von Ulm

Seit dem Nibelungenlied stehen Rhein und Donau sich voller Misstrauen gegenüber. Der Rhein ist Siegfried, germanische Tugend und Reinheit (...). Die Donau ist Pannonien, das Reich Attilas, orientalische Flut, die am Ende des Nibelungenlieds die germanischen Werte und Tugenden untergehen lässt. (...) Die Donau ist der Fluss, an dessen Ufern die verschiedensten Völker sich begegnen und vermischen, ganz anders als am Rhein, dem mythischen Wächter über die Reinheit des germanischen Geschlechts.

Claudio Magris, Die Donau, 1988

Das Hohenzollernschloss in Sigmaringen

STADT – LAND – FLUSS

Die Region in Zahlen

Lage: Die Donau ist mit 2857 km nach der Wolga mit ihren 3530 km der zweitlängste Fluss Europas. Zugleich ist es der einzige größere Fluss des Kontinents, der von West nach Ost fließt: vom Schwarzwald bis ins Schwarze Meer. Die Donau drückt gleich zehn Staaten ihren Stempel auf: Deutschland, Österreich, Slowakei, Ungarn, Kroatien, Serbien, Bulgarien, Rumänien, Moldova und der Ukraine. Im Unterschied zu den meisten anderen Flüssen wird der Kilometerstand nicht von der Quelle bis zur Mündung, sondern umgekehrt gezählt. Die Null-Marke befindet knapp nordöstlich des rumänischen Sulina an der Donaumündung.In Deutschland legt die Donau von den beiden Quellflüssen Brigach und Breg im Schwarzwald bis zur deutsch-österreichischen Grenze hinter Passau 650 Kilometer zurück.

Einzugsgebiet: In Deutschland umfasst es eine Fläche von 56 200 qkm, wobei der bayerische Anteil mit 48 000 qkm den größten Teil einnimmt. Im bayerischen Einzugsgebiet der Donau leben 8,5 Mio. Menschen oder 67 % aller Einwohner dieses Bundeslandes. Was sich nach sehr viel anhört, doch gehört auch das 80 km von Ingolstadt entfernte München per definitionem noch zu diesem Einzugsgebiet.

Größte Städte: Regensburg 153 000 Ew., Ingolstadt 137 000, Ulm 127 000, Neu-Ulm 59 000, Passau 52 500, Straubing 48 000.

Nebenflüsse: »Iller, Lech, Isar, Inn fließen rechts zur Donau hin. Wörnitz, Altmühl, Naab und Regen kommen ihr von links entgegen.« Dieser alte Merkreim für Schüler nennt freilich lediglich die Nebenflüsse der Donau mit mehr als 100 km Länge. Daher taucht zum Beispiel die Ilz nicht auf.

Wichtigste Häfen: Regensburg 1,3 Mio Tonnen, Straubing 0,8 Mio (zum Vergleich: Duisburg 48 Mio).

Bedeutendste Waren: Erze und Metallabfälle, land- und forstwirtschaftliche Erzeugnisse, Erdölprodukte.

Ludwig I. in der Walhalla bei Regensburg

Landwirtschaft: Die bedeutendste Landwirtschaftsregion ist der Gäuboden bei Straubing mit seinen fruchtbaren Lössböden. Bedeutend sind außerdem Hopfen- und Spargelanbau in der Hallertau und im Landkreis Neuburg-Schrobenhausen.

Industrie: Das bekannteste Unternehmen der Region ist die nach dem Zweiten Weltkrieg in Ingolstadt neu gegründete Audi AG, die an diesem Standort gut 44 000 Mitarbeiter beschäftigt. Bedeutung haben außerdem hochwertige Calcite von der Schwäbischen Alb als Baumaterial.

Tourismus: Da die Region zu zwei Bundesländern und mehreren Regierungsbezirken gehört, gibt es keine zusammenfassenden Angaben über die Zahl der Besucher. Daher bleibt nur der Blick auf einzelne Daten: So war Regensburg 2019 eine von acht bayerischen Gemeinden mit einer Übernachtungszahl von über einer Million. Gut 900 000 Übernachtungen zählten Ulm und Neu-Ulm. Immer populärer werden das »Bayerische Golf- und Thermenland« rings um das niederbayerische Bad Füssing und die Donau-Ries-Region bei Donauwörth.

Geografie

Mein ganzes Leben hatte mit der Donau zu tun und dabei ist mir aufgefallen, dass das Kabarett entlang dieses Flusses ganz ähnlich funktioniert, also verstanden wird, egal ob Du in Passau, Straubing, Linz oder Wien spielst. Die Menschen waren jahrhundertelang entlang der Donau unterwegs und mit sich führten sie ihre Kultur.

Kabarettist Hannes Ringlstetter in »Gernstl entlang an der Donau«, BR 2020

Wie die Donau zu ihrem Namen kam

Der Historiker Michael W. Weithmann schreibt in seinem gut 500 Seiten starken Grundlagenwerk über die Donau, dass sich der Name »Donau« erst im 18. Jahrhundert durchsetzte. Tatsächlich hat der zweitlängste Fluss Europas im Laufe der Jahrhunderte eine Vielzahl von Namen getragen, schließlich war er ja auch einer Vielzahl von Kulturen eine Heimat – und ist es immer noch.

So schrieb Friedrich Hölderlin Anfang des 19. Jahrhunderts ein Gedicht namens »Der Ister«: »Man nennet aber diesen den Ister. Schön wohnt er. Es brennet der Säulen Laub. Und reget sich.« Ister, oder ganz korrekt Istros, hatten die Griechen die Donau genannt, die freilich nie bis zu den Quellen im Schwarzwald vorgedrungen waren, sondern nur den Fluss-Unterlauf und seine Mündung ins Schwarze Meer kannten. Unter den Römern hieß der Fluss zunächst – vom Griechischen abgeleitet – Hister. Etymologen führen beide Bezeichnungen auf die indogermanische Wurzel »heisr« zurück, was so viel wie »hurtig« oder »schnell« bedeutet. Die Bezeichnung Ister ist im Übrigen auch heute im Donau-Raum noch nicht vergessen, so nannte der österreichische Stahlkonzern VÖEST eine seiner Reedereien Ister.

Unterwegs mit dem Kajak auf der Donau bei Neuburg

Sowohl Griechen wie Römer personifizierten die Donau. Für den griechischen Dichter Hesiod war der Istros der Sohn von Okeanos und Tethys, einem Geschwister- und Ehepaar von Meeresgöttern. Die Römer dagegen nannten den Fluss, nachdem sie über die Alpen ins heutige Deutschland vorgedrungen waren, nach dem Flussgott Danubius. Seine Darstellung findet sich sowohl auf der Trajanssäule wie auch auf dem Vierströmebrunnen des italienischen Barockbildhauers Gian Lorenzo Bernini auf der Piazza Navona in Rom.

Von der Touonouwe zur Donaw

Woher aber stammt die Bezeichnung »Danubius«? Tatsächlich sind Dan, Dne oder Don in vielen Sprachen Europas das Wort für einen Fluss. So findet sich der Wortstamm in Dnepr oder Donez. Ob diese Begriffe keltischen oder gar persischen Ursprungs sind, darüber gibt es in der Wissenschaft keine Einigkeit. Als gesichert jedoch gilt, dass es im keltischen Sprachraum eine Erdgöttin namens Anu gab und ihre Tochter eine Flussgöttin war, die den Namen Danu trug. Woraus sich die interessante Feststellung ziehen lässt, dass die Römer Danubius als Mann, die Kelten die Donau dagegen als Frau sahen.

Es gibt aber noch mindestens zwei weitere Erklärungen für den Namen Donau in keltischer Zeit sowie im frühen Mittelalter. So bedeutete bei den Kelten Don-aw tiefes Wasser und Do-avv steht für zwei Wasser – was sich auf die beiden Quellflüsse der Donau, Brigach und Breg, beziehen könnte. In einer deutschen Urkunde aus dem Jahre 790 wird erstmals eine Ton-ouwe, also eine Aue an einem Fluss Ton, erwähnt, und dort wird auch von einem Tonachgaoe geschrieben, einem Gau an diesem Fluss. Auch in der Nibelungensage ist vom Touonouwe die Rede. 1401 taucht dann erneut der Name Donaw auf, doch noch im 16. Jahrhundert spricht man auch von der Thunau. Um all diese Wechsel von »T« zu »D« nachzuvollziehen, muss man wohl ein Einheimischer sein, denn mit der deutlichen Aussprache von harten und weichen Konsonanten hat man im süddeutschen Raum seit jeher seine Schwierigkeiten.

Dem Brückenheiligen Nepomuk begegnet man immer wieder

Erst unter der Habsburger Kaiserin Maria Theresia bürgert sich ab 1763 der Name Donau ein. Und dieser hat sich auch in den nichtdeutschen Anrainerstaaten durchgesetzt: In der Slowakei heißt der Fluss Dunaj, in Kroatien, Serbien und Bulgarien Dunav, in Ungarn und der Ukraine Duna und in Rumänien Dunarea. Und ausgerechnet in dem Nichtanrainerstaat Türkei lassen sich die uralten Wurzeln des Flussnamens erkennen: dort heißt er Tuna.

Wie die Donau entstand

Die Geschichte der Donau beginnt vor etwa 25 Millionen Jahren. Damals entsprang ein Vor-Vorläufer des heutigen Flusses in der Gegend des Genfer Sees und mündete dort, wo jetzt München liegt, in ein Meer, das bis nach Wien reichte. Entscheidend für die weitere Entwicklung waren dann drei Gebirge. Da war zunächst das Böhmische Massiv, das vor etwa 500 Millionen Jahren entstanden war, von dem durch Abtragungen und klimatische Einflüsse jedoch nur noch das Rumpfgebirge des Böhmerwaldes nördlich der Donau erhalten blieb. Das zweite wichtige Gebirge ist der rund 200 Millionen Jahre alte Jura, der sich vom Genfer See bis zur Schwäbischen und Fränkischen Alb hinzieht. Und schließlich sind da die Alpen Bayerns, die das Donaubecken nach Süden begrenzen. Ihre Herausbildung endete »erst« vor etwa fünf Millionen Jahren.

Ein natürlicher geologischer Prozess ist es, dass Gebirgsgestein im Laufe der Jahrtausende immer weiter zerfällt und dass Flüsse und Bäche das dabei entstehende Geröll ins Tal befördern. So wurde das Ur-Meer zwischen München und Wien durch Kies und Sand der umstehenden Gebirge immer kleiner und verlandete schließlich vollständig. Die Flüsse zwischen Alpen, Jura und Böhmerwald aber vereinigten sich zu einem Strom, der Prä-Donau. Im Unterschied zu den anderen großen Flüssen Europas floss sie nicht von Süden nach Norden, sondern in west-östlicher Richtung. Mit der heutigen Donau hatte die Prä-Donau freilich nur noch wenig zu tun.

Die Ur-Donau

Obwohl die Donau heute immer noch von West nach Ost fließt, ging ihre Herausbildung im deutschsprachigen Raum in umgekehrter Richtung, von Ost nach West, vor sich. Der Fluss, der später als Ur-Donau in die Geschichte einging, entstand vor gut zehn Millionen Jahren zwischen dem Wiener Becken und dem oberösterreichischen Krems in der Wachau und breitete sich von dort nach Westen aus. Dies war der eine Strang der Entwicklung. Zum anderen war durch die Austrocknung des Ur-Meeres und eine anschließende Hebung der Region der Flusslauf der Ur-Rhône Richtung Süden gestoppt worden. Sie und auch ihre Nebenflüsse wandten sich nun ostwärts Richtung Ur-Donau. Da der Zufluss von Wasser aus den Alpen so immer stärker wurde, kehrte sich auch die Fließrichtung der Ur-Donau um – von nun an floss sie wieder nach Osten.

Die Donau bahnt sich ihren Weg durch die Jurafelsen der Schwäbischen Alb

Stadt-Land-Fluss

Vor etwa vier Millionen Jahren hatte diese Ur-Donau ihr größtes Einzugsgebiet ausgebildet. Ihr westlichster Zufluss war nun der Jura-Fluss Orbe aus dem Gebiet des Genfer Sees – über 200 Kilometer ist die Donau heute davon entfernt. Nahezu unvorstellbar ist auch, dass der Ur-Rhein damals kurz vor Ulm in die Ur-Donau mündete. Und um die Verwirrung komplett zu machen: Die tschechische Moldau, die heute in die Elbe entwässert, war einst ein Nebenfluss der Ur-Donau.

Die Ur-Donau verlief teilweise nördlicher als die heutige Donau. Auf den Plateaus der Schwäbischen Alb haben Wissenschaftler anhand der Art des Flussschotters dies besonders gut erforscht. So floss die Ur-Donau einst durch das heutige »Wellheimer Trockental«. Da dieses heute zum Altmühltal gehört, spricht man auch von der »Altmühl-Donau«. Wer von Ehingen nach Blaubeuren und weiter nach Ulm fährt, kann gut nachvollziehen, dass in dieser breiten Senke einst ein großer Strom floss. Heute jedoch sind es nur noch die kleinen Donau-Nebenflüsse Schmiech, Aach und Blau.

Wie aber kam die Donau in ihr heutiges Bett? Grundsätzlich passierte damals folgendes: Infolge der Hebung der Alb traf das Wasser der Ur-Donau auf das harte Juragestein. Es versuchte auszuweichen und sich seinen Weg durch den etwas weicheren Plattenkalk der Alb zu bahnen. Wo dies jedoch nicht möglich war, musste sich die Donau buchstäblich durch das Gestein »beißen«. So entstanden die zum Klettern einladenden Felswände und Felstürme im Donau-Durchbruchstal zwischen Tuttlingen und Sigmaringen.

Eiszeit

Auch wenn die Einteilung unter Wissenschaftlern heute als überholt gilt, erinnern sich viele sicher noch an ihre Schulzeit, als sie die vier Haupteiszeiten Günz, Mindel, Riß und Würm lernen mussten. Alle vier tragen Namen von rechten Nebenflüssen der Donau und beeinflussten die weitere Entwicklung im Donauraum in einem Zeitabschnitt, der vor 700 000 Jahren begann und vor 10 000 Jahren endete. Während dieser Eiszeiten waren große Teile des heutigen Donautals im Voralpenraum von Gletschern bedeckt, ein Bodenseegletscher überschritt beim schwäbischen Riedlingen sogar den heutigen Verlauf des Flusses nach Norden. Als die Gletscher schließlich tauten, erhielten nicht nur die Seen Oberbayerns und des Salzkammergutes ihre heutige Form, sondern auch das Donautal.

Der Verwitterungsschutt, der sich während der Eiszeiten in den Bergen angesammelt hatte, wurde nun erneut von den Gebirgsbächen ins Tal und in die Flüsse befördert. Und er wird bis heute dorthin befördert, nicht nur, aber vor allem vom Inn, einem der wasserreichsten Alpenflüsse. So liegt die Geröllmenge, die der Inn bei Passau in die Donau schiebt, bei rund drei Millionen Tonnen im Jahr. Wissenschaftlern zufolge lässt sich daraus berechnen, dass in den Zwischeneiszeiten jedes Jahr rund 30 Millionen Tonnen Steine bewegt wurden. Damit könnte man eine Fläche von einem Quadratkilometer elf Meter hoch aufschütten, das haben Geologen berechnet. Auf diese Weise bekommt man eine Vorstellung davon, welche Schotter-menge der Donau bei Passau zur Verfügung standen, um an ihren Ufern die heutige Terrassenlandschaft entstehen zu lassen. Zusammenfassend könnte man sagen: Das Donau- und das Inntal bei Passau, so wie wir es heute kennen, entstand aus dem Schotter der Alpen.

Donausagen

Der Streit der Donaunixen

Vor langer schlüpften im Schwarzwald zwei Quellnixen aus der Erde. Die eine dirigierte bald ein Flüsschen, das die Menschen Breg nannten, die andere eines namens Brigach. Wie es der Zufall wollte, trafen sich die beiden Nixen eines Tages bei Donaueschingen. Sie befreundeten sich und beschlossen, gemeinsam weiterzureisen. Aber ihre Freundschaft dauerte nur kurze Zeit. Waren die Menschen schuld daran? Sie sagten nämlich zu den hier zusammenfließenden Flüssen nicht Breg-Brigach oder Brigach-Breg, sondern Donau. »Sind wir jetzt etwa Donaunixen? Und wer ist dann die Donau, du oder ich?«, stichelten die Nixen. Und dann tauchte die Streitfrage nach dem Ziel des Wasserlaufs auf. Die eine Nixe wollte zum Bodensee, die andere viel weiter, bis zum Schwarzen Meer. So kamen sie streitend zur Schwäbischen Alb, wo ein Berggeist sie hörte. »Komm mit mir, ich verstecke Dich«, sagte er zu der Nixe, die nur zum Bodensee wollte. Und ließ ihr Wasser versickern und an anderer Stelle wieder an die Oberfläche treten. Dort bildete es einen neuen Fluss, die Aach, und die führte ihr Wasser in den Bodensee. Die andere Nixe aber schaffte es bis zum Schwarzen Meer. So wurde sie zur Donaunixe.

Der Ulmer Spatz

Als das Ulmer Münster gebaut wurde, wollten sechs Männer einen Baumstamm aus einem Wald vor den Toren der Stadt zum Bauplatz bringen. Um besser gehen zu können, trugen sie ihn quer. So passten sie aber nicht durch das Stadttor. Zuerst überlegten die Männer, ob sie ein Stück absägen sollten, dann wäre er aber zu kurz für das Münster gewesen. Dann erwogen sie, das Stadttor abzureißen, was jedoch zu lange gedauert hätte. Schließlich zeigte ein Junge auf einen Spatz mit einem Strohhalm im Maul, der diesen nicht quer, sondern längs in sein Nest einbaute. Nun war die Lösung gefunden. »Wie der Spatz müssen wir es machen!«, riefen die Männer. Ein bronzener Spatz am Münster erinnert bis heute an diesen Geistesblitz. Doch die Ulmer hören es gar nicht gern, wenn man sie »Spatzen« nennt.

Der Teufel und die Donaubrücke von Regensburg

Was würde zuerst fertig werden? Der Dom oder die Steinerne Brücke von Regensburg? Die Architekten beider Bauwerke schlossen eine Wette ab. Wer zuletzt fertig würde, sollte auf einem hölzernen Esel, einem Folterinstrument, durch die Stadt reiten. Als der Dom immer weiter wuchs, die Pfeiler der Brücke aber immer wieder von der Donau weggerissen wurden, rief der Brückenmeister den Teufel zur Hilfe. Für seine Unterstützung forderte dieser die Seele desjenigen, der als erster die Brücke überqueren würde. Der Baumeister willigte ein und so wurde die Brücke schnell fertig, der Dombaumeister aber stürzte sich aus Verzweiflung vom Kirchturm. Als die Brücke eröffnet wurde, sollte der Bischof sie als erster beschreiten. Dies aber wollte der Brückenbaumeister unbedingt verhindern. Und so pfiff er seinen Pudel herbei und warf schnell einen Hut auf die Brücke. Klar, dass der Hund auf der Jagd nach diesem Hut noch vor dem Bischof als erste Seele die Brücke überquerte. Als der Teufel erkannte, dass er getäuscht worden war, riss er dem Pudel den Kopf ab. Bis heute ist an der Brüstung ein Hund ohne Kopf zu sehen.

Wie die Donau fließt

Wo entspringt die Donau wirklich? So lautet der Titel eines Papiers, das der Arbeitskreis für Landeskunde/Landesgeschichte des Regierungspräsidiums Freiburg erst vor kurzem für den Schulunterricht in Baden-Württemberg erstellt hat. Dies geschah nicht zufällig, denn tatsächlich existiert zwischen Furtwangen und Donaueschingen seit 1544 ein Streit darüber, in welcher der beiden Schwarzwaldstädte sich die »wirkliche« Donauquelle befindet. Ein Streit, der immer wieder aufflammt.

Doch was war 1544 passiert? Damals widersprach der Freiburger Professor Heinrich Loriti Glareanus dem Kosmographen Sebastian Münster, den manche vielleicht noch vom Hundertmarkschein der D-Mark kennen. Dieser Sebastian Münster hatte 1538 die Schlossquelle in Donaueschingen als wahre Donauquelle bezeichnet, Glareanus trat dagegen für die Breg ein. Seitdem stritten namhafte und weniger namhafte Wissenschaftler über den Donauursprung und mancher von ihnen hat aus der Erforschung der Quelle sein Lebenswerk gemacht. Selbst Österreichs Kaiser entsandte 1702 einen General, der die Quellenlage erkunden sollte. Und auch ein schwäbischer Mönch des Klosters St. Gallen beteiligte sich an der Suche und bezeichnete nun plötzlich die Brigach bei St. Georgen im Schwarzwald als »natürliche Donauquelle«. Der Schweizer Professor Johann Scheuchzer wiederum ortete die Donauquelle in Graubünden an der Quelle des Inn. Denn, so die Begründung, die Inn-Quelle liege höher als die von Brigach und Breg, und bei Passau, wo der Inn in die Donau mündet, sei der Alpenfluss größer als der Fluss aus dem Schwarzwald. Weshalb die Donau eigentlich Inn heißen müsste.

Der Krähenbach als Donauquelle?

Und nun, im 21. Jahrhundert, behauptete plötzlich eine selbsternannte »aufmüpfige Schar von Hobbygeologen und Heimatforschern«, dass der Krähenbach, der bei Möhringen von Norden her in die Donau fließt, der wahre Quellfluss sei. Nicht etwa Brigach oder Breg, nicht die Quelle im Schlosspark von Donaueschingen und schon gar nicht der Inn, sondern der Krähenbach!

Tatsächlich gibt es laut dem erwähnten Papier des Arbeitskreises aus Freiburg eine einleuchtende Begründung für die Krähenbach-These. Da die Donau bei der Donauversickerung von Immendingen (→ S. 25) praktisch ihr ganzes Wasser an den Rhein abgibt und nur noch ein trockenes Flussbett existiert, erhält sie neues Wasser erst wieder aus dem Krähenbach.

Der Gott Danuvius an der Bregquelle, Plastik von Wolfgang Eckert

Die eingefasste Quelle der Donau in Donaueschingen

Die Hauptquelle der Donau ist und bleibt jedoch nicht nur aus Freiburger Sicht die Breg. Ihre Quelle bei der Martinskapelle am Kolmenhof ist am weitesten vom Schwarzen Meer entfernt, sie liegt höher und ist wasserreicher als die Quelle der Brigach. In Donaueschingen entspringt dagegen nicht die Donau, sondern nur der Donaubach. Diese Quelle im Schlosspark hat zwar die größte Ausschüttung aller drei Zuflüsse und ist auch am aufwendigsten eingefasst, doch ist der Donaubach eben nur ein Nebenfluss der Breg. Am östlichen Rand Donaueschingens, ungefähr dort, wo heute eine moderne Straßenbrücke der B27 steht, fließen Brigach und Breg dann schließlich zusammen. So gilt trotz aller Streitigkeiten weiterhin der uralte Schülerreim: »Brigach und Breg bringen die Donau zuweg«.

Nachsatz: Ein überaus weises Urteil hat im Jahre 1984 das Narrengericht Stockach gesprochen: »Der Streit um die Donauquelle ist zu schön, als dass er durch ein närrisches Urteil für alle Zeiten beendet werden dürfte.«

Donau-Versickerung

Nachdem die Donau endlich zur Donau geworden ist, verschwindet sie auch gleich wieder. Kurz hinter Immendingen versickert ihr Wasser in etwa neun Monaten des Jahres im Karst, so dass Besucher von nun an trockenen Fußes durch ein etwa zehn Kilometer langes Stück des Donaubetts wandern können. Besonders auf der rechten Flussseite ist zu sehen, wie das Donauwasser aus dem Flussbett entschwindet – Wasser, das auch nie in die Donau zurückkehrt, sondern sich einen unterirdischen Weg nach Süden bahnt, um im Aachtopf rund zwölf Kilometer später wieder an die Oberfläche zu kommen. Die Aach und damit auch das versickerte Donauwasser entwässert jedoch in den Bodensee und damit letztendlich in den Rhein.

Die Donauversickerung bei Immendingen

Das Gebirge der Schwäbischen Alb besteht aus stark wasserlöslichem Kalkstein. Das Wasser der Donau löst also den Kalk seines Flussbettes auf und schwemmt ihn weg. Dadurch entstehen im Erdinneren Höhlen – und von diesen gibt es auf der Alb sehr viele. Lange Zeit wusste man jedoch nicht, wohin das Donauwasser abfließt, was die Einheimischen natürlich beunruhigte, denn sie brauchten das Wasser für den Betrieb ihrer Mühlen und für die Arbeit der hier ansässigen Gerber. Daher verstopften sie in der Mitte des 19. Jahrhunderts in einer nächtlichen Aktion die Wasserabflusslöcher und hatten so wieder genug Wasser – anders als eine Spinnerei an der Aach, die zwei Tage später einen deutlichen Rückgang des Wassers feststellen musste.

1877 untersuchte ein Geologe die Versickerung schließlich wissenschaftlich. Er versetzte das Donauwasser mit Natriumfluorescin, Salz und Schieferöl. Nach 60 Stunden konnten alle drei Substanzen im Aachtopf nachgewiesen werden. Weitere Versuche führten zum gleichen Ergebnis.

In der Folgezeit versuchten die Einheimischen immer wieder, mit Erde und Steinen und später auch mit Beton die Karstlöcher zu verschließen, vergeblich. Hatten sie ein Loch geschlossen, taten sich anderswo neue Löcher auf. Zugleich wuchs die Zahl der Versickerungstage von 80 im Jahr 1884 auf 170 Tage 1924. Daher kam es Ende der 1920er Jahre zu einen Rechtsstreit, bei dem Württemberg von Baden, auf dessen Gebiet der Aachtopf liegt, forderte, Maßnahmen gegen den Wasserverlust zu ergreifen. Der Staatsgerichtshof entschied jedoch, dass es aufgrund der umstrittenen wissenschaftlichen Beurteilungen der Wasserverhältnisse der Donau nicht möglich sei, ein Urteil zu fällen.

Zu einer Lösung des Wasserproblems kam man so erst 1971. Seitdem wird ein Teil des Donauwassers durch einen 1,6 Kilometer langen Stollen um die Versickerungsstelle herumgeleitet. Die Aufteilung des Wassers ist genau geregelt und erfolgt so, dass weder die Donau noch der Aachtopf zu wenig Wasser führen.

Donaudurchbrüche

Nach Tuttlingen beginnt der Weg der Donau durch die Schwäbische Alb. Es ist einer ihrer schönsten Abschnitte, als deren Höhepunkt der Donaudurchbruch bei Beuron gilt. Zunächst verliert der Fluss bei Fridingen noch einmal Wasser an die Aach. Dann jedoch stellen sich ihm die massiven weißgrauen Felsen des Jura-Gebirges in den Weg, die in der Zeit des Oberjura vor 160 bis 140 Millionen Jahren ausgebildet wurden. Kaum geklüftet, also mit nur feinen Brüchen, widerstanden sie der Abtragung durch Wind und Wetter. Sie zwangen die Donau, sich in unzähligen, kleinen Windungen ihren Weg durch die Alb zu suchen. Während der Fluss sich im Laufe von Jahrmillionen so immer tiefer in die Landschaft grub, pro Jahr weiterhin zwischen einem und drei Millimeter, entstanden rechts und links senkrechte Felswände. Sie können bis zu 200 Meter hoch sein, manchmal entstanden sogar freistehende Felstürme. Zu den bekanntesten Felsen, zugleich auch beliebte Aussichtspunkte, zählen der Kopfmacherfelsen bei Fridingen, der Eichfelsen bei Irndorf und der Felsenkranz um Schloss Werenwang. Erst ab Sigmaringen ändert sich das Bild. Am linken Ufer erhebt sich zwar immer noch die Schwäbische Alb, am rechten jedoch öffnet sich die die breite Ebene des Bodenseevorlands.

Der bekannteste Durchbruch der gesamten Donau ist das sogenannte Eiserne Tor zwischen Rumänien und Serbien. Dort bahnte sich der Fluss in vielen Mäandern auf einer Strecke von mehr als hundert Kilometern seinen Weg durch die Karpaten. Da der Strom mit seinen mehr als 700 Metern Breite sich hier auf nur mehr 150 Metern verengt, erhöht sich seine Fließgeschwindigkeit deutlich und an manchen Stellen ist er bis zu neunzig Meter tief. Jahrhundertelang war das Eiserne Tor eine der gefährlichsten Stellen für die Schifffahrt auf der Donau.

Neben Beuron gibt es in Deutschland noch einen zweiten Durchbruch, bei Kloster Weltenburg in Niederbayern. Aus geologischer Sicht handelt es sich hier jedoch nicht um einen wirklichen Donaudurchbruch. Denn was sich hier vor fünf Millionen Jahren zwischen den mächtigen Jurafelsen durchgegraben hat, war der Ur-Lech, ein kleiner Nebenfluss der Ur-Donau, die damals noch im heutigen Altmühltal floss. Im Unterschied zum Donaudurchbruch bei Beuron nahe Sigmaringen ist die Donau hier also nicht selbst durch die Felsen gebrochen.

Der Donaudurchbruch bei Weltenburg stammt eigentlich vom Ur-Lech

Nebenflüsse

Iller, Lech, Isar, Inn / Fließen rechts zur Donau hin.
Wörnitz, Altmühl, Naab und Regen / Kommen ihr von links entgegen.

Neben dem alten Merkreim von »Brigach und Breg, die die Donau zuweg bringen«, hat auch diese Gedächtnisstütze jahrzehntelang Schülern bei ihren Geographieklausuren geholfen. Dennoch zählt der Vers nur die wichtigsten Nebenflüsse der Donau auf, jene, die mehr als 100 Kilometer lang sind.

Bedeutendster Nebenfluss ist der aus dem Schweizer Oberengadin kommende Inn, der auf seiner Länge von 517 Kilometern einen Höhenunterschied von 2275 Metern »bewältigt«. Wenn er bei Passau in die Donau mündet, fließen dabei durchschnittlich 738 Kubikmeter pro Sekunde in die nur 690 Kubikmeter pro Sekunde heranführende Donau.

Der kürzeste Nebenfluss ist mit nur 920 Metern Länge die Braunsel im Alb-Donau-Kreis, die zwar kurz ist, dafür aber mit ihren 32 Quellen die ungeheuer hohe Schüttung von 1500 Litern pro Sekunde hat. Auf mehr bringt es nur die bei Ulm in die Donau mündende Blau mit 2280 Litern.

Grundsätzlich sind es die aus den Alpen kommenden Flüsse, die der Donau das meiste Wasser zuführen. So die 292 Kilometer lange Isar mit 176 Kubikmeter pro Sekunde, gefolgt vom Lech mit 114. Die Quelle dieses 256 Kilometer langen Flusses liegt in Vorarlberg auf einer Höhe von 1840 Metern ü.d.M., seine Mündung in die Donau in der Nähe von Donauwörth auf nur mehr 392 Metern. Damit beträgt sein Gefälle 5,7 Promille – mehr hat kein anderer Nebenfluss der Donau.

Von den linken Donau-Nebenflüssen sind es vor allem jene aus dem Oberpfälzer und dem Bayerischen Wald, die die Donau anwachsen lassen. So steuert

Burg Prunn im Altmühltal

die Naab 50 Kubikmeter und der Regen immerhin noch 38 Kubikmeter pro Sekunde bei. Der Regen ist neben der Altmühl zudem der einzige größere Nebenfluss der Donau, der nicht in Süd-Nord-Richtung fließt. Einer seiner Quellflüsse, der Schwarze Regen, kommt aus Tschechien und gemeinsam mit dem Weißen Regen fließt er ab Blaibach bis Regensburg. Dieser ost-westliche Flussverlauf wird bestimmt durch die sogenannte Regensenke, die den Vorderen vom Hinteren Bayerischen Wald trennt. Auf seinen 190 Kilometern nimmt der Regen die unglaublich hohe Zahl von über 80 Nebenflüssen auf und so kann er zu Zeiten der Schneeschmelze schon mal auf das Zehnfache anwachsen.

Kanalisierung

Ursprünglich war die Donau in Bayern ein Fluss, der in vielen Kurven und Verästelungen durch die weitgehend flache Voralpenlandschaft floss. Stellte sich ihr ein Hindernis in den Weg, suchte sie sich einfach einen neuen. Der Autor Jörg Hemmer, der sich intensiv mit der Kanalisierung der Donau und ihren Auenlandschaften beschäftigt hat, nennt sie sogar einen »alpin geprägten Wildfluss.« Was jedoch auch bedeutete, dass der Fluss bei starken Regenfällen und während der Schneeschmelze das Tal oft mehrmals im Jahr auf mehreren Kilometern Breite überschwemmte. So gibt es in der Chronik des Kloster Niederaltaich Berichte, dass beim Magdalenenhochwasser 1342 das Wasser so hochstand, dass man mit Booten durch das Kirchenschiff fahren konnte. Bis ins 19. Jahrhundert waren die Überschwemmungsflächen als Weideland genutzt worden. Direkt am Wasser zu wohnen, war angesichts der ständigen Hochwasserdrohungen gefährlich, ein Grund dafür, warum die Donau bis heute in den Städten meist nicht durch ihr historisches Zentrum, sondern an ihrem Rand fließt.

Da in der Zeit der Industrialisierung die Bevölkerungszahl dann jedoch stark anstieg, brauchte man neues Siedlungsland und landwirtschaftlich nutzbare Böden. In Bayern standen dabei besonders die Auwälder an der Donau im Interesse, denn diese machten damals vier Prozent der Landesfläche aus. So begann man um 1830 mit der Begradigung des Flusslaufes und der Trockenlegung der Moore, die rund 50 Jahre lang dauerte. Bei dieser systematischen Bändigung der Donau wurden all die kleinen und zahlreichen Nebenarme gekappt und der Fluss in ein festes Bett gezwungen. So verlor die Donau an ihrem Oberlauf rund 95 Prozent ihrer ursprünglichen Auenlandschaft. Die Altarme wurden meist zugeschüttet, dort, wo man dies verhinderte, entstanden Biotope mit unglaublicher Artenviel-

Hochwassermarken am Kloster Weltenburg

Staustufe in Riedlingen

falt. Dass diese alten Donauarme für Fischer zu den ganz besonders ergiebigen Fanggebieten gehören, wird schnell klar, wenn man im Internet den Suchbegriff »Altwasser Donau« eingibt. Zugleich gibt es immer mehr Versuche von Politik und Umweltschützern, Altarme der Donau zu erhalten beziehungsweise wiederherzustellen, so zum Beispiel mit dem Lohenprogramm im Süden Ingolstadts.

Staustufen und Hochwasserschutz

Da bei der Kanalisierung der Donau das Flussbett schmaler wurde, erhöhte sich die Fließgeschwindigkeit. Der Fluss grub sich immer tiefer in den Boden ein, nahm den Auwäldern das nötige Wasser und senkte den Grundwasserspiegel, was weitere technische Eingriffe erforderte. So baute man ab den 1920er Jahren unzählige Staudämme, nicht zuletzt auch zur Erzeugung von Wasserkraft. Wer mit dem Rad von Ulm nach Donauwörth fährt, kommt allein auf dieser achtzig Kilometer langen Strecke an elf Staudämmen vorbei. Gabriel Singer vom Leibniz-Institut für Gewässerökologie und Binnenfischerei in Berlin sagt dazu: »Im Grunde genommen ist die Donau ein Beispiel für einen Fluss, der von oben bis unten zugedämmt ist«.

Da dieses Problem jedoch nicht nur an der Donau, sondern an fast allen größeren Flüssen in Europa besteht, wird inzwischen über einen Staudammrückbau nicht nur diskutiert, sondern er wird auch umgesetzt, zum Beispiel an der Sélune in der Normandie. Tatsächlich liegt in Deutschland der Anteil der Wasserkraft an der Stromerzeugung bei nur drei Prozent. Deshalb könnte man ohne große Einbußen auf viele Staudämme an der Donau verzichten. Die letzten – weitgehend – unregulierten Flussabschnitte der Donau in Deutschland sind in Baden-Württemberg bis Ehingen, in Bayern die Strecken von Vohburg bis Kelheim und von Straubing bis Deggendorf (→ S. 277).

Um die Städte und Dörfer vor Hochwasser zu schützen, wurde an beiden Ufern eine nahezu ununterbrochene Kette von Deichen angelegt, die die Donau heute wie ein Korsett einengt. Überflutungen konnten so jedoch nicht immer verhindert werden. Die Bilder, wie das Wasser von Donau und Inn im Sommer 2013 durch die Passauer Altstadtgassen floss, haben sicher viele noch in Erinnerung. Hochwasser ist freilich kein Problem des 20. oder 21. Jahrhunderts. Ein Verzeichnis des bayerischen Landesamtes für Umweltschutz listet für die Jahre von 1012 bis 1924 acht Jahrhundertkatastrophen auf. Allein im 20. Jahrhundert gab es vier große Überschwemmungen, in den ersten beiden Jahrzehnten des 21. Jahrhunderts bereits zwei. Den höchsten Stand erreichte die Donau in Passau im Jahre 1501 mit 13,2 Metern, 2013 waren es 12,9 Meter. Der Normalpegelstand liegt bei gut vier Metern.

Kein Wunder also, dass immer intensiver über den Hochwasserschutz diskutiert wird, und dies ziemlich kontrovers. Fährt man etwa durch Steinheim im Donauried, verkünden an vielen Häusern Plakate den Protest gegen den Bau von Flutpoldern. Nahe Höchstädt entzündete die IG Polder sogar ein »Mahnfeuer«. Ursprünglich plante Bayern an der Donau den Bau von insgesamt zwölf Flutpoldern mit einer Fläche von 5700 Hektar, vier davon allein im Landkreis Dillingen. Die Bauern, deren Höfe und Feldern in diesen Gebieten liegen, hätten kaum eine andere Möglichkeit gehabt, als ihre Betriebe anderswo neu aufzubauen, oder ihre Ställe mit Deichen zu umgeben, was viele von ihnen jedoch als ziemlich abenteuerliche Lösung ablehnten. Die Landesregierung argumentierte, dass die bisherigen Hochwassermaßnahmen wie die Rückverlegung von Deichen und die Schaffung natürlicher Rückhaltebecken bei einem neuen Jahrhunderthochwasser nicht ausreichen würden. Die Dillinger hielten dagegen, dass in ihrer Region mit dem »Riedstrom«, in den bei Hochwasser Wasser aus der Donau ins Ried ausgeleitet wird, bereits ausreichend Schutz vor Überflutungen bestehe. 2020 sollte eigentlich mit dem Bau einer reduzierten Zahl von Poldern begonnen werden, doch in diesem Jahr der Corona-Krise passierte in Dillingen zunächst einmal nichts.

Flora und Fauna

Schwül kann es hier sein, dunstig und voller Mücken, aber nur selten kühl und erfrischend – Auwälder an Flüssen sind ganz anders als »normale« Wälder. Dies hängt natürlich mit dem Wasser zusammen, mit dem die Bäume und Sträucher der Auwälder in einem ständigen Kampf ums Überleben stehen. Viel Wasser führt zu einem reichen Wachstum, zu viel Wasser aber tötet sie ab. »Ouwe« ist ein Wort aus dem Mittelhochdeutschen und bedeutet »Wasserland«. Ums Überleben kämpfen aber auch die Auwälder als Ganzes, denn Staustufen und Flussbegradigungen haben sie an vielen Orten verschwinden lassen. Inzwischen hat ein Umdenken eingesetzt, und es gibt mehrere Projekte zur Renaturierung.

Bäume der Auwälder

In Auwäldern können besonders jene Pflanzen gut gedeihen, die den ständigen Wechsel von Nässe und Trockenheit vertragen. So kann zum Beispiel die Schwarzerle rund 200 Tage im Jahr dem Hochwasser standhalten. Bei Überschwemmungen bilden die bis zu vierzig Meter hohen Bäume, die zur Familie der Birkengewächse gehören, am Stamm Wurzeln aus – und können so Sauerstoff aus dem Wasser aufnehmen. Wenig Ansprüche an ihre Umgebung stellt die Silberweide, die mit ihren schmalen, lanzettförmigen Blättern immer häufiger in Ufernähe zu sehen ist. Silberweiden wachsen schnell und produzieren viele Samen. Auf Flächen, die durch Sturmschäden freigelegt wurden, sind sie so meist die erste Baumart, die sich dort ausbreitet. Weitere Bäume der Auwälder sind die Schwarzpappel mit ihrer breiten Krone

Im Auwald bei Grünau

Typisches Altwasser, das nach Flussbegradigungen entsteht

und die Esche mit ihren leicht zu erkennenden gefiederten Blättern. Aber auch knorrige Ulmen und Eichen finden sich. Insgesamt bilden die Auwälder an der bayerischen Donau mit 5000 Hektar das größte zusammenhängende Auwaldgebiet Deutschlands. Immer mehr Wälder werden zu Naturschutzgebieten. So wurde erst 2019 eine knapp 1000 Hektar große Fläche bei Neuburg an der Donau unter besonderen Schutz gestellt. Hier darf nun keine landwirtschaftliche Nutzung mehr stattfinden.

Seidelbast und Schachtelhalme

Die Blumenwelt der Donau-Auwälder ist vielfältig. Zu den herausragendsten Vertretern gehören Seidelbast, Trockenbundlilie und Buschwindröschen, Blaustern und Märzenbecher. Zählungen an der Oberen Donau kamen auf 1000 verschiedene Arten, wobei neben den eiszeitlichen Gewächsen auch Pflanzenarten aus völlig anderen Klimaregionen wie dem Mittelmeerraum hier wachsen. Hinzu kommen Wasserpflanzen wie Algen, Moose, Schachtelhalme und Farne. Bei einer Untersuchung der Universität Wien konnten 90 im Fluss wachsende Arten nachgewiesen werden.

Ursache für diese überwältigende Vielfalt sind die abwechslungsreichen Vegetationsbedingungen der Region. Es gibt Moore und Heiden, Wald und waldfreie Felsmassive, sandige oder von Kies bedeckte Flussufer. Besonders eindrucksvoll sind die Magerwiesen im Naturpark Obere Donau, auf denen Orchideen wie das Helm-Knabenkraut wachsen, oder die Wacholderhügel mit ihren Silberdisteln im Nördlinger Ries.

Zu den Gebieten mit besonders großer Artenvielfalt zählt das Naturschutzgebiet Irndofer Hardt, gut zehn Kilometer nördlich von Beuron auf der Schwäbischen Alb. Hier finden sich Arnika und Busch-Nelke, Feld-Enzian, Gelber Enzian, Trollblume und Narzissen-Windröschen, um nur einige zu nennen. Durch das Gebiet führt ein zehn Kilometer langer Rundwanderweg (www.bergwelten.com).

EXTRA

Wie sauber ist die Donau?

Bei einer Analyse der Wasserqualität der deutschen Flüsse im Jahr 2000 kam die Länderarbeitsgemeinschaft Wasser zusammen mit dem Umweltbundesamt zu dem Ergebnis, dass die Donau »mäßig belastet« sei, einige kurze Abschnitte wie zum Beispiel bei Regensburg jedoch »kritisch belastet«. Allerdings fielen auch sehr viele Nebenflüsse in diese zweite Kategorie.

Die junge Donau bei Tuttlingen

Seitdem hat sich viel getan. Alle Beteiligten nennen in erster Linie den Bau von neuen und besseren Kläranlagen und verweisen zugleich darauf, dass dies nicht ausreiche. Vielmehr gehe es vor allem darum, den Flüssen wieder mehr Raum für ihre natürliche Entwicklung zu geben. Ein solcher »Entwicklungskorridor« könne, so die bayerische Regierung, als Puffer gegen Stoffeinträge aus der Landwirtschaft dienen. Insgesamt müsse zukünftig nicht nur die Qualität des Wassers, sondern der Fluss als Ökosystem mit Auwäldern und einer Vielfalt an Pflanzen und Tieren bewertet werden.

Eine Untersuchung aus dem österreichischen Klosterneuburg listete im März 2020 folgende Zahlen auf: Beim ph-Wert erreicht die Donau mit 8,4 fast den zulässigen Höchstwert von 9. Beim Indikator Ammonium wurden 0,075 Milligramm pro Liter gemessen, hier liegt der Grenzwert bei 0,45. Und auch bei anderen Werten wie Nitrat oder Phosphat, die in erster Linie aus der Landwirtschaft stammen, wurden die Grenzwerte bei weitem nicht erreicht. Zusammenfassend kommt die Untersuchung zu dem Schluss, dass die Donau inzwischen zu einem »sauberen Fließgewässer« geworden ist. Wovon nicht zuletzt die ständig wachsende Zahl von Menschen zeugt, die wieder in der Donau baden.

Trotz vieler positiver Ergebnisse erscheint eine Lösung der Probleme des Naturschutzes an der Donau immer wieder die Quadratur des Kreises zu erfordern. Landwirtschaft und Gemeinden benötigen Sicherheit vor Hochwasser, wollen dafür jedoch keine Felder aufgeben. Die Eindämmung von Überschwemmungen durch Deiche nimmt den Auwäldern das überlebenswichtige Wasser. Die Wirtschaft ist an ökologischer Wasserkraft an den Staustufen interessiert, was bedeutet, dass die Zahl der Fische zurückgeht. Der Tourismus setzt auf sauberes Wasser und Ausflugsschifffahrt, doch steht das Verhalten der Kapitäne damit – um es vorsichtig auszudrücken – nicht immer im Einklang. Konsens besteht immerhin in einem Punkt: Die Auwälder der Donau müssen erhalten werden.

Vögel und Vogelbeobachtung

Die Auwiesen der Donau zählen zu den bedeutendsten Wiesenbrütergebieten Deutschlands. So hat man zwischen Straubing und Deggendorf über 200 Vogelarten gezählt, von denen gut 100 als bedroht gelten. Im schwäbischen Donaumoos waren es sogar 270 Vogelarten. Zu den typischen Vögeln in Flusslandschaften gehört der Flussregenpfeifer, der auf Kiesinseln brütet. In den Niedermooren leben dagegen die Bekassinen, die mit ihren ungewöhnlich langen Schnäbeln im feuchten Boden nach Nahrung suchen. Nachdem ihr Bestand zwischen 1990 und 2010 in ganz Deutschland um 50 Prozent zurückgegangen war, nahm er im Donaumoos infolge von Wiedervernässungsmaßnahmen deutlich von 12 auf knapp 50 Brutpaare zu. Einen ähnlich ausgeprägten Schnabel wie die Bekassine hat auch der Große Brachvogel, der jedoch durch die industrielle Landwirtschaft weiterhin bedroht ist.

Zu den Schönheiten der Donauauen zählt der Eisvogel, der mit seinem leuchtend blauen Gefieder auch als »fliegender Edelstein« bezeichnet wird. Ungewöhnliche Gäste im Donaumoos sind Kraniche, die erst seit Anfang der 1990er Jahre die Region auf ihrem winterlichen Zug in wärmere Gefilde nutzen. Im Schilf, das an den Ufern der Altwasserarme wächst, leben Löffel- und Knäkenten, aber auch die Rohrweihe, die zur Familie der Habichte gehört, sowie Graureiher.

Entlang der Donau gibt es Dutzende von Naturschutzgebieten, eigentlich existiert kaum ein Flussabschnitt ohne besondere Schutzmaßnahmen. Für den Besucher am interessantesten sind natürlich die Gebiete, in denen er die Chance bekommt, möglichst viele Vögel zu sehen. Dazu zählen zum Beispiel die Donauauen bei Ingolstadt, wo es an zwei Stauseen Beobachtungspunkte gibt (www.vogelundnatur.de). Birdingtours bietet Reisen in Vogelschutzgebiete rund um Regensburg an (www.birdingtours.de). Mehrere Beobachtungstürme und eine Beobachtungshütte gibt es im schwäbischen Donaumoos (www.arge-donaumoos.de). Über die Vögel in den Auen rund um Ulm informiert der örtliche Naturschutzbund unter www.nabu-ulm-neu-ulm.de. Hinweise für gute Beobachtungspunkte finden sich unter www.birdinggermany.de.

Luchse, Goldschakale und Gämsen

Das schwäbische Donautal war eine der letzten Regionen Deutschlands, aus der sich der Luchs zurückzog. Das war Mitte des 19. Jahrhunderts und es sollte gute 150 Jahre dauern, bis sich die größte Katze Europas wieder in Oberschwaben zeigte. Ähnlich war es an der bayerischen Donau, wo man schon ab 1970 begann, Luchse wieder anzusiedeln. Doch trotz aller Bemühungen – besonders im Bayerischen Wald – konnten bis heute nicht mehr als 20 bis 30 erwachsene Luchse gezählt werden. Im Nationalparkzentrum des Waldes (www.nationalpark-bayerischer-wald.bayern.de) und im Luchs-Info-Point im Naturpark Obere Donau (www.naturpark-obere-donau.de) kann man sich darüber informieren. Die Zahl der Tiere stagniert freilich auch, weil ähnlich wie beim Wolf so mancher Einheimische ihre Rückkehr ablehnt. Immer wieder werden geschossene und vergiftete Tiere gefunden.

Noch seltener als Luchse sind im Donauraum die Goldschakale. So nahm eine Kamera im Bayerischen Wald 2012 ein Bild von diesem wolfsähnlichen Tier auf.

Der Luchs ist ein scheuer Waldbewohner

Sein Hauptverbreitungsgebiet ist neben Asien und Afrika Südosteuropa, von wo aus die Tiere nordwärts ziehen. Goldschakale besitzen, wie der Name sagt, eine goldgelbe oder auch rötliche Färbung, man könnte sie eher für einen Fuchs denn für einen Wolf halten. In Süddeutschland waren sie anders als der Wolf früher nie heimisch, für den Menschen, so Biologen, stellen sie keinerlei Gefahr da.

Im Unterschied zu Luchsen und Goldschakalen sind Gämsen an der Donau sehr zahlreich geworden – was seit Jahren für einen Streit zwischen Naturschützern und Jägern sorgt; ein Streit, in dem die Konfliktlinien ganz anders verlaufen als erwartet. Die Gämsen, die sich seit Ende der 1950er Jahre bei Fridingen im Landkreis Tuttlingen ausgebreitet haben, fressen mit Vorliebe Pflanzen wie die Ästige Graslilie, das Felsen-Hungerblümchen oder den Berg-Heilwurz. Doch diese in der süddeutschen Tundra in der Eiszeit vor 10 000 Jahren entstandenen Blumen sind selten und daher streng geschützt. Die Gämsen jedoch dezimierten ihren Bestand um rund die Hälfte. Daher versuchten die Naturschützer, die Jäger dazu zu bringen, mehr Gämsen abzuschießen. Man richtete sogar einen Runden Tisch ein, doch die geforderten Abschusszahlen wurden nicht eingehalten, denn die Jäger sahen ihrerseits den Bestand der Gämse gefährdet. Vermutlich, so der zuständige Wildtierbeauftragte, gebe es auf 12 000 Hektar Fläche keine 100 Tiere mehr. Und auch die Tourismusvertreter waren gegen weitere Abschüsse, denn die Gämsen sind eben auch eine Attraktion für Besucher.

Damit ist die Gams-Geschichte aus dem oberen Donautal freilich noch nicht zu Ende. Vielmehr schloss sich dort der Kreislauf der Natur. Um das Jahr 2015 tauchte ein Luchs aus dem Schweizer Jura auf, dem die Einheimischen den Namen Friedl gaben. Und der riss von nun an jeden Monat eine Gams – was sowohl dem Luchs wie den Pflanzen aus der Eiszeit nutzt.

Echsen und Schlangen

»Im Tal der Echsen und Schlangen« lautet der Titel eines Films des Bayerischen Rundfunks über das Donauengtal zwischen Deggendorf und Passau. Nattern und Eidechsen sind darin die Hauptdarsteller. Tatsächlich gehört die Region zu den bedeutendsten Lebensräumen von Reptilien in ganz Deutschland.

Dies hat mit der Geografie des Raums zu tun. Nördlich der Donau steigen die Vorberge des Bayerischen Waldes steil an. Die Sonne trifft so mit voller Kraft auf die freiliegenden Granitfelsen – ideale Wärmeplätze für die in Deutschland vom Aussterben bedrohte grüne Smaragdeidechse. Der Heimatdichter Hans Carossa schrieb über sie: »Der Liebende der Tierwelt aber, wie muss es ihn anmuten, wenn ihm auf sonnigen Hängen bei Obernzell die Smaragdeidechse begegnet, die ihn an südliche Reisen erinnert«. Der Feuersalamander dagegen kann von Besuchern bei Waldwanderungen im Herbst entdeckt werden – vorausgesetzt, er wandert bei Regen durch Laubwälder, denn dieses Klima bevorzugen die gelb-schwarz gefärbten Reptilien.

Flussfische und Muscheln

Sie heißen Streber, Zingel oder Schrätzer – Donaufische, die einst typisch für den Fluss waren und nun vom Aussterben bedroht oder sogar schon ganz verschwunden sind. So kam die Fischereiforschungsstelle Baden-Württembergs 2017 nach einer umfangreichen Untersuchung zu dem Schluss, dass von den 35 Fischarten, die im 19. Jahrhundert zwischen Beuron und Ulm gezählt wurden, momentan noch 29 Arten nachgewiesen werden können. Allzu schlecht hört sich dieses Ergebnis zunächst nicht an. Doch viele der Arten, die früher zu den »Brotfischen« der Donaufischer gehörten, die also ganz besonders häufig vorkamen und für gutes Einkommen sorgten, wie etwa Äsche oder Nase, sind heute selten geworden. Die Ursache für das Artensterben sieht der Forscherbericht in der »Umgestaltung des ursprünglichen Donauverlaufs während der Industrialisierung«. Das heißt, die Folgen von Begradigungen und dem Bau von Wasserkraftwerken sind bis heute noch spürbar.

Der Bericht stellt auch fest, dass aus Teichen und Baggerseen gebietsfremde Arten in die Donau zugewandert sind. Dazu gehören zum Beispiel Aal und Regenbogenforelle oder Zuchtkarpfen. Aus dem Schwarzen Meer sei die Schwarzmund-Grundel zugewandert und breite sich mit erstaunlicher Geschwindigkeit aus. Andererseits habe sich das Vorkommen von Welsen und Zandern dank Besatzmaßnahmen deutlich erhöht. Besonders zahlreich seien außerdem Kleinfischarten wie Elritze, Schmerle und Stichling.

Fischtreppe an der Donau

Die besondere Aufmerksamkeit der Forschungsstellen in Baden-Württemberg und Bayern gehört seit langem dem Huchen. Dieser Fisch, der den schönen wissenschaftlichen Name Hucho hucho trägt, gehört zur Familie der Lachsfische, weshalb ihn viele auch Donaulachs nennen. Der Huchen kann bis zu 1,5 Meter lang werden und ist für jeden Angler deshalb eine besondere Trophäe. Zur Laichzeit im April ziehen die Fische in langen Wanderungen stromaufwärts. Und genau hier liegt auch der Grund für den Rückgang der Population: Denn immer mehr Stauwehre verhinderten den Aufstieg der Huchen. Seit 1990 wurde daher in der schwäbischen Donau offiziell kein Huchen mehr registriert. In Bayern setzte unter anderem ein Kreisfischerverein 150 Huchen am Donaudurchbruch bei Weltenburg aus. Und auch in der Ohe im Bayerischen Wald können seit einigen Jahren wieder Huchen gefangen werden.

Zudem konnte die Renaturierung der Donau bei Hundersingen-Binzwangen im Landkreis Sigmaringen zeigen, wie schnell Fische auf bessere Lebensbedingungen reagieren. So nahm besonders die Anzahl der Äschen sprunghaft zu. Auch zwischen Neuburg und Ingolstadt erhöhte sich die Zahl der Fischarten nach der Anbindung eines Donau-Altarms an den Hauptstrom in nur zwei Monaten von 21 auf 37. Selbst das in ganz Europa selten gewordene Neunauge, eigentlich gar kein Fisch, sondern ein fossiles Wirbeltier mit neun Körperöffnungen, konnte wieder nachgewiesen werden.

Anders als der Name Flussperlmuschel vermuten lässt, enthalten nur wenige Muscheln dieser Art eine Perle. Wissenschaftlichen Angaben zur Folge finden sich in 1000 Muscheln maximal 40 Perlen. Dennoch gab es in Deutschland bis ins 18. Jahrhundert ein »Perlregal«, das das Recht zum Suchen von Muscheln in den Flüssen streng regelte und Raubfischerei mit harten Strafen bedrohte. So wurde Dieben die Zunge herausgeschnitten oder man blendete sie, damit sie den Fundort der Perlmuschel nicht verraten konnten. Damals existierten zum Beispiel in der Eifel Muschelbänke mit mehr als 1000 Tieren pro Quadratmeter. Perlen aus den klaren Bächen des Bayerischen Waldes wurden in den Kronen bayerischer Adeliger verarbeitet. Doch diese Zeiten sind lange vorbei. Durch Verschmutzung und Versandung der Bäche steht die Flussperlmuschel auf der Liste vom Aussterben bedrohter Tierarten. Bis in die 1950er Jahre lebten in der Ilz, die bei Passau in die Donau mündet, noch 80 000 Muscheln, inzwischen werden die Bestände nur noch auf wenige Hundert geschätzt. Und so begann man 2015 bei der Oberilzmühle mit Maßnahmen zur Wiederansiedlung der Flussperlmuscheln. Jungtiere wurden aus Aquarien eingesetzt, eine Fischtreppe für Bachforellen, die als Wirtstiere der Muscheln dienen, gebaut. Doch im ersten Jahr starben sämtliche eingesetzten Tiere, nur mit viel Mühe gelang es, die Überlebensquote etwas zu steigern.

Nase und Rotauge, typische Fische aus der Donau im Infozentrum Isarmündung

Angeln an der Donau

Über der Donau liegt noch Frühnebel, wenn die ersten Angler kommen. Sorgfältig platzieren sie ihre Klappstühle am Ufer, stellen ihre bunten Eimerchen für einen etwaigen Fang daneben, grüßen die 20 Meter entfernt sitzenden Angelnachbarn, die sie schon seit Jahren kennen. Und natürlich wurde auch der Angelplatz mit viel Bedacht gewählt, besonders beliebt sind jene unter den Bäumen der Auwälder, deren Zweige tief ins Wasser hängen. Dort lauern Raubfische wie Hechte oder Zander gern auf ihre Beute. Es gibt aber auch beliebte Plätze, die sehr viel weniger romantisch sind, wie die zahlreichen Staustufen der Donau. Denn an den Strömungskanten, so berichtet ein Angler, tummeln sich riesige Welse. Und auch Zander nutzten die Betonwände, um Kleinfische in die Enge zu treiben.

Überhaupt geht es bei Anglern immer darum, wo die besten Angelplätze sind und wann man am besten auf welchen Fisch Jagd macht. Zeit für Anglerlatein ist ja da. Aale zum Beispiel sollen sich besser bei Neumond als bei Vollmond fangen lassen. Und auf Hechte sei der Erfolg besser auf der Seite des Gewässers, das dem Wind zugewandt ist. Wie auch immer - wichtig für das Angeln in der Donau mit ihren starken Strömungsschwankungen ist auf alle Fälle die richtige Wahl des Schwimmers. Je stärker die Strömung, umso schwerer sollte er sein.

Für die Organisation des Angelbetriebs sind die Bezirksfischereivereine zuständig. Bei ihnen bekommt man - unter Vorlage eines Angelscheins - Gastkarten, die pro Tag um die 25 Euro kosten. Die Vereine informieren im Internet darüber, wo man in dem von ihnen betreuten Flussabschnitt welche Fische fangen kann, ob Nachtfischen erlaubt ist und welche Gewässer gerade gesperrt sind. Auch Fischereischeinprüfungen kann man hier machen. Die Grenzen zwischen den Bezirken sind auf beiden Uferseiten durch Metalltafeln markiert. In allen Städten gibt es ein Anglergeschäft, das Auskünfte erteilt und Gastkarten verkauft.

Huchen

Eine besondere Attraktion an der Donau und ihren Nebenflüssen ist das Spinnfischen auf den seltenen Huchen (→ S. 38). Auf die Jagd mit den künstlichen Fischködern geht man am besten im Winter, und da der lachsartige Fisch in Flachwasser auf seine Beute lauert und durch hektische Bewegungen vertrieben wird, müsse man als Angler schon eine ruhige Hand haben. Oder, wie es auf der einschlägigen Internetseite www.blinker.de heißt: »Der Köder wird beim Huchenfischen in Zeitlupentempo geführt«.

Zander

Aber auch Zanderangler kommen an der Donau auf ihre Kosten. Die Betreiber von https://zanderfang.de äußern sich geradezu euphorisch über die vielfältigen Fangmöglichkeiten. Vom klassischen Köderfisch über das Wobblerangeln bei Nacht bis zum Schleppfischen mit dem Boot, alles ist möglich. Einzige Bedingung: Die Donau darf kein Niedrigwasser haben. Auch starke Wasserstandschwankungen mag der Zander nicht.

Übersicht über die wichtigsten Angelvereine und ihre Internetseiten: → S. 309.

EXTRA

Donau-Landschaften

Was das Reisen entlang der Donau so schön macht, sind die vollkommen unterschiedlichen Landschaften, durch die sie fließt. Zwischen dem Schwarzwald im Westen und dem Bayerischen Wald im Osten reihen sich Naturparks an Biosphärenreservate, wechseln sich weite Moore mit engen Tälern ab. Für all jene, die Fernblicke lieben, ist für die Reiseplanung wichtig, dass das Südufer – von wenigen Ausnahmen abgesehen – flach ist und sich von hier eine fast unendlich scheinende Ebene zum Bodensee und dem Alpenvorland hin öffnet. Im Norden dagegen steigen die Berge der Schwäbischen Alb oder des Bayerwaldes sehr steil an. Von ihren Gipfeln kann man den Verlauf des Flusses von oben verfolgen und manchmal bis zu den Alpen sehen.

Naturpark Obere Donau

Der Naturpark Obere Donau zwischen den Landkreisen Tuttlingen und Biberach ist einer von sieben Naturparks in Baden-Württemberg und umfasst knapp 1500 Quadratkilometer. Zu ihm zählt auch der Donaudurchbruch durch die Schwäbische Alb bei Beuron, der Große Heuberg auf der Hochfläche der Alb und das Donaubergland rund um Tuttlingen. Charakteristisch für den Naturpark sind mächtige Kalksteinfelsen, wie der 765 Meter hohe Knopfmacherfelsen bei Beuron. Eine andere Besonderheit sind die Donauversickerungen bei Immen-dingen und Fridingen (→ S. 25). In den Höhlen des Juragesteins suchten schon Steinzeitjäger Schutz, wovon zahlreiche Funde zum Beispiel aus der Burghöhle Dietfurt zeugen.

Durch den Naturpark führen gut 200 Kilometer zertifizierte Wanderwege, darunter der besonders beliebte, 57 Kilometer lange Prädikatwanderweg »Donaubergland« (www.donaubergland.de). Ein Fernwanderweg ist der Donau-Zollernalb-Rundweg, auf dem man in 10 bis 14 Tagen entlang der Donau und durch die Alb wandern kann (www.zollernalb.com). Für Radfahrer gibt es im »Donaubikeland« 16 Touren mit zahlreichen Ladestationen für E-Bikes (www.donaubikeland.de). Nach Auseinandersetzungen zwischen Naturschüt-

Winter an der Donau

zern und Kletterern sind inzwischen wieder viele der attraktiven Jurafelsen für den Freizeitsport freigegeben, allerdings müssen natürlich Schutzvorschriften beachtet werden (www.klettern.de). Die Verwaltung des Parks sowie ein Naturschutzzentrum befinden sich im »Haus der Natur« im alten Bahnhof von Beuron (www.naturpark-obere-donau.de).

Biosphärenreservat Schwäbische Alb

Schon seit 1895 befand sich bei dem schwäbischen Städtchen Münsingen ein 6500 Hektar großer Truppenübungsplatz, der bis 2005 von der Bundeswehr genutzt wurde. Was zunächst als Nachteil erschien, erwies sich schon bald als Vorteil für die Region. Wegen der Kampfmittelbelastung war es für Wanderer und Radfahrer unter Bußgeldandrohung von bis zu 50 000 Euro streng verboten, die gekennzeichneten Wege des Übungsplatzes zu verlassen. Andererseits war durch die einseitige militärische Nutzung die sanfte Wiesenlandschaft von den negativen Folgen der intensiven Landwirtschaft verschont geblieben. Die stark gefährdete Heidelerche oder der vom Aussterben bedrohte Steinschmätzer fanden hier einen Überlebensraum. In den Bodenverdichtungen und Senken, die durch Panzer verursacht worden waren, sammelte sich Wasser und schuf Biotope für bedrohte Amphibien wie die Kreuzkröte. Daher machte die Stuttgarter Landesregierung unter Günther Oettinger Münsingen zu einem ihrer »Leuchtturmprojekte«. 2009 erkannte die UNESCO das Gebiet als Biosphärenreservat an.

Das Biosphärengebiet ist gut 85 000 Hektar groß, von Norden nach Süden hat es eine Ausdehnung von 40 Kilometern und reicht von Bissingen bis nach Zwiefalten. Streuobstwiesen und Wacholderheiden, Kalkmagerrasen und Schluchtwälder entlang des Albtraufs bestimmen seine Landschaft. Auf dem ehemaligen Truppenübungsplatz weiden heute Schafe, die unter dem Qualitätssiegel »Alblamm« (→ S. 95) vermarktet werden. Das Informationszentrum des Reservats, das auch Gruppenführungen anbietet, befindet sich in Münsingen-Auingen (www.muensingen.com).

Oberschwaben

Eigentlich ist Oberschwaben nicht Thema dieses Donauführers. Oder besser: nur ein kleiner Teil davon. Denn Oberschwaben reicht im Süden bis zum Bodensee und zum Allgäu, im Norden liegt seine Grenze beim Bussen, dem »Heiligen Berg« Oberschwabens. Schon die Menschen in Zwiefalten, nur wenige Kilometer weiter nördlich, bezeichnen sich nicht mehr als Oberschwaben, ebenso wenig wie die Ulmer. Die Donaustädte Riedlingen, Ehingen und Sigmaringen werden dagegen zu Oberschwaben gerechnet. Wichtig ist Oberschwaben für die Donau-

Die Kalkfelsen der Schwäbischen Alb

Badesee im Donauried bei Lauingen

region aus einem ziemlich herausragenden Grund – und dies ist wörtlich zu nehmen: Die Klöster und die katholischen Gemeinden der Region überziehen das Land seit dem Dreißigjährigen Krieg mit einer unglaublichen Vielzahl von Barockkirchen. Ihre Zwiebeltürme weisen den Wanderern in der sanft gewellten Hügellandschaft bis heute den Weg. Diese Bauwerke bilden den Höhepunkt der Barock- und Rokokokunst in ganz Deutschland. Die Oberschwäbische Barockstraße führt unter dem Symbol eines Engels auf einer Haupt- und drei Nebenrouten von Ulm nach St. Gallen in der Schweiz (www.oberschwaben-tourismus.de).

Naturschutzgebiete des Donaurieds

Donauried heißt die flache Flusslandschaft zwischen Ulm und Donauwörth, die von Auwäldern und Niedermooren geprägt wird. Ein Teil der Region, rund 45 Quadratkilometer, ist als Vogelschutzgebiet ausgewiesen, in dem seltene Vögel wie der Große Brachvogel, der Kiebitz oder der Wachtelkönig ihre Brutplätze und (Über-)Lebensräume gefunden haben. Die Gegend ist dünn besiedelt, wird jedoch intensiv für den Kiesabbau genutzt. Auch wurde die Donau hier bereits in der ersten Hälfte des 19. Jahrhunderts begradigt, 100 Jahre später entstanden dann zahlreiche Staustufen für Wasserkraftwerke. So trocknete die ehemalige Moorlandschaft durch die Absenkung des Grundwasserspiegels weiter aus. Um dieses Moor wenigstens teilweise zu erhalten, wurde 1981 das Naturschutzgebiet Langenauer Ried ausgewiesen, das jedoch nur eine Fläche von knapp 80 Hektar hat. Mehrere Naturlehrpfade führen durch das Ried (www.langenau.de).

Meteoritenkrater Nördlinger Ries

Jahrhundertelang war der Wissenschaft nicht klar, wie die nahezu kreisrunde, flache Landschaft zu Füßen der Schwäbisch-Fränkischen Alb bei Nördlingen entstanden war. Wegen des hier zu findenden Suevit-Gesteins, das Vulkangesteinen ähnlich ist, ging man zunächst von einer vulkanischen Ursache aus. Anfang des 20. Jahrhunderts entstanden dann erste Theorien über einen Meteoriteneinschlag, die jedoch erst 1960 von zwei US-Geologen bewiesen werden konnten. Demnach schlug ein Meteorit mit einem Durchmesser von unglaublichen 1,5 Kilometern vor rund 14,6 Millionen Jahren mit einer Geschwindigkeit von 15 bis 50 Kilometern pro Sekunde hier ein. Einzelne Gesteinsbrocken dürften dabei bis zu 70 Kilometer weit geschleudert worden sein. Von dem damals rund 500 Meter tiefen Krater ist heute freilich nur noch wenig zu sehen. Zunächst bildete sich ein See, der im Laufe der Jahrtausende verlandete. Dennoch ist das Nördlinger Ries der am besten erhaltene Meteoriten-Einschlagskrater Europas.

Der Durchmesser des Rieses, das seinen Namen von der römischen Provinz Rtien ableitet, liegt bei gut 20 Kilometern. Ein kleiner Teil bei Bopfingen gehört zum Ostalbkreis in Baden-Württemberg, der größte Teil rund um die namensgebenden Stadt Nördlingen (→ S. 221) jedoch zu Bayern. In Nördlingen gibt es auch das Ries-Krater-Museum, drei Infozentren in Nördlingen, Oettingen und Treuchtlingen sowie mehrere Infostellen beleuchten im Geopark Ries die Besonderheiten des Naturraums (www.geopark-ries.de).

Donaumoos

Es war einst das größte bayerische Niedermoor, das Moos südlich der Donau zwischen Neuburg und Ingolstadt. Doch schon Ende des 18. Jahrhunderts begann man mit seiner Trockenlegung, um neues Land für den Ackerbau zu gewinnen. So ging der Moorcharakter fast vollständig verloren, auch wenn Orte wie Königsmoos oder Ludwigsmoos bis heute daran erinnern. Angebaut werden im Donaumoos heute vor allem Kartoffeln, in großem Maßstab abgebaut wird Kies. Im »Haus im Moos« in Kleinhohenried wird an die Arbeit der Kolonisten bei der Trockenlegung des Moores erinnert (www.haus-im-moos.de). Im angrenzenden Wisentgehege widmet man sich der Erhaltung und Zucht der letzten Wildrinder Europas (www.wisentgehege-donaumoos.de).

Die Umweltstation »mooseum« in Bächingen an der Brenz bietet neben einer Dauerausstellung Entdeckungstouren in den Auwald und das Donaumoos und auch Geocoaching für Kinder und Jugendliche an (www.mooseum.net). Der Donaumoos-Zweckverband bemüht sich um eine nachhaltige Entwicklung der Region, so setzt man auf eine naturnahe Beweidung durch seltene Tierrassen wie das Murnau-Werdenfelser Rind und Moorschnucken, eine ursprünglich aus den Moorgebieten Niedersachsens stammende Schafsrasse.

Die Stadt Nördlingen liegt inmitten eines Meteoritenkraters

Naturpark Altmühltal

Der schon 1969 ins Leben gerufene Naturpark Altmühltal ist mit knapp 3000 Quadratkilometern der viertgrößte Naturpark Deutschlands. Er erstreckt sich über gleich fünf bayerische Regierungsbezirke, beginnt im mittelfränkischen Pleinfeld im Norden und reicht bis ins oberbayerische Ingolstadt im Süden. Zentraler Ort ist die alte Bischofs- und junge Universitätsstadt Eichstätt, Namensgeber ist die Altmühl, die in der Nähe von Rothenburg ob der Tauber entspringt und 227 Kilometer später bei Kelheim in die Donau mündet. Einen Teil der Altmühl bildet seit 1992 der Main-Donau-Kanal, der wegen seines Eingriffs in ein ökologisch intaktes Tal stark umstritten war. Durch das Altmühltal fährt die Altmühlbahn, ein Regionalexpress von Ingolstadt nach Treuchtlingen mit Anschlüssen nach München, Nürnberg und Würzburg.

Typische Landschaften des Naturparks sind Wacholderheiden und Trockenrasen ebenso wie Feuchtwiesen und Karsthöhlen. Einer der bekanntesten Teile des Parks ist die Felsgruppe »Zwölf Apostel«, eine Reihe von Felstürmen aus dolomitischem Schwammkalk beim mittelfränkischen Solnhofen. Bekannt ist aber auch das Karsthöhlensystem bei Mauern im Landkreis Neuburg-Schrobenhausen. Und auch der Donaudurchbruch von Kelheim, die Weltenburger Enge, gehört zum Naturpark.

Zahlreiche Rad- und Wanderwege führen durch das Tal, darunter der 200 Kilometer lange Panoramaweg von Gunzenhausen nach Kelheim und der insgesamt über 800 Kilometer lange Deutsche Limes-Radweg. Berühmt ist das Altmühltal für seine Fossilien, die Besucher in fünf Steinbrüchen selbst sammeln können. Die größten Funde, darunter auch der Urvogel Archaeopteryx, sind im Dinosauriermuseum von Denkendorf zu bestaunen. Nahe der A9 gelegen, ist das Museum mit einem eigenen »Dinobus« ab den Bahnhöfen Ingolstadt und Kinding zu erreichen. (www.naturpark-altmuehltal.de; www.dinopark-bayern.de).

Essing im Altmühltal

Blick auf den Bayerischen Wald

Hopfenanbaugebiet Hallertau

Die Hallertau östlich von Ingolstadt ist das größte und für viele auch das beste Anbaugebiet für Hopfen auf der ganzen Welt. Schon für das 8. Jahrhundert gilt der Anbau als belegt, heute stammen 86 Prozent des deutschen Hopfens von hier. Am schönsten ist es hier kurz vor der Erntezeit im September, wenn die grünen Ranken mit ihren goldenen Dolden das obere Ende der Hopfendrähte erreicht haben. Doch auch ansonsten prägen die Hopfengärten der Familienbetriebe die sanft hügelige Landschaft. Neben Hopfen wird rund um Abensberg und Schrobenhausen auch Spargel angebaut.

Oberpfälzer- und Bayerischer Wald

Von Regensburg bis Passau wird die Donau an ihrem Nordufer von den Vorbergen des Oberpfälzer und des Bayerischen Waldes begleitet. Diese erreichen eine Höhe von bis zu 1100 Metern und fallen zur Donau hin teilweise sehr steil ab. Der Bayerische Wald ist selbstverständlich eine eigene Reise wert, wer jedoch zumindest einen kleinen Teil davon kennenlernen möchte, nimmt in Straubing die B20 nach Cham und fährt dann auf den Bundesstraßen 85 und 11 weiter bis Zwiesel. Dort beginnt bereits der Nationalpark Bayerischer Wald mit seinen Urwäldern und auch der Große Arber, mit 1456 Metern der höchste Gebirgsgipfel, ist nicht weit. Über Regen kann man dann auf der B11 nach Deggendorf und somit zurück an die Donau fahren. Gute 100 Kilometer ist diese Strecke lang.

Gäuboden

Im Unterschied zum Nordufer ist das Südufer der Donau im westlichen Niederbayern topfeben. Hier breitet sich zwischen Wörth an der Donau und Künzing der sogenannte Gäuboden aus, dank seines Lössbodens eine der fruchtbarsten Landschaften Bayerns. Zentrum der Region, die auch Dungau genannt wird, ist Straubing, wo jedes Jahr im August das Gäubodenfest stattfindet, nach dem Münchner Oktoberfest das zweitgrößte Volksfest Bayerns.

Weite Landschaft im Gäuboden

In dieser »Kornkammer« Bayerns wird vor allem Sommer- und Winterweizen angebaut, daneben aber auch Kartoffeln, Mais, Gurken und Zuckerrüben. Seit 1961 gibt es in Platting eine Zuckerfabrik. Unzählige verarmte Bauern aus dem Bayerischen Wald verdingten sich vor allem an der Wende vom 19. zum 20. Jahrhundert als Tagelöhner in der Landwirtschaft der reichen Gäubodenhöfe.

Die Donau in dieser Region wurde ab 1836 planmäßig reguliert und die Arbeiten 1870 weitgehend abgeschlossen. Unreguliert blieb nur ein Teilstück zwischen Straubing und Vilshofen und um dessen Ausbau gab es jahrzehntelang einen heftigen Streit. Unter dem Druck einer schnell wachsenden Umweltbewegung musste die bayerische Staatsregierung die Pläne schließlich weitgehend begraben (→ S. 293).

Donauengtal

Das Donauengtal reicht von Vilshofen über Passau bis ins oberösterreichische Aschach und ist rund 80 Kilometer lang. Nach dem flachen Gäuboden fließt die Donau von nun an durch ein enges Tal. Rechts und links des Flusses steigen die Berge bis auf eine Höhe von 500 Metern teilweise steil an, hier finden sich uralte kristalline Gesteine wie Gneis und Granit. Mehrmals wird das Wasser der Donau aufgestaut, so kurz vor Passau durch das Kraftwerk Kachlet, mit 53 Megawatt Leistung eines der größten Flusskraftwerke Deutschlands. Zum Donauengtal gehört auch die ausgesprochen sehenswerte »Schlögener Schlinge« in Oberösterreich, wo die Donau sich mäandernd ihren Weg durch das Böhmische Massiv bahnt. Einen guten Blick auf diese Schlinge hat man von der Burgruine Haichenbach oder vom Schlögener Blick. Zwischen Passau und der deutsch-österreichischen Grenze bei Jochenstein liegt das Naturschutzgebiet Donauleiten, in dem sehr seltene Reptilien wie etwa Smaragdeidechsen leben (www.hausamstrom.de). Vom Donauengtal bis Wien hat die Donau nun noch 200 Kilometer zurückzulegen.

Fernwanderwege

»Ist eine Wanderung an der Donau nicht langweilig, immer nur am Fluss entlang und immer abwärts?« – so wird in manchem Internet-Portal gefragt. Tatsächlich jedoch verläuft nicht einmal der Donauradweg (→ S. 117) ständig am Ufer, sondern sucht sich immer wieder einen abwechslungsreichen Verlauf durch Auwälder und die Höhen der Schwäbischen Alb.

Grundsätzlich bieten alle Gemeinden an der Donau – sei es im Bayerischen Wald, auf der Schwäbischen Alb oder im Donau-Ries – eine kaum zu übertreffende Vielfalt an Wandermöglichkeiten. Häufig sind dies auch geführte Spaziergänge, bei denen bestimme Phänomene der Region wie die Pflanzen- und Tierwelt der Oberen Donau oder die Folgen des Meteoriteneinschlags bei Nördlingen erklärt werden (siehe hierzu auch Reisetipps A–Z, → S. 305).

Daneben gibt es aber auch eine Reihe von Fernwanderwegen, die sich durch die gesamte Donauregion ziehen. Der sicher populärste ist der **Donau-Panoramaweg**, der, wie der Name bereits sagt, immer wieder Ausblicke auf die Donau bietet. Besonders spektakulär sind diese hinter Regensburg, wo man bei der Burgruine Donaustauf oder der Walhalla die Wanderung unbedingt mit einem Picknick unterbrechen sollte. Eine weitere Besonderheit des Panoramawegs ist, dass man auf einzelnen Etappen Schiff oder Fähre benutzen kann, etwa wenn man den Limesturm von Hienheim besichtigen möchte. Und auch zur Walhalla kann man von Regensburg aus mit dem Schiff fahren. Der Panoramaweg beginnt in Neustadt und führt unter dem Wanderwegweiser eines weißen »D« auf blauem Grund auf einer Strecke von 220 Kilometern und in zehn Etappen bis nach Passau. (www.donaupanoramaweg.de)

Wer nicht nur die Donau, sondern auch die Täler ihrer Nebenflüsse Altmühl, Laaber und Naab kennenlernen will, entscheidet sich für den knapp 240 Kilometer langen **Jurasteig**. Dieser zieht sich in 13 Etappen durch das Fränkische Juragebirge, wobei sich abseits der Hauptroute immer wieder sogenannte »Schlaufenwege« anbieten, auf denen zum Beispiel über das Phänomen der Karsthöhlen informiert wird. Der Jurasteig mit seinen gelben »J«-Symbolen beginnt und endet in Kelheim und führt vor allem über naturbelassene Wege durch Buchenwälder und über Wacholderheiden. (www.jurasteig.de)

Wegweiser zwischen Mühlheim und Kloster Beuron

Der **Ostbayerische Jakobsweg** und die Via Nova ziehen jedes Jahr aufs Neue viele Pilger an. Der erste Weg führt von Eschlkam an der tschechischen Grenze im Bayerischen Wald über wichtige religiöse Zentren wie Regensburg und Eichstätt nach Donauwörth. Dieses Teilstück des internationalen Jakobswegs wurde erst vor einigen Jahren wiederhergestellt. So ist es nun möglich von Eschelkam bis ins spanische Santiago di Compostela und somit auf 2825 Kilometern durchgehend unter dem Symbol der gelben Jakobsmuschel zu pilgern.

Der Jakobsweg hat außerdem eine Variante in Bayerisch-Schwaben, diese führt auf knapp 50 Kilometern von Oettingen im Nördlinger Ries über Harburg bis Donauwörth. (www.pilgern-bayern.de, www.ferienland-donau-ries.de)

Ebenfalls relativ neu ist der 2004 geschaffene **Europäische Pilgerweg Via Nova**. Seine Ausgangspunkte sind entweder der Hauptgipfelkamm des Bayerischen Waldes bei Mauth oder das Kloster Weltenburg am Donaudurchbruch. Unter dem Zeichen eines rot-blauen Doppelkreises, der eine Verbindung zwischen Himmel und Erde darstellen soll, führt die Via Nova auf den Spuren alter Wallfahrtswege bis nach St. Wolfgang am Wolfgangsee im Salzburger Land. In der Donauregion liegen die Klöster Bogen, Metten, Niederaltaich und Aldersbach an der Strecke. Übernachten kann man in »Pilgerfreundlichen Gasthäusern«, aber zum Beispiel auch im Gästehaus der Abtei Schweiklberg in Vilshofen. Angeboten werden zudem gemeinsame Pilgerwanderungen. (www.pilgerweg-vianova.eu)

Wanderer an der Bregquelle

Doch nicht nur in Bayern, auch am schwäbischen Abschnitt des Flusses gibt es Donau-Fernwanderwege. So führt der **Albsteig** auf gut 350 Kilometern in 16 Tagesetappen von Donauwörth über Nördlingen und Aalen entlang der Albtraufkante nach Tuttlingen. Bekannt auch als Schwäbischer Alb-Nordwanderweg, ist er seit über 100 Jahren einer der Hauptwanderwege des Schwäbischen Albvereins, seit 2012 zählt er zu den »Top Trails of Germany«. Allerdings müssen auf dem Albsteig insgesamt 9600 Höhenmeter bezwungen werden, wobei es auch leichte Tagesetappen, wie zwischen Mönchsdeggingen und Harburg, gibt. Nicht verwechseln sollte man diesen Wanderweg mit dem sehr viel kürzeren »Albsteig-Schwarzwald«. (www.schwaebischealb.de)

Der **Donau-Zollernalb-Weg** misst 160 Kilometer, beginnt in Beuron und endet am Lemberg, dem mit 1015 Metern höchstem Berg der Schwäbischen Alb. Die zwölf Etappen werden als »mittel« und »schwer« beschrieben, tatsächlich muss man an manchen Tagen 700 bis 900 Höhenmeter beim Aufstieg bewältigen. Dafür entschädigen jedoch Ausblicke bis zu den Alpen und ins Neckartal. (www.schwaebischealb.de)

Doch auch für all jene, die nicht so viele Kilometer oder Höhenmeter zurücklegen möchten, bietet die Donau mehrtägige Wandermöglichkeiten. So den **Donauberglandweg** mit seinen 57 Kilometern zwischen Gosheim hoch auf der Schwäbischen Alb hinab ins Donautal beim Kloster Beuron. Oder den Premiumwanderweg **DonAUwald**, der sich auf 59 Kilometern quer durch die Auwälder zwischen Günzburg und Dillingen zieht. Wer sich dagegen für den Verlauf der **Urdonau** (→ S. 21) interessiert, entscheidet sich für einen 60 Kilometer langen Rundweg durch das Altmühltal.

Organisierte Wanderungen

Organisierte Wanderungen mit Gepäcktransport werden an der Donau sowohl als Individual- wie auch als Gruppenreisen angeboten. Auch werden die Etappen teilweise verkürzt oder in anderer Anordnung durchgeführt – so startet eine sechstägige Panoramaweg-Wanderung von www.karhu.de zum Beispiel nicht in Neuburg, sondern in Regensburg.

Das 1995 gegründete Unternehmen Kleins-Wanderreisen führt in seinem umfangreichen Programm Gruppenreisen entlang des Donauberglandwegs, dem Jurasteig und dem DonAUwaldweg. (www.kleins-wanderreisen.de)

Wanderungen in und um Ulm sowie durch den Donaudurchbruch der Schwäbischen Alb können bei »Lustwandeln« gebucht werden, wobei bei diesem Veranstalter ein »Wandern à la carte« möglich ist, man sich also seine Strecke selbst auswählen kann. Für Gruppen ab acht Personen sind zudem Termine nach Vereinbarung möglich. (www.lustwandeln.eu)

Für all jene, die es etwas abenteuerlicher haben möchten: Viertägige »Wildniswanderungen« veranstaltet das gleichnamige Unternehmen im Oberen Donautal. Übernachtet wird in der freien Natur, gekocht wird auf offenem Feuer. (www.wildniswandern.de)

Gleich mehrere Anbieter gibt es für Wanderungen auf dem Albsteig. Dazu zählen Swabian Travel (www.swabiantravel.com), Original Landreisen (www.original-landreisen.de) und Abenteuer Wege (www.abenteuerwege.de).

Geschichte

Steinzeitjäger, Einbaumboote, Feuerstein

Nachdem vor etwa 10 000 Jahren die letzte Eiszeit zu Ende gegangen war, breiteten sich nur schwer zu durchdringende Urwälder in ganz Europa aus. Jäger und Sammler, die in Großfamilien zusammenlebten, durchstreiften das Land und ließen sich spätestens in der Jungsteinzeit, um 6000 v. Chr., dauerhaft im Donautal nieder. Da das Vorankommen in den sumpfigen Flussauen schwierig war, begannen sie aus dem reichlich vorhandenen Holz der Linden und Eichen Einbaumboote zu fertigen, mit denen sie die Donau befuhren. Lange Zeit gab es unter Wissenschaftlern Zweifel, ob die rund 300 Kilogramm schweren und fünf Meter langen Boote stabil genug waren, um auch den teilweise heftigen Strudeln der Donau standhalten zu können. Daher baute vor gut 20 Jahren der bayerische Geologe Alexander Binsteiner einen Einbaum nach und fuhr mit diesem durch den »bayerischen Grand Canyon«, den Donaudurchbruch bei Weltenburg.

Mit welchen Werkzeugen aber fertigten die Steinzeitmenschen ihre Boote und welche Waren transportierten sie mit ihnen? Als Antwort auf beide Fragen genügt ein einziges Wort: Feuerstein. Dieses Kieselgestein, das wir heute allenfalls noch mit alten Feuerzeugen in Verbindung bringen, war für die Steinzeit so wichtig wie der Stahl für das Industriezeitalter. Vor allem Messerklingen und Sicheln wurden daraus gefertigt.

Das wichtigste Feuersteinbergwerk der damaligen Zeit gruben Archäologen erst in den 1980er und 1990er Jahren aus: bei Arnhofen, etwa auf halber Strecke zwischen Ingolstadt und Regensburg. Bis zu acht Meter tief waren seine Schächte und so eng, dass man vermutet, dass die Menschen der Steinzeit ihre Kinder zum Abbau des Feuersteins einsetzten (www.stadtmuseum-abensberg.de). Verkauft wurde die lebenswichtige Ware bis nach Böhmen, weshalb man den Handelsweg durch den Bayerischen Wald heute noch Feuersteinstraße nennt. Gehandelt wurde damit aber natürlich auch in den immer zahlreicher werdenden Siedlungen an

Nachbauten von Handwerkerhäusern aus der Keltenzeit auf der Heuneburg

Modell der Kreisgrabenanlage Unterberg im Museum Künzing bei Deggendorf

der Donau. Noch im gut 400 Kilometer von Arnhofen entfernten Krems konnte Feuerstein aus diesem Bergwerk nachgewiesen werden. Aus diesem Grund gilt die Donau als der älteste Flusshandelsweg Europas. Und: Dieser Handel verband bereits damals Bayern mit dem Schwarzen Meer. In Gräbern bei Regensburg entdeckte man Schmuck aus Muscheln, die aus dem Schwarzen Meer stammten.

Immer wieder werden an der Donau Relikte aus der Steinzeit gefunden. Zu den bedeutendsten Entdeckungen zählt die Kreisgrabenanlage von Unternberg bei Künzing im Landkreis Deggendorf, eine Siedlung mit doppeltem Palisadenzaun mit einem Außendurchmesser von 110 Metern, die auf das Jahr 4800 v. Chr. datiert wird. Ein Modell ist im Römermuseum Quintana in Künzing zu sehen (www.museum-quintana.de).

Manching: Älteste Stadt nördlich der Alpen?

Nicht Feuerstein, sondern Eisenerz war der Grund für die Entstehung der vermutlich ältesten Stadt nördlich der Alpen. Bis zu 10 000 Menschen sollen während ihrer Blütezeit um 200 v. Chr. hier gelebt haben. Nur: Der Name dieser Stadt wurde nicht überliefert, man weiß nur, dass es die Kelten waren, die sich an der strategisch wichtigen Stelle der Mündung der Paar in die Donau niederließen. Am Ort der Keltensiedlung, die nach 400 Jahren im 1. Jahrhundert v. Chr. aufgegeben wurde, entstand in 9. Jahrhundert die heute 12 500 Einwohner zählende Stadt Manching.

1938 begannen Archäologen mit der Ausgrabung des keltisches Oppidums von Manching. Sein befestigtes Zentrum erstreckte sich auf einer Fläche von 380 Hektar – rund 400 Fußballplätzen – und war von einem sieben Kilometer langen und fünf Meter hohem Wall aus Erde, Holz und Steinen umgeben. In dieser urbanen Siedlung wurde Glas geschmolzen und Goldmünzen geprägt, Eisen und Bronze verhüttet – in einem Film über die Donau bezeichnete man es gar als das »Ruhrgebiet der Kelten«. Auf alle Fälle war Manching ein blühender Handelsplatz nicht nur für Waren aus dem Donauraum, sondern weit darüber hinaus.

Reste der Therme im ehemaligen Römerkastell Eining

Davon zeugen Bernsteinfunde von der Ostseeküste und Weinamphoren aus dem Mittelmeerraum. Der Niedergang der Keltensiedlung begann mit der Eroberung Galliens durch Gaius Julius Caesar und auch die Eingliederung der Donauregion in das Römische Reich im 1. Jahrhundert n. Chr. brachte keine Wende.

Die Römer und ihr Limes

In den Jahren der Zeitenwende um Christi Geburt dehnten die Römer ihren Machtbereich bis zur Donau aus. Im Jahre 15 v. Chr. hatte Kaiser Augustus sich entschlossen, mit einem Feldzug über die Alpen die Kelten zu unterwerfen. Sein Sohn Tiberius drang dabei bis an den Ursprung der Donau vor. »Eine Tagesreise vom (Boden)see sah Tiberius die Quellen des Ister«, hielt der Geograph Strabo wenige Jahrzehnte später fest. Ister war der griechische Name der Donau.

Nach der militärischen Sicherung des Gebiets erfolgte die administrative Eingliederung ins Römische Reich. So entstand im deutschen Donauraum die Provinz Raetien, die freilich viel größer als die Donauregion war und von den Tessiner Alpen im Süden über den südöstlichen Schwarzwald bis zu Donau und Inn und zeitweilig bis nach Schwäbisch Gmünd reichte. Daran schloss sich östlich des Inns die Provinz Noricum an, die erst östlich von Wien endete.

Ihre Herrschaft sicherten die Römer zunächst durch Legionärslager ab, die sie mit Straßen verbanden. Aber auch erste Häfen für den Donauhandel wurden gebaut. In unmittelbarer Nähe zu den Zelten der Soldaten entwickelten sich Zivilsiedlungen, die meist schon im 3. Jahrhundert zu Städten erklärt wurden.

Unter Kaiser Domitian wurde zum Schutz des römischen Reiches ab 83 n. Chr. der Limes errichtet, was übersetzt ungefähr Grenzweg bedeutet. Ohne Rücksicht auf das Gelände verlief dieser Weg schnurgerade über Berge und durch Täler. Wobei es wiederum nicht nur um den Donauraum ging, vielmehr zog sich der Limes von der Hadriansmauer im Norden der Provinz Britannia quer durch Europa und endete erst in Nordafrika. Der obergermanische Limes begann am

Rhein bei Remagen und traf bei Lorch westlich von Schwäbisch Gmünd auf den raetischen Limes. Bei Hienheim nahe Bad Gögging erreichte dieser die Donau, den Verlauf der Grenze kann man dort heute noch nachvollziehen, nicht zuletzt dank eines rekonstruierten Wachturms (→ S. 251). Ab Hienheim bildete die Donau die Grenze des römischen Reiches.

Germaneneinfälle

Solange die Zeiten noch friedlich waren, war der Limes tatsächlich nur ein Weg und keine Befestigungsanlage. Erst als die Germanen immer öfter versuchten, ins Römische Reich einzudringen, wurde um 162 n. Chr. die Grenze durch einen Palisadenzaun mit hölzernen und steinernen Wachtürmen, Erdwällen und Gräben gesichert. Später ersetzte man den Holzzaun durch eine Steinmauer, die gut einen Meter breit und bis zu drei Meter hoch war.

Dennoch musste der obergermanisch-raetische Limes wegen der wiederholten Einfälle der Alemannen im Jahr 260 aufgegeben werden – was als »Limesfall« in die Geschichte einging. Unter Kaiser Diokletian entstand um 300 dann jedoch eine neue Grenzbefestigung, die allerdings viel weiter südlich zwischen Bodensee, Hochrhein und Oberer Donau verlief und die man heute »Donau-Iller-Rhein-Limes« nennt.

An der Donau selbst bauten die Römer keine Grenzmauer, der Fluss war Hindernis genug. Allerdings entstanden unweit des Flusses Kastelle und auf den Hügeln über dem Fluss sogenannte »Burgi«. Das bedeutendste Kastell – abgesehen von Regensburg und Passau – befand sich im heute kaum bekannten Örtchen Künzing zwischen Deggendorf und Vilshofen. Einige wenige Erinnerungen daran kann man sich im Römermuseum des Ortes anschauen (www.museum-quintana.de).

Das Ende des Weströmischen Reiches im 5. Jahrhundert brachte auch das Ende der römischen Besatzung an der Donau und das Ende des Limes. Zwar blieben die Verteidigungsanlagen, die marmorverkleideten Paläste oder die von Säulen begrenzten Straßen noch mehrere Jahrzehnte lang erhalten, doch wurden die Städte mehr und mehr von Alemannen bewohnt. Schon seit dem 4. Jahrhundert war Rätien nicht mehr von römischen, sondern von alemannischen Soldaten im Dienste Roms verteidigt worden. Zu Ende ging nun eine rund 450-jährige Epoche, in der zum ersten und auch zum letzten Mal in der Geschichte der gesamte Donauraum von der Quelle bis zur Mündung unter einer einzigen Herrschaft stand, der des Römischen Reiches. Nur den Habsburgern sollte gut 1000 Jahre später Ähnliches gelingen. Doch für die Österreicher war in der heute rumänischen Walachei Schluss, die Region bis hin zum Schwarzen Meer eroberten sie nicht.

Römischer Tempel bei Lauingen

EXTRA

Germanen, Alemannen, Schwaben – oder was?

Wer waren die Alemannen oder Alamannen, die immer wieder ins Römische Reich einfielen? Und die wir heute vor allem noch von der »alemannischen Fasnet« oder aus Bezeichnungen von Fußballclubs kennen. Und woher kamen sie? Die Antwort darauf lautet: So genau weiß man dies nicht. Manche meinen, die Alemannen seien aus der Elbregion im 1. Jahrhundert n. Chr. aus dem Osten in den reicheren Süden eingewandert. Was man jedoch sicher weiß, ist, dass der Volksstamm im Jahre 289 in einer Rede eines Römers erwähnt wurden, die er aber nicht an der Donau, sondern in Trier hielt. Darin sprach er davon, dass alle, »die bis zu diesem Zeitpunkt Germani genannt wurden«, nun »Alamanni« heißen sollten.

Sprachwissenschaftler gehen davon aus, dass mit Alamanni »alle Mannen«, also alle Männer eines Stammes bezeichnet wurden. Als Siedlungsgebiet dieser Gemeinschaft gilt die Region zwischen Franken im Norden und Burgund im Süden. Ein alemannisches Herzogtum existierte bis Mitte des 8. Jahrhunderts, danach knüpfte das Herzogtum Schwaben an die alemannischen Traditionen an.

Sind also Schwaben eigentlich Alemannen? Oder umgekehrt? Nun, wissen müsste es das »Alemannische Wikipedia«, denn auch dieses gibt es, in Stammessprache natürlich. Demnach hätten sich zwischen 470 und 480 die an der Donau lebenden Schwaben nach einer Niederlage gegen die Goten den Alemannen angeschlossen. Da diese dabei jedoch nicht auf ihrem Stammesnamen bestanden hätten, sondern sich fortan »Sueben« nannten, sei seit dem 6. Jahrhundert Suebe als Synonym für Alemanne verwendet worden. Doch warum heißt Deutschland auf Französisch eigentlich Allemagne? Weil die Alemannen eben nicht nur in Schwaben, sondern auch im Elsass und in der Schweiz lebten. Und diese historischen Verbindungen bestimmten die Namensgebung für den Nachbarstaat.

Schwäbisch-Alemannische Fasnet

Weltenburg, das »Urkloster« Bayerns

Christianisierung

Im Jahre 391 war das Christentum von Kaiser Theodosius zur alleinigen Staatsreligion im Römischen Reich erklärt worden. Das bedeutet jedoch nicht, dass die neue Religion in der Donauregion bereits allgemein anerkannt gewesen wäre. So gab es besonders unter den am Limes stationierten Legionären zahlreiche Anhänger des persischen Sonnengottes Mithras.

Als frühe christliche Zentren im Donauraum gelten Lorch bei Linz in Oberrösterreich sowie Regensburg und Passau. Wie groß die christlichen Gemeinden dort waren, ist nicht gesichert. Belegt ist jedoch die Bedeutung eines einzigen Mannes für die frühe Christianisierung des Donauraums: des heiligen Severin.

Severin wurde um das Jahr 410 geboren und stammte vermutlich aus einer angesehenen römischen Familie. Um die Mitte des 5. Jahrhunderts könnte er zwischen Wien und Passau als römischer Konsul tätig gewesen sein, sicher ist dies jedoch nicht. Als Zentren seiner Mission gelten Niederösterreich, Salzburg, Passau und das römische Kastell Künzing. Dabei unterstützte und bestärkte er zunächst die ansässige romanische Bevölkerung und die römischen Soldaten angesichts der wiederholten Einfälle der Germanen, kümmerte sich dann jedoch um deren Übersiedlung nach Italien.

Severin lebte zunächst als »Anachoret« außerhalb der Städte, als Seelsorger arbeitete er jedoch in ihren Zentren und organisierte Lebensmittel und Kleider für die ärmere Bevölkerung. In der Nähe des römischen Kastells Boiotro im heutigen Passauer Stadtteil Innstadt errichtete er um 460 eine kleine Gebetszelle und das erste Kloster Bayerns. Der »heilige Severin von Noricum«, so der vollständige Name, ist heute Schutzpatron von Bayern. Besonders in Passau sind zahlreiche Orte, wie etwa der uralte Friedhof St. Severin der Innstadt, nach ihm benannt. Die Reliquien des Heiligen werden im Benediktinerkloster Santi Severino e Sossio in Neapel aufbewahrt.

Der Tod Severins 482 in Mautern an der Donau fiel zusammen mit dem Ende des Weströmischen Reiches (476) und dem Beginn der Völkerwanderung. Eine erneute Christianisierung des Donauraums konnte so erst ab dem 7. Jahrhundert einsetzen und ging vor allem von iro-schottischen Mönchen sowie den Klöstern St. Gallen und Reichenau aus. Einer der wichtigsten Missionare des deutschen Donauraums trug den Namen Waldo von Reichenau (740–815), er war zugleich ein Vertrauter Karls des Großen.

Als »Urkloster« Bayerns gilt Weltenburg am Donaudurchbruch bei Kelheim. Nicht endgültig gesichert ist jedoch, wann genau dieses Urkloster entstanden sein soll. Der Überlieferung zufolge waren es um 617 zwei aus Frankreich kommende Mönche, die Weltenburg gründeten. Um 700 soll dann der heilige Rupert von Salzburg die Klosterkirche dem heiligen Georg geweiht haben. Für die meisten Besucher vielleicht wichtiger ist jedoch, dass 1050 hier am Donaudurchbruch eine der ersten Brauereien der Welt entstand – wie das Kloster existiert sie bis heute.

Karl der Große und sein Drang nach Osten

Gegen Ende des 8. Jahrhunderts konnte der gesamte bayerisch-alemannische Raum an der Donau als nahezu vollständig christianisiert gelten. Anders war die Lage dagegen donauabwärts, östlich des Klosters Lorch bei Linz. Dort hatte sich in der pannonischen Tiefebene gegen Ende des 6. Jahrhunderts das aus Mittelasien stammende Reiter- und Hirtenvolk der Awaren niedergelassen. Da diese »Hunnen«, wie sie verächtlich genannt wurden, die christliche Religion ablehnten und zugleich ein gewaltiges Reich, das bis nach Byzanz reichte, geschaffen hatten, gab es für Karl den Großen natürlich nichts anderes, als sie zu bekämpfen.

Die Kreuzzüge, die Karl und sein Sohn Pippin gegen die Awaren führten, brachten für die Donauregion viele Veränderungen mit sich. Nicht nur, dass sich die Zahl der Schiffe auf dem Fluss deutlich erhöhte und die Soldaten sich im Bau von mobilen Flussbrücken übten – nein, Karl wollte 793 Donau und Rhein über Altmühl, Regnitz und Main mit einem Kanal verbinden. Zwar sind die genauen Umstände und auch die Dauer der Nutzung dieser »Fossa Carolina« noch nicht abschließend erforscht, doch ein knapp 1000 Meter langes Teilstück des Karlsgrabens mit sieben Meter hohen Böschungen ist noch heute zwischen Treuchtlingen und Weißenburg beim Dorf Graben zu besichtigen. Mit dieser Idee war der zukünftige Kaiser seiner Zeit weit voraus, erst 1000 Jahre später sollte unter Bayerns König Ludwig I. der Main-Donau-Kanal verwirklicht werden.

Der Sieg der Franken über die Awaren gelang nach zahlreichen Versuchen schließlich 796, doch ist dies nicht zuletzt auf den inneren Zerfall des riesigen »Hunnen-Reiches« zurückzuführen. Hymnisch feierten die Christenheit und ihre Chronisten den Sieg, nicht zuletzt wegen der Erbeutung des Awarenschatzes: »Auf 15 Wagen, jeder von vier Ochsen gezogen«, wurden Gold, Silber und anderes Beutegut der »Heiden« donauaufwärts transportiert. Der Herrschaftsbereich des künftigen Kaisers hatte sich um mehr als ein Drittel bis an die Grenzen des byzantinischen Reiches erweitert. Was aus dem Volk der Awaren wurde, ist hingegen unklar, über sie schweigen die Quellen seit der Mitte des 9. Jahrhunderts. In die ungarische Tiefebene drang indes ein weiteres Reitervolk aus Mittelasien vor.

Die Magyaren kommen

Unter ihrem Anführer Árpád war 895 das Reitervolk der Magyaren aus dem Ural über die Karpaten in die Pannonische Tiefebene gezogen. Auch sie wurden wieder als »Hunnen« bezeichnet und wie schon den Awaren gelang es auch den Ungarn, bis nach Linz an der Enns vorzudringen. Deshalb ließ der bayerische Herzog dort im Jahre 900 auf einem Bergrücken über dem Fluss die Enisiburg errichten. Dies war die Keimzelle der späteren Stadt Enns, die sich als älteste Stadt Österreichs bezeichnet. Westlich der Enns konnten die Magyaren nie dauerhaft Fuß fassen, doch das Land östlich des Flusses, das Karl der Große den Awaren abgenommen hatte, wurde nun wieder an »Heiden« verloren. In diesem Gebiet befanden sich auch wichtige Handelsplätze wie die heutige slowakische Hauptstadt Bratislava.

Die Schlacht auf dem Lechfeld

Fast jedes Jahr brachen die ungarischen Reiter zu Eroberungszügen auf, die sie bis nach Spanien führten. Der Großteil der Plünderungen traf jedoch die Donauregion – auch wenn man in den befestigten Städten wie Regensburg oder Passau vor den Angriffen weitgehend geschützt war. Ein bevorzugtes Ziel waren die reichen Donauklöster wie Niederaltaich, Metten und Weltenburg. Um sich vor den Überfällen zu schützen, wurden hoch über der Donau immer neue Burgen und Befestigungen gebaut. In Wischlburg im Landkreis Deggendorf zum Beispiel entstand ein quadratisches Heerlager auf sechs Hektar mit Befestigungswällen von zehn Metern Höhe, wovon Teile heute noch zu sehen sind.

Der heilige Ulrich aus Dillingen, einer der Sieger auf dem Lechfeld 955

Zur Entscheidungsschlacht kam es 955. Die Ungarn hatten Anfang August die Stadt Augsburg bereits umzingelt, als ein aus bayerischen, sächsischen, schwäbischen, fränkischen und böhmischen Soldaten bestehendes Heer unter der Führung von König Otto I. die Stadt erreichte. Zwei Tage dauerte die Schlacht auf dem Lechfeld und die Chronisten berichten, dass keiner der Ungarn sie überlebte. Hatten sich die deutschen Herrscher in den Jahrzehnten davor im Kampf gegen die Ungarn nicht gerade solidarisch gezeigt, entstand nach Ansicht der Historiker nun erstmals ein deutsches Einheitsbewusstsein und Otto I. erhielt nach seiner Kaiserkrönung 962 in Rom den Beinamen »der Große«.

Von Passau aus, dem größten Bistum des Deutschen Reiches, begann nun erneut die Christianisierung Un-

Die Steinerne Brücke in Regensburg entstand zur Kreuzfahrerzeit

garns. Großfürst Géza ließ seinen Sohn 973 von einem Passauer Geistlichen auf den Namen Stephan – nach dem Patron der Dreiflüssestadt – taufen. Im Jahr 1000 wurde er von einem päpstlichen Gesandten in Gran (Esztergom) zum König gekrönt. Als Stephan der Heilige ging er in die Geschichte ein und Ungarns Königkrone trägt bis heute seinen Namen.

Kreuzzüge

In der Hochzeit der Kreuzzüge, zwischen dem 11. und 13. Jahrhundert, verwandelten sich die Handelswege entlang der Donau in eine Heerstraße. Tausende von Soldaten und Pilgern zogen entlang des Flusses zum Schwarzen Meer, um von dort das Heilige Land zu erreichen. Die Städte an der Donau und vor allem ihre von Übergriffen bedrohten jüdischen Gemeinden begrüßten die »heiligen Horden« häufig nicht gerade freundlich. Andererseits brachten die Kreuzfahrer auch Geld in die Städte und so begann der Handel immer mehr zu blühen. Wie schon zu Zeiten der Römer und Ungarneinfälle wurden erneut hoch über der Donau Burgen gebaut, nur dienten sie jetzt nicht mehr der Grenzsicherung, sondern der Kontrolle des Donauhandels.

Nach der Eroberung Jerusalems durch die Kreuzritter im Jahre 1099 riss der Strom der Pilger gar nicht mehr ab. Auch schwäbische und bayerische Adelige, die Bischöfe von Salzburg, Regensburg und Passau begaben sich auf Wallfahrt. In Erinnerung an den Sieg über die Awaren nannten sie sich »Pilger auf dem Weg Karls des Großen«. Der Bau der Steinernen Brücke in Regensburg 1146 beschleunigte diesen Prozess weiter, denn nun war eine schnelle Überquerung der Donau möglich. Während der große Tross den Landweg einschlug, wählten die Adeligen die bequemere Fahrt auf der Donau. Ihnen voraus fuhren Lastschiffe mit Proviant, Zelten und Waffen. Allerdings kam es dabei immer wieder zu Unglücken, wenn Schiffe an den Riffen und in den Strudeln der Donau kenterten. Heinrich der Löwe war im Jahre 1172 einer der ganz wenigen Kreuzfahrer, die nicht nur ohne Blessuren im Heiligen Land ankamen, sondern mit dem Schiff donauaufwärts auch wieder in der Heimat zurückkehren konnten.

Welfen und Wittelsbacher

Eigentlich bringt man die Welfen mit England oder Hannover in Verbindung, begann 1714 mit dem Tod Anne Stuarts doch eine rund 300-jährige Epoche dieses Adelsgeschlechts auf dem englischen Thron. Das derzeitige Oberhaupt der Welfen, Ernst August von Hannover, ist vor allem durch seine schillernde Ehe mit Caroline von Monaco sowie zahlreiche Skandale bekannt. Tatsächlich jedoch stammen die Vorfahren des heutigen Hauses Hannover aus Burgund und aus Oberschwaben. Die Geschichte der Welfen beginnt bereits im 8. Jahrhundert und es ist damit das älteste noch existierende Adelsgeschlecht Europas. Der wohl bekannteste Welfe, der Kreuzfahrer Heinrich der Löwe, wurde 1129 bei Ravensburg geboren. Seine Lebensgeschichte füllt Bände. Für den Donauraum entscheidend jedoch ist, dass Heinrich im Alter von kaum 30 Jahren 1156 mit dem Herzogtum Bayern belehnt wurde. Den Einfluss seines neuen Herrschaftsgebiets stärkte er nicht nur durch die Gründung Münchens schon zwei Jahre später, sondern auch mit einer Reihe von wirtschaftspolitischen Maßnahmen. Vor allem auf die Kontrolle des Salzhandels von Reichenhall über den Inn zur Donau hatte er es abgesehen – und reizte damit andere Fürsten des Reiches.

Das Jahr 1180 brachte daher das Ende der Machtambitionen des Löwen: er wurde geächtet und ging nach England in die Verbannung. Kaiser Friedrich Barbarossa belehnte nun Pfalzgraf Otto von Wittelsbach mit dem um die Steiermark verkleinerten Bayern. Gründe dafür gab es vor allem zwei: Otto war einer der engsten Verbündeten des Kaisers und schon einer seiner Vorfahren, Markgraf Luitpold, hatte sich im Kampf gegen die Ungarn ausgezeichnet. Von nun an sollten die Wittelsbacher fast 750 Jahre lang Bayern regieren. Erst die Niederlage Deutschlands im Ersten Weltkrieg beendete diese Epoche.

Alemannische Kleinstaaterei

Während sich zwischen dem 11. und 13. Jahrhundert Bayern, Österreich und Ungarn in ihrer Staatlichkeit festigten, bildet sich an der oberen Donau, im Alemannischen, kein Einheitsstaat heraus. Vor allem nach dem Ende der Dynastie der Staufer 1268, die mehr als 100 Jahre die römisch-deutschen Könige und Kaiser gestellt hatten, zerfiel Schwaben in eine Vielzahl von Herrschaftsgebieten. Über 100 weltliche und geistliche Zwergstaaten sowie rund 30 Reichsstädte konnten zeitweise gezählt werden. Die größten staatlichen Einheiten zwischen Rhein, Donau und Bodensee waren die Markgrafschaft Baden, die Grafschaft Württemberg sowie Vorderösterreich, ein Besitz der Habsburger, was zunächst überrascht. Denn wie kamen die Österreicher bis an die schwäbische Donau? Dazwischen lag schließlich Bayern.

Tatsächlich haben die Habsburger ihre Ursprünge gar nicht in Österreich, sondern im Schweizer Kanton Aargau, wo bis heute ihre Stammburg Habsburg steht. Die erste Phase von Gebietserwerbungen erfolgte Ende des 13. Jahrhunderts unter Rudolf I., dem ersten deutschen Kaiser aus dem Geschlecht der Habsburger. Er war von der Vision geleitet, das mit den Staufern untergegangene schwäbische Herzogtum zu erneuern, und kaufte so viele Orte, wie er bekommen konnte. Aus diesem Grund führen viele Gemeinden in Baden-Württemberg, so zum Beispiel Riedlingen oder Günzburg, bis heute das österreichische rot-weiß-rote Schild in ihrem Wappen. Rund 40 Gemeinden zählten im deutschen Südwesten zur Herrschaft der Habsburger im »vorderen Lande«, womit das Land »vor Vorarlberg« gemeint war. Diesen »Vorposten« der Habsburgermonarchie nannte man auch die »Schwanzfeder des Kaiseradlers«.

Hohenzollern und Fürstenberger

Infolge dieser Kleinstaaterei sind die Ufer der schwäbischen Donau von unzähligen Burgen gesäumt. Sie heißen Wildenstein, Falkenstein, Gutenstein oder Burgfelden, um nur einige wenige zu nennen. Ihre Ruinen bilden heute romantische Anziehungspunkte, die weite Blicke ins Donautal erlauben.

Aber nicht nur Habsburger, Welfen oder Staufer hatten ihre Ursprünge im Süden Deutschlands, sondern auch die Hohenzollern. Ihr Stammsitz ist die Burg Hohenzollern bei Bisingen unweit der Schwäbischen Alb. Während der brandenburgisch-preußische Zweig der Hohenzollern »Karriere« machte und zunächst preußische Könige und dann deutsche Kaiser stellte, blieb der schwäbische Zweig weitgehend auf seine Heimat beschränkt. 1535 kam er in den Besitz der

Das Hohenzollernschloss in Sigmaringen

Burg von Sigmaringen und baute diese zum Mittelpunkt seiner Herrschaft aus. Bis heute ist die Anlage hoch über der Donau eine der wichtigsten Sehenswürdigkeiten der ganzen Region.

Ein weiteres, wenngleich weniger bedeutendes Adelsgeschlecht der Region waren die Fürstenberger in der Landgrafschaft Baar im Schwarzwald. Im 16. Jahrhundert wurden sie in den Reichsfürstenstand erhoben und widmeten sich nicht nur dem Aufbau eines straff organisierten Staatswesens, sondern auch dem Bierbrauen. Schon 1283 besaßen sie das Brauprivileg und bis zu ihrem Verkauf an die Paulaner-Gruppe im Jahre 2004 war die Fürstenberg-Brauerei im Besitz der Familie.

Das Metzgertor in der Stadtbefestigung von Ulm

Reichsstädte

Zur bedeutendsten Stadt an der schwäbischen Donau entwickelte sich im hohen Mittelalter Ulm, wo Kaiser Friedrich Barbarossa mehrere Reichstage abhielt. Ende des 14. Jahrhunderts erhielt Ulm den Titel »Reichsstadt« (oft auch als »Freie Reichsstadt« bezeichnet), was bedeutete, dass die Bürger von nun an nur noch dem Kaiser Untertan waren. Bayerische und schwäbische Adelige oder die Kirche hatten hier nichts mehr zu sagen. Das ist etwa so, als würden München oder Köln heute nicht mehr ihren Landesregierungen, sondern direkt dem Bundeskanzler unterstehen. Andererseits musste Ulm dem Kaiser nun Heerfolge leisten und Steuern an ihn zahlen.

Bereits 1215 war Nördlingen als erste Gemeinde im Donauraum zur Reichsstadt erhoben worden. In der Folgezeit etablierte sich im Ries eine der wichtigsten Fernhandelsmessen Deutschlands. Ein wichtiger Handelsplatz war aber auch das nur 30 Kilometer südlich liegende Donauwörth. Schon zu Römerzeiten endete hier die aus Norditalien kommende Reichsstraße Via Claudia Augusta. Später verlief auch der Fernhandelsweg von Augsburg nach Nürnberg über Donauwörth – kein Wunder also, dass sich Schwaben und Bayern lange um die Stadt stritten. Um dies zu beenden, wurde Donauwörth vom Kaiser im 15. Jahrhundert zur Reichsstadt erhoben.

Oligarchen an der Macht

Die mächtigste und reichste unter den Freien Reichsstädten an der Donau war Regensburg, das Mitte des 13. Jahrhunderts diesen Titel erhielt. Wirklich »frei« war jedoch nur ein verschwindend geringer Anteil der Bevölkerung, in erster Linie die reichen Kaufleute. Unter den damals 20 000 Einwohnern Regensburgs galten nur etwa 2000 als »Bürger«, die sich an politischen Entscheidungen be-

Die Altstadt von Regensburg zeugt noch heute vom Reichtum der Patrizier

teiligen durften. Und unter diesen gab es wiederum nur eine kleine Minderheit von 50 bis 60 Patriziern, die die wichtigsten Ämter unter sich verteilten – heute würde man sie Oligarchen nennen. Sie bestimmten nicht nur das Geschehen in der Stadt, sondern vertraten Regensburg auch im Reichstag. Und da in Regensburg das höchste Gremium des Reiches so häufig tagte, gehörten seine Patrizier zu den einflussreichsten Deutschlands. Handwerker und kleine Händler, heute würde man Mittelstand sagen, konnten dagegen nur über ihre Zünfte Einfluss auf das politische Geschehen nehmen.

Keine Reichsstädte waren die wichtigen Donaustädte Ingolstadt und Passau. Erstere gehörte den Wittelsbacher Herzögen, letztere unterstand dem Fürstbischof. Und der versuchte immer wieder, die Rechte der Bürger zu beschneiden.

Reformation und Renaissance

Auf seiner Flucht vor dem aus Rom nach Augsburg gereisten Kardinal Thomas Cajetan übernachtete Martin Luther im einstigen Gasthof »Zum Lamm« in Monheim nahe Donauwörth. Die dort angebrachte Gedenktafel ist eines der wenigen Erinnerungsstücke an die Reformation im Donautal.

Dabei sind die Wirren von Reformation und Gegenreformation an der Region nicht vorbeigegangen, ganz im Gegenteil. Verantwortlich dafür war die Vielfalt von Kleinstaaten, die gemäß dem Motto »Cuius regio, eius religio« (Wessen Gebiet, dessen Religion) für eine bunte Vielfalt der Glaubensbekenntnisse sorgte. So beklagten die Amtsleute der vorderösterreichischen Markgrafschaft Burgau im Jahre 1607, dass in Ulm, Lauingen und Gundelfingen »Catholische und Lutherische sich verheürathen und die Religion mutieren«.

Dennoch war die Habsburger Herrschaft das entscheidende Kriterium für die Macht der katholischen Kirche an der schwäbischen Donau: »Ohne Habsburg als Territorialmacht wäre die katholische Kirche im 16. Jahrhundert aus dem deutschen Südwesten völlig verdrängt worden«, heißt es in einer Analyse der Pädagogischen Hochschule Weingarten.

Die Bauernkriege der Jahre 1524/25 erfasste viele Orte im Donauraum. Die Aufständischen erhoben in den »Zwölf Artikeln der Bauernschaft in Schwaben« religiöse Forderungen wie die freie Wahl ihres Pfarrers. Daneben aber gab es auch wirtschaftliche Ziele wie den Schutz vor der Enteignung des Gemeindelandes durch den Grundherrn. Und in Artikel Drei wurde festgestellt, »dass wir frei sind und frei sein wollen«. Die Zwölf Artikel gelten als die erste Niederschrift von Menschen- und Freiheitsrechten in Europa.

Die erste protestantische Kirche

Aber auch Bayern war im 16. Jahrhundert nicht durchwegs katholisch. So wurde in Neuburg an der Donau mit der Schlosskapelle die erste protestantische Kirche weltweit gebaut. Diese hatte der Wittelsbacher Ottheinrich von der gerade erst geschaffenen Grafschaft Pfalz-Neuburg in Auftrag gegeben. Obwohl Ottheinrich zunächst noch Schriften gegen Martin Luther verfasst hatte, führte er 1542 die Reformation in Neuburg ein und holte zahlreiche Wissenschaftler und Künstler an seinen Hof. Unter ihnen war auch der Reformtheologe Andreas Osiander, dessen Nachfahren im 19. Jahrhundert eine der bekanntesten Buchhandlungen Südwestdeutschlands gründeten. Es war die Blütezeit der Renaissance an der Donau und bis heute gilt Neuburg als eine »Perle« dieser aufgeklärten Zeit.

Ein weiteres Zentrum der Reformation war Regensburg, da die Reichsstadt zahlreichen verfolgten Luther-Anhängern Schutz bot, unter ihnen auch dem Astronomen Johannes Kepler. Martin Luthers Schriften wurden hier schon kurz nach ihrem ersten Erscheinen gedruckt. 1543 ließ die Donaustadt das neue Bekenntnis dann auch offiziell zu.

Neuburg war ein Zentrum der Reformation

Und in Ortenburg, einer kleinen, kaum 8000 Hektar großen Grafschaft zwischen Passau und Vilshofen, führte Reichsgraf Joachim im Jahr 1563 die Reformation ein. Zwar versuchten die Wittelsbacher, die die »ausschließliche Katholizität Bayerns« angeordnet hatten, dies mit einem Wirtschaftsboykott rückgängig zu machen. Doch Ortenburg blieb nicht nur für Passauer und Niederbayern, sondern auch für evangelische Österreicher eine rettende Insel in der Zeit der Gegenreformation.

Der Dreißigjährige Krieg

Es war ein Komet, der im November 1618 den Schuhmacher Hans Heberle aus einem Dorf bei Ulm veranlasste, ein »Zeytregister« zu beginnen. Denn im damaligen Glauben bedeuteten solch astronomische Ereignisse stets den Beginn schlimmer Zeiten.

Der vom Prager Fenstersturz am 23. Mai 1618 ausgelöste Krieg erreichte Süddeutschland im Sommer 1620. Spanische Truppen, Teil der »rechtgläubigen« katholischen Heere, besetzten die Pfalz. Bei dem weiteren Vormarsch trafen sie bei Ulm, der Heimat Hans Heberles, auf das Heer der Protestantischen Union und brachten dieser eine erste entscheidende Niederlage bei. Im Juli des gleichen Jahres wurde der »Ulmer Vertrag« unterzeichnet, ein Neutralitätsabkommen zwischen Katholischer Liga und Protestantischer Union, das sich jedoch nicht auf das aufständische Böhmen bezog. So zögerten die Habsburger nicht, sich in der Schlacht am Weißen Berg bei Prag im November 1620 das verlorene Territorium zurückholen. Die Protestantische Union jedoch unterstützte wegen des Ulmer Vertrags den böhmischen »Winterkönig« Friedrich V. von der Pfalz nicht.

Der Dreißigjährige Krieg erreichte Ulm erneut 1631, als die nun in den Krieg eingetretenen Schweden unter ihrem König Gustav II. Adolf versuchten, die Donauregion zu erobern. Schuhmacher Heberle floh mit seiner Familie vom Land in die gut befestigte Stadt, bis zum Friedensschluss von Westfalen 1648 sollte er noch an die dreißigmal in Ulm Zuflucht suchen. Vier seiner fünf Kinder starben an Unterernährung. Zu den Leiden des Krieges traten die der Pest. Allein 1636 zählte man in Ulm über 14 000 Tote, 5000 davon waren Bauern, die in die vermeintlich sichere Stadt geflohen waren.

Gedenktafel am Sterbehaus des bayerischen Feldmarschalls Graf Tilly in Ingolstadt

Modell der Stadt Nördlingen

Kampf um die Donaubrücken

Im April 1632 versuchte die Katholische Liga, das Vorrücken der Schweden in Bayern zu stoppen. Bei Rain am Lech kam es zur entscheidenden Schlacht, bei der der oberste Heerführer der Liga, Generalfeldmarschall Johann Graf Tilly, schwer verwundet wurde und wenig später in Ingolstadt starb. Ziel Gustav Adolfs war die Besetzung der drei Donauübergänge bei Donauwörth, Ingolstadt und Regensburg, um entlang der Donau weiter bis Wien marschieren zu können. Doch nur die Einnahme Donauwörths gelang, in Ingolstadt scheiterten die Schweden. Zwar planten sie zunächst den Angriff auf Regensburg, verfolgten dann jedoch den bayerischen Kurfürsten auf seiner Flucht nach München und Salzburg. Während sich die damals schon reiche Landeshauptstadt München durch eine hohe Tributzahlung freikaufen konnte, gab Gustav Adolf das Bauernland zum Plündern frei. Unzählige Dörfer gingen in Flammen auf. Der schwedische König überlebte den Krieg um Bayern nur wenige Monate. Im November 1632 fiel er in der Schlacht von Lützen bei Leipzig.

Krieg um Regensburg

Für den Donauraum war der Dreißigjährige Krieg damit noch nicht vorbei. 1633 holten sich die Schweden das protestantische Regensburg zurück, das ein Jahr zuvor von den Bayern besetzt worden war. Doch schon wenige Monate später, im Sommer 1634, erfolgte die erneute Rückeroberung durch das katholische Heer. Bei dieser zweimonatigen Belagerung sollen rund 15 000 Kanonen- und Mörsergeschosse auf die Stadt niedergegangen sein, es gab 400 Versuche der Schweden, die bayerische Angriffslinie zu durchbrechen. Und auch die Donau spielte hier eine Rolle: Die Bayern versuchten, sich mit einem Kanonenboot und zwei Geschützen der Regensburger Stadtmauer zu nähern. Dies scheiterte jedoch, weil das Boot kenterte.

Im Sommer 1634 fand bei Nördlingen schließlich eine der größten Schlachten des Krieges statt: 25 000 Soldaten der protestantischen Seite trafen auf ein doppelt so starkes Heer der Katholiken und unterlagen. Geschätzte 9000 Soldaten fanden den Tod. In der Folge kamen weite Teile Süddeutschlands wieder unter Kontrolle der »Rechtgläubigen«. Bis zum Ende der Auseinandersetzungen zwischen Katholiken und Protestanten, die nun vor allem zwischen Schweden und Frankreich ausgetragen werden, sollten jedoch noch einmal 14 Jahre vergehen. Am Ende des Dreißigjährigen Krieges dürfte rund ein Drittel der Bevölkerung Deutschlands – sechs Millionen Menschen – diesem zum Opfer gefallen sein. Und während manche Regionen des Reiches im Norden und Westen kaum von den Kriegshandlungen betroffen waren, starben in Süddeutschland zwischen 40 und 50 Prozent der Bevölkerung an Krieg und Pest.

Auf Ulmer Schachteln flussabwärts

Ein ganz anderer Krieg sollte ein halbes Jahrhundert später für die Menschen an der Donau unerwartete Folgen haben. Nach dem Sieg der Habsburger über das Osmanische Reich im »Großen Türkenkrieg« Ende des 17. Jahrhunderts lagen weite Teile Ungarns verödet und nahezu menschenleer da. Für den Wiederaufbau gründete Wien eine eigene Organisation, deren Ziel es war, Bauern als Neusiedler auf den Balkan zu bringen. Diese »Peuplierung« war eine gar nicht so seltene Maßnahme im Zeitalter des Absolutismus und diente in erster Linie ökonomischen Zwecken: Die adeligen Grundbesitzer brauchten Menschen, die ihr Land bebauen konnten. Zugleich ließ die deutsche Immigration den Anteil der ungarischen, rumänischen oder serbischen Bevölkerung deutlich sinken – ein in Wien nicht ungern gesehener Nebeneffekt. Am Ende des 18. Jahrhunderts war die Zahl der Deutschen in Südungarn in etwa so groß wie die der Einheimischen.

Wichtiger aber als die Nation war die Religion. Und so durften nur Katholiken nach Ungarn einwandern. Der Hauptstrom dieser Immigranten kam aus Baden und Württemberg, weshalb man sie als »Schwaben« bezeichnete. Weniger bekannt ist, dass es auch Aussiedler aus dem Elsass oder Luxemburg, ja selbst aus Italien und Spanien gab. Ihre Aufgabe war nicht nur der Ackerbau, sondern auch die Verteidigung der Grenze zum Osmanischen Reich.

Hauptsiedlungsgebiet der Immigranten waren das heute rumänische, serbische und ungarische Banat sowie die nun serbische Bačka zwischen Donau und Theiß. Aber auch bis an die Mündung der Donau ins Schwarze Meer fuhren die »Schwaben« mit den sogenannten »Ulmer Schachteln«: flache Zillen, die bis zu 30 Meter lang und bis zu 7 Meter breit waren. 150 Menschen konnten so transportiert werden, zum Schutz der Passagiere gab es einen hölzernen Hausaufbau, gelenkt wurden die Schachteln allein mit langen Rudern. Nicht selten hielten sie den Strudeln der Donau nicht stand und kenterten.

In Ulm nannte man die Schachteln Wiener Zillen, denn seit dem 15. Jahrhundert waren mit den nur flussabwärts einsetzbaren Einwegbooten Waren in die österreichische Hauptstadt gebracht worden. Dort wurden sie dann zerlegt und als Nutzholz weiterverarbeitet. Der Name Schachtel stammt vermutlich von Schiffern am Neckar, die bessere Boote gewohnt waren, entstanden ist er erst im 19. Jahrhundert.

Das Mädle-Schiff

Das vielleicht berühmteste Auswandererboot war das »Mädle-Schiff«, das 150 junge, aber arme Frauen in das Banat brachte, wo ihnen die »Möglichkeit« geboten wurde, mit einem ehemaligen Offizier ein neues Leben anzufangen. Überhaupt waren die Auswanderer keine kühnen Ostlandfahrer, wie sie später oft dargestellt wurden. Es ging ihnen nicht um die Verbreitung des »Deutschtums«, sondern sie verließen ihre Heimat mit der Hoffnung auf ein besseres Leben. Natürlich gab es auch Abenteuerlustige und es existierte sogar ein Zwang zur Auswanderung: Politische Aufständische oder unfügsame Bauern mussten ihre Heimat verlassen und ins ferne »Ungarnland« aufbrechen.

Eine Chronik vom Mai 1712 berichtet von einem Abschiedsfest der Auswanderer am Ulmer Donauufer: »In diesem Monath sind viel 1000 Personen Haußhäbige (Hausbesitzer), Ledige und Kinder aus dem (schwäbischen) Oberland und anderen Orten auf der Iller und Donau in das Ungarnland gefahren. (...) Da ließen sich die einfältigen Leute bereden und verkauften Hauß, Hof und Gütter, die Knechte und Mägde gingen auß ihren Diensten und kamen allhier in dem sogenannten Schwaal zusammen und machten Hochzeit. Das war Tag und Nacht die Freud mit Pfeiffen, Geigen, Danzen und Springen«.

Insgesamt gab es im 18. Jahrhundert drei große »Schwabenzüge« mit rund 150 000 Aussiedlern. Nachdem es ihnen anfangs schwerfiel, sich an die neuen klimatischen Bedingungen im trockenen und heißen Südosteuropa zu gewöhnen, trugen sie dann schnell zum Aufschwung der Donauregion bei. Sie brachten neue Ackerbautechniken mit, reorganisierten die verlassenen Eisen-, Silber- und Kupferbergwerke, legten Sümpfe trocken und bewässerten die Steppe. Die schwäbische Bauern genossen so einerseits hohes Ansehen, aber ihr neuer Reichtum erzeugte natürlich auch Missgunst. Bis heute werden Deutsche auf dem Balkan oft »Schwoba« genannt – und dies ist nicht immer freundlich gemeint.

Für und gegen Napoleon

Seinen Aufstieg zum Königreich hat Bayern Napoleon zu verdanken – womit schon einiges über das gespaltene Verhältnis zwischen München und Paris gesagt ist. Denn natürlich lehnte das katholische, konservative Bayern die Französische Revolution, die alte Ordnung und Religion abschaffen wollte, eigentlich ab. Dann jedoch wurde 1799 der knapp 50-jährige Maximilian IV. Kurfürst von Bayern. Dieser war in Frankreich erzogen worden und schätzte die französische Lebensart und Freiheit. Kein Wunder also, dass Maximilian einen Franzosen zu seinem leitenden Minister ernannte: Maximilian von Montgelas sollte bis weit ins 19. Jahrhundert die Entstehung eines modernen Bayern prägen.

1801 löste Bayern sich von seinem bisherigen Koalitionspartner Österreich und schloss einen Freundschaftsvertrag mit Frankreich. Im »Dritten Koalitionskrieg« kam es 1805 bei Ulm zum Sieg über die Habsburger, wenig später folgte die vernichtende Niederlage der Österreicher bei Austerlitz. Der Erhebung Bayerns und auch Württembergs zum Königreich hatte Wien nichts mehr entgegenzusetzen. Am 1. Januar 1806 reiste Napoleon zur Krönung von Kurfürst Maximilian zum bayerischen König nach München.

Gedenktafel für Maximilian von Montgelas in München

Doch von nun an war Bayern Napoleon heerpflichtig und musste dem Kaiser 30 000 Mann zur Verfügung stellen. Und auch die entscheidenden Schlachten zwischen Österreich und Frankreich fanden 1809 auf bayerischem Boden statt. Vom 17. auf den 18. April 1809 übernachtete Napoleon in Donauwörth, um von dort zu seinen Soldaten nach Neuburg an der Donau und Regensburg aufzubrechen. All dies ist in den bayerischen Geschichtsbüchern bis heute genau vermerkt, nicht nur, weil Regensburg in diesem Krieg zu einem Sechstel zerstört wurde, sondern vor allem, weil Napoleon dort die einzige Verwundung in seinen insgesamt 51 Schlachten erlitten haben soll: »Eine Gewehrkugel traf ihn am rechten Fuß«.

Das Ende der Kleinstaaterei

Nach der vernichtenden Niederlage Napoleons in Russland 1812 war die Zeit Bayerns an der Seite der Franzosen vorbei. König Maximilian wechselte im Oktober 1813 die Seiten. Nach der Völkerschlacht von Leipzig löste sich der Rheinbund auf, mit dem Napoleon Deutschland neu hatte ordnen wollen. Bayern musste Tirol und Vorarlberg an die Habsburger zurückgeben, behielt jedoch die unter Napoleon gewonnenen Gebiete Schwaben und Franken und war mit 3,7 Millionen Einwohnern nun nach Österreich und Preußen der drittgrößte Staat im neuen Deutschen Bund. Das Gebiet Bayerns umfasste damals 71 500 Quadratkilometer, dies entspricht seiner heutigen Größe.

Und auch ansonsten hatte das Ende des Heiligen Römischen Reiches 1806 zahlreiche Auswirkungen auf die Entwicklung des Donauraums. Mit der Säkularisation wurden nicht nur unzählige Klöster aufgelöst, auch das bisherige selbstständige Fürstbistum Passau fiel an Bayern. Die Institution einer Freien Stadt oder Reichsstadt gab es nicht mehr: Ulm wurde nun Teil Württembergs, Regensburg, Donauwörth und Nördlingen kamen zu Bayern. Habsburg verlor alle seine Städte an der schwäbischen Donau. Da auch Baden Großherzogtum wurde und seine Fläche vervierfachte, war die Zeit der Kleinstaaterei an der deutschen Donau zu Ende. Mit einer Ausnahme: Das Fürstentum Hohenzollern-Sigmaringen blieb nicht nur erhalten, sondern konnte sein Staatsgebiet sogar verdoppeln (→ S. 132). 1848 verkaufte der schwäbische Familienzweig der Hohenzollern sein Gebiet beidseits der Donau an die preußische Linie. Auf einem Gebiet von gut 1000 Quadratkilometern hatten nun Preußens Könige an der Donau das Sagen.

König Ludwigs »teutsche« Donau

In der ersten Hälfte des 19. Jahrhunderts entstanden an der Donau gleich zwei ungewöhnliche Monumentalbauten: Die Befreiungshalle von Kelheim (→ S. 253) und die Walhalla östlich von Regensburg (→ S. 278). Beide Bauwerke appellierten in diesen Jahren nach den Befreiungskriegen gegen Napoleon an das Gefühl der nationalen Zusammengehörigkeit der Deutschen. Der Schriftsteller und Märchensammler Ludwig Bechstein schrieb: »Wo steht im stolzen Engelland, im eitlen Frankreich solch ein Bau?« Und er bedauerte, dass »Deutschland noch nicht ist, was es seyn könnte, was es zu werden verdient und dass immer noch jene großartige Eintracht mangelt, die uns zum ersten Volke der Erde machen würde!«

Die deutsche Donau war nie so ausladend und vielfältig besungen worden wie der »Teutsche Vater Rhein«, stand also gewissermaßen in dessen Schatten. Genau aus diesem Grund entschied sich Bayerns König Ludwig I., hoch über diesem »bayerischen Fluss« seine Ruhmeshallen für die »teutsche Nation« zu bauen und damit symbolisch den Anspruch Bayerns auf eine Vorrangstellung in Deutschland zu demonstrieren. Historiker wie Michael W. Weithmann weisen zudem darauf hin, dass Ludwig durch ein ausgesprochen »teutsches Verhalten« Bayerns Bündnis mit Napoleon vergessen machen wollte. Pech nur, dass der König selbst seine Bauwerke nicht mehr in Glanz und Gloria genießen konnte. Noch vor der Fertigstellung der Befreiungshalle stürzte er 1848 über eine Liebesaffäre mit der irischen Tänzerin Lola Montez und musste abdanken.

Denkmal für Karl Fürst von Hohenzollern in Sigmaringen

Als König feiern konnte Ludwig dagegen noch die Fertigstellung des nach ihm benannten Ludwigskanals, der schon von Karl dem Großen 1000 Jahre zuvor geplanten Wasserstraße zwischen Donau und Main. Ein 178 Kilometer langer Handelsweg mit nahezu unglaublichen 100 Schleusen entstand, der bis zum Zweiten Weltkrieg in Betrieb war. »Ludwig I. baute Denkmäler, keine Schlösser«, kommentierte ein Historiker die umfassende Bautätigkeit dieses bayerischen Königs. Er war der Großvater des »Märchenkönigs« Ludwig II.

Germanischer Schicksalsfluss

»Donau, Lob! Und Lob des Wassers Band! Lob dir, wiesenduftend, ahnenheilig Bayernland! Lob euch, Mann und Weib, von Kraft umschauert. Ewig Euer Herzen Wollust dauert!« Dies Zitat stammt von dem bei Schärding im Innviertel geborenen Richard Billinger (1890–1965) und es scheint ein perfektes Beispiel für die Überhöhung der Donau als »deutschem Schicksalsfluss« zu sein. Tatsächlich wurde Billinger in den 1930er Jahren im NSDAP-Deutschland viel gelesen, zugleich gibt es aber auch eine Reihe von nicht-nationalsozialistischen Künstlern, die ihn wegen seiner expressionistischen Naturlyrik hoch schätzen.

Sehr viel deutlicher als bei Billinger fällt die politische Inanspruchnahme der Donau für deutsche Interessen bei dem Berliner Segler und Marinemaler Otto Protzen aus. Noch im Kriegsjahr 1917 startete er mit einem Kajak im Schwarzwald, um die Donau »für die Deutschen zu entdecken« und den »Acker vorzubereiten, auf dem wir künftig unsere Saat aussäen und ernten können«.

König Ludwig in der Walhalla bei Regensburg

Entscheidend für die Überhöhung der Donau war die Wiederentdeckung des im späten Mittelalter verschollenen Nibelungenlied. Besonders in den 1920er und 30er Jahren erlebte es eine wahre Renaissance. Die ziemlich abenteuerliche Saga wurde als Gleichnis des deutschen Schicksals interpretiert, der Zug der Nibelungen donauabwärts gleichgesetzt mit dem nationalistischen »Drang nach Osten«.

In Passau baute man eine Nibelungenhalle, in Regensburg die Nibelungenbrücke und die Straße von Passau nach Linz hieß jetzt Nibelungenstraße. Linz selbst, die Lieblingsstadt Adolf Hitlers, sollte vollkommen neu erbaut werden und zur schönsten und großartigsten Stadt an der Donau überhaupt werden. Fertiggestellt wurden dort allerdings nur die größte großdeutsche Rüstungsschmiede, benannt nach Luftwaffenchef Hermann Göring sowie eine Donaubrücke mitsamt Kopfbauten, die natürlich ebenso die Nibelungen im Namen trägt. Sie wurde zwischen 1938 und 1940 nach Anweisungen Adolf Hitlers erbaut.

Im Zweiten Weltkrieg spielte die untere Donau als Kriegsschauplatz jedoch keine größere Rolle. Der »Lebensraum im Osten« sollte nicht in Ungarn oder Rumänien, sondern in Russland erobert werden. Die Länder in Südosteuropa sah man lediglich als »Wehrwirtschaftsraum«, wobei das Rohöl aus der rumänischen Walachei die bedeutendste Rolle spielte.

Heimholung der Donauschwaben

Was für die Menschen an der unteren Donau jedoch entscheidend wurde, war die »Rückholung der Volksdeutschen« vom Balkan. Ein SS-Kriegsberichterstatter schrieb in dem damals typischen Jargon: »Das Reich als erster Donaustaat hat sich, zur Objektivierung der deutschen Lebensinteressen entschlossen, seinen im Dasein gefährdeten Blutsanteil, soweit er nicht in großen selbstsicheren Siedlungsräumen ruht, zurückzunehmen«. Konkret formuliert: Die Donauschwaben wurden gezwungen, ihre südosteuropäische Heimat, in der sie seit 200 Jahren lebten, zu verlassen. Die Rücksiedlung erfolgte auf Dampfern der Wiener Donau-Dampfschiffahrts-Gesellschaft. Propagandistisch ließ man verlauten, dass »schon die Planken des Schiffes deutschen Boden« bedeuten würden. Allein in drei Monaten, zwischen September und November 1940, wurden 90 000 Deutsche »heim ins Reich« geholt. Viele von ihnen wurden im Warthegau, also im damals bereits besetzen Polen, einquartiert – und mussten so am Ende des Zweiten Weltkriegs erneut eine neue Heimat finden.

Der Zweite Weltkrieg an der deutschen Donau

Im Unterschied zu Österreich, wo Wehrmacht und Waffen-SS sich verlustreiche Kämpfe mit der sowjetischen Armee lieferten, waren die deutschen Donaustädte nur wenig von direkten Kampfhandlungen betroffen. Stark litt besonders Ulm unter den Bombardements der Alliierten, bei denen beim schwersten Angriff am 17. Dezember 1944 hunderte Menschen getötet und 25 000 obdachlos wurden. Am Morgen des 24. April sprengten deutsche Soldaten die Donaubrücken, doch schon am Nachmittag rollten US-Panzer durch die Stadt. Am Ende des Krieges waren über 80 Prozent der historischen Altstadt Ulms zerstört.

Vichy in Sigmaringen

Im Herbst 1944 begann im Schloss der Hohenzollern in Sigmaringen eine bizarre Komödie. Nach der Befreiung von Paris durch die Alliierten wurde die teils konservative, teils faschistische französische Vichy-Regierung, benannt nach ihrem Sitz Vichy in der südfranzösischen Auvergne, auf Befehl Hitlers an die schwäbische Donau deportiert. Von dort aus, so die Idee, sollten die Kollaborateure die deutsche Wiedereroberung Frankreichs vorbereiten.

Sigmaringen zählte damals rund 10 000 Einwohner, nun kamen noch 2000 Franzosen dazu. Präsident und Marschall Philippe Pétain sowie Premierminister Pierre Laval genossen auf dem Hohenzollernschloss aufwändige Menüs, während

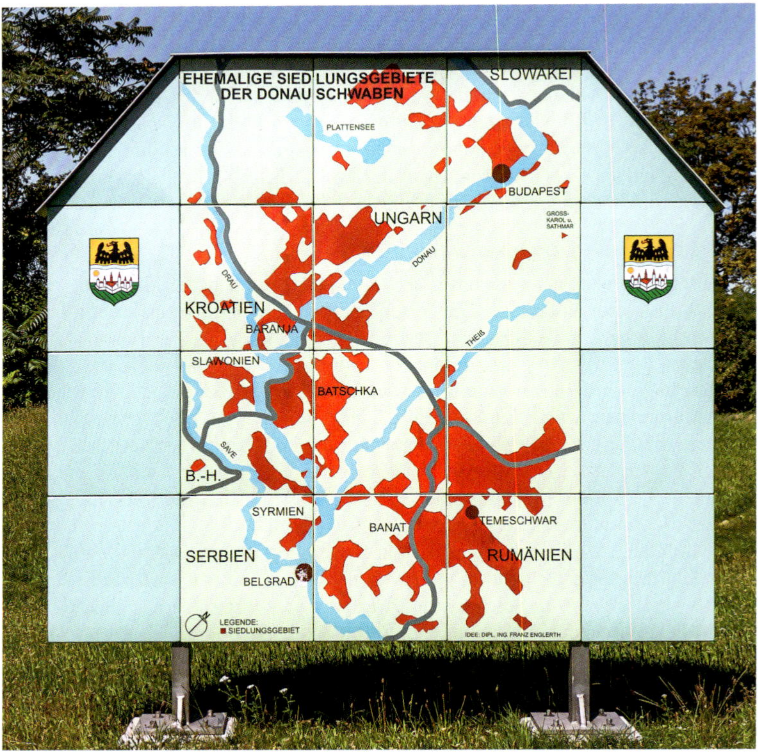

Diese Übersicht über die Siedlungsgebiete der Donauschwaben steht in Wien

die Mehrheit der Franzosen (ebenso wie natürlich auch die Deutschen) sich mit Rüben und Kohl zufriedengeben musste. Auch Theateraufführungen in französischer Sprache fanden statt, über dem Schloss wehte die Trikolore, selbst eine deutsche Botschaft auf diesem als »exterritorial« erklärtem Gebiet wurde eröffnet. Unter den Vichy-Anhängern befand sich auch der Schriftsteller und Antisemit Louis-Ferdinand Céline. In seinem Roman »Von Schloss zu Schloss« hielt er einige der damaligen Erlebnisse fest. Experten halten es jedoch eher für ein dichterisches und kein wirklich zeitgenössisches Dokument.

Hitlers Pläne jedoch scheiterten: Pétain und Laval verweigerten die Zusammenarbeit mit den Nazis, nur ein Teil der Vichy-Leute stand auf deutscher Seite. Der Rest dachte wohl schon an die Zukunft in einem Frankreich des siegreichen Marschalls Charles de Gaulle. Als sich Ende April 1945 die Alliierten der Donau näherten, flohen viele Vichy-Anhänger Richtung Alpen. Pétain wurde in Frankreich wegen Hochverrats zum Tode verurteilt, jedoch anschließend begnadigt. Sigmaringen aber gehörte nun zur französischen Besatzungszone und über seinem Schloss wurde erneut die Trikolore gehisst.

Wirtschaft

Ab Kelheim, wo der Main-Donau-Kanal endet, ist die Donau für Gütertransporte schiffbar. Doch fährt man mit Rad oder Auto die niederbayerische Donau entlang, ist kaum ein Lastschiff zu sehen. Der Umfang der Güter, die im Hafen von Regensburg, dem größten Bayerns, umgeschlagen werden, lag 2019 bei etwas mehr als 1,3 Millionen Tonnen – welch Unterschied zu Hamburg mit seinen 117 Millionen. Den größten Anteil an den Waren haben mit über einem Drittel landwirtschaftliche Erzeugnisse, gefolgt von Eisen und Stahl. In einem Bericht der internationalen Donaukommission über die Situation der Schifffahrt im Jahre 2016 wurden die Hauptprobleme kurz und prägnant skizziert: Es fehle an transportablen Gütern, die Infrastruktur der Häfen und auch auf zahlreichen Flussabschnitten sei unzureichend, das Alter der Schiffe zu hoch. Die Lastschifffahrt auf der Donau scheint so immer mehr an Bedeutung zu verlieren. Doch anders als vielleicht angenommen, hatte der Handel auf dem zweitgrößten Fluss Europas auch in früheren Jahrhunderten immer wieder große Probleme.

Wein und Eisen

Wichtigste Handelsgüter im Mittelalter waren Salz, das »weiße Gold«, sowie Wein und Eisen. Dabei kam es zu unerwarteten Entwicklungen: So führte das Aufblühen des Oberpfälzer Erzbergbaus im 14. Jahrhundert dazu, dass viele Regensburger Weinhändler in dieses Geschäft einstiegen. Sie verfrachteten Erze bis nach Ulm und kauften dort den hochgerühmten Wein aus dem Neckartal ein. Ulm entwickelte sich so zum wichtigsten Weinmarkt Süddeutschlands.

Gehandelt wurde auf der Donau zudem mit Weinen aus Österreich und hier vor allem jenen aus Südtirol. Dass dies ein gutes Geschäft war, zeigt sich allein darin, dass Ende des 14. Jahrhunderts zu den 14 am höchsten besteuerten Bürgern Regensburgs 6 Weinhändler zählten. Und noch während des 16. Jahrhunderts waren die Regensburger Wein- und Erzhändler die wohlhabendsten Patrizier der Stadt. Als der Weinhandel im 17. Jahrhundert zurückging, war dies weniger eine Folge des Dreißigjährigen Krieges, sondern hing mehr mit dem Siegeszug des Bieres in Bayern zusammen. An die ehemalige Bedeutung des Weinhandels erinnern in Regensburg bis heute Straßennamen wie Weinlände, Weinmarkt oder Weingasse.

Nau- und Hohenaufahrten

Insgesamt jedoch war die Handelsschifffahrt auf der oberen Donau zwischen dem 14. und 18. Jahrhundert kaum entwickelt. Dies hatte seinen Grund zum einen im Stapelrecht, das die Städte von den jeweils Herrschenden ursprünglich als Auszeichnung verliehen bekamen. Reisende Händler wurden dadurch aber verpflichtet, auf den Marktplätzen ihre Ware zunächst den Einheimischen anzubieten. Nur mit dem, was sie dort nicht verkaufen konnten, durften sie weiterziehen – und das war angesichts des Reichtums und der Kaufkraft der Donaustädte häufig eben nicht allzu viel.

Ab Kelheim ist die Donau schiffbar

Ein zweiter Grund für den flauen Donauhandel bestand darin, dass man sehr genau zwischen Fahrten flussabwärts, sogenannten Naufahrten, und Fahrten flussaufwärts, Hohenaufahrten, unterschied. Erstere waren viel einfacher, man konnte das Boot treiben lassen, und so fanden zum Beispiel in Straubing jedes Jahr 500 Nau, aber nur 100 Hohenaufahrten statt. Die Nauboote wurden, am Ziel angekommen, zerlegt und als Bau- oder Brennholz weiterverwendet. Dementsprechend einfach war ihre Bauweise, schon bei der geringsten Kollision brachen sie auseinander. Hinzu kam, dass die Schiffsleute in der Regel nicht schwimmen konnten, oder besser: nicht schwimmen können durften. Denn die Besitzer befürchteten, dass die Matrosen bei einem Unglück das Boot ansonsten zu schnell aufgeben würden.

Der stabilste Bootstyp war damals die sogenannte »Kelheimerin«, die maximal 35 Tonnen transportieren konnte, von bis zu 60 Pferden stromaufwärts gezogen wurde und bis ins 19. Jahrhundert in Gebrauch war. Benannt nach ihrem Ausgangsort Kelheim vor Regensburg, war es eine bis zu 45 Meter lange Zille, ein flachbodiger, an beiden Seiten spitz zulaufender Kahn, der bis heute noch als Fischerboot verwendet wird. Auch beim populären Wettbewerb des »Fischerstechens« in Ulm oder Donauwörth kommen solche Zillen zum Einsatz.

Die Methode des Treidelns, also das Ziehen der Schiffe durch Pferde, Ochsen oder Esel flussaufwärts, war bereits zur Römerzeit bekannt. Möglich war dies jedoch nur nach der Schneeschmelze und bis in den Oktober hinein. Für die 280 Kilometer zwischen Wien und Passau benötigte man noch Anfang des 18. Jahrhunderts bis zu fünf Wochen. Pro Tag kam man somit nur um die zehn Kilometer vorwärts.

Bedeutende Fortschritte in der Schifffahrt gab es erst in der zweiten Hälfte des 18. Jahrhunderts. Damals baute ein Schiffsmeister aus Freiburg im Breisgau einen Prototyp, der sich an

Alte Weinreben bei der Burg Hilgartsberg

Schiffsverkehr der etwas anderen Art beim Donaufest in Ulm

Rheinschiffen orientierte. Gezimmert aus schwerem Eichenholz und mit Teer kalfatert, konnte das Schiff mit Hilfe von Segeln auch stromaufwärts fahren und bis zu 300 Tonnen Fracht aufnehmen.

Schon zu Beginn des 18. Jahrhunderts war ein Passagierverkehr von Ulm über Regensburg und Passau bis nach Wien und manchmal auch bis Budapest eingerichtet worden. Meist fuhr ein solches »Ordinari-Schiff« einmal pro Woche. Sieben Tage brauchte ein Reisender für die 400 Kilometer von Regensburg nach Wien. Übernachtet wurde an Land und trotz vieler Unbequemlichkeiten, besonders bei schlechtem Wetter, zogen viele Reisende das Schiff der schnelleren Kutsche vor.

Moderner Schiffsbau

Erst der Wiener Kongress von 1815 hatte das mittelalterliche Stapelrecht für ungültig erklärt. Stattdessen gründete man nun die »Donaukommission für die Freiheit der Schiffahrt auf der Donau«, die allen Schiffen, auch jenen der Nichtanrainerstaaten, das Recht der freien Passage auf dem Fluss zusicherte.

Mitte des 19. Jahrhunderts erlebte der Schiffsbau an der deutschen Donau so einen Aufschwung. Hatte man bisher in Windorf bei Passau oder in Kelheim Holzschiffe wie die Kelheimerin gebaut, begann nun der industrielle Eisenschiffbau. Auf der Donauinsel Unterer Wöhrd in Regensburg entstand eine Werftstraße, in der die 1836 gegründete Bayerisch-Württembergische Dampfschiffahrts-Gesellschaft erste Dampfer fertigte. Die Einzelteile dafür mussten jedoch noch aus dem Rheinland oder sogar aus England eingeführt werden.

Eine zweite Welle von Werftgründungen ergriff Regensburg an der Wende vom 19. zum 20. Jahrhundert, als Öl zu einem immer wichtigeren Rohstoff wurde. Nur kurz zuvor waren große Ölvorkommen in der rumänischen Walachei entdeckt und dort die weltweit dritte Raffinerie errichtet worden.

EXTRA

Die Donau-Dampfschiffahrts-Gesellschaft

»Kein Lied war je so schön als das vom Donaudampfschiffahrtsgesellschaftskapitän« – so lautet der Refrain eines seit den 1930er Jahren populären Liedes über das Liebesleben eines Donaudampfschifffahrtskapitäns. Viele bekannte Schlagersänger wie Peter Alexander oder Karel Gott haben sich an einer stolperfreien Aussprache versucht. Dabei ist der »DDSGK« bei weitem nicht die längste Wortverbindung im Zusammenhang mit der Donau. Im Guinness-Buch der Rekorde findet sich vielmehr eine Komposition aus 79 Buchstaben: Donaudampfschiffahrtselektrizitätenhauptbetriebswerkbauunterbeamtengesellschaft. Es ist jedoch ziemlich sicher, dass eine solche Gesellschaft nie existierte und es sich folglich um ein Kunstwort handelt. Die Donau-Dampfschiffahrts-Gesellschaft und ihre Kapitäne, die freilich gab es und es gibt sie immer noch.

Am 13. März 1829 wurde in Wien die Erste Donau-Dampfschiffahrts-Gesellschaft, kurz DDSG, gegründet. Zu ihren Aktionären gehörten damals viele der wichtigsten Persönlichkeiten des Habsburgerreiches. Am 4. September 1830 fuhr erstmals ein Dampfer von Wien nach Budapest. »Franz I.« hieß er und für die 280 Kilometer lange Strecke benötigte er mit seinen 60 Pferdestärken 14 Stunden. Rund 50 Jahre später war die DDSG zur größten Binnenschifffahrtsgesellschaft der Welt geworden. Am Vorabend des Ersten Weltkriegs befuhr man ein Liniennetz von 4100 Kilometern mit einer Flotte von 82 Passagierdampfern, knapp 300 Frachtdampfern und 2600 Güterkähnen. Nachdem es unter großen Schwierigkeiten gelungen war, mit den Schiffen bis zur Donaumündung vorzudringen, wurde die DDSG ein wichtiges Instrument der österreichischen Balkan- und Orientpolitik. Das Habsburgerreich war nun auch eine Macht zur See.

In Regensburg war 1836 die Bayerisch-Württembergische Donau-Dampfschiffahrts-Gesellschaft gegründet worden. Am 10. November 1837 erreichte der Dampfer »Ludwig I.« Neuburg an der Donau, für eine Weiterfahrt donauaufwärts fehlten ihm aber die notwendigen Pferdestärken. Und auch für Fahrten nach Linz, womit man der DDSG Konkurrenz machen wollte, gab es keine geeigneten Schiffe. Schon 1840 drohte die Insolvenz. Als nun aber die Österreicher die Regensburger kaufen wollten, griff Bayern ein und übernahm die Gesellschaft.

Die Erfolgsgeschichte der DDSG ging dagegen weiter. Zwar verlor sie mit dem Zweiten Weltkrieg 85 Prozent des Betriebsvermögens und wurde verstaatlicht, doch verfügte man bis in die 1980er Jahre über eine stattliche Flotte von 29 Güterschiffen, 9 Tankschiffen, 10 Fahrtgastschiffen und über 100 Güterkähnen. Noch 1987 konnte die in Deggendorf gebaute »Mozart« in Betrieb genommen werden, mit einer Länge von 120 Metern damals das größte Flusskreuzfahrtschiff weltweit. Doch nur drei Jahre später beschloss die Wiener Regierung, die DDSG aufzuteilen und zu privatisieren. Ihre Nachfolge traten die DDSG Blue Danube für die Passagierbeförderung und die DDSG Cargo für den Frachttransport an.

»Donaudampfschifffahrtskapitän« kann im Übrigen inzwischen jeder auch einmal selbst sein, auf einem 63 Meter langen Schiff zwischen Dürnstein in der Wachau und Wien (www.ddsg-blue-danube.at). Hauptanbieter für Fahrten zwischen Regensburg, Passau, Linz und Wien ist inzwischen freilich wieder ein bayerisches Unternehmen: Wurm & Noé aus Passau (www.donauschiffahrt.eu).

Die Ölgeschäfte der Reederei Josef Wallner

Ein zweiter wichtiger Werftstandort an der Donau war Deggendorf, wo neben der bis heute existierenden Hamburger Firma Hitzler vor allem die einheimische Reederei Josef Wallner den Schiffsbau prägte. Die Zeit zwischen den beiden Weltkriegen war die Hochzeit der Donauschifffahrt, die Zahl der größeren Schifffahrtsgesellschaften wuchs damals von fünf auf zwölf. Wallner konzentrierte sich ganz auf den Rohöltransport, und seine Reederei hatte Vertretungen in allen Donau-Anrainerstaaten. Allein zwischen 1940 und 1943 liefen 23 Tankschiffe vom Stapel, der Schiffsbau war zu einem kriegswichtigen Wirtschaftszweig geworden.

Die Schiffe wurden auf die Namen von Mitgliedern der Familie Wallner getauft, trugen aber auch geografische Bezeichnungen aus der Deggendorfer Umgebung. Und während fast alle Donauschifffahrtsgesellschaften 1941 in die »Reichswerke AG für Binnenschiffahrt« eingegliedert und Hermann Göring direkt unterstellt wurden, konnte Wallner seine Selbstständigkeit behaupten. Bereits am 1. Mai 1933 war er in die NSDAP eingetreten, was er später mit ausschließlich wirtschaftlichen Interessen rechtfertigte. Als im April 1945 US-Bomber den Hafen und die Tankanlagen von Deggendorf nahezu vollständig zerstörten, rettete der Reeder einen Teil seiner Schiffe, indem er sie in den Altwassern der nahen Isarmündung versteckte. Zwar starb der Firmengründer bereits 1952, doch drei Jahre später konnte die »Max Wallner« als erstes deutsches Tankschiff wieder einen rumänischen Ölhafen anfahren. Der Rückzug aus der Donauschifffahrt erfolgte dann 1971 mit dem Tod Josef Julius Wallners, dem Sohn des Gründers. Im Deggendorfer Stadtmuseum wird ausführlich über die Geschichte einer der »bedeutendsten Unternehmerpersönlichkeiten Bayerns« informiert und bis heute gibt es in Deggendorf auch eine Josef-Wallner-Straße. Die Wallner-Villa, die in ihren Formen an ein Schiff erinnern soll, steht zwischen Deggendorf und Seebach hoch über dem Hafen.

Donaufähre in Einnig bei Kelheim

(Rhein-)Main-Donau-Kanal

Auf dem Rhein herrscht der dichteste Schiffsverkehr der ganzen Welt. Aus diesem Grund versprach sich die bayerische Staatsregierung in den 1950er Jahren vom Bau einer Verbindung zwischen der Donau über den Main bis zum Rhein eine Steigerung des Warenverkehrs auf der nach dem Zweiten Weltkrieg nur wenig ausgelasteten Donau. 170 Kilometer lang würde die Bundeswasserstraße zwischen Kelheim und Bamberg sein. 16 Schleusen wurden geplant, um die Europäische Hauptwasserscheide auf einer Höhe von 406 Metern ü.d.M. bewältigen zu können – dem höchsten Punkt des europäischen Wasserstraßennetzes überhaupt. Baubeginn war 1960.

Angesichts der immer größer werdenden ökologischen und ökonomischen Kosten des Projekts wuchsen jedoch Anfang der 1980er Jahre die Zweifel am Sinn seiner Fertigstellung und der damalige Bundesverkehrsminister Volker Hauff (SPD) urteilte: »Der Kanal ist das dümmste Projekt seit dem Turmbau zu Babel«. Mit der bayerischen Regierung begann er über eine Einstellung des Baus zu verhandeln und eine internationale Aktionsgemeinschaft von Umweltschützern sammelte 700 000 Unterschriften dafür. Nach der »Bonner Wende«, dem Regierungswechsel zu Schwarz-Gelb 1982, war davon dann jedoch keine Rede mehr. Man beschloss, den Kanal »zügig fertigzustellen«.

Seit 1992 können deshalb Lastschiffe von Rotterdam bis ins rumänische Constanța am Schwarzen Meer fahren. Die Strecke ist für einen Tiefgang bis zu 2,5 Metern ausgelegt, doch bei extremen Niedrigwasser kann der Wasserstand zwischen Straubing und Vilshofen auch mal nur 1,6 Meter betragen. In diesem Fall müssen die Schiffe teilweise entladen werden und ihre Fracht wird mit dem Güterzug weiterbefördert. Bei Fahrten stromaufwärts wird häufig in Passau entladen und in Regensburg wieder beladen.

Dennoch wuchs die Menge der auf dem Kanal transportierten Güter von 1992 bis 2000 von 2,95 auf 8,5 Millionen Tonnen. Danach jedoch ging der Transport immer weiter zurück. Statt möglichen 18 Millionen Tonnen wurden 2015 noch vier Millionen, 2018 nur mehr 2,5 Millionen Nahrungsmittel, Agrarprodukte, Stahl und Düngemittel befördert. Und statt 10 000 Containern wie im Jahr 2000 werden jetzt weniger als 1000 verladen. Dafür hat inzwischen der Tourismus den Kanal entdeckt und bietet seit 2015 Flusskreuzfahrten an, wobei man unter anderem das fränkische Weinland, das Altmühltal, Nürnberg und Bamberg kennenlernen kann.

Landwirtschaft

Donauland ist Ackerland, auf diesen einfachen Nenner kann man die Landwirtschaft an der deutschen Donau bringen. Getreide und Kartoffeln, Kohl, Zwiebeln, Zuckerrüben und der inzwischen in ganz Deutschland allgegenwärtige Silo-Mais, aber auch Hopfen und Spargel wachsen hier. Gemessen an der Anbaufläche ist Spargel, der unter anderem in Neuburg/Schrobenhausen und Abensberg gezogen wird, sogar das wichtigste Gemüse von der Donau. Seit 2008 erhöhte sich die Ernte in ganz Bayern um 85 Prozent.

Denkmal für Schweinehändler in Ulm

Landwirtschaft in der Donauregion ist in weiten Teilen immer noch eine Kleinbauernwirtschaft. Allein im Landkreis Donau-Ries mit seinen 134 000 Einwohnern gibt es 2400 Bauernhöfe mit einer durchschnittlichen Betriebsgröße von 30 Hektar. 70 Prozent der Fläche des Kreises werden landwirtschaftlich genutzt, in der gesamten Donauregion sind es durchschnittlich 57 Prozent sowohl in Baden-Württemberg wie in Bayern.

Ein Grund für die Konzentration auf den Gemüseanbau besteht darin, dass die nassen Böden im Donaumoos, aber auch das raue Klima auf der Schwäbischen Alb die Tierhaltung erschweren. Nur besonders robuste Tierrassen wie etwa das Schottische Hochlandrind, Wasserbüffel oder Moorschnucken, eine Schafrasse aus dem Norden Deutschlands, finden hier ein gutes Auskommen. So gab es in ganz Niederbayern 2020 nur 3700 Milchkuhbetriebe und auch deren Zahl geht angesichts sinkender Milchpreise immer weiter zurück: 20 Prozent haben in den vergangenen fünf Jahren aufgegeben und die Zahl der Kühe ging um neun Prozent zurück. Angesichts dieses Überlebenskampfes verwundert es auch nicht, dass es in Niederbayern fast keine kleinbäuerliche Käseproduktion gibt. Dafür, so heißt es häufig, sei weder Zeit noch Geld da.

Andererseits könnte gerade die Konzentration auf besondere regionale oder biologische Produkte Kleinbauern eine neue Einnahmequelle verschaffen. Dies haben besonders Bauern von der Schwäbischen Alb bewiesen, deren Spezialitäten wie Büffelmozzarella, Alb-Lamm und Alb-Linsen inzwischen überregional bekannt sind. Inzwischen gibt es sogar ein Alblinsenschwein, gemästet mit dem Abfall des Linsenanbaus (→ S. 95).

Kiesabbau

Wer durch Donauried und Donaumoos zwischen Günzburg und Neuburg fährt, sieht sie immer wieder: Baggerseen, an deren Ufern Sand und Kies auf Schwerlasttransporter geladen werden. Kies, der vor Millionen Jahren mit Gletschern und in Flüssen aus den Alpen zur Donau befördert wurde. Kies, dessen Bedeutung als Baumaterial sowohl für Einfamilienhäuser wie Industriegebiete seit den 1950er Jahren ständig wichtiger geworden ist. 330 Millionen Tonnen werden derzeit Jahr für Jahr in ganz Deutschland gefördert, dafür sind unglaubliche 16 Millionen LKW-Fahrten nötig. Und doch rechnet die Bauwirtschaft für die Zukunft mit Engpässen, denn immer öfter regt sich Widerstand gegen die wachsende Zahl

Raffinerien bei Ingolstadt

von Baggerseen und die Lärm- und Staubbelastung. Bis zu 44 Anfahrten von Kiestransportern in einer einzigen Stunde wurden bei einem Betrieb im Donauried gezählt. Waren im Jahr 2000 noch 16 Kies-Betriebe in der Region aktiv, so waren es 20 Jahre später nur noch 9. Was jedoch passieren soll, wenn der Kiesabbau ganz eingestellt würde, das ist umstritten. Bauern fordern die Auffüllung der Baggerseen, um sie für die Landwirtschaft nutzen zu können. Naturschützer wünschen sich die Rückkehr von Flora und Fauna in ein Wasserbiotop und Tourismusverbände bewerben die Seen als Naherholungsgebiet.

Zukunftstechnologien

Im Prognos-Zukunftsatlas von 2019 ist eine Donaustadt ziemlich weit oben zu finden: In der Kategorie »Die zehn Regionen mit den besten Zukunftschancen« steht Ingolstadt nach München und dem Landkreis München auf Platz drei. Und im Bereich »Wettbewerb und Innovation« hat Ingolstadt die Landeshauptstadt sogar hinter sich gelassen. »Sehr hohe Chancen« für die weitere wirtschaftliche Entwicklung werden zudem Ulm, Regensburg und dem Landkreis Eichstättnördlich von Ingolstadt eingeräumt. Im Unterschied zum Saarland und zu Ostdeutschland gibt es an der Donau keine »blauen« Kreise, eine Farbe, die für Risiko steht. Allerdings zeigt sich in einigen Landkreisen besonders auf der Schwäbischen Alb und in Niederbayern lediglich ein ausgewogenes Chancen-Risiko-Verhältnis. Eine Ausnahme bildet Straubing mit »hohen« Entwicklungschancen.

Tatsächlich sind in den genannten Städten in den letzten Jahre viele neue Standorte für Zukunftstechnologien gegründet worden. In Ulm gibt es in der »Wissenschaftsstadt« auf dem Oberen Eselsberg ein Startup- und Innovationszentrum, zu den innovativsten Branchen zählen neben dem hier traditionellen Nutzfahrzeugbau die Forschungsschwerpunkte Logistik, IT oder Life Science. In Digitalisierungszentren in den Kreisen Alb-Donau und Biberach widmet man sich dem Internet der Dinge, intelligentem Bauen und virtueller Realität. In Ingolstadt entsteht derzeit auf einer Fläche von rund 100 Fußballfeldern der IN-Campus auf dem Gelände der ehemaligen Bayernoil-Raffinerie. Mit Erdöl verdiente man in Ingolstadt seit den 1960er Jahren gutes Geld, jetzt geht es in der Auenlandschaft direkt an der Donau um autonomes Fahren und Künstliche Intelligenz.

Doch selbst im stets hinter Oberbayern in der Wirtschaftsentwicklung zurückbleibenden Niederbayern tut sich etwas. In Straubing ist ein Wissenschaftszentrum mit dem Schwerpunkt »Nachwachsende Rohstoffe« entstanden. An der Hochschule für angewandte Wissenschaft HAW in Deggendorf ein Technologietransferzentrum mit zehn Ablegern in Städten des Bayerischen Waldes. Hier widmet man sich unter anderem der Gesundheitsprävention oder der Hochfrequenztechnik.

Tourismus

Die Projekte heißen »transdanube« oder »Danube.Pearls« und werden von den Regionalprogrammen der EU gefördert. Ihr Ziel ist es, die Mobilität an der Donau nachhaltiger zu gestalten. Anders ausgedrückt: Zug, Bus, Rad und Schiff sollen das Auto bei Reisen entlang der Donau immer entbehrlicher machen. Allerdings ist die finanzielle Förderung für Danube.Pearls, an dem sich elf Reiseziele aus acht Donauanrainerstaaten beteiligen, auf nur zwei Jahre beschränkt. So blieben viele der möglichen Innovationen zunächst nur Ideen, die auf zahlreichen internationalen Konferenzen vorgestellt und diskutiert wurden.

Die einzige »Perle« an der deutschen Donau ist die Doppelstadt Ulm/Neu-Ulm, wo man 2019 das Programm »Nachhaltige Mobilität« ins Leben rief. Hotel- und Reisebüromitarbeiter erhielten ein »Mobilitätstraining«, um Besuchern, die noch zu 67 Prozent mit dem PKW anreisen, alternative Vorschläge machen zu können (www.danube-pearls.eu). Viel mehr passierte jedoch zunächst nicht.

Bereits 2015 hatten Baden-Württemberg und Bayern gemeinsam das Tourismusprojekt »Die junge Donau« ins Leben gerufen. Dabei geht es natürlich um sanften, nachhaltigen Tourismus, mehr aber noch um das Marketing für die deutsche Donau in Nachbarländern wie der Schweiz oder Österreich (www.deutsche-donau.de).

Grundsätzlich ist der Tourismus an der Donau im Aufwind. 2018 und 2019 meldeten Ulm, Passau und Regensburg neue Rekorde bei der Zahl der Übernachtungen, in Passau stieg sie 2018 sogar um 5,5 Prozent. Dies liegt nicht zuletzt an einer fast ständig zunehmenden Zahl von Radreisenden in Deutschland. Waren 1999 nur knapp zwei Millionen Radler mehrere Tage unterwegs, so zählte man 2019 schon 5,4 Millionen. So ist Bayern seit Jahren und mit großem Abstand bei Radfahrern das beliebteste Reiseziel in Deutschland. Ein Ranking des Allgemeinen Deutschen Fahrradclubs ADFC sah die Route entlang der Donau im Jahr 2018 nach den Strecken an Weser, Elbe und Ruhr an vierter Stelle der 200 Radfernwege in Deutschland. 2020 stand die Donau auf Platz acht.

Architektur

Denkt man an Deutschlands Süden und seine Architektur, fällt den meisten sicher zuerst das Barock ein. Und tatsächlich gibt es an der Donau, sei es in Bayern, Baden oder Württemberg, keine kunsthistorische Epoche, die Kirchen und Klöstern so sehr prägte wie das 17. und 18. Jahrhundert. Tatsächlich jedoch beginnt die Geschichte der Städte der Region bereits im Mittelalter. Am anschaulichsten ist dies in Nördlingen mit seiner unzerstörten Stadtmauer aus dem 14. Jahrhundert zu sehen, aber auch in Ulm, Regensburg oder Ingolstadt mit ihren gewaltigen gotischen Kirchen.

Gotische Bauwerke

Die Gotik ist in Bayern schon seit vielen Jahren »in«. Unzählige Mittelalterfeste werden auf Burgen und in Städten gefeiert und dabei geht es den Besuchern mehr als nur um aufwändige Ritterspiele oder bunte Gauklermärkte. Vielmehr suchen sie, so haben es einige von ihnen dem Bayerischen Rundfunk erzählt, »Freiheit«, »Techniklosigkeit« sowie »Raum, Höhe, Luft und menschliche Utopie«.

Backsteingotik

Das erste gotische Bauwerk nicht nur an der Donau, sondern in ganz Bayern war der Dom von Regensburg. Nachdem die romanische Vorgängerkirche niedergebrannt war, wurde bereits 1275 mit dem Neubau begonnen. Rund 100 Jahre später legten die Ulmer den Grundstein für ihr Münster, um 1400 folgten die Straubinger mit St. Jakob, das Jahr 1425 sah schließlich den Baubeginn des Münsters von Ingolstadt.

Gotisches Kreuzrippengewölbe in Straubing

Und genau bei diesen letzten drei genannten Kirchen zeigt sich eine der Besonderheiten der süddeutschen Gotik, die man üblicherweise eher mit der Architektur im Ostseeraum verbindet: die Backsteingotik. Während der Regensburger Dom aus dem hellgrünen und grauen Sandstein der Gegend erbaut wurde, mangelte es in anderen Städten an natürlichen Steinvorkommen. Aber auch an Orten, die eigentlich über genügend Steine verfügten, wurde mit den aus Lehm gebrannten rötlichen Quadern gebaut. Besonders die schwäbischen Staufer wollten auf

Die Ruine der Burg Niedergundelfingen im Lautertal

diese Weise ihre Weltläufigkeit und ihre Verbundenheit mit Italien demonstrieren. Schließlich bauten schon die Römer mit Backsteinen, nur hieß dieser bei ihnen Terracotta. Gerade in Städten, die im Mittelalter stark wuchsen, wurde mit Backstein gebaut. Allerdings sieht man dies den Häusern häufig nicht mehr an, denn sie wurden später verputzt.

Typisch für backsteingotische Kirchen ist das weitgehende Fehlen von figuralen Plastiken, da der gebrannte Stein sich nicht behauen ließ. Auch leuchtend weiße Einfassungen von Fenstern oder Türen gehören zum stilprägenden Bild der Backsteingotik. Und, auch wenn man es zunächst gar nicht merkt: Die Backsteine sind nicht einheitlich rot, sondern ihre Farbe kann zwischen hell- und dunkelrot changieren, sie kann aber auch grün oder schwarz sein.

Burgen des Mittelalters

Noch älter als die Backsteinkirchen sind die gotischen Burgen an der Donau. Sie wurden zur Überwachung des Donauhandels, aber auch als Fluchtburgen in Kriegszeiten errichtet. Wahrscheinlich gibt es keine andere Region Deutschlands, in der es so viele mittelalterliche Burgen beziehungsweise deren Ruinen gibt. Denn gebaut wurde nicht nur an der Donau, sondern auch an ihren Nebenflüssen wie etwa der Großen Lauter oder auf den Bergen des Bayerischen Waldes.

So errichtete man zum Beispiel in Leibertingen bei Sigmaringen zwischen 1100 und 1200 gleich vier Befestigungsanlagen, Vorgänger der heutigen Burg Wildenstein. Um 1150 erstmals erwähnt wurde Burg Harburg im Nördlinger Ries, eine der wenigen mittelalterlichen Anlagen Deutschlands, bei der das Verteidigungssystem bis in unsere Zeit erhalten blieb. Zu den ältesten Burgen der Region zählen Pappenheim im Altmühltal, das auf eine 1300-jährige Geschichte zurückblicken kann und die Burg Donaustauf bei Regensburg vom Anfang des 10. Jahrhunderts.

Renaissancetreppe am Rathaus in Nördlingen

Die Donauschule

Ein herausragendes Beispiel für die kulturelle Blüte des Donauraums in der Spätgotik ist die Donauschule, als deren führender Vertreter der Regensburger Maler und Architekt Albrecht Altdorfer (1480–1538) gilt. Von 1503 bis 1505 und erneut 1511 reiste er die Donau flussabwärts, was für seine Landschaftsmalerei prägend werden sollte. Seine um 1525 entstandene »Donaulandschaft bei Regensburg«, die heute in der Alten Pinakothek in München zu sehen ist, gilt als eines der ersten europäischen Gemälde, das eine Landschaft ohne Menschen darstellt. Dies bedeutet, dass die Landschaft nicht länger nur füllende Staffage für meist religiöse Szenen ist, sondern zum eigenständigen Thema wird.

Die Bezeichnung Donauschule oder Donaustil wurde von der Kunstgeschichte jedoch erst an der Wende vom 19. zum 20. Jahrhundert geprägt und umfasst deutsche und österreichische Malerei von etwa 1490 bis 1540. Typisch für die stark romantisierenden Stimmungsbilder sind neben einer sorgfältigen Führung des Lichts kräftige, leuchtende Farben. Weitere wichtige Künstler der Donauschule neben Altdorfer sind Wolf Huber, Lucas Cranach der Ältere, Rueland Frueauf der Jüngere und Jörg Breu der Ältere. Ihre wichtigsten Wirkungsstätten waren neben Regensburg, Passau und Wien österreichische Klöster wie Melk in der Wachau oder St. Florian in Linz.

Die Werke der Donauschule finden sich heute vor allem in den kunsthistorischen Museen in München und Wien, aber auch in Prag oder Tokio. In Regensburg gibt es im Historischen Museum am Dachauplatz eine Sammlung der grafischen Arbeiten Altdorfers sowie das Tafelgemälde »Die beiden Johannes« und Fragmente von Wandmalereien. Eine Darstellung der »Schönen Maria«, Werk des für seinen »volksnahen« Werke bekannten Bildhauers Hans Leinberger, steht in der St. Kassians-Kirche in Regensburg.

Barock und Rokoko

Das (oder auch der) Barock ist zweifellos der beherrschende Stil der Donauregion. Nach dem Dreißigjährigen Krieg begannen die siegreichen Katholiken, das gesamte Land mit barocken Kirchen und Klöstern zu überziehen. Der Barockstil ging in den 1750er Jahren in den Stil des Rokoko über, der Ende des 18. Jahrhunderts dann vom Klassizismus abgelöst wurde. Barock und Rokoko sind nicht immer einfach zu unterscheiden. Beide Baustile setzen auf ein hohes Maß, um nicht zu sagen Übermaß, an (vergoldeten) Stuckelementen. Doch sind in der Frühzeit des Barock im 17. Jahrhundert die Formen noch einfacher, weniger verspielt und formenreich als im 18. Jahrhundert. Die wichtigsten Bauwerke der gesamten Barockzeit sind die Klosterkirchen von Zwiefalten, Obermarchtal und Wiblingen in Baden-Württemberg, von Weltenburg und Metten in Bayern sowie die Jesuitenkirche und die Stadtpfarrkirche im bayerischen Dillingen und die Kirche Maria de Victoria in Ingolstadt.

Vorarlberger Baumeister

Die Not im eigenen Land, sie steht am Anfang der Geschichte einer ganzen Reihe von grandiosen Barockbaumeistern im Donau-Raum. Denn aus dem armen Vorarlberg kamen die Männer, die das vom Dreißijährigen Krieg zerstörte Süddeutschland wiederaufbauten. In manchen Orten des kargen Alpengebirges in Österreich waren über 90 Prozent der Arbeiter im Baugewerbe beschäftigt – mit den Architekten hoch zu Ross kamen hunderte Handwerker zu Fuß an die Donau. Über 150 Jahre zogen die Familien Beer, Kuen, Moosbrugger und Thumb nahezu alle großen Aufträge an sich. Da sie untereinander heirateten, entstand ein erstes großes Netzwerk von Architekten, die sich gegenseitig die Aufträge zuschoben.

Gelernt hatte die erste Generation der Baumeister im Schweizer Graubünden und in Norditalien, 1652 gründete Michael Beer dann im Vorarlberger Au eine eigene Baumeisterzunft. Auf die Vorarlberger geht die sogenannte Wandpfeilertechnik zurück. Zunächst baute man hallenartige Räume mit geraden Wänden. Als die Kirchen dann jedoch immer größer wurden, wie etwa in Obermarchtal, fingen die Architekten den Druck des Gewölbes ab, indem sie die Wände durch davorstehende Wandpfeiler verstärkten. Treten diese Pfeiler weit ins Kirchenschiff vor, entstehen zwischen ihnen Seitenkapellen. Sie wurden in der Hochphase dieses Stils durch Emporen geteilt, die oft weit ins Kirchenschiff vorspringen.

In der barocken Jesuitenkirche in Dillingen

Wessobrunner Stuck

Als Wessobrunner Schule wird eine Gruppe von rund 600 Baumeistern, Stuckateuren und Kupferstechern bezeichnet, die ab Ende des 17. Jahrhunderts in der oberbayerischen Benediktinerabtei Wessobrunn ausgebildet wurden und die Stuckkunst in ganz Süddeutschland, in Tirol und der Schweiz prägten. Zur damaligen Zeit war es das Kloster das wichtigste Zentrum für Stuckkunst in ganz Europa. Die Wessobrunner lösten Ende des 17. Jahrhunderts die bis dahin dominierenden Stuckmeister aus Oberitalien und dem Tessin ab und arbeiteten eng mit den Vorarlberger Baumeistern zusammen.

Eigentlich ist Stuck nicht viel mehr als bemalter Gips, er konnte frei an Gewölbe oder Wänden modelliert werden, größere Figuren wurden aber auch in vorher gefertigte Modeln gegossen. Als wichtigste Vertreter der Wessobrunner Schule gelten Johann Baptist und Dominikus Zimmermann, deren Hauptwerk die Wieskirche bei Steingaden im Allgäu ist. In der Donauregion war der jüngere der beiden Brüder, Dominikus, für den Bau der Frauenkirche in Günzburg verantwortlich, sein Erstlingswerk war die Kirche Maria Medingen im Landkreis Dillingen. Etwas weniger bekannt sind die Wessobrunner Johann und Joseph Schmuzer, die den Schmuck der Klosterkirche Obermarchtal schufen. In der Literatur finden sich freilich immer nur die Namen der Hauptstuckateure, doch ohne ein großes Team hätten sie angesichts der Ausmaße der mit Stuck zu bedeckenden Flächen ihre Arbeit nicht ausführen können.

Stuck war damals aber auch nicht nur Stuckatur, also Verzierung eines Gebäudeteils mit Blüten und Blättern. Vielmehr ging es darum, mit Hilfe des Stucks einen »reibungslosen« Übergang, eine Verbindung zwischen Gewölbe und Wandpfeilern zu schaffen. Deshalb waren viele der besten Stuckateure zugleich Architekten oder arbeiteten aufs Engste mit diesen zusammen.

Die Klosterkirche in Weltenburg ist ein Werk der Gebrüder Asam

Johann Michael Fischer

In der Region gab es gleich zwei bekannte Künstler, die den Namen Johann Michael Fischer trugen, zum einen der 1717 im fränkischen Veitshöchheim geborene Bildhauer, der vor allem in Dillingen arbeitete und dort 1801 auch starb. Der weitaus berühmtere Johann Michael Fischer war ein Baumeister aus Burglengenfeld in der Oberpfalz, wo er 1692 geboren wurde. Fischer lernte in Böhmen, Mähren und Österreich und seine Anklänge an den Stil der in Prag wirkenden Familie Dientzenhofer und ihre »Symphonien geschwungener Räume« sind kaum zu übersehen. Fischers erste Werke entstanden an der niederbayerischen Donau in Deggendorf, Niederalteich und Osterhofen. Später arbeitete er in Zwiefalten und Wiblingen. Fischers Grab, er starb 1766, befindet sich in der berühmten Frauenkirche von München.

Neben den klassischen Wandpfeilerkirchen schuf Fischer die sehr seltenen Zentralbauten in Form eines Oktogon, bestes Beispiel hierfür ist die Birgitten-Klosterkirche im oberbayerischen Altomünster. Im Unterschied zu Dominikus Zimmermann, dem Säulen oft nur als Basis seiner Stuckornamente dienten, scheinen Fischers Pfeiler tatsächlich das Gewölbe zu tragen, was den Bauten – wie zum Beispiel in Osterhofen – eine besondere Struktur und Festigkeit verleiht.

Die Gebrüder Asam

Cosmas Damian (1686–1739) und Egid Quirin (1692–1750) Asam waren mehr als nur Architekten, mehr als nur Maler, Stuckateure oder Bildhauer: Sie waren alles zusammen. Ein Kunsthistoriker schrieb über sie: »Auch geistig innigst verbunden, vollbringen sie den endgültigen Schritt zur Vereinigung aller Künste in einem Gesamtkunstwerk, in Werken, die als solche gar nicht mehr einer bestimmten Gattung zugewiesen werden können«.

Gelernt hatten die beiden Brüder zunächst bei ihrem Vater, später dann in Italien, wo sie von den Werken so bedeutender Barockkünstler wie Gian Lorenzo Bernini oder Andrea Pozzo wichtige Anregungen erhielten. Ihre Bauaufträge reichten von Böhmen bis in die Schweiz. In der Donauregion zählen die Klosterkirchen von Weltenburg, Metten, Rohr, Aldersbach und Osterhofen sowie Maria de Victoria in Ingolstadt und die Emmeramskirche in Regensburg zu ihren wichtigsten Werken.

Besonders in Weltenburg gelang den Brüder die vollkommene Verwirklichung eines »Theatrum sacrum«, eines »heiligen Theaters«. Sie verwandelten den Altarraum in eine Bühne, auf der die in ihren Bewegungen eingefangenen, überlebensgroßen Heiligenfiguren die biblische Geschichte zum Leben erwecken und so von jedem sofort verstanden werden können.

Der Beitrag der »Untertanen«

Wie aber wurde dieser barocke Bauboom im deutschen Süden finanziert? Die Herrschaftsgebiete dort waren so klein, dass ein solcher Boom, wie zwei Historiker schreiben, eigentlich »unfassbar erscheint«.

Zunächst einmal wurde die während des Dreißigjährigen Krieges erhobene Kriegssteuer, oft dreimal so hoch wie die normalen Abgaben, weiter eingezogen. Es gab aber auch neue Anordnungen, danach mussten zum Beispiel Bauern ihre Kälber, die sie nicht selbst großzogen, an die Klöster abliefern. Selbst eine Abtretung von Küchenabfällen der Bauernhöfe an die Lehnsherren wurde durchgesetzt. Natürlich wehrten sich die Bauern gegen diese Forderungen, warfen den Klöstern Missbrauch von Steuergeldern vor und führten Prozesse, die sie immer wieder auch gewannen.

Die Bauern wurden aber auch gezwungen, sich direkt am Bau der neuen Kirchen und Klöster zu beteiligen, also Fronarbeit zu leisten. Dazu waren sie als Leibeigene zwar sowieso verpflichtet, doch auch hier versuchten die Verwaltungen der Abteien immer mehr Stunden zu erzwingen. So musste in Mühlheim an der Donau beim Bau des Schlosses vier Mal so viel Fronarbeit geleistet werden wie sonst üblich. In einem Führer über das Barockjahr 1981 in Baden-Württemberg heißt es zusammenfassend: »Die Bauleidenschaft der Fürsten verzehrte die Arbeit einer ganzen Generation«. Heute jedoch, so muss man realistisch feststellen, würde Süddeutschland ohne den barocken Bauboom Entscheidendes fehlen.

Fachwerk

Natürlich ist Fachwerk keine Bauweise, die sich allein im Donauraum findet. Schließlich kannten schon die Römer diesen Stil und wer durch Thüringen oder Hessen fährt, sieht auch dort in vielen Dörfern Fachwerkhäuser. Dennoch gibt es wohl in keiner anderen Region Deutschlands solch eine Konzentration von großen Fachwerkbauten wie in Schwaben.

Grundsätzlich handelt es sich beim Fachwerkhaus um einen Skelettholzbau, der in sich selbst bereits eine hohe Stabilität aufweist. Um die Fassade zu vollenden, werden die Zwischenräume zwischen den Holzbalken mit Lehmziegeln, Strohmatten mit Lehm oder anderen Materialien ausgefüllt. Die Balken sind meist quadratisch und an den Enden angeschrägt, um sie mit dem anschließenden Balken gut verbinden zu können.

Balken wird aber nicht einfach nur an Balken gereiht, sondern mit ihnen wird die Fassade abwechslungsreich gestaltet. Wichtigste Figur ist der »Mann«, der etwa so aussieht wie das Gebäck des Weckenmanns in der Adventszeit. Andere häufige Formen sind das Andreaskreuz oder ein einfacher senkrechter Balken mit zwei Füßen.

Eine Hochzeit des Fachwerkbaus war die Renaissance, als das Fachwerk immer raffinierter wurde. Dies wurde möglich, weil man das Fachwerkgerüst nun nicht mehr über mehrere Etagen, sondern für jedes Stockwerk einzeln fertigte. Auf diese Weise wurden zudem die für Fachwerkhäuser so typischen Vorkragungen der oberen Stockwerke möglich, wodurch mehr Wohnraum geschaffen werden konnte.

Besonders schöne und viele Fachwerkbauten in der Donauregion finden sich in Riedlingen und Blaubeuren. In Neuhausen ob Eck im Landkreis Tuttlingen gibt es ein 18 Hektar großes Freilichtmuseum mit Fachwerkhäusern aus verschiedenen Regionen Baden-Württembergs (www.freilichtmuseum-neuhausen.de). Wer einen Abstecher machen möchte, um noch mehr Fachwerk zu sehen, fährt nach Biberach an der Riß.

Das »Haus zur schönen Stiege« in Riedlingen

Fasnet

April bis Oktober sind die wichtigsten Monate für einen Urlaub an der Donau. Es gibt aber eine weitere Jahreszeit, die einen Besuch ganz besonders lohnt, die Zeit der alemannischen Fasnet (letzteres gesprochen mit einem langem »a« und einem kurzen, geschlossenen »e«). Anders als im rheinischen Karneval stehen hier nicht Prinzengarde, Büttenreden und Schunkellieder im Zentrum. Es gibt auch keine Cowboykostüme oder Funkenmariechen, sondern Hexen und Teufel, die ziemlich grimmige aus Holz geschnitzte Masken tragen. Masken, sogenannte Schemen, die zusammen mit dem »Häs«, dem aus bunten Stoffflecken bestehenden Kostüm, oft von Generation zu Generation weitervererbt werden.

Fasnetbrunnen in Riedlingen

Ursprung

Ursprünglich ging es bei der Fasnacht wie auch beim Karneval eigentlich darum, verderbliche Lebensmittel vor der sich direkt anschließenden Fastenzeit zu verbrauchen. »Carne vale«, »Fleisch lebe wohl«, ist die sprachliche Herkunft des seit dem 12. Jahrhundert ausgeübten Brauchs. »Fastnacht«, das war der Vorabend der Fastenzeit. Deshalb spielten und spielen auch Metzger, Marktfrauen und die Vielfalt der Fastnachtsbäckereien eine große Rolle. Vor dem körperlichen »Reinigen« in der entbehrungsreichen Zeit durfte noch einmal richtig geschlemmt werden.

Kaum verwunderlich, dass die katholische Kirche die Fastnachtszeit mit dem Teufelsstaat und die Fastenzeit mit dem Gottesstaat gleichsetzte. So wurden Teufel und Hexen zu den ersten Faschingsfiguren. Hinzu kam der Narr als Inbegriff für Gottesferne und Tod. Brauch war es jedoch auch, dass der Narr, der im Donauraum oft auch »Hansel« genannt wird, scharfe Kritik an der Obrigkeit in Versen zum Ausdruck brachte. Deshalb wurden Faschingsveranstaltungen häufig verboten.

Andererseits lebt im heutigen Fasching noch immer der heidnische Brauch des germanischen Frühlingsfestes fort. Um den Winter endgültig zu vertreiben, setzten sich die Menschen abschreckende Masken auf und veranstalteten mit Trommeln und Schellen einen Höllenkrach. Oft wurde auf dem Marktplatz auch der »böse Geist des Winters« verbrannt. Und bei den Römern mussten am Jahresende, während der Saturnalien, die Herren ihre Sklaven bedienen und deren Witze über sich ergehen lassen. Zudem wurde ein geschmückter Schiffswagen durch die Straßen gezogen, der »Carrus navalis« – wer denkt da nicht an den Rosenmontagsumzug am Rhein.

Ablauf

Die Auftaktveranstaltungen der alemannischen Fasnet finden traditionell nach dem Ende der Weihnachtszeit am 6. Januar, dem Dreikönigsfest, statt. Der eigentliche Fasching mit seinen Straßenumzügen und Gasthausfeiern beginnt dann mit dem Schmotzigen Dunschtig, der seinen Namen von den schmotzigen, also fetten, Küchle hat, die nun überall ausgebacken werden. Manche sprechen aber auch vom Gumpigen Donnerstag, abgeleitet von dem Verb »gumpen«, was in etwa »hüpfen und lustige Sprüche machen« bedeutet.

Neben Teufeln, Hexen und dem Hansel ziehen Geister, Strohbären, Ziegen oder »wilde Tiere« durch die Straßen. Wobei die Tiere oft von Hästrägern mit Peitschen »gezüchtigt« und vor sich hergetrieben werden. Mit der Ausnahme der Hexen sind Frauen im Umzug meist nicht zu erkennen, weil sie sich unter männlichen Masken verstecken. An manchen Orten gibt es jedoch die Figur des Holzweibleins oder der Müllerin. Viele Gemeinden haben ihren eigenen traditionellen Narrenruf, so grüßt man sich in Ehingen an der Donau mit »Kügele-hoi«. In Riedlingen ruft man ein langgezogenes »goooole«, denn der Gole, eine Goliathsfigur, ist die Hauptfigur der Fasnet dort. Am bekanntesten und am weitesten verbreitet in der alemannischen Fasnet ist freilich das »Narri-Narro«.

Die wichtigste Tradition der Fasnet ist die des »Strählens«: In Versform werden Anekdoten über das Leben in der Gemeinde zum Besten geben. In Villingen-Schwenningen wurde dafür in den 1990er Jahren sogar ein »Strählkurs« ins Leben gerufen, den seither über 1000 Einheimische besucht haben. Wichtigste Regel: Sich niemals, auch nicht nach der Fasnet, als Strähler zu erkennen geben. Zweitens: Der Angesprochene darf nicht beleidigt werden, Witze unter der Gürtellinie und gegen die Kirche sind tabu. In Donaueschingen hörte sich das 2020 so an:

»Nachts isch's dunkel und i dä Stadt words leer,
a Lösung isch scho gfunde, en City-Manager moss her.
En wahre Pfundskerle moss er scho si,
ko Johr isch Ziet, doch sell krieg mer hi.
Seller muss koordiniere und kommuniziere,
ich wett: ko Johr und der got uf alle Viere.
Viellicht goht's ihm ja wie dere Einbahnstrassé:
Ko Johr isch's gangä und scho wars passé.«

In Mühlheim an der Donau gibt es den Brauch, dass ein Vorsänger die kuriosesten Ereignisse des Jahres in kurzen Versen glossiert, worauf eine Gruppe von rund 200 Männern mit einem »Sagt-er« antwortet. In Meßkirch und Munderkingen sind dagegen zwei »Pfarrhausere«, Haushälterinnen in einem Pfarrhaus, für das Strählen, das hier Schnurren heißt, zuständig. Der Grund dafür ist ein einleuchtender: Irgendwann einmal wollten die Frauen wissen, was ihr Ehemann während der Fasnet so alles treibt und mischten sich mit männlichen Masken unters Narrenvolk. Ohne erkannt zu werden, konnten sie ihren Männern die Meinung sagen.

Zwischen Hochzeitssuppe und Nonnenfürzle

Wer über die Küche der deutschen Donauregion schreibt, muss sich zwei Küchen vorstellen: die schwäbische und die bayerische. Wobei es nun jedoch nicht so ist, dass sich die Speisen westlich von Ulm ganz wesentlich von jenen östlich davon unterscheiden. Und doch gibt es einige entscheidende Differenzen und eine große Vielfalt. Wobei Kässpätzle in beiden Regionen auf (fast) keiner Speisekarte fehlen.

Die Suppen

Wie in vielen anderen Regionen, die jahrhundertelang nicht gerade von Reichtum gezeichnet waren und wo Fleisch häufig nur am Sonntag auf den Tisch kam, gehört auch an der Donau eine nährende Suppe zum Mittagessen einfach dazu. Und so ist sowohl in Schwaben wie auch in Bayern die Vielfalt in diesem Bereich hoch. Es gibt Suppen mit Leberknödeln, Brätspätzle oder Milzschnitten, mit Griesnockerln oder Flädle, fein geschnittenen Pfannkuchen, um nur einige zu nennen. Wer Glück hat, findet auf der Speisekarte eine Hochzeitssuppe, die, wie der Name schon sagt, früher nur zu diesem ganz besonderen Anlass serviert wurde. Denn in die klare Fleischbrühe kommen all die oben genannten Einlagen und noch einiges mehr. Mark- und Fleischklößchen zum Beispiel oder Spargelköpfe, Hühnchenfleisch, Backerbsen und Eierstich, wobei dies von Dorf zu Dorf variieren kann.

Die Schwaben haben außerdem eine in Deutschland einzigartige Spezialität, wenngleich diese in anderen Ländern unter anderem Namen bekannt ist: die Maultasche, die schwäbische Form der italienischen Ravioli oder der osteuropäischen Pelmeni. Es sind mit Spinat und/oder Hackfleisch gefüllte Nudeltaschen, die der Legende nach im Kloster Maulbronn nahe Pforzheim erfunden wurden. Die dortigen Mönche wollten sich auch in der Fastenzeit etwas Besonders gönnen und versteckten das Fleisch im Teig. Weshalb Maultaschen im Schwäbischen auch »Herrgottsbscheißerle« heißen. Maultaschen werden entweder in der Brühe oder »abgeschmälzt« mit gebratenen Zwiebeln und Salat und manchmal auch mit einem Spiegelei serviert.

Das Hauptgericht

Seitdem Bayern und Schwaben nicht mehr zu den ärmsten, sondern den reichsten Bundesländern Deutschlands zählen, gehört Fleisch dort auch im Alltag zu einem »richtigen« Essen dazu. Auf den Speisekarten allgegenwärtig ist immer noch das Schnitzel in seinen Versionen als Jäger- oder Zigeunerschnitzel. Das Wiener Schnitzel, für das traditionell ja Kalbfleisch verwendet werden muss, wird als »Schnitzel Wiener Art« aus Schweinefleisch angeboten.

Das Aushängeschild der schwäbischen Küche ist jedoch der Zwiebelrostbraten. Das Rindfleisch sollte gut abgehangen, also mürbe, sein und über einen schmalen Fettrand verfügen. Neben einer gehörigen Menge geschmolzener Zwiebel gehört auf alle Fälle viel Sauce, eventuell aus Trollingerwein, dazu. Die

Essen im Schatten von Rokokofassaden in Neuburg

Beilagen dagegen können variieren: von Spätzle über Kartoffelsalat und Bratkartoffeln bis hin zur einfachen Scheibe Bauernbrot. Nur Pommes Frites sollte man in der Sauce nicht ertränken.

Klassiker der süddeutschen Küche sind die geschmorten großen Bratenstücke, sei es als Schweins-, Rinds-, Sauer- oder auch Hirschrückenbraten. Und hier wird dann auch ein ganz entscheidender Unterschied zwischen Schwaben und Bayern deutlich. Denn zwischen Schwarzwald und dem bayerisch-schwäbischen Donauwörth gehören zum Braten Spätzle. Schon wenige Kilometer weiter, im oberbayerischen Neuburg an der Donau, werden Knödel serviert.

Fische

An Fischen dürfte auf den Speisekarten der Region eigentlich kein Mangel sein, denn der Fischbestand in der Donau hat sich seit den 1980er Jahren deutlich erholt. Das Problem: Es gibt immer weniger professionelle Donaufischer, da man von dieser Arbeit kaum mehr leben kann. Abgesehen von Forellen und Saiblingen aus heimischen Aquakulturen kommen Zander oder Hechte daher oft von Großmärkten in München oder Stuttgart. Ausnahmen bestätigen diese Regel, so existiert in Straubing schon seit 1751 der Fischereibetrieb Mayer, der im Hofladen und auch auf dem städtischen Wochenmarkt seine Donaufische anbietet (www.fischerei-mayer.de). In Kelheim vermarktet die örtliche Fischeigenossenschaft ihren Fang an mehreren Verkaufsstellen (www.donaufische.de).

Sternerestaurants

Eines der angesagtesten Restaurants in der Donauregion ist derzeit das mit einem Michelin-Stern ausgezeichnete »Storstad« am Regensburger Watmarkt. Hier serviert das Ehepaar Schmaus zusammen mit Küchenchef Josef Weil über den Dächern der Stadt eine deutsch-asiatische Crossoverküche. Zum Lunch wird ein Dreigänge-Menü angeboten, am Abend darf es dann ein bisschen mehr sein: Jetzt kann man unter einem fünf bis sieben Gänge-Menü auswählen. Zum Menü kann eine Weinbegleitung bestellt werden. Die 2019 zur »Meisterin der Weine« gekürte Sommelière Anna Ruprecht setzt dabei vor allem auf »Orange-Weine«, Weißweine, die wie sonst Rotweine auf der Maische vergoren werden. Daher verfügen sie über mehr Gerb- und Inhaltsstoffe, haben eine leicht trübe, gelb-orange Farbe und schmecken intensiv und vielfältig (www.storstad.de). 2021 konnte das Ehepaar Schmaus sich dann über eine weitere Auszeichnung freuen. Ihr »Aska«, das ebenfalls am Watmarkt liegt und von Atsushi Sugimoto geführt wird, wurde als erste Sushi-Bar in Deutschland mit einem Stern ausgezeichnet (aska.restaurant).

Die Regensburger Sterne werden komplettiert vom »Roten Hahn«, wo sich Maximilian Schmidt schon kurz nach der Übernahme des Hotel-Gasthofs von seinen Eltern 2021 den ersten Stern erkochte. Wie Anton Schmaus, bei dem er lernte, liebt der noch nicht einmal 30-Jährige, skandinavische und asiatische Aromen. Aber natürlich wird auch klassische bayerische Küche serviert (www.roter-hahn.com).

Schon seit 2009 wird Jockl Kaiser von »Meyers Keller« in Nördlingen regelmäßig mit einem Michelin-Stern ausgezeichnet. Hier setzt man auf traditionelle regionale Küche, auch wenn immer wieder mediterrane Gerichte auf der Speisekarte stehen (www.jockl-kaiser.de).

Als Senkrechtstarter muss man Manuel Ulrich aus Donaueschingen bezeichnen. Nachdem der Michelin seinem »ÖSCH-NOIR 2020« einen ersten Stern verliehen hatte, folgte schon 2021 der zweite. Ulrichs Kreationen sind ziemlich gewagt und verlockend, so wird ein Kalbsbeuscherl mit Imperial Kaviar kombiniert. Angeboten werden ein Menü Noir und ein Menü Vert für Vegetarier (www.oeschberghof.com).

Einen ersten Stern konnte sich 2021 auch das »KOOK 36« in Moos bei Deggendorf erkochen. Chefkoch Daniel Klein liebt Trüffel und Gänseleber und spielt mit der Verbindung deutscher und asiatischer Aromen (www.kook36.de).

Weitere Sternerestaurants in der Region sind das »Anima« in Tuttlingen, das eine »weltoffene Naturküche« propagiert (www.restaurant-anima.de), das »Seestern« in Ulm, das tatsächlich am Wasser liegt und drei vegetarische Menüs anbietet (www.lago-ulm.de), sowie das ebenfalls in Ulm ansässige »SIEDEPUNKT«, in dem man auch Kochkurse und Weinproben machen kann (www.siedepunkt-restaurant.de).

Weitere vom Michelin ausgezeichnete Restaurants in den größeren Städten der Region sind das »Treibgut« in Ulm sowie die »Stephans-Stuben« in Neu-Ulm, das »Avus« in Ingolstadt, die »Sticky Fingers« und das »Kreutzers« in Regensburg, das »Oberhaus« und das »Weingut« in Passau. Doch auch in kleineren Orten ist der Michelin fündig geworden. Im Führer 2020 erwähnt wurden die »burg«, das »baaders« und der »Grüne Baum« in Donaueschingen, »Zur Glocke« in Höchstädt, der »Rosengarten« in Riedlingen, die Gaststube »Zum Klosterbräu« in Neuburg, das »Storchennest« in Dillingen sowie das »Bahnhöfle« in Gundelfingen.

Alblinsen und Alblamm

Wie bei den Suppen haben auch beim Hauptgericht die Schwaben eine ganz besondere Spezialität anzubieten. Linsen mit Spätzle und Saitenwurst gibt es zwar überall in Baden-Württemberg, doch von den kargen Böden der Schwäbischen Alb kommt eine spezielle, eigentlich schon fast vergessene Linsensorte. Nach dem Zweiten Weltkrieg hatte man ihren Anbau eingestellt, weil er sich einfach nicht mehr lohnte. Doch ein Bauer aus Lauterach erinnerte sich in den 1990er Jahren an den intensiven Geschmack der extrem kleinen Linsen. Nach langen Forschungsarbeiten fand er in einer Samenbank im russischen St. Petersburg die traditionelle »Alb-Leisa«. Auf regionalen Wochenmärkten und im Internet kann man sie kaufen (www.lauteracher.de).

Eine weitere vom Aussterben bedrohte regionale Spezialität ist das Alblamm. Oder besser: Sie war vom Aussterben bedroht. Denn inzwischen gibt es wieder Schafherden, die auf dem Magerrasen der Schwäbischen Alb weiden. Jahrzehntelang war der Tierbestand parallel zum Preis für Schafwolle und Lammfleisch zurückgegangen – Schafe zu halten, rentierte sich einfach nicht mehr. Dann aber wurde der Stuttgarter Landesregierung bewusst, dass ohne Schafe die ökologisch wertvollen Wiesen der Schwäbischen Alb langsam verbuschen und schließlich verschwinden würden. Daher entwickelte sie ein Programm, das es ermöglichte, das Alblamm als »natürlichen Rasenmäher« der Albwiesen einzusetzen und den Schäfern Subventionen zu zahlen. So konnten nicht nur Wiesen und Lamm erhalten werden, sondern in schwäbischen Restaurants und Metzgereien wird seitdem auch wieder das traditionelle Lamm von der Alb angeboten. Dank seines höheren Fettanteils schmeckt es aromatischer als Lamm aus Übersee.

Automat für regionale Produkte in Zwiefalten

Von der Nase zum Schwanz

»From nose to tail«, so lautet ein Trend, der in London entstand, inzwischen aber auch in Schwaben und Bayern viele Anhänger gefunden hat. Was nicht zuletzt damit zusammenhängt, dass man hier aus Sparsamkeitsgründen schon immer möglichst alle Bestandteile eines Tieres verarbeitet hat und nicht nur die »edlen« Teile wie Filet oder Brust. Gerichte wie »Saures Nierle« oder »Saures Lüngerl« sowie regionale Spezialitäten wie Kutteln oder Leberknödel sollte man bei einer Reise an die Donau also unbedingt probieren. Und in bayerischen Metzgereien ist es immer noch möglich, Schweineschwänzchen zu bekommen. Die geben der Bratensauce ganz ohne künstliche Brühwürfel den gewünschten deftigen Geschmack.

Süßes

Viele der traditionellen Süßspeisen im Süden haben mit dem Ende des Winters – oder besser mit Fasnet und Fasching – zu tun. Hefeteig, der in heißem Butterschmalz ausgebacken und beim Straßenkarneval oder in Bäckereien als Ausgezogene, Fasnetsküchle oder Krapfen angeboten wird. In den Restaurants steht auf den Dessert-Karten dagegen in der Regel Internationales wie Tiramisu, Mousse au Chocolat oder Eiscreme. In einigen wenigen Gasthöfen werden aber auch Apfelküchle oder Nonnenfürzle (→ S. 101) angeboten, die mit viel Zimt und Puderzucker serviert werden. Und dann gibt es in den Konditoreien und Kaffeehäusern in den Städten nahe der Donauquellen natürlich die berühmteste Süßspeise Baden-Württembergs: Die Schwarzwälder Kirschtorte, ein Traum aus Schokoladenbiskuit, in Kirschwasser marinierten Kirschen und viel, viel Sahne.

An der bayerischen Donau werden die Desserts dagegen eindeutig von der Nähe zu Böhmen und Österreich bestimmt: Neben den allseits bekannten Apfel- und Quarkstrudeln, neben Palatschinken oder Kaiserschmarrn sind das vor allem Buchteln und Dampfnudeln. Dabei handelt es sich um Hefeteiggebäck, das entweder im Ofen oder auf dem Herd gebacken wird und auch als Hauptspeise gereicht werden kann. Der bekannteste Nachtisch Bayerns jenseits aller Mehlspeisen ist die Bayerische Creme, die aus Eiern, Milch, Schlagsahne und Gelantine hergestellt und mit Himbeersauce serviert wird.

Sowohl in Bayern wie in Schwaben gibt es eine Nachspeise, die je nach Region Scheiterhaufen oder Ofenschlupfer heißt, manche kennen sie vielleicht auch als Arme Ritter. Schon angesichts der Vielfalt dieser Namen lässt sich erahnen, dass auch die Zubereitung variieren kann. Zu jedem Rezept gehört jedoch altbackenes Weißbrot oder Semmeln, die geschnitten und in einer Flüssigkeit aus Milch, Zucker und Eiern eingeweicht werden. Diese Masse gibt man in eine Auflaufform und fügt Zimt, Zucker, Mandeln und Rosinen und manchmal auch geraspelte Äpfel hinzu. Einige bedecken das Ganze jetzt noch mit Eiweißschnee, andere überbacken es »oben ohne« im Ofen, bis es schön knusprig ist. Dazu gehört Vanillesauce – und dies bei allen Varianten.

Und dann existiert natürlich noch eine Nachspeise, die die Donau im Namen führt: Die Donauwelle ist eine Torte aus hellem und dunklem Rührteig, die die Wellen des Flusses darstellen sollen. Dafür werden die beiden Teigsorten zu-

Auf dem Wochenmarkt in Günzburg

nächst auf ein Backblech übereinander gestrichen. Danach drückt man Sauerkirschen unterschiedlich tief in den Teig – dadurch entstehen die »Wellen«. Abschließend wird mit einer Puddingcreme sowie einer Schokoladenkuvertüre das Ganze bedeckt. Und auch dieser zweifachen Abdeckung werden mit einer Gabel wellenförmige Verzierungen verliehen. Die Donauwelle war besonders in der Nachkriegszeit beliebt. Allerdings gibt es keine Erklärung dafür, woher der Name Donauwelle kommt, die Torte könnte ja auch Rheinwelle heißen …

Aus dem Wurstkessel

Bei der Vielfalt der Würste hat Bayern eindeutig die Nase vorn und viel mehr zu bieten als die allgegenwärtige Weißwurst. Da gibt es Schweins- und Kalbsbratwürste, Milz- und Wollwürste (Nackerte) und Regensburger. Wobei diese Regensburger nichts mit den Bratwürstchen zu tun haben, die seit Jahrhunderten in der historischen Wurstkuchl an der Steinernen Brücke in Regensburg verkauft werden. Vielmehr sind es dicke, kurze Brühwürste aus grobem und kräftig gewürztem Schweinebrät, die die Bayern gern für ihren Wurstsalat verwenden.

Milzwürste bestehen aus Milz, Bries und Kalbskopf, in die Wollwürste kommt dagegen nur Kalbs- und Schweinefleisch. Da sie nicht in Därme gefüllt werden, heißen sie auch Nackerte. Eine Wurstspezialität Schwabens ist die Blutwurst, die sich jedoch deutlich von der Boudin noir in Frankreich unterscheidet. Sie ist nicht weich und streichfähig, sondern hart und wird nicht warm, sondern kalt zur Vesper gegessen. Die Wurst, der anzusehen ist, dass sie mit viel Speck gemacht wurde, heißt auch Schwarzwurst oder Blunze, in einem echten schwäbischen Wurstsalat darf sie nicht fehlen.

Veganes und Vegetarisches

In eigentlich allen Restaurants der Region wird heute mindestens ein vegetarisches Gericht angeboten – und damit sind nicht Salate oder die allgegenwärtigen Kässpätzle gemeint. Beliebt sind zum Beispiel Rahmschwammerln mit Semmelknödeln oder Schupfnudeln mit Sauerkraut. Eine besondere vegetarische Spezialität im Hopfenanbaugebiet Hallertau sind Hopfennudeln, manchmal werden sie mit Wildkräutern wie Brennnessel oder Giersch angeboten (www.hallertau.de).

Schwieriger ist es für Veganer, denn da es sich sowohl in Schwaben wie in Bayern um eine bäuerliche Küche handelt, spielen Eier, Butter und Milch eine große Rolle, denn diese hatte schließlich jeder Hof. In den großen Städten wie Ulm, Ingolstadt, Regensburg oder Passau gibt es inzwischen jedoch vegetarische Restaurants und Cafés, die auch vegane Gerichte anbieten. Die Homepage www.veganaufreisen.de informiert über vegane Lokalitäten, leider wurde in der Donauregion bisher jedoch nur Regensburg als Reiseziel aufgenommen. Für Ulm und Neu-Ulm gibt es Tipps unter www.swp.de, Stichwort »Vegan essen Ulm«. Über vegane, aber auch vegetarische Einkehrmöglichkeiten informieren außerdem die Seiten www.veganfreundlich.org und www.love-veggie.com.

Biervielfalt

Vermutlich gibt es neben der Oberpfalz kaum eine Gegend, die eine solche Vielfalt an Brauereien aufweisen kann wie die deutsche Donauregion. Das beginnt schon in Donaueschingen, wo im Schlosspark nicht nur die Donaubachquelle entspringt, sondern auch ein Wasser an die Oberfläche kommt, mit dem die Brauerei Fürstenberg ihr weltweit bekanntes Pils braut.

Ein Grund für die hohe Zahl an Brauereien liegt nicht zufällig in der ebenso hohen Zahl an Klöstern besonders in Oberschwaben. Die Mönche liebten das Bier, das ihnen in Fastenzeiten den Magen füllte. Die bekanntesten Klosterbraue-

An Biergärten ist kein Mangel

reien finden sich in Zwiefalten, Aldersbach und Weltenburg. Das am Donaudurchbruch gebraute Dunkelbier mit seinen starken, süßlichen Malztönen gilt als eine der ältesten Bierspezialitäten Deutschlands.

Gleich fünf traditionelle Brauereien gibt es im schwäbischen Ehingen, weshalb man diese »Bierkulturstadt« auf einem Bierwanderweg erkunden kann. Eine bedeutende Bierregion ist das Passauer Land mit zehn Brauereien, wo die Nähe zum Biertrinkerland Tschechien eine fördernde Rolle spielt. Eine der kleineren Brauereien nahe Passau ist Weißbräu Kößlarn, bei der die nach altem Rezept hergestellte Ur-Weiße nicht filtriert oder pasteurisiert wird.

Die Schneider Weisse kommt aus dem Ersten Weißbierbrauhaus Straubing

Craft Beer

Wichtigste Biersorte in Bayern wie in Schwaben ist das »Helle«, wobei es Richtung Allgäu spritziger, Richtung Bayerischer Wald vollmundiger wird. Wie in ganz Deutschland sind Craft-Biere modern geworden, selbst in Supermärkten auf dem Land findet sich eine breite Auswahl. Im schwäbischen Gundelfingen bei Dillingen entstand 2016 die FrauGruber Brewery, die freilich nicht von einer Frau geleitet wird, sondern von den Augsburgern Enzo Frauenschuh und Matthias Gruber. Sie verwenden Hopfensorten nicht nur aus Bayern, sondern auch aus Australien und Neuseeland und füllen ihre Biere nicht in Flaschen, sondern in Dosen ab. Mehr als 15 Sorten Pale Ales werden inzwischen in 20 Staaten exportiert. Eine andere bekannte Craft-Beer-Brauerei der Region ist die Ulmer Messecatering & Events GmbH, deren Biere unter anderem im BellaVista am Münsterplatz angeboten werden. Ansonsten ist von der Ulmer Brautradition mit einst 40 Betrieben nicht mehr viel übrig. »Platzhirsch« ist, auch wenn die Bezeichnung nicht ganz passt, der Gold Ochsen, dessen Wurzeln bis 1597 zurückreichen. Sehr viel jünger ist dagegen die Barfüßer Hausbrauerei von 1990, die neben den traditionellen Bieren auch Indian Pale Ales herstellt.

Baierwein

Wenig Hoffnung also für Weintrinker? Nicht ganz. Denn zum Bodensee mit seinen leichten Weißweinen ist es nicht weit, ebenso wenig wie nach Baden mit seinen schweren Burgundern. Und so finden sich diese Weine in vielen schwäbischen Gaststätten. Für die meisten überraschend ist jedoch, dass auch in Bayern, womit hier nicht der Landesteil Franken gemeint ist, Wein angebaut wurde und heute in kleinem Maßstab auch noch angebaut wird. Auf den Südhängen der Donau hinter Regensburg liegt das »Landweingebiet Regensburg«, die teilweise

Wein- und Spezialitätenladen in Blaubeuren

steil ansteigenden Hänge fangen die notwendige Sonne für Müller-Thurgau oder den Weißen Elbling ein. Freilich ist es eines der kleinsten Anbaugebiete Deutschlands mit rund vier Hektar Rebfläche. Dennoch kann man natürlich versuchen, bei den örtlichen Winzern eine Flasche Baierwein, so der traditionelle Name, zu ergattern (www.weinstube-zum-vogelherd.de). Von Tegernheim nach Tiefental führt mit 20 Kilometern die kürzeste Weinstraße Deutschlands und in Bach an der Donau gibt es ein Baierweinmuseum (www.baierwein-museum.de).

Gin aus dem Nördlinger Ries

Wer durch das Nördlinger Ries (→ S. 42) fährt, sieht sie immer wieder: Wacholdersträucher, die auf den Hügeln am Rand des Meteoritenkraters wachsen. Aus diesem Grund haben die Scheibles aus Alerheim ihren selbstgebrannten Gin dann auch »Krater Noster« genannt. Inzwischen hat er bei den World Spirits zwei Goldmedaillen geholt (www.gininabottle.de, www.kraterspirits.de). Die Idee kam den Scheibles zur rechten Zeit, denn nachdem Gin in den 1960er Jahren eine der meistgetrunkenen Spirituosen war, galt er danach als ziemlich altmodisch. Bis vor wenigen Jahren, denn heute gibt es in ganz Deutschland wieder unzählige Brenner, die aus den Beeren der stacheligen Sträucher den Gin mit bis zu 47 Prozent Alkoholgehalt destillieren. Billig ist so ein Nördlinger-Ries-Gin natürlich nicht, schließlich sind die Beeren rar und müssen von Hand gepflückt werden. Einen zweiten Ginhersteller in der Donauregion gibt es inzwischen im niederbayerischen Rottal (www.antongin.de).

Regionale Rezepte

Brätspätzlesuppe

Zutaten: 300 g Kalbsbrät (diese »Rohmasse zur Herstellung von Kalbsbratwürstchen« muss heute meist beim Metzger vorbestellt werden), eine kleine Zwiebel, ein Ei, etwas Milch, 40 g Paniermehl, Fleischbrühe, glatte Petersilie, Schnittlauch. Wer will, kann auch mit Muskatnuss und Zitronenabrieb zusätzlich würzen.
Zubereitung: Zwiebel sehr fein schneiden und in etwas Öl andünsten. Aus Brät, dem Ei, der Milch, dem Paniermehl und den Zwiebeln einen zähflüssigen Teig anrühren und mit der kleingeschnittenen Petersilie, Salz und Pfeffer würzen. Brühe aufkochen und mit einem Spätzlehobel die Kalbbrätmasse hineinhobeln. Einige Minuten köcheln lassen, mit Schnittlauch garniert servieren.

Saures Lüngerl

Zutaten für das Lüngerl: Je 300 g gekochtes Herz und Lunge von Kalb oder Rind. Man kann aber auch nur Lunge nehmen, die haben Metzger meist vorrätig. Einige Wacholderbeeren, Gewürznelken und zerstoßene Pimentkörner. Zwei Lorbeerblätter, 10 EL guten Rotweinessig, 300 ml Rinderfond.
Zutaten für die Sauce: 40 g Mehl, 40 g Butter, 300 ml Rinderfond, 1 TL Sardellen, Zitronenabrieb, glatte Petersilie, 100 ml Schlagsahne.
Vorbereitung: Am Vortag Herz und Lunge in dünne Streifen schneiden, Knorpel entfernen. Gewürze in einen Teebeutel füllen und verschließen. Essig und Fond mit dem Gewürzbeutel einmal aufkochen, Herz und Lunge zugeben und über Nacht marinieren.
Zubereitung: Herz und Lunge aus der Marinade nehmen und abtropfen lassen. Für die Sauce die Butter schmelzen, Mehl zugeben und bei mittlerer Hitze solange erhitzen, bis die Masse dunkelbraun wird. Mit Marinade und Fond langsam ablöschen, immer wieder gut verrühren, so dass eine sämige Sauce entsteht, salzen, pfeffern und rund 30 Minuten sanft köcheln lassen. Zitronenabrieb und Sardellen einrühren, Herz und Lunge zugeben. Mit Sahne und Petersilie garnieren. Dazu passen am besten Semmelknödel.

Nonnenfürzle

Zutaten: ¼ l Milch, 500 g Mehl, 30 g Hefe, 60 g Zucker, abgeriebene Schale von einer Bio-Zitrone, 60 g Butter, vier Eier. Mindestens ein Liter Öl oder Frittierfett zum Ausbacken, Puderzucker zum Bestreuen, Rosinen je nach Geschmack.
Zubereitung: Aus einem Teil der Milch, des Zuckers und des Mehls sowie der Hefe einen Vorteig rühren und diesen an einem warmen Ort 15 Minuten gehen lassen. Danach mit den restlichen Zutaten und einer Prise Salz zu einem lockeren Hefeteig verarbeiten. Erneut 45 Minuten gehen lassen.
Fett in einem hohen Topf erhitzen. Ein Stück Teig mit einem Teelöffel abstechen und in dem Fett etwa drei Minuten goldbraun ausbacken. Abtropfen lassen und mit Puderzucker bestäuben.

Dort saß ich dann und blickte auf das Wasser, wie es sich mischte, dies ist das der Breg, dies ist sicherlich das der Brigach, und dort! Ist schon die Donau.... Ab und zu warf ich Blätter ins Wasser und brachte meine Hoffnung zum Ausdruck, dass sie nun bis ins Schwarze Meer schwimmen würden.

Péter Esterházy, Donau abwärts, Salzburg/Wien 1992

Das Kloster Beuron im Donauengtal der Schwäbischen Alb

DIE JUNGE DONAU

Vom Schwarzwald bis zur Schwäbischen Alb

Der ungarische Autor Péter Esterházy, der schon als 13-jähriger 1963 eine Reise zu den Quellen der Donau unternahm, hat recht: Es ist schön zu verfolgen, wie sich aus Brigach und Breg die Donau »mischt«. Wie aus zwei unscheinbaren, aber munteren Bergbächen aus dem Schwarzwald Mitteleuropas mächtigster Strom wird. Wobei von dieser Mächtigkeit zunächst nur wenig zu merken ist. Alle drei »Quellen« der Donau – die Quellflüsse Brigach und Breg ebenso wie die »offizielle« oder auch »fürstliche« Quelle im Schlossgarten von Donaueschingen – sind, wenn es um die Menge des hier anzutreffenden Wassers geht, eher bescheiden. Und bei Immendingen, gut 20 Kilometer weiter, verschwindet die Donau schon wieder, versickert im wasserdurchlässigen Flussbett, um 20 Kilometer südlich mit ihrem Wasser den Aachtopf und dann den Bodensee anzufüllen.

In Donaueschingen beginnt der **Donauradweg**, bis Passau sind von nun an knapp 400 Kilometer zurückzulegen (→

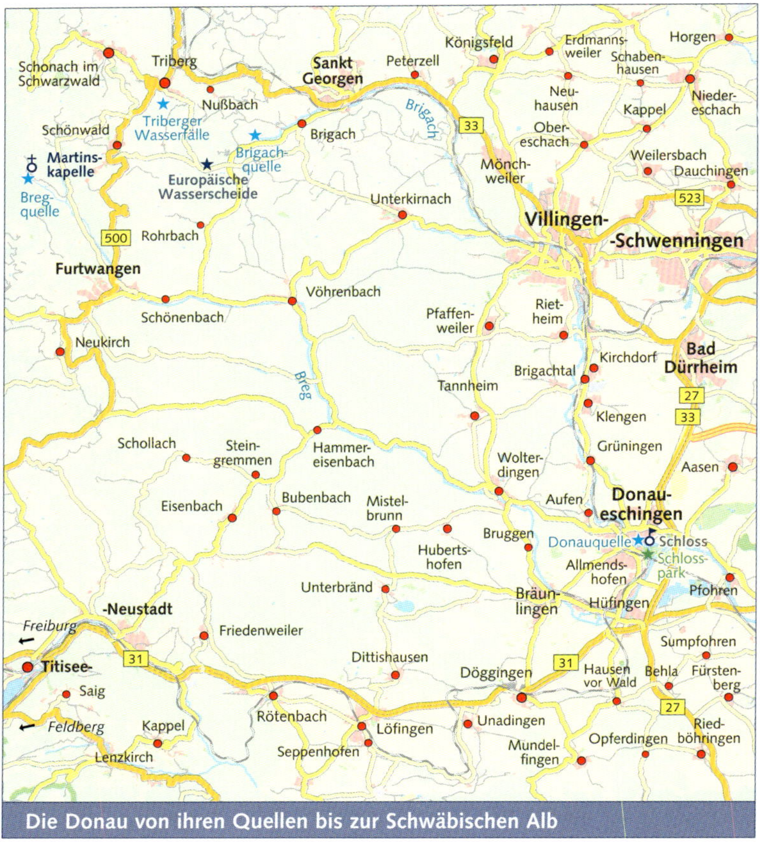

Die Donau von ihren Quellen bis zur Schwäbischen Alb

S. 117). Der Startplatz liegt direkt neben der schon Ende des 13. Jahrhunderts gegründeten Brauerei der Adelsfamilie Fürstenberg (→ S. 113). Bis Tuttlingen beträgt die Strecke knapp 40 Kilometer, wobei es nur kurz hinter Donaueschingen beim Jagdschloss Entenburg etwas aufwärts geht.

Die Strecke für die Autofahrer führt ab der Bregquelle bei Furtwangen bis Donaueschingen an diesem Quellfluss entlang und auch zwischen Geisingen und Tuttlingen verläuft die Landstraße nahe am Fluss. Die Gesamtlänge beträgt knapp 65 Kilometer.

Die Quelle der Brigach bei St. Georgen

Von dem rund 13 000 Einwohner zählenden Schwarzwaldstädtchen Sankt Georgen erreicht man über die L 175 nach circa vier Kilometern die Quelle der Brigach. Die Umgebung auf einer Höhe von knapp 1000 Metern ist ein einziges Schwarzwaldidyll: ein mächtiger Bauernhof inmitten sanfter Hügel, uralte Obstbäume und ein Fischteich mit mächtigen Karpfen. Und natürlich fehlen auch die munter kauenden Kühe mit ihren bimmelnden Glocken nicht. Die Brigachquelle selbst ist dagegen

Auf dem Hirzbauernhof entspringt die Brigach

eher eine Enttäuschung – und da zudem auch noch die Ausschilderung bescheiden ist, fährt man nur allzu leicht an ihr vorbei. Eigentlich befindet sich die Quelle im Keller des vor gut 450 Jahren zum ersten Mal erwähnten Hirzbauernhofes. Doch da die Bauersfamilie natürlich nicht ständig Touristen in ihr Haus lassen will, hat man das Wasser mit Hilfe eines Rohrs ins Freie geführt. Von einer sprudelnden Quelle kann hier keine Rede sein, vielmehr sind die Besucher schon froh, wenn durch die Steine, die die Brigachquelle markieren, überhaupt etwas Wasser fließt.

Für den Namens des Flusses Brigach gibt es zwei Erklärungen, wobei sich beide auf die keltische Vergangenheit der Region beziehen. So bedeute, dies die erste Erklärung, Brigach so viel wie »helles, lautes Wasser«. Die zweite Erklärung besagt dagegen, dass Brigach »Bergbach« bedeute, wobei »brig« für Berg und »ach« für Fluss oder Bach stehe. Tatsächlich entdeckte man 1898 im Hirzbauernhof ein etwa 2000 Jahre altes Steinrelief, das drei Tiere zeigt: einen Hirsch, einen Hasen und einen Vogel. Zu sehen waren außerdem drei Köpfe, wovon der eine der keltischen Muttergöttin Abnoba zugeordnet wurde. Der Schwarzwald wurde damals als Abnoba mons bezeichnet, die Göttin war damit den Interpretationen der Historiker zufolge so etwas wie die Schutzgöttin des Waldes. Die Brigachquelle war den Kelten also nicht nur bekannt, sondern wurde sogar als Heiligtum verehrt. Das keltische Relief befindet sich heute im Heimatmuseum von Sankt Georgen.

Wer länger in diesem Teil des Schwarzwaldes verweilen möchte: Im Hirzbauernhof kann man auch Ferienwohnungen mieten (www.hirzbauernhof.de). Von Sankt Georgen fährt die von Offenburg kommende Badische Schwarzwaldbahn über Donaueschingen bis nach Singen am Hohentwiel (www.badische-schwarzwaldbahn.de).

Europäische Wasserscheide

Fährt man von der Brigachquelle rund drei Kilometer weiter bergauf Richtung Triberg erreicht man auf 1020 Metern Höhe die Europäische Wasserscheide zwischen Nordsee und Schwarzem Meer.

▲ Karte S. 104/105

Diese verläuft von Graubünden in der Schweiz über den österreichischen Arlberg bis ins deutsche Alpenvorland. Hier führt sie dann vom Bodensee über die Donauquellen, die Schwäbische Alb bei Göppingen, das Fichtelgebirge bis zum Böhmerwald. Flüsse westlich und nördlich der Wasserscheide entwässern in den Rhein, östlich und südliche Gewässer münden in die Donau. Daher wird er Schwarzwald von den Geographen auch in einen rhenanischen und in einen danubischen Schwarzwald geteilt. Im Donau-Schwarzwald sind die Berge sanfter als im Rhein-Schwarzwald.

Die junge Breg

Triberger Wasserfälle

Einer der bekanntesten Urlaubsorte im Schwarzwald ist die 4800 Einwohner zählende Stadt Triberg. Dies liegt zum einen an ihren berühmten Wasserfällen. Zum anderen an ihren klimatischen Bedingungen auf einer Höhe von bis zu 1038 Metern, die Triberg zum Status eines heilklimatischen Kurortes verhal-

Die Triberger Wasserfälle

fen. Nicht zufällig ist der bedeutendste Arbeitgeber die hoch am Berg liegende Asklepios-Klinik. Die früher bedeutende Uhrenindustrie spielt dagegen inzwischen kaum mehr eine Rolle – wenn man von Souvenirgeschäften absieht.

Jährlich besuchen etwa 250 000 bis 300 000 Besucher die Triberger Wasserfälle oberhalb der Klinik – und dies obwohl Besucher ohne Gästeausweis dafür eine Eintrittsgebühr von sechs Euro zahlen müssen. Tatsächlich gehören die Wasserfälle mit 138 Metern Fallhöhe über sieben Hauptfallstufen zu den höchsten und bekanntesten in Deutschland. Das Wasser stammt von dem Flüsschen Gutach, das von knapp 900 Metern ü. d. M. über riesige Granitblöcke in einen Talkessel stürzt. Durch das gesamte Gebiet, für das die Stadt bereits 1884 eine elektrische Straßenbeleuchtung installieren ließ, führen Spazierwege.

Die Quelle der Breg

Im Unterschied zur Quelle der Brigach ist jene der Berg sehr gut ausgeschildert. Schon im gut sieben Kilometer südlich liegenden Furtwangen finden sich erste

Hinweisschilder. Überhaupt ist hier stets von der »Donauquelle« die Rede. Den Schulspruch, dass Brigach und Breg die Donau zuweg bringen, hört man hier nicht so gern (→ S. 25).

Andererseits verhält es sich bei der Bregquelle nicht viel anders als bei jener der Brigach. Im Sommer sprudelt sie nicht, sondern tröpfelt allenfalls und so ist es kein Wunder, dass viele Besucher leicht enttäuscht sind. Hydrologen erklären die wasserarme Quelle auf einer Höhe von 1078 Metern jedoch folgendermaßen: Es gibt nicht einfach nur eine einzige Bregquelle, sondern eine Vielzahl von Wasseradern. Diese verlaufen unterirdisch und ihr Wasser kommt in einer sumpfigen Wiese nahe der Donauquelle an die Oberfläche. Um diese Wiese vor zu vielen Besuchern zu schützen, wurde das Wasser an einer Stelle kanalisiert und zur Besichtigung freigegeben. Die Bregquelle besteht also eigentlich aus einer Vielzahl kleiner Quellen, so dass jeder Bauernhof in diesem Teil des Schwarzwalds seinen eigenen Quellbrunnen hat.

Der Name Breg ist ebenfalls keltischen Ursprungs und wird auf das keltische »brig«, Berg, zurückgeführt. Der dabei gemeinte Berg ist der 1149 Meter hohe Brend, von dessen 1905 errichteten Aussichtsturm man bei guten Bedingungen bis zu den Alpen sehen kann.

Furtwangen

Das 9000 Einwohner zählende Furtwangen ist die erste Stadt, die die Breg auf ihrem Weg zum Zusammenfluss mit der Brigach bei Donaueschingen erreicht. Gern bezeichnet man sich hier als die höchstgelegene Stadt Baden-Württembergs und tatsächlich wird eine Höhe von bis zu 1150 Metern erreicht. Der staatlich anerkannte Luftkurort zählt zu den Regionen Deutschlands mit den höchsten Niederschlägen und der längsten Sonneneinstrahlung. Historisch gesehen ist das 1179 erstmals erwähnte Furtwangen vor allem wegen seiner Uhren bekannt, 1850 gründete die badische Landesregierung hier eine Uhrmacherschule. Die Bedeutung der Uhrenfabriken ging allerdings schon nach dem Ersten Weltkrieg zurück. Einen Besuch wert ist das **Deutsche Uhrenmuseum** mit der größten deutschen Uhrensammlung: Neben der Geschichte der Zeitmessung widmet man sich hier natürlich vor allem den traditionellen Schwarzwälder Kuckucksuhren.

Furtwangen

Tourist-Info, Lindenstr. 1, 78120 Furtwangen im Schwarzwald, Tel. 07723/92950; Mo–Fr 9–12.30 und 14–17 Uhr. www.dasferienland.de

Berggasthof & Hotel Brend, Auf dem Brend 7, 78120 Furtwangen, Tel. 07723/504870; DZ 80 Euro. Einfacher Gasthof unweit der Bregquelle auf dem Berg Brend. Speisekarte mit internationalen Gerichten. www.berggasthofbrend.de,

Kolmenhof, Neuweg 11, 78120 Furtwangen, Tel. 07723/93100; DZ ab 110 Euro. Schön möblierte Zimmer direkt oberhalb der Bregquelle. Schwäbische Küche aus regionalen Produkten. Forellen. www.kolmenhof.de

Heimatmuseum Schwarzes Tor, Bahnhofstr. 37, 78112 St. Georgen; aktuelle Öffnungszeiten sowie Führungen auf der Homepage. www.st-georgen.de

Deutsches Uhrenmuseum, Robert-Gerwig-Platz 1, 78120 Furtwangen, Tel. 07723/9202800; Apr.–Okt. Di–So 9–18 Uhr, Nov.–März Di–So 10–17 Uhr; Führung 11 Uhr. www.deutsches-uhrenmuseum.de

Karte S. 104/105

Der Kolmenhof liegt oberhalb der Bregquelle

Donaueschingen

An der »fürstlichen Donauquelle« im Schlosspark von Donaueschingen geht es international zu. Besucher aus ganz Europa kommen hierher, um sich nicht nur vor der der Quelle selbst, sondern auch vor einer großen Schautafel mit dem Verlauf des zweitlängsten Flusses des Kontinents ablichten zu lassen. Nach den eher schmucklosen und etwas in die Jahre gekommenen Schwarzwaldorten ist das gut 22 000 Einwohner zählende Donaueschingen zugleich das erste Juwel einer langen Kette von prächtig herausgeputzten Donaustädten. Dies verdankt es vor allem einer Familie: den Fürstenbergs. Sie ließen in ihrem Schlosspark nicht nur die Donauquelle fassen, sondern gründeten 1283 auch eine der ältesten bis heute existierenden Brauereien Deutschlands. Neben der Donauquelle ist das Fürstenberg Pils das bekannteste Aushängeschild Donaueschingens.

Die Adelsfamilie Fürstenberg ist ein sogenanntes »Apostelgeschlecht«. Das bedeutet, dass sie in Österreich schon im frühen Mittelalter zur Zeit der Herrschaft der Babenberger (976–1246) ansässig waren. Zu einer Zeit also, in der von den Habsburgern noch keine Rede war. Zu diesen Aposteln gehören zum Beispiel auch die Liechtensteins oder Salms und wie diese hatten die Fürstenbergs große Besitztümer in Böhmen und Mähren. Mitglieder der Familie waren Fürstbischöfe von Olmütz oder Bischöfe von Brünn. Sowohl in Prag wie in Wien – um nur diese zwei Orte zu nennen – gibt es ein Fürstenberg-Palais.

Bis zum Reichsdeputationshauptschluss 1806 existierte das Fürstentum Fürstenberg, das als zweitgrößter Territorialstaat im deutschen Südwesten weite Teile zwischen Bodensee, Hochrhein und Schwarzwald umfasste. Erreicht hatte die Familie dies durch enge Zusammenarbeit mit den Habsburgern sowie eine kluge Heiratspolitik. Donaueschingen hatte man bereits 1488 erwerben und zum Zentrum des Herrschaftsgebiets ausbauen können. Für kurzzeitige Irritationen mit den Habsburgern sorgte der 1537 erfolgte Übertritt von Graf Wilhelm zum protestantischen Glauben, doch bereits zwölf Jahre später folgte die Rückkehr in den Schoß der katholischen Kirche.

Trotz der kaiserlichen Erhebung der Fürstenbergs vom Reichsgrafen- in den Reichsfürstenstand im 17.Jahrhundert gelang es der Familie nicht, die Bedeutung ihres Herrschaftsgebiets weiter zu steigern – vielleicht auch, weil man der Karriere in Wien und Prag den Vorzug gab. Andererseits gelang es, das Vermögen auch nach 1806 zu sichern. Karl Egon III. war dank seines umfangreichen Waldbesitzes Ende des 19. Jahrhunderts einer der reichsten Männer Deutschlands und Mitglied des Preußischen Herrenhauses. Zusammen mit seinem Vater Karl Egon II. schuf er eine der größten privaten Kunstsammlungen in Europa und machte diese der Öffentlichkeit

zugänglich. Auf Max Egon II. gehen die 1921 erstmals durchgeführten Donaueschinger Musiktage zurück.
Seit 2002 steht der 1950 geborene Heinrich Fürst zu Fürstenberg dem Hause vor, seine Frau ist die zwei Jahre jüngere, aus Triest stammende Maximiliane Prinzessin zu Windisch-Graetz.

Fürstliche Donauquelle

Auf der Homepage des Hauses Fürstenberg heißt es: »Unterhalb des Kirchhügels, direkt neben dem fürstlichen Schloss entspringt die Donau«. Eine gewagte Behauptung, wird in Furtwangen doch die Bregquelle als Donauquelle bezeichnet. Tatsächlich tobt der Streit um die wirkliche Quelle der Donau seit Jahrhunderten (→ S. 24).
Was im fürstlichen Park tatsächlich entspringt ist der »Donaubach«, eine von mehreren Karstquellen im Schlosspark. Auch das fürstliche Bier wird aus dem Wasser einer dieser Quellen gebraut. Bis ins 19. Jahrhundert floss der Donaubach durch den Schlosspark und mündete nach etwa 100 Metern in die Brigach. Dann jedoch wurde der Donaubach kanalisiert und durch ein unterirdisches Rohr auf kürzestem Weg in die Brigach geleitet. An dieser Stelle steht heute ein kleiner **Donautempel**. Einige hundert Meter von dieser Mündung entfernt und durch einen Spaziergang leicht zu erreichen, befindet sich an einer Brücke der B27 dann der **Zusammenfluss von Brigach und Breg** – und damit der wirkliche Entstehungsort eines Flusses, der von nun an Donau genannt wird.
Doch was soll's, sagen sich die Fürstenbergs und verweisen darauf, dass gleich mehrere Kaiser – Roms Tiberius 15. vor Christus, Österreichs Maximilian 1499 und Deutschlands Wilhelm II. – die Donauquelle im Schlosspark besuchten. Der letzte deutsche Kaiser soll zwischen 1900 und 1913 sogar gleich mehrfach hier gewesen sein.
Die heutige **Fassung der Quelle** wurde unter Fürst Karl Egon III. 1875 geschaffen. Die Skulptur in der Mitte zeigt die »Mutter Baar«, Patronin der einst sumpfigen und moorigen Schwarzwaldlandschaft Baar. Sie weist ihrer Tochter, der jungen Donau, den Weg Richtung Osten. 2015 wurde die ganze Anlage umfassend restauriert und auch ein Fahrstuhl eingebaut. Doch leider zeigt sich der runde Quelltopf unter der Mutter Baar nur zu oft von Algen bedeckt. Das örtliche Tourismusbüro bietet Führungen rund um alle Geschichten und Mythen rund um die »Quelle Europas« an.

An der »Donauquelle« in Donaueschingen

Schloss und Park Fürstenberg

Östlich der Donauquelle beginnt der Schlosspark, in dem ab Mitte des 16. Jahrhunderts ein erstes Schloss gebaut wurde. An seiner Stelle entstand zu Beginn des 18. Jahrhunderts eine barocke Anlage, die jedoch in weiten Teilen 1821 einem Brand zum Opfer fiel. So wurde im letzten Jahrzehnt des 19. Jahr-

▲ Karte S. 104/105

hunderts nach Plänen eines Architekturbüros aus Wien das heutige Schloss im Stil der Neorenaissance errichtet. Seine Hauptfassade ist überraschend nüchtern, beeindruckend vor allem die mächtige Kuppel sowie zwei antike Kaiserbüsten, die Marc Aurel und Lucius Verus zeigen und 1895 in Rom gekauft wurden.

Das Schloss war Ort mehrerer bedeutender Musik-Ereignisse. So komponierte 1763 der damals zehnjährige Wolfgang Amadeus Mozart für den Fürsten ein Cellostück und auch die deutschen Uraufführungen der Mozart-Opern »Die Entführung aus dem Serail« und die »Hochzeit des Figaro« fanden hier statt. Ob Schloss und Schlosspark in Zukunft der Öffentlichkeit wieder zugänglich gemacht werden, hängt von der Entscheidung des Fürsten ab, der angesichts seines Alters mit Beginn der Corona-Krise beides schließen ließ. Informationen dazu erteilt nicht nur das örtliche Tourismus-Büro, sondern auch die Familie selbst (www.haus-fuerstenberg.com). Sehenswert im Schloss sind neben der Empfangshalle mit Fürstenthron und mächtigem Treppenhaus vor allem die Gesellschaftssalons, eines der modernsten Badezimmer des 19.Jahrhunderts und der mit Gobelins geschmückte Festsaal.

Die Fürstenberg-Sammlungen

Für die **kunst- und naturhistorischen Sammlungen** der Familie Fürstenberg wurde 1868 das ehemalige Zehnthaus am Karlsplatz ausgebaut. Bereits 1805 war der Verein für Geschichte und Naturgeschichte der Baar »an den Quellen der Donau« gegründet worden, die älteste landeskundliche Vereinigung Deutschlands. Und so verbanden sich nun die Ideen des bürgerlichen Baarvereins mit denen der adeligen Familie: Ganz im Geiste der Aufklärung ging es um die Vermittlung von Wissenschaft für einen breiten Kreis der Bevölkerung.

Die naturkundlichen Sammlungen stammen noch aus der Zeit der Entstehung des Museums – ihre Präsentation wirkt so etwas altertümlich. Das weiß auch die fürstliche Familie selbst, die daher von einem »Museum im Museum« spricht: »Die ausgestopften Bären, Tiger und Gürteltiere, in Spiritus eingelegte Reptilien, Knochen von Mammuts und Sauriern erzählen uns, was die Menschen im 19. Jahrhundert an der Natur interessierte«.

Leider wurden wichtige Werke der fürstlichen Kunstgemäldesammlungen inzwischen unter anderem an das Museum Würth in Schwäbisch Hall verkauft. Erhalten blieben jedoch Tafelbilder aus dem Mittelalter, Werke der Renaissance und die im 19. Jahrhundert populären Gipsabdrücke von antiken Statuen. Außerdem konzentriert man sich auf moderne Kunst, so zum Beispiel auf die Gemälde, Installationen und Skulpturen des 1945 in Donaueschingen geborenen Anselm Kiefer, der zu den bedeu-

Gaststätte der Brauerei Fürstenberg

Die Stadtpfarrkirche St. Johann

tendsten Nachkriegskünstlern Deutschlands zählt. Daneben gibt es unzählige Ausstellungsstücke zur Geschichte des Hauses Fürstenberg: Fotos, Kleider, Uniformen und Goldpokale. Als besonders ungewöhnliche Attraktionen sind der silberne Essteller Napoleons und auch sein Reiseurinal zu sehen.

■ Stadtpfarrkirche St. Johann

▸ Karte S. 104/105

Hoch über der fürstlichen Donauquelle erhebt sich die Stadtpfarrkirche St. Johann. Sie geht auf einen Entwurf eines der bedeutendsten Prager Barockarchitekten zurück. Franz Maximilian Kaňka (1674–1766) baute in der böhmischen Hauptstadt den Astronomischen Turm des Jesuitenkollegs Clementinum und eine Kapelle in der Georgsbasilika auf der Prager Burg – um nur zwei von vielen Werken zu nennen. Kaňka kennzeichnet ein eher klarer, italienisch inspirierter Barock und daher unterscheidet sich die 1724 bis 1747 errichtete Stadtpfarrkirche auch deutlich von den Kirchen des verspielten, oberschwäbischen Barock wie etwa in Zwiefalten. Dank der guten Beziehungen der Fürstenbergs nach Prag entstand so in Donaueschingen das einzige Zeugnis böhmischen Barocks im Südwesten Deutschlands. Besonders schön zeigt sich dies an der strengen Gliederung der **Fassade**. Sowohl die beiden Türme – Wahrzeichen Donaueschingens – wie

auch das dazwischen liegende Eingangsportal mit Schaugiebel sind horizontal wie vertikal dreigeteilt, der Mittelrisalit wird allein von leicht vorspringende Pilastern ohne jedes weitere Schmuckelement geprägt.
Allerdings hat die Johannes dem Täufer geweihte Kirche durch Umbauten am Ende des 19. Jahrhunderts im Inneren viel von ihrem ursprünglichen Aussehen eingebüßt. Erhalten blieben der **Hauptaltar** aus der Mitte des 18. Jahrhunderts, der die Taufe Jesu im Jordan zeigt. Als wertvollste Plastik der Baar-Region in der zu Ende gehenden Zeit der Gotik gilt die **Madonna mit Kind** links des Hochaltars. Ein **Epitaph aus Bronze** erinnert an den Stadtpfarrer Heinrich Feurstein, der 36 Jahre in Donaueschingen als Seelsorger wirkte und am 2. August 1942 im Konzentrationslager Dachau an Hunger starb. Von der Kanzel der Johanneskirche herab hatte er in einer Neujahrspredigt 1942 die Euthanasie und die Verfolgung von Geistlichen angeprangert. Nur sechs Tage später wurde er von der Gestapo verhaftet. Doch bereits Ende September 1942

Start des Donauradweges in Donaueschingen

kamen in Donaueschingen 135 Priester auch aus der evangelischen Kirche zusammen, um in einer Totenfeier dem »Märtyrer der Wahrheit« zu gedenken.

Brauerei

Das Braurecht der Fürstenberger geht auf das Jahr 1283 zurück. Damals belehnte Rudolf von Habsburg, der erste römisch-deutsche Kaiser aus dem Geschlecht der Habsburger, Heinrich von Fürstenberg mit der Grafschaft Baar. Der Weg zu einer international bekannten Brauerei begann allerdings erst im 18. Jahrhundert, als Fürst Anton Egon die Produktionsmenge erweiterte und man im 19. Jahrhundert das Bier dank der Eisenbahn auch in weiter entfernte Regionen Deutschlands lieferten konnte. Nachdem Josef Groll 1842 in Pilsen das erste Pils gebraut hatte, begannen die Fürstenbergs 1895 als eine der ersten in Deutschland ebenfalls ein Bier dieses Typs herzustellen. Auf besondere Begeisterung stieß es bei Kaiser Wilhelm II., der es als »Tafelgetränk Seiner Majestät« adelte.
Seit 2004 gehört das Unternehmen zur Paulaner Brauereigruppe. Neben dem Pils werden ein Exportbier sowie mehrere Weizen- und Radlersorten produziert. Zugleich erinnert man sich mit dem »Fürstenberg Brauwerk« an historische Bierspezialitäten wie den Doppelbock und versucht, diese neu zu interpretieren. Und natürlich spielt der Trend zum Craft Beer auch bei Fürstenberg eine wachsende Rolle, so braut man inzwischen ein Donau Stout und ein Donau Pale Ale. Interessierte können sich in **Workshops** an ihrem eigenen Bier »versuchen« und auch Sensorik-Seminare über das Zusammenspiel von Bier und Speisen sind im Angebot. Beschäftigt werden bei der Fürstenberg-Brauerei inzwischen rund 350 Mitarbeiter, die einen Umsatz von 80 Millionen Euro erwirtschaften.

Donaueschingen

Tourist-Information, Karlstr. 58, 78166 Donaueschingen, Tel. 0771/857221; Mai–Sept. Mo–Fr 9–18, Sa 10–14, So 10–12 Uhr, Okt.–Apr. Mo–Fr 9–17 Uhr. www.donaueschingen.de

Hotel Linde, Karlstraße 18, 78166 Donaueschingen, Tel. 0771/83180; DZ ab 105 Euro. Direkt im Zentrum, einige Zimmer mit schönem Blick auf die Altstadt. www.hotel-linde-ds.de

Ressort Der Öschberghof, Golfplatz 1, 78166 Donaueschingen, Tel. 0771/840; DZ ab 390 Euro. Eines der ganz wenigen Luxushotels der Region, mit mehreren Restaurants und Bars, 5000 Quadratmeter Spa & Gym, Fitnesskursen, 45-Loch Golfanlage. Seit 2020 mit einem Michelin-Stern ausgezeichnet (→ S. 94). www.oeschberghof.com

Riedsee-Camping, Am Riedsee 11, 78166 Donaueschingen-Pfohren, Tel. 0771/5511. Großer Platz 5 km südöstlich von Donaueschingen mit vielen Dauercampern, Strandbad (15. Mai–15. Sept.) und Restaurant. www.riedsee-camping.de

Fürstenberg Bräustüble, Postplatz 1–4, 78166 Donaueschingen, Tel. 0771/3669. Brauereiwirtschaft direkt bei der Stadtpfarrkirche mit großem Außenbereich. Regionale Produkte, aber leider eine etwas einfallslose schwäbische Speisekarte. Mehrere vegane und vegetarische Gerichte. Flammkuchen. Brauereishop und -führungen. www.bräustüble-donaueschingen.de

Die Burg, Burgring 6, 78166 Donaueschingen-Aasen, Tel. 0711/17510050. Ein vom Michelin 2020 ausgezeichnetes Restaurant, gute 6 km nordöstlich der Stadt. Sechs-Gänge-Menü für 99 Euro, vegetarisches Menü, schwäbische Spezialitäten; Mi–Fr Lunchmenü, Mi–So ab 18 Uhr Burger. www.burg-aasen.de

Fürstlich Fürstenbergische Sammlungen, Karlsplatz 7, 78166 Donaueschingen, Tel. 0771/229677560; Apr.–Nov Di–Sa 10–13, 14–17 Uhr, So und Feiertag 10–17 Uhr, Dez.–März geschlossen. www.fuerstenberg-kultur.de

MuseumArt.Plus, Museumsweg 1, 78166 Donaueschingen, Tel. 0771/8966890; Fr–So 11–17 Uhr. Wechselnde Ausstellungen zeitgenössischer Kunst. www.museum-art-plus.com

Donaueschinger Musiktage, jedes Jahr an einem Wochenende Mitte Oktober. Eines der ältesten Festivals neuer Musik.

Immendingen

Eigentlich ist Immendingen mit seinen 6000 Einwohnern nicht viel mehr als ein großes Dorf. Weit über die Region hinaus bekannt ist es jedoch wegen der Donauversickerung zwei Kilometer östlich des Ortes. Und so kommen die Touristen zahlreich. Besonders an Sonntagnachmittagen ist der große Parkplatz an der Donau oft voll belegt – und dies obwohl der Ausflugsimbiss an der Versickerungsstelle ausgerechnet am Wochenende geschlossen hat. Auf den Hinweisschildern in Immendingen wird jedoch nicht auf die Donauversickerung, sondern auf die »Donauversinkung« hingewiesen. Diese Bezeichnung ist die wissenschaftlich korrekte, weil das Wasser nicht im Erdboden versickert, also verschwindet, sondern durch ein Höhlensystem abfließt (→ S. 25).

Tatsächlich bietet die Versinkungsstelle bei Immendingen Ungewöhnliches: Gerade noch überquert der Besucher auf

▶ Karte S. 104/105

einer Holzbrücke eine Donau, die geschätzte fünf Meter breit und bei einheimischen Anglern beliebt ist. Nur wenige hundert Meter weiter steht man plötzlich in einem völlig trockenen Flussbett und kann auf den gelbbraunen Flusskieseln kilometerweit spazieren gehen. Bevor das Donaubett völlig ausgetrocknet ist, sind immer wieder größere Pfützen zu sehen, von denen aus das Wasser im Erdreich versinkt. Allerdings sollten all jene, die das größte Ausmaß der Donauversinkung beobachten möchten, im Sommer oder Herbst hierherkommen. Dann reicht das wasserlose Donaubett fast bis ins fünf Kilometer entfernte Möhringen, erst kurz vorher wird das Flussbett durch den Krähenbach wieder mit Wasser gefüllt. Im Frühjahr, wenn die Donau nach der Schneeschmelze mehr Wasser als üblich führt, können die »Schlucklöcher« von Immendingen dies nicht ganz aufnehmen. Dann ist die Donau zwar schmaler, aber immerhin ein durchgehender Fluss.

Tuttlingen

Mit seinen 35 000 Einwohnern ist Tuttlingen, 35 Kilometer östlich von Donaueschingen, die größte Stadt an der jungen Donau. Bei einem großen Stadtbrand am 1. November 1803 brannten nahezu alle Häuser innerhalb der Stadtmauer ab. Daher präsentiert sich Tuttlingen heute als eine planmäßig angelegte Stadt: gemäß den klassizistischen Plänen des Landesbaumeisters Carl Leonhard von Uber verlaufen drei parallele Hauptachsen durch das historische Zentrum, die rechtwinklig von Gassen und Straßen geschnitten werden. Verlaufen kann man sich hier kaum. Da weite Teile der Altstadt entweder Fußgängerzone oder verkehrsberuhigt sind, lädt die Stadt besonders zu Zeiten des Wochenmarkts am Montag- und Freitagvormittag zu einem entspannten Bummel ein. Achten sollte man dabei auf den sogenannten »Tuttlinger Hut«: Um einen weiteren verheerenden Stadtbrand zu verhindern, wurde beim Wiederaufbau eine besondere Form von Walmdächern vorgeschrieben. Ganz besonders gut kann man im **Tuttlinger Haus** in der Donaustraße 19 nachvollziehen, wie nach dem Stadtbrand gebaut wurde. Daneben gibt es ist Tuttlingen das **Deutsche Dampflok- und Modelleisenbahnmuseum**, das entgegen seines pompösen Namens jedoch nur selten (meist am Wochenende) geöffnet hat.

In Tuttlingen treffen zwei große Fernwanderwege der Region aufeinander. Dies sind der **Alb-Südrandweg**, der auf 290 Kilometern von Tuttlingen über Ulm bis Donauwörth führt, und der 350 Kilometer lange **Albsteig**, der entlang der Traufkante der Schwäbischen Alb verläuft und besonders wegen seiner vielen Fernsichten sehr beliebt ist.

Stadtkirche

Hauptsehenswürdigkeit in Tuttlingen ist neben dem **klassizistischen Rathaus** mit seinen beiden markanten Dachreitern die **evangelische Stadtkirche** in der Bahnhofstraße 13. 100 Jahre nach dem großen Stadtbrand erhielt sie ihr heutiges Aussehen im Jugendstil – besonders schön

Die Donauversickerung bei Immendingen

sind mit ihren Pflanzenornamenten die Fensterrahmungen. Zwölf Tore, drei auf jeder Seite, führen in die Hallenkirche, gemäß den zwölf Toren Jerusalems. Der Haupteingang auf der Nordseite trägt einen mächtigem dreieckigen Giebel und wird von zahlreichen Skulpturen geschmückt. Sie zeigen die Evangelisten Matthäus und Johannes mit ihren jeweiligen Symbolen, einem Menschen und einem Adler zeigen, sowie Petrus und Paulus mit Schlüssel beziehungsweise Schwert. Darüber abschließend eine Christusdarstellung. Das Innere der Stadtkirche wirkt mit Empore und mächtigen Marmorsäulen fast wie ein Konzertsaal, und tatsächlich finden hier zahlreiche (Orgel)Konzerte statt.

Burgruine Honberg

Schon von weitem sichtbar sind die Ruinen der Burg Honberg auf dem gleichnamigen, 739 Meter hohen, Honberg. Als Festung Mitte des 15. Jahrhunderts entstanden, war ihre Zeit bereits 200 Jahre später vorbei: 1643 wurde Honberg kurz vor Ende des Dreißigjährigen Krieges von den eigenen Soldaten zerstört. Ziel war es vermutlich, eine Eroberung

Die evangelische Stadtkirche in Tuttlingen

Tuttlingens für die anrückenden Franzosen uninteressant zu machen, so ganz genau weiß man das aber nicht.
Steine der Burgruine wurden zunächst zum Wiederaufbau der 1803 abgebrannten Stadt genutzt. Dann entschied man jedoch, die beiden Festungstürme wieder zu errichten, was mit Spenden der Bevölkerung auch gelang. Jedes Jahr im Juli bietet die Ruine eine schöne Kulisse für den zweiwöchigen **Honberg-Sommer**, ein Musikfestival mit über 40 000 Besuchern.

Tuttlingen

Tourist-Information, Rathausstr. 1, 78532 Tuttlingen, Tel. 07461/99340. touristik@tuttlingen.de, www.tuttlingen.de

Appartment Stadtgarten, Bahnhofstr. 73, 78532 Tuttlingen, DZ ab 77 Euro. Modernes Appartment-Hotel mit Küche/Küchenzeile im Zentrum, über agoda.com oder booking.com buchen.

Traube, Untere Hauptstr. 53, 78573 Wurmlingen, Tel. 07461/9380; DZ ab 109 Euro. Geschmackvolles Wellnesshotel fünf Kilometer westlich von Tuttlingen. Sauna, Waldbaden und Panoramapool. www.hoteltraube.de

Anima, In Wöhrden 5, 78532 Tuttlingen, Tel. 07461/7803020. Sternerestaurant mit moderner »Naturküche«, die in einer offenen Küche zubereitet wird. Die Tester von Michelin überzeugten besonders das Kalbsbries mit Buttermilchdashi und Pilzgremolata. www.restaurant-anima.de

Deutsches Dampflok- und Modelleisenbahnmuseum, im Bahnbetriebswerk Tuttlingen, Tel. 7461/9116827; die Öffnungszeiten müssen jeweils erfragt werden, Führungen sind möglich. Sammlung historischer Loks.
www.bahnbetriebswerk-tuttlingen.de

Karte S. 104/105

Der Donauradweg

Der Donauradweg ist der international bedeutendste Fernradweg Europas, 2024 wird er seinen 40. Geburtstag feiern. Von Donaueschingen, dem offiziellen Startpunkt, bis zum Schwarzen Meer sind 2850 Kilometer zurückzulegen, allein in Deutschland bis zur Grenze hinter Passau sind es 600 Kilometer. Die Aufstiege halten sich dabei in Grenzen. Wie bei Radwegen an einem Fluss üblich, geht es meist sanft bergab. Donaueschingen liegt auf einer Höhe von knapp 700 Metern ü.d.M., Passau auf gut 300 Metern.

Einer der steilsten Anstiege des Donauradwegs beginnt hinter Altisheim auf einer Höhe von 406 Metern ü.d.M. Einen guten Kilometer später und 51 Meter höher ist Leitheim erreicht. Von seinem Barockschloss, einst Sommersitz der Äbte des Klosters Kaisheim, bietet sich eine grandiose Aussicht auf das Donau- und das Lechtal östlich von Donauwörth. Heute ist in dem prachtvoll restaurierten Schloss ein Hotel mit einem vom Michelin ausgezeichneten Restaurant untergebracht. Die Mühe des Aufstiegs wird also reichlich belohnt.

Während der Saison überqueren jeden Tag an die hundert Radler die Donaubrücke von Neuburg, 30 000 sind es jedes Jahr, die sich für den deutschen Teil des Donauradwegs entscheiden. Sie kommen bei weitem nicht nur aus Deutschland, sondern auch aus Frankreich, Italien und der Schweiz. Selbst Radler aus den USA kann man treffen. Vom Allgemeinen Deutschen Fahrradclub ADFC wurde der Donauradweg mit vier von fünf Sternen ausgezeichnet.

Vor allem in Niederbayern, zwischen Regensburg und Passau, verläuft die Strecke meist direkt am Fluss entlang. Dies ist jedoch nicht immer der Fall, gerade dort, wo die Donau sich ihren Weg durch ein enges Tal bahnen musste, so beim Donaudurchbruch von Kloster Weltenburg, fährt man auf nichtasphaltierten Waldwegen. Zugleich gibt es aber Bemühungen, die Strecke soweit wie möglich an die Donau heranzuführen. So wurde erst 2020 ein Abschnitt vor Neuburg von den Ausläufern der Fränkischen Alb auf den verstärkten Donaudamm verlegt. Allerdings sind auf den Dämmen nicht alle Wege asphaltiert, häufig fährt man auch auf Schotterpisten.

Neben der Hauptroute entlang der Donau bieten sich immer wieder Möglichkeiten für Abstecher, so zum Beispiel durch das Tal der Ur-Donau (→ S. 21) nach Blaubeuren oder zur Keltischen Siedlung Heuneburg östlich von Sigmaringen. Und natürlich locken auch immer wieder die Donau-Nebenflüsse zu Extratouren. Besonders beliebt sind das Altmühltal und das Tal der Großen Lauter.

Entlang all dieser Radwege haben sich zahlreiche Hotels und Gasthöfe auf die Bedürfnisse der Radtouristen eingestellt. Das Angebot reicht vom Viersternehotel wie dem Schloss Leitheim über einfache Gasthöfe, Ferienwohnungen bis hin zu Wiesen, auf denen es Radlern gestattet ist, ihre Zelte aufzuschlagen. Zum Service gehören Einstell- und Reparaturmöglichkeiten, aber auch Trockenräume. Zahlreiche Veranstalter bieten Pauschalreisen an, bei denen man in einer Gruppe radeln kann oder der Veranstalter den Gepäcktransport von Hotel zu Hotel übernimmt.

Im Internet finden sich zahlreiche Streckenbeschreibungen und Erlebnisberichte. Wer es lieber analog mag, der nimmt das »bikeline Radtourenbuch Donau-Radweg 1« mit auf seine Radreise (→ S. 306, 308).

Durch das Engtal der Schwäbischen Alb

»Mein Städtchen du im Donautal, es war ein Glückverwehen, es war einmal...Ein Totenmal, sah ich beim Wiedersehen«.

Johannes R. Becher

Der Schriftsteller und spätere erste Kulturminister der DDR Johannes R. Becher war häufig in Nürtingen und Bad Urach zu Gast, bevor er während der NS-Zeit im Exil leben musste. Er setzte der Region in seinem Gedichtband »Lob des Schwabenlandes« aus dem Jahre 1947 ein literarisches Denkmal.

Hinter Tuttlingen erreicht die junge Donau einen ihrer schönsten Abschnitte: Tief hat sie sich in das Berggestein gegraben und fließt durch ein enges Tal, im dem steil aufsteigende Jurafelsen zum Klettern einladen. Die Radfahrer müssen einige Steigungen überwinden, doch werden sie mit Blicken auf das Donautal beim 778 Meter hohen Stiegelesfels oder der Burg Wildenstein belohnt. In der heutigen Jugendherberge wurde 1980 der **Naturpark Obere Donau** gegründet (→ S. 40). Danach geht es wieder hinab ins

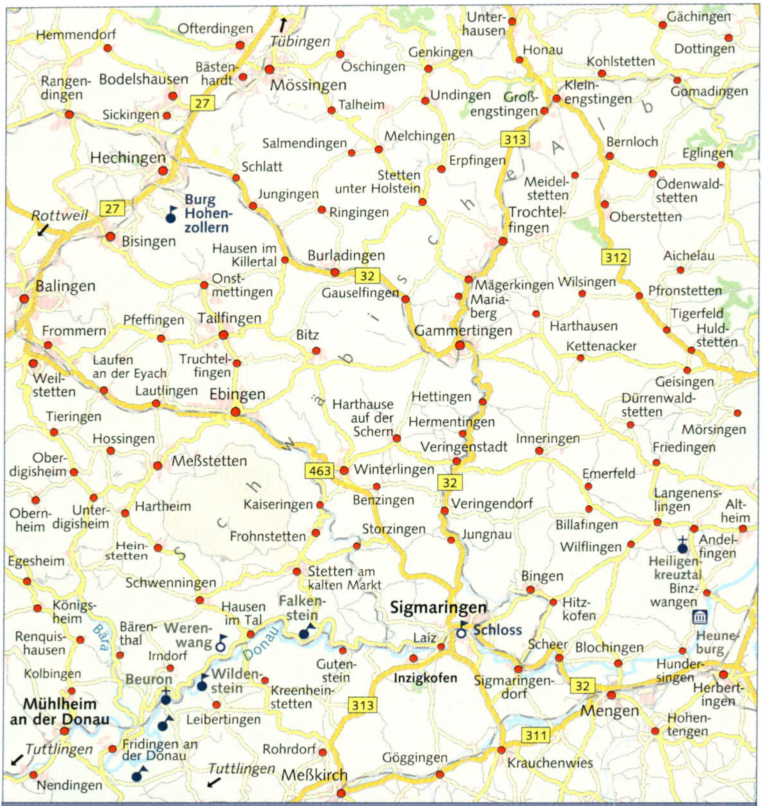

Das Donautal entlang der Schwäbischen Alb

Tal nach **Inzigkofen**, wo ein ausgedehnter Landschaftspark zum Ausruhen einlädt. In **Sigmaringen** und seinem Schloss kann man tief in die Geschichte der Hohenzollern eintauchen und es sich in der belebten Fußgängerzone mit ihren Cafés und Restaurants schmecken lassen.

Nach Sigmaringen wird die Landschaft ruhiger und unaufgeregter, dafür sind die Städte umso reicher und schöner: Dies gilt besonders für das ehemalige vorderösterreichische **Riedlingen**, das zeigt, wie vielfältig der schwäbische Fachwerkbau sein kann. Ein anderer Höhepunkt dieses Teils der Donaureise sind die barocken **Kirchen und Klöster Oberschwabens**, Beuron, Zwiefalten und Obermarchtal stehen an ihrer Spitze.

Von Tuttlingen nach Ulm sind es 160 Kilometer, bis Sigmaringen knapp 50 Kilometer. Für Rad- und Autofahrer gleichermaßen interessant ist die Strecke zwischen Beuron und Sigmaringen, da Landstraße und Radweg dort nahe der Donau verlaufen und doch für beide genug Platz ist. Immer wieder locken jedoch auch **Abstecher Richtung Schwäbische Alb**: ins romantische Tal der Großen Lauter, zum Blautopf oder ins Biosphärenreservat bei Münsingen.

Die Donautalbahn

Zwischen Tuttlingen und Sigmaringen verkehrt die **Donautalbahn**, die rund zehn Mal die Donau überquert und immer wieder eindrucksvolle Blicke auf die Felswände des Donauengtals ermöglicht. Die 40 Kilometer lange Strecke gilt als eine der landschaftlich schönsten Bahnstrecken Deutschlands.

Mühlheim an der Donau

Wer mit dem Auto von Tuttlingen nach Beuron unterwegs ist, fährt an Mühlheim leider oft vorbei. Schließlich lockt das berühmte Kloster, und das kleine Städtchen auf einem Bergsporn hoch über der Donau wirkt von der L277 aus ziemlich unscheinbar. Tatsächlich jedoch ist die Stadt mit ihren gerade mal 3600 Einwohnern einer der am besten erhaltenen mittelalterlichen Orte an der Donau. Und ausgesprochen romantisch noch dazu. Leider gibt es in Mühlheim keine empfehlenswerte Übernachtungsmöglichkeiten, weshalb man nach Tuttlingen, Sigmaringen oder ins acht Kilometer entfernte Fridingen an der Donau ausweichen sollte.

Der Name des Ortes geht auf die Mühlen zurück, die zwar nicht an der Donau, sondern am Wulfbach bereits zur Römerzeit entstanden. Auch führte ein vom Bodensee kommender Handelsweg durch eine Donaufurt über die Schwäbische Alb bis nach Rottweil im Schwarzwald. Im frühen Mittelalter wurde dieser zur Reichsstraße erhoben und Mühlheim entwickelte sich mit seinen Wochen- und Jahrmärkten zu einem bedeutenden regionalen Wirtschaftszentrum. Bereits im 8. Jahrhundert war an der Donau in der sogenannten Unterstadt eine erste Kirche entstanden, die dem heiligen Gallus geweiht wurde.

Als Handelszentrum zog Mühlheim gleich mehrere adelige Familien an. In ihren Besitz gelangten im 12. Jahrhundert schließlich die Herren von Zollern. Die von ihnen auf einem Bergrücken namens Nußbühl gegründete Burg wurde erstmals 1241 erwähnt. Um sie herum entstand die heutige Oberstadt.

Der Niedergang begann, als der Handelsweg vom Bodensee nach Rottweil nicht mehr über Mühlheim, sondern über Tuttlingen führte. Im Dreißigjährigen Krieg wurde der Ort zudem wiederholt von den Truppen beider Seiten besetzt. 1635 lebten so von ursprünglich 96 Familien nur noch 28 an der Donau. Hiervon erholte sich die Stadt nie mehr wirklich.

▶ Karte S. 118/119

Oberstadt

Südlich der Donau, direkt an der L277 liegt das alteingesessene, aber in die Jahre gekommene Gasthaus Krone sowie das **Stadttor**, an das Reste der **Stadtmauer** aus dem 15. Jahrhundert grenzen. Einer seiner Erker ist mit **Fasnachtsmasken** geschmückt – Mühlheim ist eine Hochburg der schwäbisch-alemannischen Fasnet (→ S. 90). So findet am Nachmittag des Rosenmontags das sogenannte »Sagt er« statt, bei dem ein Vorsänger die bedeutendsten Ereignisse des vergangenen Jahres in Versen schildert. Bürger mit schwarzen Zipfelmützen bestätigen seine Worte mit »Sagt er«.

Die sich dem Stadttor anschließende Hauptstraße führt quer durch die Stadt, vorbei an teils renovierten, teil etwas heruntergekommen Bürgerhäusern. Höhepunkt ist der **Fachwerkbau des Rathauses**, das um 1400 entstand und sowohl durch seine vorkragende Fassade wie durch den offenen, hölzernen Säulengang beeindruckt. Wie in vielen anderen Rathäusern des Mittelalters diente diese Halle als Markt, hier wurde vor allem Salz und Getreide verkauft. Das hohe Dach trägt einen Dachreiter mit einer Glocke aus dem Jahr 1416.

Fachwerk in Mühlheim

Wenige Schritte vom Rathaus entfernt erreicht man zunächst das **Vordere Schloss**, in dem jetzt das **Museum Oberes Donautal** untergebracht ist. Dahinter dann die frühere Burg, das heutige **Hintere Schloss**, das 1409 von den Freiherrn von Enzberg gekauft wurde und sich noch heute in ihrem Besitz befindet. Mitte des 18. Jahrhunderts erhielt die Anlage unter dem Architekten Johann Steyr aus Konstanz ihr heutiges barockes Aussehen. Besonders eindrucksvoll ist die Schlossanlage mit ihren Ecktürmen, die sich hoch über der Donau erheben, von der Unterstadt aus.

Unterstadt

Diese Unterstadt liegt nördlich der Donau und wird heute als Altstadt oder Altmühlheim bezeichnet. Hier findet sich auch die katholische **Friedhofskirche St. Gallus**, die an der Stelle eines schon im 8. Jahrhundert entstandenen Kirchenbaus steht und im Stil der Romanik in der zweiten Hälfte des 12. Jahrhunderts errichtet wurde. Sie ist damit das älteste noch existierende Bauwerk Mühlheims. An ihrer Südseite blieben alternierende Mauerschichten aus Kalk- und Tuffstein aus dem Mittelalter erhalten. Bemerkenswert, weil nicht nur alt, sondern in dieser Form auch selten, sind im Inneren die zwischen dem 14. und 15. Jahrhunderts entstandenen **Fresken**. Lange Zeit waren sie übermalt und wurden erst zu Beginn des 20. Jahrhunderts freigelegt und restauriert.

Das älteste Fresko (um 1325) befindet sich an der Südseite, es zeigt eine Kreuzigungsszene, ist jedoch nur noch teilweise erhalten. Die Wandmalereien im Chorbogen aus der Mitte des 15. Jahrhunderts illustrieren das Gleichnis von den klugen und den törichten Jungfrauen. Dieses Thema war schon in alttestamentarischer Zeit beliebt, seine höchste

Popularität erreichte es jedoch im Mittelalter. Dabei stehen die »klugen« Frauen für die christliche Seele. Sie haben sich rechtzeitig Öl für ihre Lampen besorgt und können sich daher in tugendhafter Weise Gott zuwenden. Die törichten Jungfrauen verfügen zwar Lampen, aber nicht über das notwendige Öl dafür und symbolisieren in der Vorstellung der Kirche fleischliche Lust und Verdamnis. Die **Malereien** auf der Empore stammen dagegen aus einer späteren Zeit, die Bilder aus dem 18. Jahrhundert tragen die Überschriften: Der Todt, das Letzte Gericht, die Höll und das Himmelreich. An der Nordseite des Langhauses befindet sich die Grabkapelle der Mühlheimer Adelsfamilie Enzberg mit einem bemalten Kreuzrippengewölbe.

Ausflugsziele

Die acht Kilometer nordöstlich von Mühlheim liegende **Kolbinger Höhle** ist die einzige begehbare Tropfsteinhöhle auf der Südwestalb. Allerdings kann sie nur im Rahmen einer Führung besichtigt werden. Am Kinderspielplatz von Kolbingen beginnt ein rund fünf Kilometer langer **Rundweg** mit schönen Aussichten in das Donautal und einem **Waldlehrpfad**. Im Frühjahr bietet sich hier zudem eine Wanderung in das **Hintelestal** mit seiner Märzenbecherblüte an. Schon ab Mitte März ist die Raststätte Felsenhütte geöffnet, auch gibt es eine überdachte Grillstelle.

Beliebt sind außerdem **Wanderungen im Tal der Bära** nördlich des 3000 Einwohner zählenden **Fridingen an der Donau**. In der Nähe findet man eine **Vielzahl von Burgen** oder besser Burgruinen, die so typisch sind für diesen Abschnitt der Donau: Burg Lengenfels, Burg Kreidenstein, Burgruine Kallenberg und Schloss Bronnen. Letzteres befindet sich immer noch im Besitz der Mühlheimer Herren von Enzberg und ist nicht frei zugänglich. Doch liegt es wie ein Dornröschenschloss auf einem freistehenden, jäh aufsteigenden Felsen 750 Meter hoch über dem Donautal.

Südlich von Fridingen, wo es eine weitere, **kleinere Donauversickerung** gibt, stehen auf einem ebenfalls steil zur Donau abfallenden Bergrücken die **Ruinen der Burg Stiegelesfels**. Hier befindet man sich auf einer Höhe von knapp 800 Metern und ebenso wie auf dem nahe Laibfelsen bieten sich grandiose Ausblicke ins Donaudurchbruchstal.

▲ Karte S. 118/119

Kloster Beuron

Mühlheim und Umgebung

Verkehrsamt im Vorderen Schloss, Schlossstr. 2, 78570 Mühlheim an der Donau, Tel. 07463/8903; Mo 8–11.30, Di 8–12 und 13.30–18, Mi 13.30–16, Do 8–11.30, Fr 8–12 Uhr.
www.muehlheim-donau.de

Museum Oberes Donautal, Schlossstr. 1, 78570 Mühlheim, Tel. 07463/994016; So 14–17 Uhr und nach Vereinbarung. Abteilungen zur Stadt-, Kirchengeschichte und Volksfrömmigkeit. Das Museum hat einen Ableger im Ifflinger Schloss im nahen Fridingen, Schlossstr. 20 (Tel. 07463/87318). Dort widmet man sich den Burgen und der Malerei im Oberen Donautal sowie Archäologie und der Fasnet. www.muehlheim-donau.de,

Hotel & Gasthof Sonne, Bahnhofstr. 22, 78567 Fridingen an der Donau, Tel. 07463/99440; DZ ab 85 Euro. Einfaches, aber gut geführtes Haus. Schwäbische Küche, ab und zu wird auch Hinterwälder Rind angeboten, eine Spezialität aus dem Schwarzwald. www.sonne-fridingen.de

Kolbinger Höhle, Besichtigung nur mit Führung. www.albverein-kolbingen.de
Wanderung im Hintelestal, Beschreibung unter: https://wildnis-wandern.de/maerzenbecher-wanderung/

Kloster Beuron

Auch wer noch nie im Kloster Beuron war, sich jedoch für christliche Kunst der Neuzeit interessiert, kennt den Namen. Denn die »Beuroner Schule« (→ S. 127) steht für die Erneuerung katholischer Kirchenmalerei in der zweiten Hälfte des 19. Jahrhunderts. Es war eine Rückbesinnung auf frühchristliche Mosaiken in Byzanz und ihren Ausgang nahm sie in der Benediktinerabtei Beuron am Fuße der Schwäbischen Alb.

Die Geschichte des heutigen Benediktinerklosters Beuron beginnt bereits Ende des 11. Jahrhunderts. Damals entstand in einer Schleife der Donau auf hochwasserfreiem Gebiet ein Augustiner-Chorherrenstift. Allerdings unterstand dieses der Befehlsgewalt der Herren von Mühlheim und erst nach dem Dreißigjährigen Krieg versuchten die Chorherren, sich von dieser Herrschaft zu lösen und Reichsunmittelbarkeit zu erlangen. Dafür ließ Abt Rudolf Reichel in der zweiten Hälfte des 18. Jahrhunderts sogar zahlreiche Dokumente fälschen, was jedoch bekannt wurde. Und auch ansonsten waren die Bemühungen der Chorherren vergebens, denn nur wenige Jahre später wurde das Stift im Zuge der Säkularisation 1803 aufgehoben.

Zu der Neugründung eines Klosters – diesmal des Benediktinerordens – kam es 1863. An ihrem Beginn standen die aus Bonn stammenden Mönche Maurus und Placidus Wolter, die in ihrer Heimatstadt vergeblich nach der Möglichkeit einer Klostergründung gesucht hatten. In Rom kamen sie in Kontakt mit der damaligen Fürstin des Hauses Hohenzollern-Sigmaringen, zu deren Besitzungen Beuron gehörte und die die Gründung ermöglichte. Schon fünf Jahre später wurde das Kloster zur Abtei, 1887 schließlich zur Erzabtei erhoben. In einer Abhandlung über Beuron heißt es, dass diese Neugründung »förmlich in der Luft der damaligen Zeit« lag. Dem materialistischen Zweckdenken der Industrialisierung, dem profanen Fortschrittsglauben hätte etwas entgegengesetzt werden müssen: »Mönchtum sollte in erneuerter Weise auf klassischer Grundlage gelebt werden«. Dazu gehörte auch der in dieser Zeit neuentdeckte Gregorianische Gesang, der Beuron zum Zentrum des

Choralgesangs in Deutschland machte. Beuron ist Gründungskloster der »Beuroner Kongregation«, der heute 16 Klöster nicht nur in Deutschland, sondern auch in Österreich und Dänemark angehören. Während des »Kulturkampfes«, den Reichskanzler Otto von Bismarck gegen die katholische Kirche führte, mussten die Mönche von 1875 bis 1887 Beuron verlassen.

Zwischen 1927 und 1933 besuchte die Philosophin und Frauenrechtlerin Edith Stein mindestens 15 Mal das Kloster. Bereits fünf Jahre davor, 1922, war die Jüdin zum katholischen Glauben konvertiert und 1933 trat sie in den Orden der Unbeschuhten Karmeliterinnen ein. Und dies obwohl der damalige Beuroner Erzabt sie gebeten hatte, stattdessen mit ihren politisch-philosophischen Überlegungen weiter in der Öffentlichkeit zu wirken. Stein hatte sich vor allem mit Thomas von Aquin und Heidegger beschäftigt, ihr Doktorvater war Edmund Husserl in Freiburg gewesen. Als Frau wurde sie damals jedoch vier Mal nicht zur Habilitation zugelassen. Als 1938 Steins jüdische Herkunft bekannt wurde, ging sie in ein Kloster in den Niederlanden. Doch mit der deutschen Besetzung des Nachbarlandes konnte sie der Verfolgung nicht länger entgehen. Im August 1942 starb Edith Stein in der Gaskammer des KZ Auschwitz-Birkenau. Heute wird sie sowohl von Christen der katholischen wie der evangelischen Kirche verehrt und wurde 1998 vom Papst heiliggesprochen.

1945 wurde in Beuron das Vetus-Latina-Institut gegründet, dessen Ziel die Sammlung altlateinischer Übersetzungen der Bibel ist. Das Kloster unterhält mit über 400 000 Bänden die größte Klosterbibliothek in Deutschland, die jedoch nur für wissenschaftliche Zwecke zugänglich ist. Die theologische Hochschule Beuron musste 1967 allerdings ihren Betrieb einstellen. Heute lebt im Kloster eine Gemeinschaft von rund 40 Mönchen, die neben Gärtnerei und Brennerei auch den Beuroner Kunstverlag und eine Klosterbuchhandlung betreiben. 1989 entstand der »Verein der Freunde der Erzabtei St. Martin«, der sich bemüht, mit Spendensammlungen den Erhalt des Klosters und seiner Bausubstanz zu sichern. So konnte der Komplex in den letzten Jahrzehnten mit mehr als zehn Millionen Euro umfassend saniert werden. In der Klosterbuchhandlung befindet sich das Pilger-Büro, in dem offizielle Ausweise für Jakobspilger nach Santiago di Compostela ausgestellt werden. Auch für Nicht-Pilger ist ein Aufenthalt im Gästehaus des Klosters möglich. Zudem werden zahlreiche Seminare und Exerzitien angeboten (www.erzabtei-beuron.de).

Jugendstilleuchter in der Abteikirche

Abteikirche St. Martin

Das Überraschende dieser Klosterkirche besteht in der Verbindung zweier vollkommen unterschiedlicher Stilrichtungen. Da ist zum einen das barocke Hauptschiff samt seines Chors, entstanden in

▶ Karte S. 118/119

der Zeit des Hochbarock in der ersten Hälfte des 18. Jahrhundert anstelle der baufällig gewordenen romanischen Basilika. Und da ist zum anderen die Ende des 19. Jahrhunderts angebaute Gnadenkapelle, gestaltet von den Meistern der Beuroner Kunstschule.

Verantwortlich für die **barocken Deckenfresken** zeichnet der einheimische, aus Riedlingen stammende Maler Joseph Ignaz Wegscheider. Der Stuck stammt von Künstlern der berühmten Wessobrunner Schule (→ S. 86). Thema des Langhauses ist die Gründungslegende des Klosters: Dem einheimischen Grafen Peregrin und seiner Jagdgesellschaft erscheint Maria, die ihm auf einem Plan das künftige Kloster präsentiert und ihn somit auffordert, aktiv zu werden. Berühmt ist zudem der »Beuroner Schimmel«, das Pferd, auf dem St. Martin als Namenspatron der Kirche seinen Mantel teilt. Dank der barocken Illusionsmalerei hat der Besucher stets den Eindruck, das Pferd sehe ihn an, egal wo er in der Kirche auch steht.

Das Fresko im Chor ist der Ausschüttung des Heiligen Geistes an Pfingsten gewidmet, umrahmt wird es von biblischen Szenen und den damals bekannten vier Erdteilen. Ungewöhnlich ist der **Hochaltar**, denn hier fehlen auf den Konsolen die ehemaligen Figuren. Sie wurden im Kirchenkampf des 19. Jahrhunderts ebenso wie die Hauptfigurengruppe zerstört. An ihrer Stelle befindet sich heute eine Darstellung der Marienkrönung der Beuroner Schule, die in der barocken Umgebung wie ein Fremdkörper wirkt.

Die Gnadenkapelle

Die Gnadenkapelle versetzt den Besucher mit ihren **goldenen Mosaiken** in Kirchen an der kroatischen Mittelmeerküste oder auch ins italienische Ravenna, denn die Kunst von Byzanz war hier wie dort das Vorbild. Mit einem entscheidenden Unterschied: Die Bilder in Beuron sind rund ein Jahrtausend jünger als jene im Süden Europas. Dies gilt auch für den neobyzantinischen Baukörper der Kapelle selbst, doch dieser Zentralbau mit Kuppel und von Rundbögen begrenzten Seitenkapellen könnte so auch in Ravenna stehen. Das **Gnadenbild am Hauptaltar** stammt jedoch aus einer anderen Zeit, es ist eine spätgotische Pietà aus dem 15. Jahrhundert, bis heute Ziel von vielen Wallfahrten nach Beuron. Da die Kapelle eigens für diese Mariendarstellung errichtet wurde, wird auch das Bildprogramm von der Verehrung Mariens bestimmt: von der Ankündigung der Geburt Christi durch den Erzengel Gabriel bis hin zur Begegnung Marias mit dem Aufer-

Die Gnadenkapelle wurde von Meistern der Beuroner Kunstschule gestaltet

Barocke Deckenfresken von Joseph Ignaz Wegscheider

standenen an Ostern. Doch nicht nur das Neue, sondern auch das Alte Testament wird thematisiert: So sind auf der Höhe der Fenster alttestamentarische Frauen, die als Vorbilder Marias gelten, sowie die Stammväter der Häuser David und Israel zu sehen. Unter der Gnadenkapelle befindet sich eine zur gleichen Zeit entstandene und ebenfalls von der Beuroner Schule gestaltete **Unterkirche**, in der mehrere Äbte des Klosters begraben liegen.

Beuron

Erzabtei St. Martin zu Beuron, Abteistraße 2, 88631 Beuron, Tel. 07466/17-0. Die Abtei bietet vielfältige Seminare und Exerzitien mit Unterbringung im Gästehaus an. Führungen für Gruppen sind nach Anfrage möglich.
kirchenfuehrung@erzabtei-beuron.de
www.erzabtei-beuron.de

Hotel-Restaurant Pelikan, Abteistr. 12, 88631 Beuron, Tel. 07466/9100 000; DZ ab 88 Euro. 2018 renoviertes Hotel direkt beim Kloster. Auch Appartements stehen zur Verfügung. Großes Restaurant mit Terrasse, schwäbische und internationale Küche. www.pelikanhotel.de.

Cafe Härtl, Wolterstr. 1, 88631 Beuron, Tel. 07466/7100. Hausgemachte Kuchen und Tagesgerichte nahe dem Kloster.
www.cafe-haertl-beuron.de

Erlebnisreich Besi Kanuverleih, Bahnhofstr. 2, 88631 Beuron, Tel. 07570/550.
www.besi-kanu.de

Jack Rattles Tal der Piraten, Zum Hammer 3, 88631 Beuron, Tel. 07570/550. Kanuverleih, Abenteuerangebote für Jugendliche. www.jackrattle.de

Donautal-Touristik, Kreenheinstetterstr. 10, 88631 Beuron/Hausen, Tel. 07466/1525. Möglichkeit zum Buchen von Kanus.
www.donautal-touristik.de

Murmeltier, Heinz Eppinger, Hintere Dorfstr. 6, 88631 Hausen im Tal, Tel. 07579/933706. Kletterkurse, Bike-Touren, Radverleih. www.valleybike.de

Kletterurlaub im Donautal: einwöchige Kletterlehrgänge für Einsteiger und Fortgeschrittene bei Hausen im Tal.
www.verticalmoves.de

Karte S. 118/119

Die Beuroner Kunstschule

Fürstin Katherina von Hohenzollern-Sigmaringen beauftragte 1868 Peter Lenz, Professor an der Kunstgewerbeschule von Nürnberg, mit dem Bau einer dem heiligen Maurus geweihten Kapelle nahe dem Kloster Beuron. Dort konnte der Bildhauer erstmals seine Auffassung von Kunst, seine »Idealkirche« in die Realität umsetzen. 30 Jahre später, 1898, hat er dies in dem Werk »Zur Ästhetik der Beuroner Schule« beschrieben. Seine Überlegungen basierten auf zwei Grundgedanken: Erstens hätten bereits die Ägypter eine von Gott gegebene geheime Proportionslehre gekannt, diese sei jedoch verloren gegangen und müsse wiederentdeckt werden. Schon bei seinen Studien in Rom 1864 hatte Lenz sich intensiv mit altägyptischer Kunst beschäftigt. Und zweitens bezog sich Lenz auf eine Bibelstelle im Buch der Weisheit, wonach Gott »alles nach Maß, Zahl und Gewicht« geschaffen habe.

Auf der Homepage der Erzabtei heißt es heute dagegen ziemlich abwertend, dass die Bauform der Mauruskapelle den »zweckfremden Stiltempelchen« des 19. Jahrhunderts verpflichtet geblieben sei. Der Grund für dieses Urteil lag darin, dass der damalige Abt die von Lenz verehrte ägyptische Kunst als »unchristlich« ablehnte. Allein die Fresken der Mauruskapelle würdigt die Abtei als »echte christliche Bildkunst«. Für diese Fresken hatte Professor Lenz seinen Studienfreund Jakob Würger und dessen Schüler Fridolin Steiner nach Beuron geholt. Alle drei traten in den Orden ein und bildeten die Keimzelle der Beuroner Schule, der sich schon bald weitere Künstler und bis zu 20 Mönche anschlossen.

Die Mauruskapelle, die dem Nachfolger des heiligen Benedikt geweiht ist, gilt vielen als das beste Werk der Beuroner Kunstschule. Sie liegt auf der linken Seite der Donau etwa drei Kilometer flussabwärts vom Kloster entfernt am Rand eines Waldes. Sie ist über die Maurusstraße, den Donauradweg beziehungsweise einen Wanderweg zu erreichen.

Die Kapelle ist dreigeteilt, besteht aus der Treppenanlage, der Vorhalle und der Cella. Sie öffnet sich zum Donautal hin, was an Bauwerke in Ägypten am Nil erinnern soll. Aufgrund dieser geografischen Vorgaben steht der Altar nicht wie sonst bei Kirchen üblich im Osten, sondern im Norden. Besonders die Vorhalle mit ihren beiden quadratischen Säulen lässt den Eindruck eines Tempels entstehen.

Die Außenwände sind bedeckt mit Darstellungen aus dem Leben des heiligen Maurus. So ist zu sehen, wie der Benediktiner den römischen Patrizier Placidus, ebenfalls ein Schüler Benedikts, vor dem Ertrinken rettet und dabei über das Wasser läuft. Das Wandbild in der Vorhalle zeigt Maria mit Kind, flankiert von der heiligen Scholastika und dem heiligen Benedikt. Auf dem Altar der Cella, der von marmornen Säulen mit ägyptischen Palmettenkapitellen getragen wird, steht ein ebenfalls marmornes Tabernakel. Auf seiner vergoldeten Tür ist ein Pelikan zu erkennen, der mit seinem Blut einen Jungen zum Leben erweckt.

Das beeindruckendste Gemälde der Cella ist die fünf Meter breite und vier Meter hohe Kreuzigungsgruppe. Ein etwa ebenso großes Wandbild zeigt den Tod des heiligen Maurus. Zudem ist der Innenraum, der von einer Kassettendecke mit Sternen bedeckt wird, mit zahlreichen Pflanzenmotiven, wie Lotusblüten und Papyrusstängel, geschmückt.

Burg Wildenstein

Burgen und Schlösser zwischen Beuron und Sigmaringen

Der Oberlauf der Donau war mit seinen steil abfallenden Felsen wie geschaffen für den Bau von schwer einzunehmenden Ritterburgen. Nirgendwo an der deutschen Donau finden sich daher so viele Burgen oder besser Burgruinen wie zwischen Beuron und Sigmaringen. Oder wie Max Rieple in seinem 1969 erschienenen Reiseführer »Donaufahrt mit Dir« schrieb: »In der Donaulandschaft von Beuron finden wird die Grundmotive Fluß, Felsen und Burgen in stets neuen Abwandlungen.« Die auf einer Höhe von 700 bis 800 Metern ü. d. M. stehenden Burgen sind häufig im Privatbesitz und nicht zugänglich. Am beeindruckendsten ist freilich ihre Lage, die man am besten von den Felsen des gegenüberliegenden Donauufers wahrnehmen kann.

▸ Karte S. 118/119

■ Burg Wildenstein

Die bekannteste der Burgen ist Wildenstein bei Leibertingen, die als eine der besterhaltenen Burgen Deutschlands gilt. Im 13. Jahrhundert entstanden, entspricht der heutige Zustand einem Umbau des frühen 16. Jahrhunderts. Durch die Jahrhunderte hindurch befand sich Wildenstein im Besitz der unterschiedlichsten Adelsfamilien, am bedeutendsten waren vermutlich die Herren von Zimmern, die laut der »Zimmerischen Chronik« für den Ausbau der Burg die unglaublich hohe Summe von 20 000 Gulden ausgaben. Nur zum Vergleich: Für den jährlichen Unterhalt der Burg waren lediglich 120 Gulden nötig. Kurz vor dem Dreißigjährigen Krieg fiel Wildenstein an die Fürstenbergs (→ S. 109) aus Donaueschingen. In diesem Krieg und den sich anschließenden Erbfolgekriegen wurde sie immer wieder von kaiserlichen Truppen als Stützpunkt genutzt, jedoch nie zerstört.

1971 verkaufte Prinzessin Theresa von Fürstenberg Wildenstein das Gebäude für 150 000 DM an das Deutsche Jugendherbergswerk und so befindet sich hier heute eine Jugendherberge. Erst vor wenigen Jahren wurde die Anlage restauriert und präsentiert sich den Besuchern jetzt in leuchtendem Weiß. Allerdings ist die Burg für Besucher nur bis zum Burghof frei zugänglich, wer auch die Innenräume mit ihren historischen Wandmalereien sehen möchte, muss zuvor die Herbergsleitung kontaktieren (Tel. 07466/411, JH-Burg-Wildenstein@jugendherberge.de).

Zum **Tor der Vorburg** gelangt man über einen 15 Meter breiten und ursprünglich 20 Meter tiefen Graben. An diesen schließt sich ein weiterer, noch etwas breiterer Burggraben an, der aus dem Jura-Fels gebrochen wurde und **Hauptburg** und Hauptbastion schützte. Dieser Graben war einst knapp 30 Meter tief und lief unten spitz zu. Diese zweifachen gewaltigen Sicherheitsmaßnahmen wurden in einem Kupferstich 1643 von Matthäus Merian eindrucksvoll, wenngleich überzeichnet festgehalten.

Bis heute werden die beiden Gräben für Besucher mit Höhenangst immer wieder zu einem Hindernis. Hat man dieses jedoch überwunden, gelangt man in einen großen **Burghof** mit einer 17 Meter tiefen Zisterne und zwei Wehrgängen. Im Osten steht die spätgotische **Burgkapelle**, im Norden, 810 Meter hoch über der Donau, der zweistöckige **Pallas** mit hohem Walmdach. Im Untergeschoss kann man die **Burgschänke** besuchen, im Obergeschoss befindet sich der Speiseraum der Jugendherberge.

Burg Wildenstein/Leibertingen

Jugendherberge Burg Wildenstein, 88637 Leibertingen, Tel. 97466/411; 151 Betten, ganzjährig geöffnet. Burgschänke von Ostern bis in den Herbst tgl. außer Mo 10–17 Uhr. www.jugendherberge-burg-wildenstein.de

Gasthaus zum Adler, Kreuzbühl 1, 88637 Leibertingen, Tel. 07466/318. Traditioneller Gasthof, neues Konzept: der über 500 Jahre alte Adler setzt zusammen mit Slow Food auf die »Ethik in der Küche«. Tiere sollen von »nose to tail«, also von der Schnauze bis zum Schwanz verwertet werden. Eine besondere Spezialität ist das Ragout aus Reh, Gams und Wildschwein. Danach bietet sich ein hausgebrannter Schlehen- und Wildpflaumenbrand an. www.adler-leibertingen.de

Schloss Werenwag

Mit einer grandiosen Lage hoch über der Donau kann auch Schloss Werenwag bei Langenbrunn aufwarten. Bereits um 1100 entstanden, befindet es sich heute im Besitz der Hauses Fürstenberg und ist so für die Öffentlichkeit nicht zugänglich. Ein schöner Blick auf die gesamte Anlage und natürlich auch die Donau bietet sich vom Eichfelsen, den nicht nur der örtliche Tourismus-Verband, sondern auch Max Rieple in dem oben erwähnten Führer den berühmtesten im ganzen Donautal bezeichnen. Und Rieple zitiert den Minnesänger Hugo von Werenwag, der Mitte des 13. Jahrhunderts auf der Burg lebte und schrieb:

»Heute wohl und immer freue
Dein ich mich, du schöne Sommerzeit.
Bunte Pracht gibt's nun aufs neue
Da du Freuden spendest weit und breit«.

Zum Eichfelsen führt ein neuer **Donau-Wellen-Premiumweg**. Allerdings muss man dafür schon etwas Zeit und Ausdauer mitbringen. Denn auf dem beim Kloster Beuron beginnenden, knapp 13 Kilometer langen Rundwanderweg muss ein Aufstieg von 600 Höhenmetern bewältigt werden. Unterwegs lockt das Wanderheim Rauher Stein (www.rauher-stein.de) mit seinen vielgerühmten Kässpätzle.

Ruine Falkenstein

Am gegenüberliegenden, linken, Donauufer stehen auf engstem Raum gleich drei Burgruinen: Hausen, Schauenburg und – sicher am beeindruckendsten – Falkenstein. Dabei handelt es sich eigentlich nicht nur um eine, sondern gleich um zwei Burgen: Das bereits um 1150 entstandene **Unterfalkenstein**, und das aus dem 16. Jahrhundert stammende **Oberfalkenstein**.

Im Unterschied zu den anderen Burgen in diesem Abschnitt der Donau liegt Falkenstein nicht auf einem Felsensporn, sondern einem langgezogenen Bergrücken und bedeckte wohl eine Fläche von 5000 Quadratmetern. Wie Wildenstein gehörte auch Falkenstein den Herren von Zimmern und auch hier investierte die Familie kräftig und schuf so ein Schloss im neuen Stil der Renaissance. Bei Ausgrabungsarbeiten entdeckte man erst vor wenigen Jahren, dass Falkenstein dank Quarzvorkommen eine eigene Glaserei besaß und dort die Butzenscheiben für die Fenster des Schlosses hergestellt worden waren. Mit dem Aussterben der letzten Besitzerfamilie verfiel die Burg langsam und war nahezu unzugänglich. Daher begannen Ende des 20. Jahrhunderts aufwändige Sanierungsarbeiten, so dass die Ruine heute wieder besucht werden kann.

Zwischen Stetten am kalten Markt und Neidingen beginnt beim **Parkplatz Steighöfen** ein mittelschwerer **Rundwanderweg**, der auf 11,5 Kilometer Länge zu den Ruinen Schauenburg und Falkenstein sowie zur Ruine Langenfels auf der anderen, rechten Donauseite führt und immer wieder schöne Ausblicke ins Tal bietet. Dabei müssen 450 Meter Höhenunterschied überwunden werden.

Falkenstein

Hotel Gasthof Neumühle, Neumühle 1, 88631 Beuron-Thiergarten, Tel. 07570/278; DZ 120 Euro. Im Familienbesitz seit 1919, direkt an der Donau mit Blick auf die Burgruine Falkenstein. Restaurant ab 18 Uhr.
www.neumuehle.de

Inzigkofen

Kurz vor Sigmaringen liegt das knapp 3000 Einwohner zählende Inzigkofen. Dieses ist vor allem wegen seines ausgedehnten Landschaftsparks und eines ehemaligen Augustinerchorherrenstifts bekannt, eine der schönsten Klosteranlagen im Südwesten Deutschlands.

Fürstlicher Park

Der rund 25 Hektar große »Fürstliche Park« wurde 1811 bis 1829 unter der Hohenzollernfürstin Amalie Zephyrine angelegt. Für einen Besuch sollte man sich schon ein wenig Zeit nehmen, da man die Vielfalt der Anlage sonst kaum wahrnehmen kann. Der beste Ausgangspunkt für einen Besuch ist ein kleiner Parkplatz an der L277, von dem aus man direkt in den sogenannten »StammBaum-Wald« und zum Amalienfelsen gelangt. Man kann aber auch weiter bis zum großen Besucherparkplatz Teufelsbrücke jenseits der Bahnstrecke fahren. Diese **Teufelsbrücke** ist die bekannteste Sehenswürdigkeit des Parks – warum ist nicht so ganz nachzuvollziehen. Tatsächlich handelt es sich um eine steinerne Treppenbrücke, die über eine 20 Meter tiefe Schlucht führt. Der Legende nach soll der Teufel beim Bau geholfen haben, forderte als Lohn die Seele des ersten Menschen, der die Brücke betritt, doch der Baumeister schickte einen Hund als erstes über den Steg. Eine fast identische Sage gibt es auch über den Bau der Steinernen Brücke in Regensburg, wobei für diese freilich viel mehr architektonisches Können nötig war (→ S. 23).

Weitere Sehenswürdigkeiten des Parks sind der 29 Meter hohe **Amalienfelsen** mit schöner Aussicht sowie eine **Lindenallee**, die zu mehreren Grotten führt, die allerdings nicht besonders groß sind. Tatsächlich wirkt die gesamte Anlage, die der Hohenzollernfürst für seine aus Paris stammende Gattin Amalie anlegte, heutzutage etwas von Gestern – die Romantik des 19.Jahrhunderts eben. Doch der Park trug immerhin dazu bei, dass die Pariserin im Schwäbischen blieb.

Erst im 21. Jahrhundert entstand dagegen der erste **StammBaum-Wald®** Deutschlands, den sich die Hohenzollern sogar als eingetragenes Markenzeichen registrieren ließen. So kann man jeden Baum im Fürstlichen Park einer anderen Person oder natürlich auch sich selbst schenken. Es ist aber auch möglich, einen neuen Baum zu pflanzen, als »Platz der Besinnung«, als »Grund zur Freude« oder einfach nur, um etwas zu Feiern. Denn auch von den Hohenzollern und ihre adeligen Freunden wurde auf der Festwiese des Parks am Donauufer nicht selten ziemlich opulent gefeiert.

▸ Karte S. 118/119

Jeder Stammbaum wird mit einer »Lebensereignistafel« versehen und die Hohenzollern versprechen, sich »liebevoll und gewissenhaft« um den Baum zu kümmern. Umsonst ist all dies natürlich nicht. Der Preis richtet sich nach dem Durchmesser des ausgewählten Baums in Brusthöhe und der Zahl der Jahre, die er betreut werden soll. Wählt man einen großen Baum mit 60 Zentimetern Durchmesser zahlt man für eine lebenslange Pflege knapp 5000 Euro. In der niedrigsten Preiskategorie ist ein Baum auch schon für 250 Euro zu haben. Inzwischen haben die Hohenzollern bereits sechs solcher StammBaum-Wälder eröffnet (www.stammbaum.de).

Chorfrauenstift der Augustiner

1354 gilt als das Gründungsjahr des Klosters von Inzigkofen, wobei es sich damals nur um eine kleine Klause mit vermutlich drei Frauen aus Sigmaringen handelte. 1394 entschieden sie sich für den Übertritt vom Franziskaner- in den Augustiner-Orden und legten die maximale Zahl der Nonnen auf dreizehn fest. In den folgenden Jahren erlebte die Gemeinschaft einen ungewöhnlichen Aufstieg, aus der kleinen Klause wurde ein vornehmes Frauenkloster, das von adeligen Familien wie den Fürstenbergs und Hohenzollern sowie einheimischen Kaufleuten gefördert wurde. Auch viele adelige Frauen, angelockt von der hier gepflegten mystischen Frömmigkeit, traten nun in das Frauenstift ein. Besonders nach Reformation und Dreißigjährigem Krieg verstärkte sich der Mystizismus, die nun um die 40 Frauen lebten von der Außenwelt abgeschnitten in strenger Klausur. Eine große Rolle spielte für die Chordamen die Musik, ja sie war sogar so wichtig, dass musikalisches Können bei der Auswahl der Novizinnen mitentscheidend war. In dieser Zeit, in der zweiten Hälfte des 17. Jahrhunderts, entstand auch der heutige Bau des Au-

Grotte im Schlosspark Inzigkofen

gustiner-Stiftes. Ein Jahrhundert jünger ist dagegen die ehemalige Stiftskirche mit einem kunstvollen Gitter aus Zweigen und Pappmaschee, hinter dem die Frauen den Gottesdienst verfolgten.

Das Ende des Klosters kam wie bei so vielen anderen mit der Säkularisation 1803, sein Besitz fiel an die Hohenzollern und das ehemalige Amtshaus wurde nun zu einem Schlösschen für Fürstin Amalie Zephyrine umgebaut. 2002 kaufte die Gemeinde Inzigkofen die gesamte, weitläufige Klosteranlage, die als eine der besterhaltenen in ganz Baden-Württembergs gilt. Nach umfassenden, sorgfältigen Renovierungsarbeiten 2004 bis 2008, wobei auch der ehemalige Kapitelsaal in den ursprünglichen Zustand versetzt wurde, dient das Kloster heute als Heim zur Erwachsenenbildung. Die Nonnenzellen baute man dafür zu Schlafzimmern um, zudem wurden ein **Bauernmuseum** und ein Kräutergarten geschaffen. Und auch die 1732 eröffnete Klosterwirtschaft besteht noch, jetzt freilich als Pension Kreuz (www.kreuz-inzigkofen.de) in der Rathausstraße 15.

Inzigkofen

Gasthaus Mühle, Burgstr. 9, 72514 Inzigkofen-Dietfurt, Tel. 07571/51715; DZ ab 80 Euro. Kleiner Gasthof mit nur acht Zimmern unterhalb der Burgruine und der Höhle von Dietfurt. Im Restaurant gibt es nicht nur Zwiebelrostbraten und Käspätzle, sondern auch Saure Kutteln, Kohlroulade mit Wildfleischfüllung oder Schlachtplatte. Im Mühlenladen Mehle, Nudeln, Müsli, Tee und Honig. An den Wochenenden durchgehend warme Küche. www.muehle-dietfurt.de.

Bauernmuseum, Parkweg, 72514 Inzigkofen, Tel. 07571/52415 (Museumsführer); Mai–Okt. 1. und 3. Sonntag im Monat 14–17 Uhr. www.inzigkofen.de

▶ Karte S. 118/119

Sigmaringen

Nach all den Burgen und Schlössern im engen Donautal ist es schön, nach Sigmaringen zu kommen. Nun wird die Landschaft wieder offener, die Alb weicht zurück, der Bodensee ist nur noch 40 Kilometer entfernt. An einem Adelssitz hoch über der Donau kommt der Besucher allerdings auch in Sigmaringen nicht vorbei und er ist sogar der berühmteste der ganzen Region: Das Schloss der schwäbisch-preußischen Hohenzollern. Von der Gründung 1871 bis zu seinem Untergang 1918 wurde das Deutsche Reich von drei Hohenzollern-Kaisern regiert.

Eine Burganlage auf dem steil zur Donau hinabfallenden, 35 Meter hohen Kalksteinsockel entstand bereits im 11. Jahrhundert, 1077 wurde sie erstmals erwähnt. An die Hohenzollern gelangte Sigmaringen als Reichslehen jedoch erst 1535. Der erste Hohenzoller, der in Sigmaringen residierte, war Graf Karl I., dessen Taufpaten Kaiser Karl V. und die spanisch-portugiesische Königin Eleonore von Kastilien waren. Diese herausragenden Beziehungen ermöglichten es Karl schon früh, hohe Positionen im Reich zu bekleiden. So ernannte ihn der Kaiser bereits kurz nach seiner Volljährigkeit zum Präsidenten eines der beiden höchsten Gerichte des Heiligen Römischen Reiches. Im Dreißigjährigen Krieg eroberten die Schweden zweimal das Hohenzollern-Schloss, dabei wurde der östliche Teil zerstört. In den Jahren der napoleonischen Kriege kamen den Hohenzollern erneut ihre europaweiten Verbindungen zugute. In diesem Fall war es Joséphine von Beauharnais, die erste Gattin Kaiser Napoleons, die die sogenannte Mediatisierung des Fürstentums verhindern half, welche mit dem Verlust beträchtlicher Rechte verbunden gewesen wäre. So konnte im Gegensatz zu vielen anderen

Das Hohenzollernschloss thront über Sigmaringen

kleinen deutschen Teilstaaten ein selbstständiges Fürstentum Hohenzollern-Sigmaringen erhalten werden.

Erst nach der Revolution von 1848 und der Gegenrevolution von 1849, als preußische Truppen Sigmaringen besetzten, verzichtete Fürst Karl Anton auf seine Herrschaft und trat diese in einem Staatsvertrag gegen eine Entschädigung an die preußische Krone ab. Dank guter Beziehungen zu Prinz Wilhelm von Preußen konnte Karl Anton von 1858 bis 1862 das Amt des preußischen Ministerpräsidenten ausüben. Sein Denkmal steht im Sigmaringer Schlosspark.

Nach dem Ersten Weltkrieg blieb Hohenzollern exterritorialer Besitz des Freistaates Preußen. Das Gebiet erstreckte sich auf einer Fläche von gut 1100 Quadratkilometern von Wangen im Allgäu im Südwesten bis Dettingen bei Horb am Neckar im Nordosten und zählte über 73 000 Einwohner. Am Ende des Zweiten Weltkriegs war das Sigmaringer Schloss für einige Monate Sitz der französischen Vichy-Regierung (→ S. 71). Als 1952 das Land Baden-Württemberg gegründet wurde, ging darin neben Württemberg-Baden und Baden als dritter Teil das Land Hohenzollern auf.

Das Schloss

Spitze Türmchen, verspielte Erker, mächtige Zinnen – das Hohenzollernschloss präsentiert sich besonders auf seiner Schauseite zur Donau hin als historistische, ja eigentlich schon eklektizistische Burg des zu Ende gehenden 19. Jahrhunderts. Von der ursprünglichen Burg aus dem 11. Jahrhundert ist dagegen heute nichts mehr zu sehen. Aus der Zeit um 1200 stammen das Burgtor, der 25 Meter hohe Bergfried und das Wohngebäude, der Pallas. Aus den großen Umbauten des 15. Jahrhunderts unter den Grafen von Werdenberg ist noch ein Türsturz am Schwedischen Tor mit der Jahreszahl 1498 erhalten geblieben. Die Renaissanceelemente stammen aus dem ersten Drittel des 17. Jahrhunderts und wurden unter dem Baumeister Hans Alberthal aus Dillingen ausgeführt.

Im Schlosshof

Nach einem großen Brand 1893, der fast das ganze Schloss erfasste, mussten weite Teile neu errichtet werden. Die damaligen Arbeiten leiteten der königlich-württembergische Hofbaurat Johannes de Pay und der Münchner Architekt Emanuel von Seidl. Beendet wurde die Neugestaltung erst mit der Fertigstellung der »Portugiesischen Galerie« im Innenhof zu Beginn des 20. Jahrhunderts. Ihr Vorbild war der Muschelsaal des Augustiner-Brauhauses in München, dieser war das erste Jugendstilwerk von Seidls. Das Schloss der Hohenzollern ist weiterhin im Besitz der Familie, steht jedoch seit rund 100 Jahren für Besucher offen. Mehrmals am Tag finden Führungen für Einzelreisende statt, die circa 60 Minuten dauern und durch fast 20 Zimmer mit einer Vielfalt an Möbeln, Gemälden und Gobelins sowie in den 1736 entstandenen Ahnensaal führen. Auf eigene Faust oder mit Audio-Guide zu erkunden ist die Waffenkammer mit ihren 3000 Exponaten, die als eine der umfangreichsten in Europa gilt.

Das heutige Oberhaupt der Familie ist der 1952 in Sigmaringen geborene Karl Friedrich Fürst von Hohenzollern. Als Beiratsvorsitzender der »Zollern-Gruppe« (Stahl, Abgasturbinen für Porsche und MAN, Schiffsdieselmotoren, Windkrafträder) ist er einer der wichtigsten Arbeitgeber der Region. Sein Vermögen wird auf 500 Millionen Euro geschätzt. Nach den Thurn und Taxis und den Fürstenbergs gilt der Erbprinz als drittgrößter Waldbesitzer Deutschlands. Wie

▸ Karte S. 118/119

die Stuttgarter Zeitung 2012 berichtete, machten die Einnahmen aus den Eintrittskarten für das Sigmaringer Schlosses dagegen lediglich fünf Prozent des Umsatzes aus. Dabei können in guten Jahren auch schon mal 80- bis 100 000 Besucher den Adelssitz besuchen. Kein Vergleich jedoch mit Schloss Neuschwanstein und seinen 1,4 Millionen Gästen.

Pfarrkirche St. Johannes

Neben dem Schloss wird das Stadtbild Sigmaringens von der katholischen Pfarrkirche St. Johannes mit ihrer schön geschwungenen Zwiebelhaube geprägt. Sie liegt direkt unterhalb des Schlosses, ist mit diesem durch einen gedeckten Gang verbunden und geht auf die frühere Burgkapelle zurück. 1756 bis 1760 wurde die Kirche in ihrer jetzigen Form im Stil des Spätbarock errichtet, es finden sich jedoch bereits vielfältige Rocailleornamente, die auf das nun beginnende Rokoko verweisen. Der Kirchenraum ist eher niedrig, das Deckengemälde im Chor zeigt das Letzte Abendmahl. Besonders häufig versammeln sich die Gläubigen im linken Querschiff am Fidelis-Altar mit dem Fidelisschrein. In diesem befindet sich die Büste des Heiligen, der 1578 in Sigmaringen geboren wurde und 1622 nach einer Messe in Graubünden von aufständischen Bauern erschlagen wurde. Fidelis ist der Schutzpatron von Sigmaringen, lange Zeit fanden am 24. April, dem Fidelistag, Prozessionen mit der Wiege des Heiligen statt. Die Attribute des Stadtheiligen sind eine Stachelkeule und das Schwert.

Rathaus und Fußgängerzone

Dank der zahlreichen Schlossbesucher bietet das nur 17 000 Einwohner zählende Sigmaringen eine lebendige Fußgängerzone mit vielen Cafés und Restaurants. Diese beginnt beim **Rathaus**, das 1925 bis 27 gebaut wurde und an der Stelle eines älteren Baus aus dem 15. Jahrhundert steht. An seiner Westecke befindet sich ein Ehrenmal für die Gefallenen des Ersten Weltkriegs, das den Alemannenritter Sigmar zeigt, den

In der Fußgängerzone von Sigmaringen

historisch nicht belegten Gründer Sigmaringens. Blickfang des Rathausplatzes ist der 1826 vollendete **Marktbrunnen**, an dessen Spitze eine Statue Johann von Hohenzollern-Sigmaringen aus dem Jahre 1891 steht. Dessen Bündnis mit Bayern und Österreich im Dreißigjährigen Krieg zahlte sich für die Familie aus: Sie wurde in das Reichsfürstenkollegium aufgenommen.

Sigmaringen

Tourist-Info, Apothekergasse 1, 72488 Sigmaringen, Tel. 07571/106244; Apr.–Sept. Mo–Fr 10–12 und 14–18 Uhr. Sa, So 10–13 Uhr. Okt.–März Mo–Fr 10–13 und 14–16 Uhr. www.sigmaringen.de

Hotel Garni Jägerhof, Wentelstr. 4, 72488 Sigmaringen, Tel. 07571/744990; DZ ab 134 Euro. Zehn Minuten Fußweg in die Altstadt, Garten; einige der frisch renovierten Zimmer mit Balkon. www.jaegerhof-sigmaringen.de

Beim Rinderwirt, Hauptstr. 17, 72517 Sigmaringendorf, Tel. 07571/74974110; DZ ab 120 Euro. Das etwa vier Kilometer östlich Sigmaringens gelegene, moderne Hotel wird für seine mit hellem Holz möblierten Zimmer und vor allem für das reichhaltige Frühstück allseits gelobt. Auf dem Hof, der seit sechs Generationen in Familienbesitz ist, werden Galloway-Rinder gehalten. Und auch sonst werden im Restaurant und in einem Onlineshop viele regionale Produkte angeboten. www.rinderwirt.de

Hotel Restaurant Traube, Fürst-Wilhelm-Str. 19, 72488 Sigmaringen, Tel. 07571/64510; DZ ab 85 Euro. Kleines, alteingesessenes Hotel direkt am Marktplatz mit großem Restaurant und Terrasse, wo die bekannten Klassiker der deutschen und schwäbischen Küche serviert werden. Aber auch Wild und mehrere vegetarische Gerichte sind im Angebot. www.hotel-traube-sigmaringen.de

Bootshaus Sigmaringen, In den Burgwiesen 8, 72488 Sigmaringen, Tel. 07571/6867100. Modernes Restaurant direkt an der Donau mit schönem Biergarten und Blick auf das Schloss. Schwäbische und asiatische Gerichte wie »Good Life Bowls«. Mittagsmenüs. Durchgehend geöffnet. www.bootshaus-sig.de

Hohenzollernschloss Sigmaringen, Karl-Anton-Platz 8, 72488 Sigmaringen, Tel. 07571/729230; tägl. 10–17 Uhr, letzter Einlass 16 Uhr. www.hohenzollern-schloss.de

Zündapp-Museum der Brauerei Zoller-Hof, Leopoldstr. 40, 72488 Sigmaringen, Tel. 0170/7774427; Apr.–Okt. Sa, So 10–15 Uhr. Rund 100 Exponate der legendären Motorrad-Marke Zündapp. www.zuendappmuseum.de

Stadtfest, jährlich am letzten Juniwochenende, bei dem viele Einheimische sich traditionell in den Stadtfarben rot und gelb kleiden. Es gibt Fahrgeschäfte und viel Musik in der ganzen Stadt.

Blasmusikkonzerte, Mai–Sept. jeden So vor dem Rathaus.

Sigmaringen on Ice, von Mitte Dez. bis Mitte Jan. verwandelt sich der Marktplatz in eine Eisbahn.

Kanu-Verleih, Bei der Brücke 1, 72388 Sigmaringen-Gutenstein, Tel. 0173/8603075. www.donautal-kanu-verleih.de

Out & Back, Georg-Zimmerer-Str. 6, 72488 Sigmaringen, Tel. 07571/50411. Hochseilgarten, Kletterpark, Campingplatz und Restaurant. Viele Outdoor-Aktivitäten. www.outandback.de

Karte S. 118/119

Hoch über der Donau liegt die Heuneburg

Keltensiedlung Heuneburg

Nahe dem Dorf Hundersingen, 14 Kilometer östlich von Sigmaringen, liegt eine der am besten erforschten keltischen Siedlungen in ganz Mitteleuropa: die Heuneburg. In Hundersingen selbst befindet sich das Keltenmuseum Heuneburg. Zwei Kilometer entfernt auf einem Hügel mit einen weiten Blick ins Donautal und das Bodenseevorland, liegen die Burg, die auch Stadt Pyrene genannt wurde, sowie mehrere Keltengräber. Letztere kann man auf einem kurzen Spaziergang erreichen.

Stadt Pyrene

Die Siedlung auf einem drei Hektar großen Bergsporn über der Donau gilt als die älteste der Kelten nördlich der Alpen. Im Unterschied zu Manching bei Ingolstadt (→ S. 245), das als die »älteste Stadt« der Kelten diesseits der Alpen bezeichnet wird, handelte es sich wohl nur um eine große Zahl von Bauernhöfen. Doch war der Hügel wohl schon im 15. bis 13. Jahrhundert vor Christus von mächtigen Wallanlagen umgeben, wurde anschließend aber wieder verlassen. Dank ihrer Lage wurde die Heuneburg zwischen 650 und 450 vor Christus zu einem florierenden Wirtschaftszentrum, das mit Wein und Bernstein zwischen dem Mittelmeer und der Ostsee handelte. Zu Hochzeiten zählte es rund 5000 Einwohner, im Umland lebten weitere 17 000 Menschen.

Der griechische Schriftsteller und Geograph Herodot schrieb im 5. Jahrhundert vor Christus: »Der Istros entspringt bei den Kelten und der Stadt Pyrene und fließt mitten durch Europa«. In Hundersingen wirbt man damit, dass die Heuneburg identisch mit diesem Pyrene und damit der älteste schriftlich erwähnte Ort ganz Deutschlands sei. Es ist aber umstritten, ob die Heuneburg identisch mit Pyrene ist, denn tatsächlich entspringt die Donau ja rund hundert Kilometer weiter östlich – für die damalige Zeit eine relativ große Entfernung. Manche verorten Pyrene daher im Donaueschinger Stadtteil Pfohren, in unmittelbarer Nähe des Zusammenflusses von Brigach und Breg. Allerdings haben in Pfohren bisher keine archäologischen Ausgrabungsarbeiten stattgefunden und außer einem Eisenbarren gibt es keine Hinweise auf eine keltische Siedlung. Anzunehmen ist daher, dass Herodot das Gebiet, über das er schrieb, nicht so genau kannte.

Die befestigte Anlage der Heuneburg war etwa 300 Meter lang und 150 Meter breit. Seit 1950 werden auf dem Hügel archäologische Ausgrabungen durchgeführt, so dass ein kleiner Teil der Siedlung wiederaufgebaut werden konnte, was natürlich zum besseren Verständnis der keltischen Kultur beiträgt.

Zu besichtigen sind eine originalgetreue, rund 80 Meter lange **Befestigungsmauer** aus Lehmziegeln mit dem Donau-Tor, sowie Werkstätten, Speicher und Wohnhäuser. Im »Herrenhaus« ist eine **Ausstellung** mit mehreren Filmen über die Burganlage und die archäologischen Arbeiten zu sehen.

Heuneburg-Rundwanderweg

Der Wanderweg führt auf einer Länge von acht Kilometern vom Heuneburgmuseum in Hundersingen über den Grabhügel Lehenbühl zum Freilichtmuseum Heuneburg-Stadt Pyrene. Von dort sind es nur wenige hundert Meter bis zur einer Gruppe von vier keltischen Grabhügeln. Über den Soppenweiher gelangt man zum Hohmichele, einem der größten noch erhaltenen Grabhügel Mitteleuropas mit einem Durchmesser von 85 Metern und einer Höhe von 13,5 Metern. Insgesamt wurden vermutlich dreizehn Personen hier bestattet. In seinem Zentrum befand sich das mit Eichenholzbohlen geschützte Hauptgrab, in der auf einer Fläche von 6x3,5 Metern ein Mann und eine Frau beigesetzt worden waren. Viele Grabbeigaben aus dem Hohmichele, der seit 1936 erforscht wird, wurden bereits in der Antike geraubt. Einige Gefäße jedoch kann man im Museum von Hundersingen sehen.

Weiter führt der Rundwanderweg zu einer keltischen Viereckschanze, einer Wallanlage, die vermutlich einen Gutshof sicherte. Von dort geht es weiter durch den Wald zurück nach Hundersingen. Die Besichtigungspunkte werden auf Schautafeln ausführlich erklärt.

Heuneburg

Privater Brauereigasthof Adler, Ortsstr. 1, 88518 Herbertingen, Tel. 07586/378; DZ ab 80 Euro. Kleiner Gasthof, in dem auch Dreibettzimmer zur Verfügung stehen. Traditionelle schwäbische Küche wie Hochzeitssuppe, gefüllte Kalbsbrust und dazu gibt es das hier gebraute Adler-Bier. Spezialität ist das seltene Roggen-Bier. www.adler-hundersingen.de

Heuneburg-Stadt Pyrene, Heuneburg 1–2, 88518 Herbertingen-Hundersingen, Tel. 07586/8959405; Apr.–Okt. Di–So 10–17 Uhr. Über Führungen informiert die Homepage, Anmeldung sinnvoll. www.heuneburg-pyrene.de

Keltenmuseum Hundersingen, Binzwanger Str. 14, 88518 Herbertingen-Hundersingen, Tel. 07586/920821; Ende Mai bis Ende Okt. Di–So 10–16 Uhr. Ausstellung der Funde aus der Stadt Pyrene. Rekonstruktion eines Fürstengrabs, Videos zum Leben der Kelten in Süddeutschland, Wechselausstellungen zur keltischen Kultur. www.heuneburg.de

Kloster Heiligkreuztal

Ebenso wie das Augustinerchorfrauenstift von Inzigkofen zählte auch das Franziskanerinnenkloster von Heiligkreuztal östlich der Heuneburg zu den bedeutendsten Frauenklöstern Südwestdeutschlands. Nur dass man sich, im Unterschied zu dem vorbildlich restaurierten und herausgeputzten Inzigkofen, hier viel besser in den Alltag eines Klosters hineinversetzen kann. Das beginnt schon auf dem Parkplatz mit seinen langen Stallungen, flatternden Gänsen und der ehemaligen Mühle der Pfisterei, des Klosterbäckers. Im Kräutergarten pflücken die Köche Rosmarin und Salbei, und in einem zweiten Garten, der nach den Prinzipien des »Vaters aller Kräutergärten«, dem Reichenauer Abt Walahfried Strabo, angelegt wurde, warten riesige Flaschenkürbisse auf die Ernte.

Erstmals erwähnt wurde das im 11. Jahrhundert gegründete Frauenkloster Heiligkreuztal 1227. Mit immer mehr Privilegien durch die Staufer und die Päpste der Zeit ausgestattet, lebten bis zu 120 Nonnen hier. Viele von ihnen kamen aus Adelsfamilien und so waren auch die meisten Äbtissinnen adelig. Eine der bekanntesten von ihnen war Veronika von Rietheim, die zu Beginn des 16. Jahrhunderts das Kloster durch die Zeit der Re-

▸ Karte S. 118/119

formation führte und es 1532 im spätgotischen Stil erneuern ließ. Das Epitaph der Äbtissin ist im Ostflügel des Kreuzgangs zu sehen, bereits zu ihren Lebzeiten ließ sie es sich von einem Uracher Steinmetz aus Sandstein anfertigen. Das Ende für Heiligkreuztal kam wie für so viele andere Klöster mit der Säkularisation zu Beginn des 19. Jahrhunderts. Doch das Areal auf einer Fläche von 16 Hektar zählt immer noch 25 Gebäude und wird von einer 2,2 Kilometer langen Klostermauer umgeben. Heute ist hier eine große Tagungsstätte mit 90 Zimmern, 130 Betten und 17 Tagungs- und Gruppenräumen untergebracht. Doch auch private Urlauber können in den modernisierten Klosterzellen übernachten und selbst das Zelten innerhalb des Klosterareals ist nach Genehmigung möglich.

■ Klosterkirche St. Anna

Veronika von Rietheim ist es zuzuschreiben, dass in der Klosterkirche heute zahlreiche Fresken des Meisters von Meßkirch zu sehen sind. Denn die Äbtissin hatte den Wunsch, einen der bedeutendsten Künstler ihrer Zeit und ihrer Region zu engagieren. Die genaue Herkunft und der wirkliche Name dieses Künstlers sind weiterhin ungeklärt, doch nimmt man an, dass er im Umkreis von Albrecht Dürer ausgebildet wurde. Seine Werke finden sich heute in Galerien auf der ganzen Welt, in Meßkirch selbst schuf er die Tafel des Hauptaltars in St. Martin.

Die **Fresken** in St. Anna wurden Ende des 19. Jahrhunderts und 1955 von der Übermalung befreit und zeigen am Chorbogen Maria, die von Engeln gekrönt wird, sowie die Äbtissin von Rietheim mit ihrem Wappen und einer lateinischen Inschrift, die übersetzt »O Mutter Gottes, gedenke meiner« bedeutet. Darunter dann eine Reihe von Medaillons, die vom heiligen Christopherus und der heiligen Barbara abgeschlossen werden. Viele der übrigen Fresken stammen dagegen aus dem frühen 14. Jahrhundert, so die Darstellung der Patrone des Franziskanerordens Benedikt von Nursia und Bernhard von Clairvaux am mittleren Pfeiler des nördlichen Seitenschiffs.

Die Klosterkirche selbst ist noch viel älter als diese Fresken, sie entstand bereits 1256 und wurde Anfang der 14. Jahrhunderts im gotischen Stil erweitert. Der Eindruck des dreischiffigen Raumes wird bestimmt durch die mächtigen, von Arkaden durchbrochenen weißen Wände, dem **zweistöckigen Nonnenchor** und dem **gotischen Sternrippengewölbe**. Ganz besonders schön ist es, am frühen Morgen hierher zu kommen, wenn die Morgensonne die Farben des langgezogenen, schmalen **Bleiglasfensters** im Chor zum Leuchten bringt.

Neben einer **Golgatha-Gruppe** des Ulmer Schnitzers Hans Multscher aus dem Jahre 1450 ist das bekannteste Skulpturenkunstwerk eine der sehr seltenen **Christus-Johannes-Darstellungen**. Dieses Werk eines unbekannten Künstlers stammt aus dem beginnenden 14. Jahrhundert: Voller Demut lehnt der Jünger schutzsuchend seinen Kopf an die Brust Jesu.

Im Garten des Klosters Heiligkreuztal

Die junge Donau

Neben der Kirche befindet sich der **Nonnenfriedhof** und der **Kreuzgang** mit einem gotischen Kreuzrippengewölbe. In seinem Nordflügel eine Galerie von 25 Äbtissinnen, die mit Veronika von Rietheim endet.

Kloster Heiligkreuztal

Tagungshaus Kloster Heiligkreuztal, Am Münster 7, 88499 Altheim-Heiligkreuztal, Tel. 07371/931230; DZ ab 85 Euro. www.kloster-heiligkreuztal.de

Klostergaststätte, Am Münster 2, 88499 Altheim-Heiligkreuztal, Tel. 07371/9312344. Direkt beim Kloster mit günstigem Mittagstisch, Sonntagsbraten-Buffet sowie andere Thementage und Themenwochen. www.kloster-heiligkreuztal.de

Riedlingen

Wer sich dafür interessiert, welche Vielfalt der schwäbische Fachwerkbau zu bieten hat, der muss nach Riedlingen kommen: Dank dieser traditionellen Häuser, die vor allem zwischen dem 15. und dem 17. Jahrhundert gebaut wurden, steht die gesamte historische Altstadt unter Denkmalschutz. Dabei gehörte die heute 10 000 Einwohner zählende Stadt von 1291 bis 1805 gar nicht zu Württemberg, sondern zu Vorderösterreich (→ S. 59).

Den schönsten Blick auf die Altstadt hat man – wie könnte es anders sein – von der Donau aus, wo ein breites Wehr den Wasserstand. Vor kurzem entstand hier eine Fischtreppe, die das Steigen der Fische gegen den Stromlauf hinauf zu ihren Laichplätzen ermöglicht.

Riedlingen ist auch eine Hochburg der alemannischen Fasnet (→ S. 90), ihre zentrale Figur ist der »Gole«, die der Legende nach auf den Riesen Goliath zurückzuführen ist, der von Riedlingen durch die Donau bis ins Schwarze Meer geschwommen sein soll.

▲ Karte S. 141

Bereits 835 wurde Riedlingen als Hruodininga, abgeleitet von einem Herren namens Hruodin, erstmals urkundlich erwähnt, 1255 dann zum ersten Mal Stadt genannt. 1291 kauften die Habsburger diese, verpfändeten sie aber mehrmals, so von 1384 bis 1680 an die Truchsesse von Waldburg. Da diese immer wieder in die von den Österreichern garantierten Freiheitsrechte der Bürger eingriffen, kämpfte der Stadtrat Ende des 17. Jahrhunderts darum, wieder direkt Wien unterstellt zu werden. In der Zeit der Reformation blieb Riedlingen zwar der katholischen Kirche treu, doch predigte hier zwischen 1522 und 1525 der Reformator Johannes Zwick aus Konstanz. Da er sich besonders für die Armen der Stadt einsetzte, machte er sich bei den reicheren Bürgern unbeliebt und wurde schließlich aufgrund einer kaiserlichen Anordnung aus Riedlingen vertrieben. Besonders im 18. Jahrhundert war Riedlingen dank seiner verkehrsgünstigen Lage an der Donau ein bedeutender Handelsplatz mit zahlreichen Vieh- und Jahrmärkten. 1805 ging die österreichische Epoche dann jedoch endgültig zu Ende. Mit dem Frieden von Preßburg, der den Krieg zwischen Kaiser Franz I., Zar Alexander I. und Napoleon Bona-

Die Donau in Riedlingen

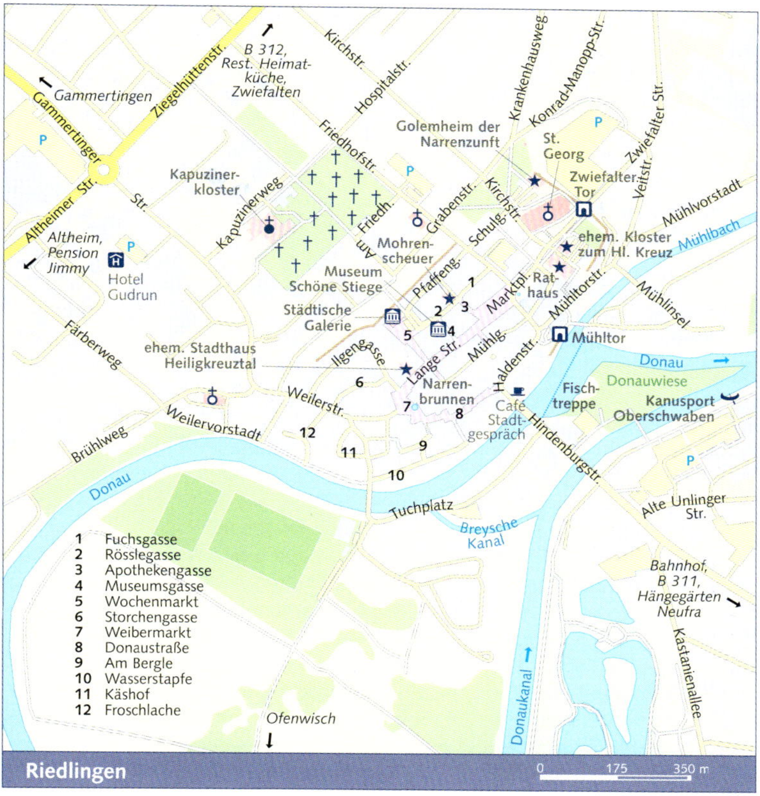

parte nach der Dreikaiserschlacht von Austerlitz beendete, fiel Riedlingen an Württemberg.

Nach dem Zweiten Weltkrieg, dem allein die Donaubrücke zum Opfer fiel, wurden im neuen Stadtteil Eichenau zahlreiche Ungarndeutsche angesiedelt, die 1944 ihre Heimat hatten verlassen müssen.

St. Georg

Ganz im Osten der Altstadt steht beim **Zwiefalter Stadttor**, einer früheren Friedhofskapelle von 1415, die Pfarrkirche St. Georg. Errichtet auf dem höchsten Punkt des Riedlinger Hügels über der Donau befand sich hier vielleicht einst eine Burg. Eine Kapelle gab es an dieser Stelle dann wohl ab dem 13. Jahrhunderts. Belegt ist, dass eine gotische, dreischiffige Kirche 1486 verlängert und mit einem Schleppdach bedeckt wurde. Trotz der Barockisierung im 18. Jahrhundert und anderen Umgestaltungen des Innenraums blieb im Chor ein seltenes **gotisches Sternrippengewölbe** erhalten. Beeindruckend außerdem zwei mittelalterliche Werke: Eine **Kreuzigungsgruppe** sowie eine »**Annaselbdritt**«: Anna mit Maria und dem Jesu-Kind. Bekanntestes Kunstwerk von St. Georg ist ein 30 Quadratmeter großes Bild, das 1589 entstand und die Verurteilung Jesu zeigt.

Das auffällige Fachwerkhaus links des Kircheneingangs ist das **Katholische Pfarrhaus** von 1498. Nördlich davon steht die **Pfarrscheuer** mit einem schönen spitzbogigen Tor. Der runde Turm im Hintergrund ist der **Zellemeesturm**, früher Gefängnis und Teil der einst doppelläufigen Stadtmauer mit insgesamt zwölf Türmen und vier Toren.

Gegenüber von St. Georg steht das **ehemalige Nonnenkloster Zum Heiligen Kreuz**, ein deutlich vorkragender, giebelständiger Fachwerkbau aus dem frühen 16. Jahrhundert.

Die Kreuzigungsgruppe in der Riedlinger St. Georgskirche

Lange Straße

An dieses Kirchenviertel schließt sich der Marktplatz an, der allerdings weniger ein Platz und mehr eine lange Straße ist, die dann eben auch Lange Straße heißt und bis zum Weibermarkt führt. Am Marktplatz 1 steht das **Rathaus**, ausnahmsweise kein Fachwerkbau, sondern ein Gebäude mit hohem Stufengiebel, welches einst – wie im Mittelalter bei Rathäusern üblich – auch als Kaufhaus und Speicher diente. Diese ehemalige Bedeutung lässt sich anhand der Speicherfenster und einer Seilwinde noch gut nachvollziehen. 1447 wurde das Haus erstmals erwähnt, sein heutiges Aussehen stammt aus dem beginnenden 16. Jahrhundert.

Die Städtische Galerie

Das auffälligste Gebäude der Langen Straße ist das frühere **Stadthaus des Klosters Heiligkreuztal**, das mit zahlreichen, farbigen Darstellungen aus der Geschichte der Region bedeckt ist. Das Gebäude stammt ursprünglich aus dem 15. Jahrhundert, die Malereien wurden jedoch erst 1910/11 angebracht. Besonders detailreich an der Giebelseite: Der Überfall der verhassten Truchsesse von Waldburg auf Riedlingen (Lange Straße 18).

Stadtmuseum und Galerie

Von hier führt eine Gasse zum **Wochenmarkt** mit der **Städtischen Galerie**, dem vielleicht ungewöhnlichsten Gebäude der Stadt. Der giebelständige Steinbau, der einst das Spital beherbergte, hat drei vollkommen unterschiedlich gestaltete Stockwerke, neigt sich leicht nach Osten und sein östlicher Teil ist viel breiter als der westliche. So entsteht der Eindruck eines vollkommen unproportiona-

▲ Karte S. 141

len Gebäudes – und trotzdem wirkt es ausgesprochen schön. Im spätgotischen **Refektorium** werden Skulpturen Riedlinger Künstler des 18. bis 20. Jahrhunderts, in der ehemaligen **Spitalskapelle** wechselnde Ausstellungen moderner Künstler gezeigt.

Bei dem gleich schräg gegenstehenden Bau sagt schon sein Name, was es auszeichnet. Bei diesem »**Haus zur Schönen Stiege**« führt eine hölzerne Außentreppe in den 1556 errichteten Fachwerkbau. Er gilt als einer der besterhaltenen, bauhistorisch wichtigsten Bauten dieser Art in Oberschwaben. Das Haus dient heute als **Stadtmuseum**, dessen Highlights 160 Hinterglasbilder des 18. und 19. Jahrhunderts sind (Abb. → S. 89)

Wenige Schritte weiter erreicht man den Fachwerkbau »**Mohrenscheuer**«, der als Lagerhalle Ende des 17. Jahrhunderts entstand. Zu Beginn des 19. Jahrhunderts war hier eine württembergische Reiterschwadron stationiert, die sich am Russlandfeldzug Napoleons beteiligen musste. Da das Haus dem Wirt des Gasthauses Mohren gehörte, erhielt es seinen heutigen Namen – als politisch unkorrekt galt er in Riedlingen zumindest bisher noch nicht. Die Scheuer beeindruckt durch ihre von Stockwerk zu Stockwerk unterschiedlichen Fachwerkformen, weshalb man hier auch von Mischfachwerk spricht.

Kapuzinerkloster

Das Kapuzinerkloster zum heiligen Sebastian liegt etwas außerhalb des Zentrums im Kapuzinerweg 2. Die ersten Mönche des Bettelordens ließen sich hier 1645 nieder, 1656 wurde die Klosterkirche geweiht und war somit eine der ersten Barockkirchen Oberschwabens. Zwar wurde die Kirche ganz in der Tradition des sich zur Armut bekennenden Ordens schlicht gehalten und man verzichtete auch auf Stuck oder Wandmalereien. Doch erhielten einige bedeutende Künstler der Stadt wichtige Aufträge. So schuf der Riedlinger Johann de Pay, Kurbayerischer Hofmaler, um 1660 das **Altarbild des Hochaltars**, das den heiligen Sebastian zeigt. Die **Pietá** aus dem Jahr 1765 stammt von Johann Joseph Christian, ebenfalls gebürtiger Riedlinger, der auch das Chorgestühl im nahen Zwiefalten schnitzte. Ein **Seitenaltar** ist dem Stadtheiligen von

Haus in der Altstadt mit Fassadenmalerei, die historische Szenen darstellt

Sigmaringen, Fidelis, gewidmet, das Bild seiner Apotheose stammt von dem Allgäuer Franz Joseph Spiegler und wurde 1733 vollendet. Heute befinden sich auf dem ehemaligen Klosterareal die **Bibliothek** und das **Archiv der Stadt** und so sind Teile der Innenräume zu besichtigen. Originalgetreu erhalten blieb zum Beispiel eine der 25 **Mönchszellen**.

Narren-Brunnen

Auf dem **Weibermarkt**, am Ende der Langen Straße, steht der Narren-Brunnen des 1961 im nahen Ertingen geborenen Gerold Jäggle. 1997 vollendet, widmet er sich ganz der Vielfalt der Fasnet in Riedlingen. Für Nichteinheimische vielleicht überraschend sind die Frösche im Wasserbecken und der Storch an der Spitze der Brunnenskulptur. Diese erinnern zum einen daran, dass auf dem Dach des Rathauses seit langem ein Storchenpaar nistet. Zum anderen aber an das traditionelle Froschkuttelessen in Riedlingen. Doch keine Angst, diese Kutteln stammen nicht von Fröschen, sondern wie im Schwäbischen üblich von Rindern. Da Störche sich jedoch gern von Fröschen ernähren und Riedlingen ja als Storchenstadt gilt, erfand man das Froschkuttelessen. Jedes Jahr werden dazu 300 prominente Gäste – in der Regel bisher meist nur Männer – ins Rathaus geladen. Auch der grüne Politiker Winfried Kretschmann nimmt regelmäßig daran teil – und das auch schon vor seiner Zeit als Ministerpräsident Baden-Württembergs. Schließlich stammt Kretschmann aus dem nahen Spaichingen im Landkreis Tuttlingen.

Riedlinger Fasnet

▸ Karte S. 141

Der Höhepunkt der Fasnet in Riedlingen ist der Mittwoch vor Rosenmontag. Die Narren versammeln sich vor dem Goleheim mit den lautstarken Rufen »Raus mit dem Gole!«. Woraufhin die verschiedenen Maskengruppen wie die »Boppele« in ihren dunkelbraunen Plüschanzügen, Mohren, Waschweiber und viele andere mehr erscheinen. Viele Boppele tragen eine »Saubloder«, eine Schweinsblase, mit welcher sie Schläge austeilen. Zuletzt erscheint dann der Gole, der freilich gar kein einziger Goliath ist, sondern aus einer Gruppe von drei Erwachsenen und zwei Kindern besteht. Der erste Riese war 1818 erstmals zu sehen und trägt einen riesigen Pappmaché-Kopf mit asiatischen Zügen. Es folgen »alter« und »neuer« Gole sowie die Kinder »kleiner« Gole und Golia, die erst im 20. Jahrhundert zur Gruppe dazukamen. Alle Figuren tragen Waffenröcke mit Schild und sehr große, über 70 Zentimeter hohe Masken. Danach geht es dann mit Fackeln und Musik durch die Stadt.

Doch natürlich hat auch jeder Tag bis zum Aschermittwoch in Riedlingen sein spezielles Fasnets-Programm. So ziehen am Donnerstag und am Sonntag die kleinen Narren durch die Stadt, am Dienstag gibt es dann den großen Umzug mit Narrenzünften aus der Umgebung. Hinzu kommen viele Bälle und am Ende steht das Fasnetsverbrennen auf dem Marktplatz. Danach ist es Zeit für die Gole sich wieder in ihr Goleheim zurückzuziehen. Bis zum nächsten Jahr.

Zur Donau

Vom Weibermarkt mit dem Fasnets-Brunnen führt die **Donaustraße** hinab zum Fluss. Dieser Teil Riedlingens ist weniger herausgeputzt und die nächsten Jahren werden zeigen, ob die Einzelhandelsgeschäfte hier überleben können. Zwischen der Donau und einem Donaukanal liegt die **Donauinsel** »Ofenwisch«, ein Landschaftsschutzgebiet, das sich besonders der Erhaltung der Au als Brutzone für Weißstörche verschrieben hat. Hier ba-

Blick vom Bussen ins Bodenseevorland

den die Einheimischen aber auch gern in der Donau. Beide Gewässer fließen hinter dem Donauwehr von Riedlingen zusammen, davor liegt mit der Donauwiese ein beliebter Treffpunkt der Jugendlichen. Auf der anderen, linken Seite des Flusses steht das **Mühltörle**, ein Fachwerk-Wohnturm aus der 2.Hälfte des 15. Jahrhunderts, in dem die Stadt drei Ferienwohnungen zur Vermietung anbietet.

Hängegarten in Neufra

Im Riedlinger Stadtteil Neufra, knapp fünf Kilometer südwestlich, ließ Graf Georg von Helfenstein 1569 bis 1573 einen Renaissancegarten anlegen. Seine Besonderheit: Die Pflanzen wachsen auf Gewölben. Daher ist die Anlage mit ihren 2000 Buchssträuchern und 120 Rosenstauden eigentlich mehr ein Dach- als ein Hängegarten. Lange Zeit war der Garten vergessen und verwildert, erst 1978 entdeckte eine Familie Johannsen ihn durch Zufall. In den 1980er Jahren ließ sie die Hängegärten anhand einer historischen Skizze rekonstruieren.

Die Gärten liegen inmitten einer Schlossanlage, die gern für Hochzeiten gebucht wird, und bieten einen schönen Blick ins Donau- und Schwarzachtal. Die historischen Gewölbe, die gebaut wurden, um den steil abfallenden Schlossberg zu stabilisieren und die bis zu elf Metern hoch sind, können zum Teil begangen werden.

Ausflug zum Bussen

Vor der Weiterfahrt zu den Klöstern Zwiefalten und Obermarchtal, sollte man sich einen Abstecher zum Bussen nicht entgehen lassen. Dieser »Heilige Berg Oberschwabens« ist mit seinen 767 Metern Höhe und der darauf thronenden Wallfahrtskirche schon von Weitem zu sehen. Der Weg von Riedlingen führt kurvenreich durch verschlafene oberschwäbische Dörfer, sowohl Renn- wie Freizeitradler üben sich an dem steilen Aufstieg. Oben aber lockt ein Ausblick, der im Norden von der Schwäbischen Alb bis zum Schwarzwald und im Süden über das Bodenseevorland bis zu den Alpen reicht. Vermutlich hatten schon Kelten und Römer auf dem Berg, der nie von den Gletschern der Eiszeit geschliffen wurde, Kultstätten. Bereits im 9. Jahrhundert soll auf dem Gipfel eine Kirche gestanden haben, die sich dann im 17. Jahrhundert zu einer der bedeutendsten Wallfahrtstätten Oberschwabens entwickelte.

Riedlingen

Es gibt kein Tourismus-Büro in Riedlingen, Stadtführungen werden über das Museum »Schöne Stiege« (s.u.) und im Internet angeboten. Ausführliche touristische Informationen findet man auf der Internetseite der Stadt (auch Ferienwohnungen). www.riedlingen.de

Hotel Gudrun, Gammertinger Str. 25, 88499 Riedlingen, Tel. 07371/9296681; DZ ab 96 Euro. 2019 neu eröffnetes, zentrumsnahes Hotel mit ganz in Beige und Braun gestalteten Zimmern, darunter auch Familien- und Gruppenzimmer. Mit Restaurant Rosengarten.
www.hotel-riedlingen.de

Pension Jimmy Altheim, Donaustr. 75, 88499 Altheim, Tel. 0176/62838662; DZ ab 75 Euro. Sehr einfache Pension, auch mit Mehrbettzimmern, gut einen Kilometer von Riedlingen entfernt. Im Haus auch ein Pizza Kebab.
www.gemeinde-altheim.de

Café Stadtgespräch, Haldenstr. 15, 88499 Riedlingen, Tel. 07371/9654464, über Facebook. Beliebter Treffpunkt an der Donau mit Terrasse zum Fluss. Kleine Gerichte, auch Pizza.

Heimatküche, Ehinger Str. 12, 88499 Riedlingen, Tel. 07373/2882. Vielfältige schwäbische Küche mit speziellen Sonntagsbraten. Denete, eine alemannische Spezialität ähnlich dem Flammkuchen, aus dem Holzbackofen. Vier Sorten Wurstsalat, aber auch die Tagesempfehlung »Vegi Heimat«.
www.heimatküche.de

Riedlinger Flohmarkt, dritter Samstag im Mai, einer der größte seiner Art in Südwestdeutschland

Großer Fasnets-Umzug, jedes Jahr an Faschingsdienstag. www.gole.de

Gallimarkt, Jahrmarkt mit großem Feuerwerk an der Donau am Montag vor dem Fest des heiligen Gallus, dem 16. Oktober.

Riedlinger Oldtimer-Treffen, erster Sonntag der Sommerferien, mit hunderten von Oldtimern und Flugzeugen.

Fohlenmarkt, letzter Donnerstag im August, größter Warmblut-Fohlenmarkt in Deutschland mit Kunden aus ganz Europa.

Museum Schöne Stiege, Rösslegasse 1, 88499 Riedlingen, Tel. nur Di unter 07371/909633; Apr.-Dez. Fr, Sa 15-17 Uhr, So 14-17 Uhr. Ostermontag, Pfingstmontag und 3. Okt. 15-17 Uhr. Geschl. Karfreitag und 3. Sa im Mai.
www.riedlingen.de

Städtische Galerie, Wochenmarkt 3, 88499 Riedlingen, Tel. nur Di 07371/909633; Apr.-Weihnachten Fr, Sa 15-17 Uhr, So 14-17 Uhr. www.riedlingen.de

Historische Hängegärten in Neufra, Familie Johannsen, Schlossberg 12, 88499 Neufra, Tel. 07371/5700; Apr.-Okt. 10.30-18 Uhr, Führungen So 15 Uhr.
www.haengegarten.de

Kanusport Oberschwaben, Schlachthausstr. 3, 88499 Riedlingen oder Eichener Str. 4, 88400 Stafflagen, Tel. 07357/91122. Vermietung, Unterricht und Touren, auch für Gruppen; Kanu und SUP.
www.kso-outdoor.de

Kloster Zwiefalten

▶ Karte S. 118/119

Der Besuch der Klosterkirche von Zwiefalten ist mit Sicherheit einer der Höhepunkte jeder Donaureise. Und selbst wenn man mit Barock und Rokoko so seine Schwierigkeiten hat, kann man die Atmosphäre der gesamten Anlage in einem Café auf dem Kirchvorplatz auf sich wirken lassen. Viele Ausflügler kommen am Wochenende mit dem Motorrad, Rad oder auch Auto durch das romantische Lautertal (→ S. 151) aus dem Großraum Stuttgart hierher, nicht zuletzt, um eines der vielen Biere des berühmten Zwiefalter Klosterbräu zu probieren. Und daher geht es in der Gemeinde mit ihren nur 2200 Einwohnern ziemlich lebhaft, aber auch sehr entspannt zu.

Erstmals erwähnt wurde ein Zwivaltum in einer Urkunde des ostfränkischen Königs Ludwig IV. im Jahr 904. Der Name lässt sich als »zweifache Aach« deuten, die von der Wimsener Höhle kommende Aach vereinigt sich direkt beim Kloster mit der Kessel-Aach, um wenig später bei Zwiefaltendorf in die Donau zu münden. 1089 ließen sich an der Aach Mönche des Benediktinerklosters aus Hirsau im Nordschwarzwald nieder. Dank zahlreicher Schenkungen konnte das Kloster umfangreichen Landbesitz auf der Schwäbischen Alb mit schließlich 14 Dörfern erwerben. 1750 kaufte es sich von der württembergischen Schirmvogtei frei und wurde zu einer nur mehr dem Kaiser unterstehenden Reichsabtei erhoben. Das Ende dieses Reichtums kam mit der Säkularisation, in dem aufgelösten Kloster wurde nun eine staatliche Heilanstalt eingerichtet.

In der Zeit des Nationalsozialismus war diese Heilanstalt Teil der sogenannten Aktion T4, bei der psychisch Kranke nach Schloss Grafeneck nahe Reutlingen verlegt und dort vergast wurden.

Auf dem Klostervorplatz

Putti, wohin man blickt in der Klosterkirche

Insgesamt betraf dies 1673 Menschen aus Zwiefalten und es heißt, dass die grauen Busse der Transportgesellschaft in den Jahren 1939/40 zum Ortsbild Zwiefaltens gehörten.

Heute befindet sich in der ehemaligen Klosteranlage das Zentrum für Psychiatrie der Münsterklinik Zwiefalten. Ein Gedenkstein auf dem Anstaltsfriedhof erinnert an die Verbrechen der Euthanasie.

Münster Unserer Lieben Frau

Ursprünglich stand in Zwiefalten seit dem Beginn des 12. Jahrhunderts eine dreischiffige romanische Basilika, die ihr Aussehen durch sechs Jahrhunderte hindurch kaum veränderte. Nachdem jedoch 1688 die Klostergebäude erneuert worden waren, beschloss der damalige Abt das mittelalterliche Münster abzubrechen und eine vollkommen neue Kirche bauen zu lassen. So begann 1739 unter Johann Michael Fischer, einem der bedeutendsten Baumeister des deutschen Barock (→ S. 87), der Bau einer der größten Ba-

Überwältigend: das Langhaus des Münsters

rockkirchen Deutschlands. Wobei die bescheiden geschmückte **Westfassade** dies kaum ahnen lässt: Über dem Hauptportal steht der Ordensgrüner, der heiligen Benedikt von Nuria, darüber dann eine Marienstatue und auf dem Giebelscheitel steht ein Metallkreuz. Auch ist die Fassade nicht wie im Barock meist üblich in Weiß, Gelb oder Rosa, sondern ganz in Grau gehalten. Gebaut wurde mit Kalktuffstein, auch Travertin genannt, der aus dem nahen Gauingen im Landkreis Reutlingen stammte. Was die Fassade jedoch dennoch eindrucksvoll macht, ist ihre Gliederung durch korinthische Säulen, manche Kunsthistoriker schreiben, dass Fischer hier römische Triumphbögen zitieren würde.

Betritt man dann die Klosterkirche lässt auch die niedrige, dunkle Vorhalle noch nichts von dem großartigen **Kirchenraum** ahnen, der einen beim Betreten jedes Mal aufs Neue gefangen nimmt. Ganz nüchtern betrachtet ist das Münster eine einschiffige Wandpfeilerkirche mit Seitenkapellen, Empore, kurzem Querhaus und Vierungskuppel. Schon acht Jahre nach Baubeginn, 1747, konnte das Gewölbe geschlossen werden, 1765 wurde die Kirche geweiht.

Wie immer bei Kirchen des Hochbarock fällt es zunächst schwer, sich zu orientieren. Das Pompöse der Ausstattung, die Vielzahl an Engeln und Heiligen, die Vielfalt des Stucks, sie lenkt den Blick des Besuchers in immer neue Richtungen. Zur Ruhe kommt er dabei eigentlich nie. Doch genau dies ist das Konzept der Baukunst einer Zeit, in der auch nach dem endlich überstandenen Dreißigjährigen Krieg immer neue Gefahren, immer neue Kriege und vor allem die Pest drohten. Daher, so die Überlegung, sollten die Gläubigen in einem barocken Kirchenbau einerseits stets an diese Gefahren erinnert werden, sich andererseits in ihm aber wie in einem sicheren Paradies fühlen. Eine Sicherheit und Erlösung, die ihnen die katholischen Kirche gewährte, wenn man ihre Regeln befolgte.

Wo also anfangen mit der Besichtigung? Das **Hauptfresko im Langhaus**, nach dem Würzburger Schloss das größte Deckenfresko Süddeutschlands, zeigt den heiligen Benedikt bei seinem Aufstieg in den Himmel. Über ihm thront Maria und die Heilige Dreifaltigkeit. Es ist ein Werk des Allgäuers Franz Joseph Spiegler, der sich erst durch seine Arbeit in Zwiefalten in ganz Süddeutschland einen Namen machte. Über 200 Heilige umgeben von phantasievollen Wolkengebilden hat er geschaffen. Der Kunsthistoriker Hans Tintelnot schrieb: »Der Künstler wird zum Erfinder traumferner Farbskalen und rauschhafter Ausdrucksformen, die dem Expressionismus spätmittelalterlicher Malerei in ihrer Wesenheit näherstehen als der genießerischen Freundlichkeit des landläufigen Rokoko.« Ein Bibliothekar aus St. Gallen, selbst mit dem Überfülle des Barock durchaus vertraut, fand für die Kirche Ende des 18. Jahrhunderts weniger lobende Worte: er verglich sie mit einer Felsengrotte. Was nicht ganz abwegig ist – nur dass die Felsen, gemeint ist der allgegenwärtige Stuck in den vielfältigsten Rocaille- und Muschelformen, hier nicht grau, sondern weiß und golden sind.

Geht man vom Langhaus langsam Richtung **Querschiff** und **Chor** wird ein weiteres Prinzip des Barock deutlich, das der Verdichtung. Immer mehr Altäre, immer mehr Säulen sind zu sehen und auch die Skulpturen werden ausdrucksstärker. Die vielleicht eindrucksvollste Darstellung zeigt den **Propheten Ezechiel**, der gegenüber der Kanzel voller Inbrunst das Wort Gottes verkündigt. Die Anordnung ist nicht zufällig, sie sollte den Priester mahnen, von der Kanzel ebenso begeistert zu predigen. Das Werk des Riedlinger Bildhauers Johann Joseph Christian, der auch in der Kapuzinerkirche seiner Heimatstadt arbeitete, gilt als ein Höhepunkt des deutschen Rokoko.

Das Blatt des **Hochaltars** stammt wie das Langhausfresko von Franz Joseph Spiegler und zeigt Papst Benedikt XIV. und den Erzengel Gabriel umgeben von den alttestamentarischen Propheten Isaias und dem Hohenpriester Joakim. Allerdings wird der Hochaltar von der davorstehenden Madonna im Strahlenkranz verdeckt, wie überhaupt der Altarraum im Vergleich mit dem Rest der Kirche eher bescheiden wirkt.

Im Münster finden an einigen Sonntagen im Jahr um 17 Uhr Konzerte geistlicher Musik statt. Bei ausgewählten Gottesdiensten singt der Münsterchor.

Zwiefalten

Anmeldungen für **Münster-Führungen** beim Pfarramt, Beda-Sommerberger-Str. 5, 88529 Zwiefalten, Tel. 07373/2252. muensterpfarramt.zwiefalten@drs.de

Termine für Kirchenkonzerte unter www.se-zwiefalter-alb.drs.de

Gasthof zur Post, Hauptstr. 44, 88529 Zwiefalten, Tel. 07373/5819940; DZ ab 82 Euro. Einfaches, aber gut geführtes Hotel. www.zwiefalten-post.de

Zwiefalter Klosterbräu, Hauptstr. 24, 88529 Zwiefalten, Tel. 07373/9121. Vielfältiges Angebot an schwäbischer Küche und natürlich die Möglichkeit, eines der Zwiefalter Biere zu probieren. Fünf Weizenbiersorten. www.zwiefalter.de

Gasthaus Felsen, Riedlinger Str. 6, 88529 Zwiefalten, Tel. 07373/344; Großes Restaurant im Ortsteil Baach mit kleiner, saisonaler Karte, vegetarische Gerichte wie Spinatknödel. www.gasthaus-felsen.de

Höhenfreibad, Brunnensteige 1, 88529 Zwiefalten. Toller Blick auf die Schwäbische Alb, Sprungturm und Wasserrutsche, großes Schwimmbecken.

Wimsener Höhle, Wimsen, 72534 Hayingen, Tel. 07383/94980; die einzige mit einem Boot zu befahrende Schauhöhle Deutschlands. 4 km nördlich der Stadt. Online-Buchung erwünscht. In der Gaststätte Friedrichshöhle gleich nebenan regionale, vegetarische und vegane Gerichte. www.tress-gastronomie.de

Burg Rechtenstein im Lautertal

▲ Karte S. 118/119

Abstecher ins Lautertal

Im Jahr 2019 erhielt das Tal der Großen Lauter die Auszeichnung »Deutschlands Naturwunder« – und dies vor dem Wattenmeer der Ostsee. Auf einer Länge von knapp 40 Kilometern mäandert das Flüsschen von Offenhausen aus durch die Wiesen und Wälder des Biosphärengebiets Münsingen,, um bei Obermarchtal in die Donau zu münden. Da die Alb ansonsten sehr wasserarm ist, finden Eisvogel und Bachmuschel, aber auch der Biber hier in den feuchten Wiesen einen Lebensraum.

Die Strecke zwischen Buttenhausen und Indelhausen bietet sich mit ihren kleinen Stromschnellen für eine sicher nicht langweilig werdende **Kanutour** an. Bekannt ist das Lautertal zudem für seine **Wacholderheiden** auf dem nährstoffarmen Magerrasen. Hier wurden jahrhundertelang Schafe geweidet, da diese jedoch Wacholder und Disteln mieden, konnten die seltenen Pflanzen erhalten werden. Das Lautertal gilt als das **Tal der Burgen**, nirgendwo in ganz Deutschland ist die Zahl der Burgen, Burgruinen und Schlösser auf engstem Raum so hoch wie hier. Oft wurden sie schon im hohen Mittelalter erbaut, dann jedoch während Reformation und Dreißigjährigem Krieg zerstört. Eine der schönsten und größten der insgesamt 20 Anlagen ist **Hohengundelfingen**, wovon man die benachbarten Burgen **Hohenhundersingen**, **Niedergundelfingen** und **Derneck** sehen kann. Wer genug Ausdauer mitbringt, kann die Burgen auf einem **Rundwanderweg** von 30 Kilometern erkunden. Dieser führt vom Wanderparkplatz in Bichishausen vorbei an insgesamt acht Burgen bis ins Mariental und zurück, insgesamt müssen dabei aber 1000 Höhenmeter bewältigt werden. Man kann die Tour aber auch gut abkürzen (www.luftschubser.de, Suchbegriff »Lautertal«).

i Lautertal

Tourismusgemeinschaft Mythos Schwäbische Alb, Bismarckstr. 21, 72574 Bad Urach, Tel. 07125/150600.
www.mythos-schwaebische-alb.de

Land- und Ferienhotel Wittstaig, Wittstaig 10, 72525 Münsingen-Gundelfingen, Tel. 07383/94960; DZ 56 Euro, Preisnachlass für Buchungen ab 3 Nächten, mehrere große Appartements, Schwimmbad und Sauna. Familiengeführter Hotel-Gasthof seit 1936, Lamm von der Alb, selbstgemachtes Brot und Marmeladen.
www.hotel-wittsteig.de

Kanu-Touren im Wilden Süden, Fürstenbergstr. 2, 72525 Münsingen-Bichishausen, Tel. 08383/408. Angebote für Große Lauter und Donau. Dazu gehört ein schöner Biergarten am Fluss mit regionaler Küche (keine Pommes!) und Bieren der regionalen Brauerei Berg.
www.kanutouren.com

Kloster Obermarchtal

Wer den Hof des Chorherrenstifts der Prämonstratenser in Obermarchtal betritt, ist sofort beeindruckt von den klaren, unaufgeregten Zügen der gesamten Anlage. Sie hat wenig mit den hochbarocken Klöstern Bayerns oder Österreichs gemein. Denn Obermarchtal steht am Beginn des Barockzeitalters, und um 1700 zur Zeit ihrer Fertigstellung wurde die Kirche als das »schönste Gotteshaus Schwabens« bezeichnet. Doch schon 80 Jahre später, als das beschwingte Rokoko triumphierte, galt sie als unmodern und schwerfällig.

Und auch im Inneren zeigt sich die Petrus und Paulus geweihte Kirche ganz so, wie es sich die Vorarlberger Architekten

Das Kloster Obermarchtal

(→ S. 85) einst vorgestellt hatten. Es ist eine Wandpfeilerkirche mit Emporen, schmalem Querhaus ohne Vierungskuppel, abgeschlossen von einem Chor mit halbrunder Apsis. Auffällig ist jedoch vor allem, dass die vorherrschende Farbe Weiß ist. Die sonst den barocken Kirchenraum so stark prägenden Deckenfresken mit ihrem intensiven Himmelsblau fehlen völlig. Stattdessen ist das **Gewölbe** von feinem Stuck überzogen und für Farbe sorgen allein die Altäre. Der Stuck wurde vor allem von Johann Schmuzer, einem der Mitglieder der Wessobronner Schule (→ S. 86), ausgeführt und zeigt die typischen Akanthusranken, aber auch Puttenköpfe und Siegeskränze. Auch die **Kapitelle der Wandpfeiler** sind von Stuck überzogen, doch wirkt ihr Gebälk zu ausladend.

Einen schönen Einfall hatten die Architekten bei der Gestaltung der **Kanzel**, die zwischen 1711 und 1719 gefertigt wurde. Der Kanzelkorb wird in aller seiner barocken Schwere von einem Engel getragen, dem man die Mühen seiner Arbeit deutlich ansieht.

Das Kloster, das seine Anfänge bereits im 8. Jahrhundert hatte, dient heute für Seminare der Kirchlichen Akademie für Lehrerfortbildung, man kann hier aber auch als Privatgast übernachten (www.kloster-obermarchtal.de).

Ehingen

Obwohl Ehingen nur 25 Kilometer von Riedlingen entfernt liegt, und obwohl auch diese 26 000-Einwohner Stadt von 1346 bis 1806 zu Vorderösterreich gehörte, bietet sich hier ein vollkommen anderes Ortsbild. Nicht nur, dass Fachwerkbauten weitgehend fehlen. Sondern vor allem, weil Wehrmacht und Volkssturm in den letzten Tagen des Zweiten Weltkriegs versuchten, die Stadt gegen die anrückenden US-Panzer zu verteidigen und bei Kämpfen und Bombardements viele Gebäude in Flammen aufgingen. Sie wurden im zweckmäßigen Nachkriegsstil neuerbaut und sind in der Altstadt heute leider kaum zu übersehen. Trotz des Krieges wird die Silhouette Ehingens jedoch wie in den Jahrhunderten zuvor von drei Kirchtürmen bestimmt. Sie sind die Wahrzeichen der Donaustadt: Liebfrauenkirche, Herz-Jesu-Kirche und St. Blasius.
In Ehingen teilt sich der Donauradweg. Der direkte Weg führt weiter nach Ulm, schöner ist der Umweg durch das Tal der Urdonau zum Blautopf bei Blaubeuren. Vom über der Stadt stehenden, 30 Meter hohen **Wolferturm** kann man bei guten Bedingungen bis zu den Alpen sehen. Da Ehingen wie auch Riedlingen von den Alemannen gegründet wurde, ist es eine Hochburg der alemannischen Fasnet, in deren Zentrum die »Muckenspritzer« stehen. Sie erinnern an einen vermeintlichen Kirchturmbrand des Jahres 1859, bei dem sich die Rauchwolke als riesiger Mückenschwarm entpuppte. Ein Aushängeschild Ehingens ist der **Bier-Wanderweg**, der auf 14 Kilome-

▶ Karte S. 118/119

tern durch die Altstadt und an der Donau entlang zu den fünf Brauereien der Stadt führt. Daher nennt sich Ehingen auch Bierkulturstadt.

Geschichte

Ein »Ehinga« findet sich erstmals in einer Urkunde aus dem Jahr 961. Im 13. Jahrhundert wurde es zur Stadt erhoben und gehörte zunächst den Grafen von Berg-Schelkingen. Nach deren Aussterben fiel Ehingen an Österreich, wie Riedlingen wurde es jedoch immer wieder verpfändet. Zwischen 1498 und 1511 hielt sich Kaiser Maximilian I. sechsmal in der Stadt auf, wo er einen Freundeskreis aus Dichtern und Musikern um sich gebildet hatte. Max, der als »letzte Ritter« in die Geschichte einging, liebte nicht nur Reiterturniere, sondern auch das gesellige Beisammensein in Gasthäusern. Ein **ehemaliges Ritterhaus** gehört auch heute zu den schönsten Gebäuden Ehingens. Der siebenstöckige Barockbau mit Erkern und schwungvollen Rocailles am Giebel steht in der Hauptstr. 41 und diente der »Schwäbischen Reichsritterschaft des Kantons Donau« seit 1692 als Versammlungsort. Zu seinen Mitgliedern zählten so bekannte und einflussreiche Familien wie die Stauffenbergs, die Schwarzenbergs oder die Thurn und Taxis. Bereits 50 Jahre zuvor, nach dem Dreißigjährigen Krieg, hatten die schwäbisch-österreichischen Stände begonnen, im nach ihnen benannten **Ständehaus** am Marktplatz ihre Sitzungen abzuhalten. So trafen sich im Ehingen des 17. und 18. Jahrhunderts die vornehmsten Adelsfamilien der Donauregion.

Diese glorreichen Zeiten ging mit dem Frieden von Preßburg 1805 zu Ende. Ehingen wurde nun Teil des Königreichs Württembergs, bekam allerdings den Sitz eines Oberamtes, ein Vorläufer der heutigen Landratsämter, zugesprochen. Bedeutend waren im 19. Jahrhundert das Bau- und das Braugewerbe, damals besaß die Stadt nahezu unglaublich erscheinende 21 Brauereien, heute sind es immerhin noch fünf. Aus Ehingen stammt aber auch die Familie Schlecker, die 1902 in der Tuchergasse zwar noch keine Drogerie, aber eine Metzgerei er-

Für eine Barockkirche eher schlicht: das Kirchenschiff im Kloster Obermarchtal

öffnete. Heute ist in der Großen Kreisstadt der Kranbauer Liebherr mit 3000 Mitarbeitern der wichtigste Arbeitgeber.

Marktbrunnen

Die neueste und auch beliebteste Sehenswürdigkeit des weitläufigen Marktplatzes ist der Theodulos-Brunnen des Göppinger Bildhauers Kurt Grabert aus dem Jahr 1987. Theodulos oder auch Theodul ist ein aus dem Griechischen stammender männlicher Vorname, der übersetzt »Diener Gottes« bedeutet. Der heilige Theodul, der im späten 4. Jahrhundert Bischoff im Schweizer Wallis war und als Schutzheiliger bei Katastrophen gilt, wurde nach zwei Stadtbränden im 17. und 18. Jahrhundert zum Stadtpatron Ehingens. Der Heilige steht, dargestellt als Bischof, dann auch an der Spitze des Marktbrunnens. Zu sehen sind aber auch der Teufel und die Glocke aus der Theodul-Legende: Demnach hatte der Bischof bei einem Besuch in Rom eine Wetterglocke erhalten, ein Teufel musste sie ihm über den heutigen Theodul-Pass bei Zermatt tragen. Ergänzt werden diese Brunnenskulpturen durch die Fasnetsfigur des Spritzenmucks (siehe oben), eine Marktbäuerin mit Huhn und einen Müller mit Mehlsack.

Ehingen ist stolz auf seine Brauereien

Am Marktbrunnen in Ehingen

Rathaus und Ständehaus

Am südlichen Ende des Marktplatzes steht das schlichte **Rathaus**, ein barocker Bau aus dem Jahr 1714 mit Walmdach und Uhrtürmchen. Der Vorgängerbau war im Spanischen Erbfolgekrieg von den Franzosen 1688 zerstört worden.

Linkerhand dann das etwas pompöser gestaltete spätbarocke **Ständehaus** von 1750. An seinem Giebel ist immer noch der österreichische Doppeladler zu sehen, auffällig sind aber auch die Quadersteinbahnen in kräftigem Ockerton, die das vierstöckige Gebäude mit seinem hohen Walmdach in drei Flügel teilen. Nicht zuletzt lassen auch die grünen Fensterläden das ganze Gebäude wie ein Bezirksamt in einem österreichisches Provinzstädtchen erscheinen. Die schwäbisch-österreichischen Stände tagten im Sitzungssaal des 2. Stocks, heute hat hier das Amtsgericht seine Büros. Dem

▲ Karte S. 118/119

Ständehaus gegenüber steht der ebenfalls barocke **Ellenbacher Hof**, im Erdgeschoss blieben klassizistischen Malereien zu mythologischen Themen erhalten.

Stadtpfarrkirche St. Blasius

Nördlich des Marktplatzes erhebt sich auf einem Plateau die Stadtpfarrkirche St. Blasius. Der moderne, spitz zulaufende Kirchturm schließt einen Turmssockel ab, bei dem dank der Zinnen und des Fensters noch gut zu erkennen ist, dass er aus der Gotik stammt. Bis heute ist St. Balsius und der inzwischen aufgehobene Friedhof von einer Mauer umgeben, ein Indiz dafür, dass es sich dabei um ein Wehrkirche oder auch ein Teil einer Burg handelte. Die ursprüngliche Hallenkirche vom Ende des 12. Jahrhunderts wurde von 1689 bis 1738 barockisiert, doch bereits elf Jahre später bei einem Stadtbrand im Chor schwer beschädigt. Der Wiederaufbau erfolgte unter zwei italienischen Künstlern, das **Deckenfresko** von Joseph Ignaz Appiani zeigt eine monumentale Darstellung des Letzten Abendmahls.

Ungewöhnlich ist der feine, in Rosa und Hellgrün bemalte **Stuck des Langhauses** von 1738. Er wird als Régence-Stil oder Bandelwerk bezeichnet und kündigt schon einmal den Beginn des Rokoko an. Wertvoll ist außerdem in der südlichen Seitenkapelle ein **Relief**, das die Beweinung Christi zeigt. Es gilt als ein Werk aus dem Umfeld des berühmten Ulmer Bildhauers Martin Schaffner und stammt aus der ersten Hälfte des 16. Jahrhunderts.

Liebfrauenkirche

1454 wurde im Westen der Altstadt mit dem Bau einer dreischiffigen gotischen Kirche begonnen. Schnell entwickelte sie sich mit ihrem **Gnadenbild** zu einem Wallfahrtsort, die dort verehrte Mariendarstellung stammt von dem Steinmetz Hans Multscher, einem Mitglied der Ulmer Schule (→ S. 179). 1638 ging die Kirche in den Besitz der kurz zuvor nach Ehingen gekommenen Franziskaner über, die das Gebäude mehrmals umgestalteten. So wurde zunächst der Turm erhöht und bekam eine typisch barocke Zwiebelhaube aufgesetzt. In den 20er Jahren des 18. Jahrhunderts erhielt die Liebfrauenkirche dann ihr heutiges barockes Aussehen, das allerdings im Vergleich mit anderen barocken Kirchen der Region eher bescheiden wirkt. Tatsächlich verzichtete der Orden treu seinem Armutsideal auf teuren Marmor und ein alles überwölbendes Deckenfresko. Eine Ausnahme bilden lediglich die zahlreichen, übermäßig geschmückten Seitenaltäre, was jedoch typisch für populäre Wallfahrtskirchen ist. Denn an jedem der Altäre konnten Messen für Verstorbene gelesen werden, wofür die Gläubigen zahlen mussten.

Konvikt

Einen besonders schönen Blick auf Ehingen hat man vom Stadtgarten nahe dem Bahnhof. Hoch erhebt sich darüber das ehemalige Konviktsgebäude der Benediktiner. 1706 wurde ein katholisches Internat, 1719 dann die Kirche Herz-Jesu fertiggestellt: ein im Schwäbischen seltener Zentralbau in Form eines griechischen Kreuzes des Vorarlberger Baumeisters Franz Beer. Die sich unter der Kuppel treffenden vier Kreuzesarme stehen symbolisch für das Herz Jesu und so zeigt auch die Kuppel in der Mitte ein Bild des Herzens. Die barocken Altäre der Kirche verschwanden nach der Säkularisation des Klosters. Daher ist der heutige Hochaltar modern und stammt aus dem Jahr 1962. Von 2011 bis 2015 wurde die baufällig gewordene Kirche für knapp drei Millionen Euro restauriert.

Ehingen

Tourist-Info, Marktplatz 1, 89584 Ehingen. Tel. 07391/503207; Mo–Fr 8–12, Di und Do auch 14–16 Uhr. www.ehingen.de

Best Western Plus BierKulturhotel Schwanen, Schwanengasse 18–20, 89584 Ehingen. Tel. 07391/770850; DZ ab 85 Euro. Zentral gelegenes Hotel mit vielen Ideen rund ums Bier: Zimmer im Bierkistenstil und mit ursprünglichem Mauerwerk aus dem Mittelalter sowie natürlich auch Bierbrauseminare. Vielfältige schwäbische Küche, aber auch Tafelspitz und Weißwürste. www.bierkulturhotel.de

Gasthof zum Ochsen, Schulgasse 3, 89584 Ehingen, Tel. 07391/770530; DZ ab 76 Euro. 300-jährige Tradition im Zentrum. Auf der Speisekarte Oberschwäbisches Schwein, Allgäuer Weiderind, Alblinsen, Saure Kutteln und Weine vom Bodensee. www.hotel-zum-ochsen-ehingen.de

Hotel Adler, Hauptstr. 116, 89584 Ehingen, Tel. 07391/500460; DZ ab 105 Euro, Zimmer teilweise mit Kühlschrank und Wasserkocher/Kaffeemaschine. Fitnessstudio, Sauna. Eigene Brauerei. Schwäbische Küche, Burger, Steaks. www.adlerehingen.de

Hotel-Restaurant Zur Linde, Lindenstr. 51, 89584 Ehingen, Tel. 07391/58050; DZ ab 89 Euro. Kleines Hotel mit frisch renovierten Zimmern. Modern präsentierte schwäbische Küche. www.zurlinde-ehingen.de

Brauereiwirtschaft Berg, 89584 Ehingen-Berg, Brauhausstr. 2, 89584 Ehingen-Berg, Tel. 07391/771733. Brauerei seit 1466 mit einer großen Vielfalt an Biersorten, die auf der Getränkekarte ausführlich erklärt werden. Und auch in der Küche wird viel Bier bzw. Biertreber eingesetzt, so beim Biergulasch oder der Ulrichbiersauce. Schwäbische Alblinsen. www.bergbier.de

Heilig-Geist-Spital, Stadthausweg 24, 89584 Ehingen, Tel. 07391/752885; Mi 10–12 und 14–17 Uhr, Sa/So 14–17 Uhr. In einem sehenswerten Fachwerkbau von 1500 Ausstellungen zur Stadtgeschichte, Geologie und Archäologie der Region, kirchliche Plastik. Sonderausstellungen. www.museumsgesellschaft-ehingen.de

Erlebnisfreibad Ehingen, Uhlandstr. 35, 89584 Ehingen, Tel. 07391/770150. Gilt mit seinem Blick ins Donautal als eines der schönsten Bäder im Alb-Donau-Raum. 50-Meter-Schwimmbecken, 55-Meter-Rutsche, Strömungskanal, mehrere Sportplätze. www.freibad-ehingen.de

Stadt- und Kinderfest, jedes Jahr mit großem Rummel vier Tage Ende Juli.

Bierwanderweg, 14 km; der Weg führt vorbei an innerstädtischen Brauereien und Biergärten zur Donau und entlang des Ufers zur Brauerei im südlich gelegenen Ort Berg. Einen Flyer mit der genauen Route und den Stationen des Bierwanderwegs gibt es bei der Tourist-Info oder im Internet. www.bierkulturstadt-ehingen.de

Blaubeuren

▶ Karte S. 118/119

Kein Reiseführer kann über Blaubeuren berichten, ohne »Die schöne Lau« zu erwähnen. Selbst ein Kriminalroman wurde nach ihr benannt, in dem der Stuttgarter Kriminalkommissar Bienzle einen Mord am sagenumwobenen Blautopf aufklären muss. Das romantische Bild von der Wassernixe mit ihren langen, fließenden Haaren, die in einem Palast an der Quelle der Blau lebte, geht zurück auf den schwäbischen Dichter und Pfarrer Eduard Mörike. 1853 veröffentlichte er die »Historie von der schönen Lau«, kei-

Am Blautopf in Blaubeuren

ne jahrhundertealte Sage, sondern eine von ihm erdachte Geschichte. Jene Lau war von ihrem Gemahl, einem alten Donaukönig, aus dem Schwarzen Meer in den Blautopf verbannt worden, weil sie ihm aus lauter Traurigkeit nur tote Kinder geboren hatte. Erst wenn sie fünf Mal gelacht habe, so Mörikes Geschichte, würde sie erlöst werden. Zu diesem Lachen wurde die schöne Lau schließlich durch die Wirtin des Nonnenhofes am Blautopf und durch folgenden Zungenbrecher gebracht:

»'s leit a Klötzle Blei gleich bei Blaubeura, glei bei Blaubeura leit a Klötzle Blei«

Was aber hat es mit diesem Klötzle Blei auf sich? Tatsächlich »leit« am Rande Blaubeurens im Tal der Ur-Donau ein markanter Felsen, der im Volksmund Klötzle Blei heißt. Heute erinnert ein Schild mit der Inschrift Klötzle Blei und einem kleinen Bleiwürfel an Mörikes Geschichte. Inzwischen wurde der **Metzgerfelsen** – so sein wirklicher Name – auch zum Naturdenkmal erklärt. Und tatsächlich ging auch die Geschichte der Wassernixe gut aus. Die schöne Lau kehrte zu ihrem Donaukönig zurück und so steht heute nur noch eine steinerne Statue am Ufer des Blautopfes. Weit über 100 000 Touristen besuchen jedes Jahr den Blautopf und viele von ihnen müssen ihren Kindern dann noch einmal die Geschichte der schönen Lau erzählen.

Blautopf

Der Blautopf am nördlichen Rand von Blaubeuren gilt als zweitstärkste Karstquelle Deutschlands: Knapp 2300 Liter pro Sekunden schüttet sie durchschnittlich aus, wobei Werte zwischen 250 und 32 670 Litern erreicht werden können. 21 Meter ist der Topf tief, 40 Meter beträgt der Durchmesser des kreisrunden Gewässers. Sein Name geht auf die grünblaue Farbe zurück, die durch Streuung des Lichtes an den Kalkpartikeln in Nanogröße im Wasser entsteht. Der Blautopf ist die Quelle der Blau, die nach 22 Kilometern in Ulm in die Donau mündet. Am Grunde des Blautopfs führt ein Höhlensystem, das als das größte der Schwäbischen Alb gilt, in die Blautopfhöhle. Ende der 1960er Jahre sorgten mehrere tödliche Tauchunfälle für Schlagzeilen und schließlich zu einem Tauchverbot. Die Taucher hatten versucht, das weitverzweigte System zu erkunden, dabei

Historische Hammerschmiede am Blautopf

jedoch die Orientierung verloren. In den 1990er Jahren begann man daher, das Blautopf-System mithilfe eines Höhlen-U-Bootes zu erforschen. Auch mehrere Tauchgemeinschaften wurden gegründet, die immer neue Gänge und Höhlen entdecken, denen sie Namen wie »Halle des verlorenen Flusses« oder »Friedhof der Kuscheltiere« gaben. Der letzte bedeutende Tauchgang 2008 führte zum »Stairway to Heaven«, einem trockenen Gang, der direkt unter der B 28 endet.

Kloster Blaubeuren

Direkt neben dem Blautopf liegt das ehemalige Benediktinerkloster Blaubeuren. Es ist das zweite wichtige Besucherziel in der 12 000 Einwohner zählenden Stadt mit ihren schönen Fachwerkhäusern. Schon 1085 gegründet, stammen die heutigen Gebäude des Klosters weitgehend aus der zweiten Hälfte des 16. Jahrhunderts. Doch bereits wenige Jahrzehnte später fiel das Kloster im Zuge der Reformation an die Herzöge von Württemberg, die es zum Sitz einer - bis heute existierenden - evangelischen Schule machten.

Die Klosterkirche beeindruckt vor allem durch ihr bemaltes **spätgotisches Kreuzrippengewölbe** sowie die Abriegelung des den Mönchen vorbehaltenen Chors durch einen **Flügelaltar**. Das reich geschmückte **Chorgestühl** und auch der Dreisitz neben dem Altar stammen aus der Werkstatt Jörg Syrlins d.J. Die fünf überlebensgroßen Figuren des **Hochaltars** werden dagegen der Künstlerfamilie Erhart, seine Tafelmalereien der Werkstatt Schüchlin zu gerechnet. Alle drei zählen zur sogenannten Ulmer Schule (→ S. 179).

Besichtigt werden können Kirche und Kreuzgang, allerdings sind die Öffnungszeiten besonders im Winter stark eingeschränkt. Über das Tourismus-Büro der Gemeinde können verschiedene Themenführungen gebucht werden.

i Blaubeuren

Tourist-Info, Kirchplatz 10, 89143 Blaubeuren, Tel. 07344/966990; 15. März–30. Nov. 10–17 Uhr, 1. Dez.–14. März 10–12 Uhr, So 10–17 Uhr. www.blaubeuren.de

Hotel-Restaurant Ochsen, Marktstr. 4, 89143 Blaubeuren, Tel. 07344/969890; DZ ab 79 Euro. Traditionsreiches, modern renoviertes Haus direkt im Zentrum. Spezialitäten vom Ochsen, Wildgerichte, Alblamm. www.ochsen-blaubeuren.de

Evangelisches Seminar Blaubeuren, Klosterhof 2, 89143 Blaubeuren, Tel. 07344/962610; 1. März–1. Nov. 10–17 Uhr, sonst Mo–Fr 14–16 Uhr, Sa, So 11–16 Uhr. 24., 25. und 31.12. sowie Neujahr geschlossen.
www.seminar-blaubeuren.de

Urgeschichtliches Museum, Kirchplatz 10, 89143 Blaubeuren, Tel. 07344/966990; 15. März–30. Nov. Di–So 10–17 Uhr, sonst Di und Sa 14–17 Uhr, So 10–17 Uhr. In den Höhlen am Südrand der Schwäbischen Alb wurden bedeutende Zeugnisse aus der Altsteinzeit und der letzten Eiszeit gefunden. Sie zählen heute zum UNESCO-Weltkulturerbe.
www.urmu.de

Wiblingen

Einst lag Wiblingen vor den Toren Ulms und war nicht viel mehr als ein Dorf mit einem - allerdings bedeutenden - Benediktinerkloster. 1927 wurde Wiblingen nach Ulm eingemeindet und zählt heute durch die Aufnahme von Heimatvertriebenen nach dem Zweiten Weltkrieg sowie deutschstämmigen und jüdischen Spätaussiedlern aus der Sowjetunion 16 000 Einwohner.

Kloster Wiblingen ist vor allem wegen seiner Bibliothek eine der eindrucksvollsten Sehenswürdigkeiten des deutschen

Kloster Wiblingen

Donauraums. Bereits 1093 gegründet, existierte es bis zur Säkularisation 1806. Heute beherbergt es eine Akademie für ärztliche Fortbildung sowie Teile des Uniklinikums Ulm.

Klosterbibliothek

Die kunsthistorische Bedeutung des Wiblinger Klosters geht auf die erste Hälfte des 18. Jahrhunderts zurück. Damals beauftragte Abt Meinrad den aus dem nahen Elchingen stammenden Architekten Christian Wiedemann mit dem Bau einer Klosterbibliothek, die die umfangreiche Bücher- und Schriftensammlung des Abts aufnehmen sollte. So trägt das Rokokoportal dann auch eine Inschrift, die übersetzt bedeutet: »In welchem alle Schätze der Weisheit und Wissenschaft verborgen sind«.

Die Schätze der Weisheit finden sich in einem Saal, der prächtiger kaum sein könnte. 23 Meter ist er lang und 11 Meter breit, seine beiden Geschosse sind durch Wendeltreppen verbunden und werden von einer Empore mit balkonartig ausschwingenden Balustraden rhytmisiert. Auf den braunweißengrauen Marmorsternen, die den Boden bedecken, erheben sich grünblaue und violette Stuckmarmorsäulen mit vergoldeten Kapitellen. Zwischen ihnen stehen überlebensgroße Figuren, ausgeführt in Alabasterweiß und Gold – schon manch ein Kunsthistoriker fühlte sich hier mehr an ein Theater denn an die Bibliothek eines Klosters erinnert.

Tatsächlich verbindet das **Skulpturenprogramm** Weltliches und Kirchliches. So stehen unter den vier Balkonen die vier lateinischen Kirchenväter: Hieronymus, Gregorius, Augustinus und Ambrosius. In den Ecken dann die vier Kardinaltugenden, ausgeführt als Stuckreliefs: Die Klugheit mit der Schlange, die Mäßigkeit mit dem Krug, die Gerechtigkeit mit Schwert und Waage sowie die Stärke mit Löwe und Helm. An den Längsseiten finden sich die Symbole der vier weltlichen Wissenschaften: Jura, Naturwissenschaft, Mathematik und Geschichte. An den Schmalseiten die vier klösterlichen Tugenden: Gehorsam, Weltverachtung, Glaubenswissenschaft und Gebet.

▲ Karte S. 118/119

Der gesamte Raum wird von einem **Deckenfresko** überwölbt, in dessen Zentrum steht die göttliche Weisheit umgeben von einem barocken Wolkenhimmel. Das Hauptgeschehen spielt sich jedoch in der Randzonen ab. So zeigt die Szene über dem Eingang das Paradies und den Sündenfall, die gegenüberliegende Schmalseite die Missionstätigkeit der Benediktiner. Die südliche Längsseite ist der heidnischen Weisheit gewidmet, hier ist unter anderem zu sehen, wie Alexander der Große Diogenes in seiner Tonne begegnet. Die nördliche Langseite gehört schließlich der christlichen Weisheit: Der Papst sendet Missionare nach England aus. Geschaffen wurde das Deckenfresko 1744 von dem damals erst 25-jährigen Franz Martin Kuen aus dem nahen Weißenhorn.

Klosterkirche

Rund 30 Jahre jünger als die Bibliothek ist die Kirche des Klosters und sie gilt als eine der wenigen Werke des Frühklassizismus in Oberschwaben. Der gesamte Klosterkomplex ermöglicht so auch einen Einblick in die Unterschiede zwischen Barock beziehungsweise Rokoko und Klassizismus.

Der Grundstein der Abteikirche wurde 1772 gelegt, Architekten waren Johann Georg und Thomas Specht aus dem Allgäu, die bis dahin sich eher durch den Bau von Wirtschaftsgebäuden ausgezeichnet hatten. Die **Außenfassade** aus grauem Kalkstein erinnert an die Klosterkirche Zwiefalten, tatsächlich stammen die ursprünglichen Baupläne von dem dort tätigen Johann Michael Fischer. Auffällig die beiden schräg an die Westfassade gesetzten, viereckigen Turmstümpfe, die nicht über das Kirchenschiff hinausragen. Vermutet wird, dass für die Fertigstellung kein Geld mehr vorhanden war.

Das besondere des Konzepts der Abteikirche besteht darin, dass **Langhaus** und **Querschiff** einander durchdringen. Allerdings dominiert das Querschiff, so dass die ganze Kirche eher wie ein runder Zentralbau wirkt. Gegliedert wird er von mächtigen runden Säulen und viereckigen Pilastern, die wie die Wände ganz in Weiß gehalten sind und in vergoldeten Kapitellen enden. Umso farbiger wirken die **Deckenfresken**: Ihr Thema ist die Geschichte des Benediktinerordens sowie die Verehrung des Kreuzes, denn wie in der Heiligkreuzkirche in Donauwörth (→ S. 217) besitzt auch Wiblingen eine Reliquie mit einem Partikel des Kreuzes Christi. Und auch die Mitte des Kirche wird von einem Kreuz dominiert. Allerdings stammt es aus einer ganz anderen Zeit und wurde schon um 1490 von dem Ulmer Bildhauer Nikolaus Weckmann geschaffen, einst hing es im Ulmer Münster.

Über dem **Hochaltar** mit seinen vier überlebensgroßen Skulpturen der vier Evangelisten befindet sich eine expressive Szene des letzten Abendmahls des Münchners Januarius Zick, der in Paris lernte und für die Akademie in Dijon ein Porträt von Jean-Jacques Rousseau schuf. Allein daran kann man erkennen, dass nun eine neue Zeit sowohl in der Politik wie in der Kunst beginnt. Während es den Brüdern Asam (→ S. 87) noch um die Verbindung von Architektur und Malerei ging, stehen die Bildwerke nun wieder als eigenständige Kunstwerke im Mittelpunkt.

Wiblingen

Kloster Wiblingen, Schlossstr. 38, 89079 Ulm-Wiblingen, Tel. 0731/5028975; Bibliothek 1. März–31. Okt. Di–So 10–17 Uhr, sonst Sa und So 13–17 Uhr. Termine für Führungen im Internet. www.kloster-wiblingen.de

Venediger Macht, Augsburger Pracht, Nürnberger Witz,
Straßburger Geschütz, Ulmer Geld regiert die Welt.

Volkstümliche Dichtung, um 1600 erstmals belegt

Blick über die Donau auf Ulm

WO DIE DONAU SCHIFFBAR WIRD – VON ULM BIS KELHEIM

In Ulm und um Ulm herum

Lagen am Ufer der Donau bisher nur Kleinstädte mit 10 000 bis 25 000 Einwohnern, so ändert sich dies nun: Ulm ist mit seinen 130 000 Bewohnern die sechstgrößte Stadt Baden-Württembergs. Zusammen mit dem am anderen, bayerischen Ufer liegenden Neu-Ulm und dessen 60 000 Einwohnern ergibt sich sogar eine Zahl von knapp 200 000 Ulmern. Somit könnte man die Doppelstadt als die größte Stadt an der deutschen Donau bezeichnen, was die gut 150 000 Regensburger nicht so gerne hören.

Bei Ulm münden die wasserreiche Iller und die schnellfließende Blau in die Donau und machen so den bis dahin etwas trägen Fluss schiffbar. Spätestens seit dem 12. Jahrhundert wurden Personen

Zwischen Ulm und Neuburg an der Donau

und Waren die Donau hinab Richtung Schwarzes Meer befördert – wenngleich zunächst noch nicht auf Schiffen oder den berühmten Ulmer Schachteln, sondern auf Flößen. So wurde die Donau zur Lebensader und zur Quelle des Reichtums der Bürger von Ulm.

Und dies sieht man der Stadt bis heute an. Da ist zunächst das Ulmer Münster, erbaut ganz ohne finanzielle Unterstützung durch die Kirche, allein mit dem Geld und dank des Fleißes der Ulmer. Mit 161,53 Metern hat das Münster bis heute den höchsten Kirchturm der Welt. Macht und Reichtum der Ulmer zeigen sich aber auch an Rathaus, Schwörhaus, Münze, Salz- oder Büchsenstadel, prächtige (Fachwerk)gebäude, die der Verwaltung und der Wirtschaft der Reichsstadt dienten. Neben all dies Historische ist inzwischen überraschend viel Neues getreten. So wurde direkt neben dem

Münster das »Stadthaus« errichtet, ein strahlend weißes Gebäude, das an Werke des Bauhauses erinnert. Über diesen Gegensatz zwischen Gotik und Moderne lässt es sich in Ulm gut streiten. Ebenso wie über die »Neue Mitte«, ein Ensemble von gleich mehreren Gebäuden moderner deutscher Architekten, die anstelle einer Stadtautobahn entstanden.

Ein besonderer Anziehungspunkt der Stadt ist das Fischerviertel mit seinen pittoresken, uralten Handwerkerhäusern an der Großen und der Kleinen Blau. An warmen Sommertagen treffen sich die Studierenden der Ulmer Hochschulen hier auf den Donauwiesen, schlendern Einheimische und Besucher über die Promenade auf der alten Stadtmauer, bevor sie sich in einem der zahlreichen Restaurants zu einer Forelle und einem Bier von Gold-Ochsen, einer über 420 Jahre alten Ulmer Familienbrauerei, niederlassen.

Geschichte

Im Jahre 854 errichteten die Karolinger an der Stelle, an der heute das geschichtsträchtige Schwörhaus steht, eine königliche Pfalz. Allerdings ist der genaue Standort dieser Burg seit einiger Zeit umstritten. Manche Historiker meinen, die Königsburg könnte auch direkt an der Donau gelegen haben – um dort den Handel über den Fluss zu kontrollieren. Sicher jedoch ist, dass in der von König Ludwig dem Deutschen unterzeichneten Gründungsurkunde die Bezeichnung »Hulma« auftaucht. Der Name wird auf indogermanische Wurzeln zurückgeführt, wonach Wörter mit »uel« so viel wie »winden« oder »fließen« bedeuten.

Mit der Pfalzgründung begann somit im frühen Mittelalter die Geschichte Ulms. Die Wissenschaft ging bis vor wenigen Jahren davon aus, dass hier, im Unterschied zu so vielen anderen Orten an der Donau, weder Römer noch Kelten ansässig waren. Dann aber entdeckten Archäologen 2014 in der Walfischgasse nicht nur Reste römischer Keramik, sondern auch Spuren eines Weges, die aus dem 2. oder 3. Jahrhundert n. Chr. stammen. Vielleicht muss die Ulmer Stadtgeschichte also bald umgeschrieben werden.

Im 11. und 12. Jahrhundert bauten die Staufer Ulm zu einer ihrer wichtigsten Residenzen aus. So wurde die Stadt in die Auseinandersetzung der Schwaben mit den Welfen um die Herrschaft im Deutschen Reich hineingezogen und 1134 sogar restlos zerstört. Beim Wiederaufbau schützte man Burg und Siedlung erstmals mit einer Stadtmauer und da die Staufer die Stadt weiterhin förderten, hielt Kaiser Friedrich Barbarossa bis 1183 hier sieben Hoftage ab.

Reichsstadt Ulm

1181 wurde Ulm zur Stadt, 1184 zur Reichsstadt erhoben. Immer mehr Kaufleute und Handwerker siedelten sich nun hier an. Der Stadtrat setzte sich nur aus Patriziern, also den alteingesessenen Bürgern sowie ehemaligen königlichen und kaiserlichen Beamten, zusammen. Da die in Zünften organisierten Handwerker damit zunehmend unzufrieden waren, versuchten sie ihre politische Beteiligung mit Gewalt zu erkämpfen. Es kam zum »Bürgerkrieg« mit Toten und Verletzten. 1345 wurden die jahrzehntelangen Auseinandersetzungen schließlich beendet. Der »Kleine Schwörbrief« sicherte den Zünften sogar die Mehrheit im Stadtrat zu. Von 31 Sitzen konnten sie seitdem siebzehn besetzen.

1376 schlossen sich 13 Reichsstädte gemeinsam mit Ulm zum Schwäbischen Städtebund zusammen, um ihre Unabhängigkeit gegen den Kaiser zu verteidigen. Karl IV. belagerte mit seinen Trup-

▸ Karte S. 168/169

pen daraufhin Ulm, bleibt aber - zwei Jahre vor seinem Tod - erfolglos.
Eine Folge dieser Belagerung war eine unerwartete: Da die Stadtpfarrkirche außerhalb der Stadtmauern lag und die Gläubigen im Kriegsfall daher keine Gottesdienste besuchen konnten, beschloss man den Bau einer neuen Kirche direkt im Stadtzentrum. Am 30. Juni 1377 wurde der Grundstein zum Ulmer Münster gelegt. Ein weiteres richtungsweisendes Ereignis dieser Jahre war die Verabschiedung einer neuen Stadtverfassung: 1397 trat der »Große Schwörbrief« in Kraft, die Zünfte hatten nun 30, die Patrizier jedoch nur noch zehn Sitze im Stadtrat. Außerdem musste der Bürgermeister einmal im Jahr öffentlich Rechenschaft über seine Arbeit ablegen. Es war die Geburtsstunde des Schwörmontags, der vorletzte Montag im Juli wird bis heute mit einem großen Volksfest gefeiert.

Reformation und Kriege

Das 15. Jahrhundert brachte der Reichsstadt den Höhepunkt ihrer Macht und ihres Reichtums. Wichtigstes Handelsgut waren Tuche aus Leinen sowie aus Barchent, einem ursprünglich im Nahen Osten beheimatetem Mischgewebe aus Leinen und Baumwolle. Beides wurde nicht nur in Europa, sondern auch in Nordafrika verkauft. Aber auch Eisen, Holz und Wein waren begehrte Handelsgüter. Der Niedergang begann schließlich mit den Wirren der Reformation. Der Handel kam zum Erliegen und da Ulm sich 1530 für den Übertritt zum Protestantismus entschieden hatte, musste es nach dem Schmalkaldischen Krieg 1547 Kaiser Karl V. eine Entschädigung von 100 000 Gulden und einen Großteil der Kriegskosten zahlen. Zugleich setzte der Kaiser den Schwörbrief außer Kraft, setzte einen Stadtrat aus Patriziern ein und verbat die Zünfte.

Auch das 17. Jahrhundert brachte mit seinen zahlreichen Kriegen und dem Entstehen neuer Handelswege nach Amerika Ulm wenig Gutes. Nahezu ständig waren irgendwelche Kriegsentschädigungen zu leisten, allein im Dreißigjährigen Krieg 3,5 Millionen Gulden. So stand Ulm 1770 vor dem Bankrott - und es entstand einer der ersten Schuldentilgungspläne der Geschichte: der Kaiser ordnete an, dass Ulm einen Teil seiner Besitzungen verkaufen musste. Daher war es auch kein Zufall, dass in dieser Zeit eine großen Auswanderungsbewegung mit den sogenannten Ulmer Schachteln über die Donau ins heutige Rumänien begann (→ S. 66).

Die Donau als Staatsgrenze

Nachdem Bayern in den Kriegen der Französischen Revolution seine linksrheinischen Gebiete verloren hatte, erhielt es 1802 Ulm als Entschädigung. Dies bedeutete zugleich das Aus für den Status als Reichsstadt. Bereits acht Jahre später, 1810, wechselte die Stadt dann erneut den Besitzer und fiel durch einen Staatsvertrag an Württemberg. Dies geschah gegen den Willen der Bevölkerung, denn von nun an bildete die Donau die Grenze zwischen dem württembergischen Ulm und dem bayerischen Neu-Ulm. Diese neue Landesgrenze verläuft im Übrigen bis heute genau dort, wo sich schon vor 2000 Jahren die Grenze zwischen dem Römischen Reich und Deutschland befand.

Der Schneider von Ulm

Einer der Grenzen überwinden wollte war Albrecht Ludwig Berblinger, besser bekannt als der »Schneider von Ulm«. 1770 in Ulm geboren, wurde er schon mit 13 Jahren Waise und obwohl er sich eigentlich für Mechanik interessierte, musste er eine Schneiderlehre machen.

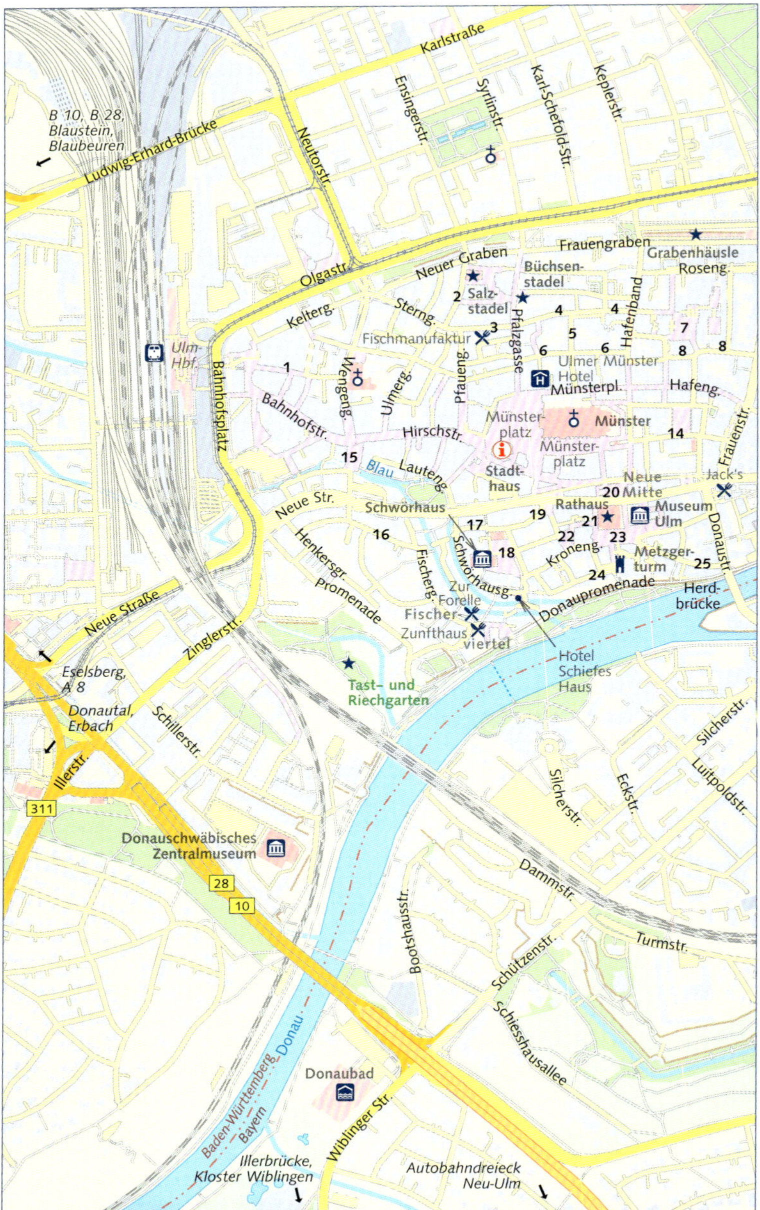

Ulm, Stadtzentrum

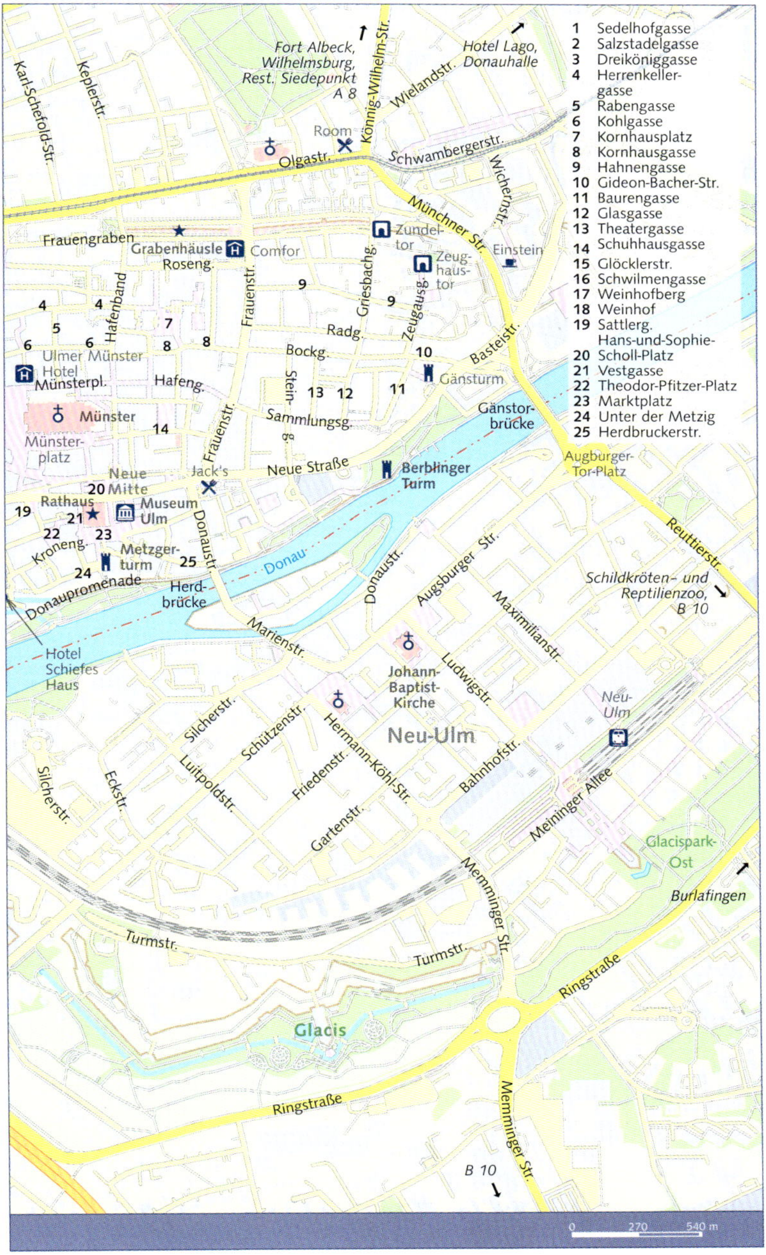
1 Sedelhofgasse
2 Salzstadelgasse
3 Dreiköniggasse
4 Herrenkeller-gasse
5 Rabengasse
6 Kohlgasse
7 Kornhausplatz
8 Kornhausgasse
9 Hahnengasse
10 Gideon-Bacher-Str.
11 Baurengasse
12 Glasgasse
13 Theatergasse
14 Schuhhausgasse
15 Glöcklerstr.
16 Schwilmengasse
17 Weinhofberg
18 Weinhof
19 Sattlerg.
20 Hans-und-Sophie-Scholl-Platz
21 Vestgasse
22 Theodor-Pfitzer-Platz
23 Marktplatz
24 Unter der Metzig
25 Herdbruckerstr.
Fort Albeck, Wilhelmsburg, Rest. Siedepunkt A 8
Hotel Lago, Donauhalle
Karl-Schefold-Str.
Keplerstr.
König-Wilhelm-Str.
Wielandstr.
Room
Olgastr.
Schwambergerstr.
Wichernstr.
Münchner Str.
Frauengraben
Grabenhäusle
Comfor
Roseng.
Zundeltor
Zeughaustor
Einstein
Hafenband
Frauenstr.
Griesbachg.
Zeugausg.
Radg.
Bockg.
Basteistr.
Ulmer Münster
Hotel Münsterpl.
Hafeng.
Stein-g.
Gänsturm
Gänstorbrücke
Münster
Sammlungsg.
Münsterplatz
Neue Mitte
Jack's
Neue Straße
Berblinger Turm
Augburger-Tor-Platz
Rathaus
Museum Ulm
Reuttierstr.
Kroneng.
Metzgerturm
Donaustr.
Donau
Donaupromenade
Herdbrücke
Augsburger Str.
Maximilianstr.
Schildkröten- und Reptilienzoo, B 10
Hotel Schiefes Haus
Marienstr.
Johann-Baptist-Kirche
Ludwigstr.
Silcherstr.
Schützenstr.
Hermann-Köhl-Str.
Neu-Ulm
Luitpoldstr.
Friedenstr.
Bahnhofstr.
Meininger Allee
Eckstr.
Gartenstr.
Glacispark-Ost
Burlafingen
Memminger Str.
Turmstr.
Ringstraße
Glacis
B 10
0 270 540 m

Das Treppendenkmal erinnert an den Schneider von Ulm

In seiner Freizeit arbeitete er jedoch an Hängegleitern und führte damit Flugversuche durch. Als im Mai 1811 der Württembergische König Ulm mit seinem Hofstaat besuchte, wollte der damals 41-jährige Berblinger seine Flugmaschine erstmals der Öffentlichkeit präsentieren. Doch verschob er den Start des Fluges immer wieder, da ihm die thermischen Verhältnisse nicht günstig erschienen. Die Zuschauer aber wurden ungeduldig, schließlich rempelte ihn sogar ein Polizist an – und der »Flug« musste unter den ungünstigsten Bedingungen beginnen. Die über der Donau herrschenden Fallwinde bereiteten dem Traum des Schneiders ein schnelles Ende. Unter dem Gejohle der Zuschauer stürzte er in den Fluss.
Bei der Adlerbastei, dort wo Berlinger seinen Flug auf Verlangen des Stadtrats starten musste, erinnert seit Mai 2020 ein begehbares, mutig **geschwungenes Treppen-Denkmal** (Berblinger-Turm) an den Schneider, der völlig verarmt mit nur 58 Jahren in Ulm starb. Spätere Versuche zeigten, dass sein Hängegleiter sehr wohl flugfähig war, nicht jedoch an der Donau mit ihren Fallwinden. Mehrere Künstler haben sich mit dem Schicksal des Schneiders von Ulm beschäftigt, darunter Bert Brecht. Und auch der Wissenschaftspreis der Deutschen Gesellschaft für Luft- und Raumfahrtmedizin trägt den Namen Berblingers.

Ulm als Bundesfestung

Zu Beginn des 19. Jahrhunderts zählte Ulm infolge des wirtschaftlichen Niedergangs nur noch 12 000 Einwohner, im Jahr 1550 waren es knapp 20 000 gewesen. Dann jedoch kam es zu einer vollkommen unerwarteten Entwicklung. Der heute fast schon vergessene Deutsche Bund, ein zwischen 1815 und 1866 bestehender Staatenbund deutscher Kleinstaaten sowie Österreichs, beschloss, Ulm zu einer von fünf Bundesfestungen auszubauen. Nach den Erfahrungen in den napoleonischen Kriegen setzte sich die Ansicht durch, dass die Armee in der Lage sein muss, Deutschland nicht nur an seinen Grenzen, sondern auch im Inneren gegen Feinde zu verteidi-

Im Fischerviertel von Ulm

▶ Karte S. 168/169

gen. So wurde an der Donau Europas größte Festungsanlage gebaut. An den Bastionen und Forts arbeiteten zwischen 1842 und 1859 bis zu 10 000 Arbeiter. Sie legten rund um Ulm und Neu-Ulm einen gut neun Kilometer langen polygonförmigen Mauerring an, dem in einiger Entfernung Forts vorgelagert wurden. In Friedenszeiten sollten hier 5000 Soldaten, im Kriegsfall zwischen 20 000 und 100 000 stationiert werden. Da die Alliierten nach den beiden Weltkriegen nicht forderten, die Festung zu schleifen, blieben bis heute einige Teile erhalten. Einen guten Eindruck der damaligen Anlage vermittelt zum Beispiel die Courtine VI, die im neoromanischen Stil im alten Überschwemmungsgebiet des Flusses Blau errichtet wurde. Und auch am Kienlesberg blieb eine Bastion erhalten, die eindrucksvoll von den damaligen Plänen zeugt.

Industrialisierung und Weltkrieg

Bereits 1850 war Ulm an die Eisenbahn angeschlossen worden und im Zuge der Industrialisierung wurden noch heute bekannten Unternehmen wie die Fahrzeugbauer Magirus oder Kässbohrer gegründet. Bis zum Vorabend des Ersten Weltkriegs wuchs die Einwohnerzahl so in unglaublichen Tempo auf 60 000 – darunter freilich knapp 10 000 Soldaten der Befestigungsanlagen.

Ende 1944 und Anfang 1945 wurde die Stadt mehrfach bombardiert. Dabei starben am dritten Adventssonntag mehr als 700 Menschen, rund 25 000 verloren Haus oder Wohnung. Die zu über 80 Prozent zerstörte Innenstadt wurde in den 1950er Jahren zum Teil nach den historischen Vorbildern wiederaufgebaut. 1967 ist das Gründungsjahr der Universität Ulm, die heute rund 10 000 Studierende zählt und als »Initialzündung« des Aufbaus der Wissen-

Gedenktafel für Johannes Keppler am Rathaus von Ulm

schaftsstadt Ulm« gilt. Tatsächlich haben inzwischen zahlreiche Unternehmen wie Daimler, Nokia, Bosch oder Siemens, aber auch viele Start-ups aus dem Technologie- und Energiebereich auf dem 620 Meter hohen Eselsberg im Nordwesten der Stadt ihre Büros, Forschungs- und Entwicklungszentren eröffnet. Rund 15 000 Menschen, immerhin zehn Prozent der Bevölkerung, arbeiten hier. Nach Barchent-Handel und Fahrzeugbau ist dies nun wohl die dritte Quelle des sprichwörtlichen Ulmer Geldes.

Ulmer Persönlichkeiten

Johannes Kepler

Der Mathematiker, Astronom und Theologe Johannes Kepler (1571–1630) kam erst kurz vor seinem Tod, im Jahr 1626, nach Ulm. Doch gab er hier seine »Rudolfinischen Tafeln« heraus, benannt nach Kaiser Rudolf II., an dessen Hof in Prag er zunächst gemeinsam mit Tycho Brahe von 1600 bis 1612 gearbeitet hatte. Es ist eine Sammlung von Regeln und

Am Hans-und Sophie-Scholl-Platz

Tabellen zur Vorhersage der Plantenstellungen. Ursprünglich hätte das Buch in Linz, wo Kepler als Landvermesser arbeitete, herausgegeben werden sollen, doch ging die Druckerei während des Oberösterreichischen Bauernkriegs in Flammen auf. Die Tafeln waren das letzte bedeutende Werk des Astronomen und dienten Isaac Newton als Grundlage für seine Theorie über die Gravitationskraft. An der Südseite des Ulmer Rathaus erinnert eine Tafel daran.

Albert Einstein

Aus Ulm stammte auch Albert Einstein (1879–1955), wo die Familie seit 1869 in der Bahnhofsstraße 20 ansässig war. Über seine Geburtsstadt sagte der Physiker 1929 der Ulmer Abendpost: »Die Stadt der Geburt hängt dem Leben als etwas ebenso Einzigartiges an wie die Herkunft von der leiblichen Mutter. Auch der Geburtsstadt verdanken wir einen Teil unseres Wissens. So gedenke ich Ulm in Dankbarkeit, da es edle künstlerische Tradition mit schlichter und gesunder Wesensart verbindet«. An Einstein erinnert in Ulm der bronzene Einstein-Brunnen in der Zeughaus-Gasse, ein Denkmal aus Granit-Quadern unweit des Bahnhofs sowie nicht zuletzt das Café Einstein in der Wichernstraße.

Hans und Sophie Scholl

Seit 2006 heißt der zentrale Platz zwischen Rathaus und Neuer Mitte Hans-und-Sophie-Scholl-Platz. In einem Haus der Olgastraße, in dem die Familie sechs Jahre lebte, hängt eine Gedenktafel und in der Pfeifenkammer der Martin-Luther-Kirche wird daran erinnert, dass hier einst ein Flugblatt der »Weißes Rose« gedruckt wurde. An Orten, die an diese Widerstandgruppe gegen das NS-Regime erinnern, scheint es also nicht zu fehlen. Und es gibt auch noch die Volkshochschule, die Hans und Sophie Scholls ältere Schwester, Inge Aicher-Scholl initiierte, um im »Geiste der Gemordeten« für aktive Mitarbeit in der Gesellschaft zu werben. Und: Vater Robert Scholl wurde nach seiner Entlassung aus dem KZ von den Alliierten zum Oberbürgermeister von Ulm ernannt.

Tatsächlich taten sich die Ulmer nach dem Zweiten Weltkrieg mit dem Erinnern an die Familie Scholl, die schon 1932 in ihre Stadt gezogen war, schwer. Immerhin dauerte es bis 2006, bevor man einen Platz nach den Geschwistern benannte. Doch das war bei Widerstandsgruppen in anderen Städten auch nicht besser. Inzwischen hat sich dies schon seit langem verändert. Um nur ein Beispiel zu nennen: Am 22. Februar 1943, nur vier Tage nach ihrer Festnahme, waren Hans und Sophie Scholl in München unter der Guillotine gestorben. 2018, zum 75. Jahrestag dieses Mordes, verteilten die Schüler des Scholl-Gymnasiums in der ganzen Stadt weiße Papierrosen.

▸ Karte S. 168/169

Ulmer Münster

Einen Besuch in Ulm sollte man am besten mit der Besteigung des Münsterturms beginnen. Er ist schließlich mit seinen 161,53 Metern derzeit der höchste Kirchturm der Welt und bietet von der Galerie auf 143 Metern Höhe einen atemberaubenden Blick über die Dächer der Stadt, zur Donau mit ihren vier Brücken, nördlich zu den Ausläufern der Schwäbischen Alb und südwärts nach Oberschwaben. Bei Föhn und an besonders klaren Herbsttagen kann man sogar bis zu den Alpen sehen. Davor müssen jedoch 768 Stufen bezwungen werden.

Das Kirchengebäude ist knapp 124 Meter lang und 49 Meter breit, das Mittelschiff hat eine Höhe von 41,6 Metern und ist somit nur wenige Meter niedriger als etwa der Petersdom in Rom oder der Dom von Florenz. Auf der Liste der höchsten Kirchenschiffe der Welt liegt das Ulmer Münster auf dem 16. Platz.

Als Baumaterial wurde Sand- und Kalkstein verwendet, dieser findet sich vor allem an den Türmen mit ihren kleinteiligen Steinmetzarbeiten. Die Außenmauern wurden dagegen vor allem aus Backstein errichtet, der jedoch im Unterschied zu Backsteinkirchen im Ostseeraum nicht auf Sicht angelegt war, sondern verputzt wurde.

Von Dienstag bis Samstag findet im Münster immer von 12 bis 12.30 Uhr »PUNKT 12« statt: »Wort und Musik am Mittag«. Das Sonntagsorgelkonzert beginnt um 11.30 und dauert bis 12.15 Uhr.

Baugeschichte

Wie bei so vielen anderen gotischen Kathedralen, die inzwischen 650 und 700 Jahre alt sind, werden auch am Ulmer Münster nahezu ununterbrochen Gerüste aufgebaut, Schäden kartiert und restauriert. Vor allem der aus dem Mittelalter stammende Sandstein zerbröselt. Von Vogelkot oder Moos, die dem Münster zusetzen, nicht zu reden. So begann 2015 eine mindestens zehn Jahre dauernde Sanierung des Hauptturms, deren Kosten auf 25 Millionen Euro geschätzt werden. Vor allem das Land Baden-Württemberg und die Evangelische Kirche müssen hier den Geldbeutel weit aufmachen. Hinzu kommen als Finanziers die Stadt, der Münsterbauverein und die Stiftung Denkmalschutz.

Der Grundstein für die Kirche, die offiziell »Münster Unserer Lieben Frau in Ulm« heißt, wurde am 30. Juni 1377 gelegt. Einer Chronik zufolge bedeckte der Bürgermeister aus der alten und daher natürlich auch reichen Patrizierfamilie Krafft als erster diesen Grundstein mit hundert funkelnden Goldstücken. »Nach ihm stiegen auch die anderen Patrizier hinab und schmückten den Felsblock mit Gold und Silber, ebenso machte es auch das ehrbare Volk«. Wer nicht so viel Geld besaß, arbeitete freiwillig am Bau, schleppte Steine oder fuhr Sand herbei. So entstand ein Gemeinschaftswerk, das mit 5100 Quadratmetern Grundfläche nur wenig kleiner als der Kölner Dom ist. In ihm konnten rund 20 000 Menschen stehend Platz finden, doppelt so viel wie Ulm damals Einwohner zählte.

Das Münster war auch nie als Bischofssitz geplant, verfügt daher nicht über zwei, sondern nur einen Hauptturm und hat auch keine Krypta, die als Grablege von kirchlichen oder weltlichen Herrschern hätte dienen können.

Erster Baumeister des Münsters war Heinrich II. Parler, Vater des Erbauers des Prager Veitsdoms Peter Parler, der schon im Alter von 17 Jahren mit der Bau des Münsters beauftragt wurde. Von Heinrich Parler, der später am Mailänder Dom arbeitete, und weiteren Mitglieder dieser berühmtesten Baumeisterfamilie

Das Ulmer Münster hat den derzeit höchsten Kirchturm der Welt

der Gotik in Mitteleuropa stammen der Chor und die unteren Teile der Chorflankentürme.

Auf die Parlers folgten ab 1392 drei Meister der Familie Ensinger, die vermutlich aus Oberensingen bei Nürtingen stammten. Ulrich Ensingen träumte schon damals davon, den höchsten Kirchturm der Welt zu erbauen. Daher konzipierte er das Hauptschiff deutlich höher als die Parlers, was sich an den Höhenunterschieden zwischen Chor und Mittelschiff heute gut erkennen lässt. Die Arbeiten gingen schnell voran, bereits 1405 konnte das Münster geweiht werden, war jedoch nur von einem Notdach provisorisch bedeckt. Die Einwölbung des Chores, von Haupt- und Nordschiff erfolgte ab der Mitte des 15. Jahrhunderts und dauerte rund 20 Jahre. Und auch der Turm konnte damals bis zu einer Höhe von 70 Metern fertiggestellt werden. Ende des 15. Jahrhunderts traten dann erste statische Probleme auf. Da Parler eine Hallenkirche geplant hatte, Ensinger aber daraus eine Basilika mit unterschiedlich hohen, aber gleichermaßen breiten Schiffen machte, konnten die Pfeiler das Gewicht nicht tragen und drohten einzustürzen. Der Nordseite des Mittelschiffes ist dies bis heute anzusehen. Sie weist eine Abweichung aus dem Lot von bis zu 27 Zentimetern auf. So wurde es zur Aufgabe des Augsburgers Burkhard Engelberg, die Seitenschiffe mit leichteren Gewölben zu decken sowie sie durch schlanke Pfeiler zu teilen und zu stützen. Diese erste Bauphase dauerte bis 1543, danach wurden die Arbeiten im Zuge der Reformation eingestellt. Damals fielen auch zahlreiche Altäre und Heiligenstatuen dem Glaubenskrieg zum Opfer, von nun an war das Münster eine evangelische Kirche.

Als im 19. Jahrhundert besonders in Deutschland die Gotik neu entdeckt wurde, beschloss die Stadt, das Münster endlich fertigzustellen. So vollendete man nun die beiden Chortürme, die die stattliche Höhe von 86 Metern erreichen und damit ungefähr so hoch sind wie der Turm der Westminster Cathedral in London. Erst in dieser zweiten, neogotischen Bauphase entstanden dann auch nahezu alle der kunstvollen Strebepfeiler und Fialen, die so typisch für die Gotik sind und das Aussehen des Münsters heute prägen. Eindrucksvoll sind besonders die weit vorspringenden Wasserspeier in Form von Drachen und anderen ziemlich gefährlich aussehenden Tieren. So sollten böse Geister abgehalten werden. Auch der Westturm wurde vollendet und erreichte 1890 seine heutige Höhe.

Innenausstattung

Beim Betreten des Münsters überraschen zunächst nicht allein die Höhe des Hauptschiffes mit seinem komplizierten **Rippengewölbe**, sondern auch die insgesamt 133 **Wappenepitaphe Ulmer Patrizierfamilien**. Es ist die größte derartige Sammlung in Deutschland. Solche Epitaphe wurden bei Beerdigungen zunächst von Knechten vor dem Sarg des Verstorbenen bis zu seinem Grab getragen und danach in der Kirche aufgehängt.

Ein künstlerischer Höhepunkt des Münsters ist das **Chorgestühl** mit seinen Hunderten aus Eiche geschnitzten Figuren, das aus der Zweiten Hälfte des 15. Jahrhundert stammt und vor allem vom Ulmer Schreiner Jörg Syrlin d.Ä. gefertigt wurde. Vor diesem Wunder der Schnitzkunst sollen selbst die Bilderstürmer der Reformation solche Ehrfurcht gehabt haben, dass sie es unangetastet ließen. Neben den reich verzierten **Baldachinen** über jedem Sitz des Gestühls sind besonders die Darstellungen der heidnischen **Sibyllen** (im Süden) und der antiken **Philosophen** (auf der Nordseite)

Blick ins Hauptschiff des Münsters

beeindruckend. Überraschend zudem: Alle Figuren sind nicht etwa in antiken Gewändern, sondern in mittelalterlicher Tracht dargestellt.

Der dreiflügelige **Heilige-Sippen-Hochaltar**, steht an der Stelle des in der Reformation verlorengegangenen Altars und stammt aus dem 16. Jahrhundert. Die geschnitzten Figuren, Werk des Ulmer Nikolaus Weckmann, stellen die Heilige Familie dar, die gemalte Predella zeigt das letzte Abendmahl. Und auch die beiden gemalten Seitenflügel zeigen Szenen aus dem Leben der Heiligen Familie, jedoch nicht etwa zur Zeitenwände im Heiligen Land. Vielmehr sind ihre Mitglieder in Kleidern aus der Frührenaissance dargestellt.

■ Glasfenster

Die Glasfenster im Chor sind Originale aus dem 14. und 15. Jahrhundert. Als ältestes unter ihnen gilt das **Anna-Marienfenster**, das die Zunft der Weber stiftete und das in der Werkstatt des Ulmer Künstlers Jakob Acker um 1385 gemalt wurde. Es zeigt 20 Szenen aus dem Leben Annas, der Mutter Marias, die eine Tempelweberin war. Die meisten der übrigen, aus dem 19. Jahrhundert stammenden Glasfenster wurden im Zweiten Weltkrieg nicht gesichert und bei dem großen Bombenangriff 1944 zerstört. Die zunächst eingesetzten Notfenster werden nach und nach durch **Glasarbeiten moderner deutscher Künstler** ersetzt. Am nördlichen Chorbogen steht das 26 Meter hohe, von einer Vielzahl von Heiligen, Päpsten und Bischöfen geschmückte **Sakramentshaus** von 1471. Im rechten, südlichen Chorteil befindet sich die **Besserer-Kapelle**, die von der Ulmer Patrizierfamilie Besserer gestiftet wurde. Ihre Glasfenster zeigen die biblische Geschichte und gehören zu den bedeutendsten mittelalterlichen Glasarbeiten in Süddeutschland. Ein ebenso bedeutendes Werk steht am südwest-

▸ Karte S. 168/169

lichen Chorpfeiler: Es ist das Original des **Schmerzensmannes** des Allgäuer Bildhauers Hans Multscher aus dem Jahre 1429, das sich einst am Mittelpfeiler des Westportals befand.

Münsterplatz

Neben dem Münster dominiert heute noch ein zweites Gebäude den Münsterplatz: das in strahlendem Weiß leuchtende **Stadthaus**. Dieses entstand 1991 bis 1993 nach Plänen des US-Architekten Richard Meier, der 1984 mit dem renommierten Pritzker-Architekturpreis ausgezeichnet worden war und später mehrere Gebäude für die Hamburger HafenCity entwarf. Meier bezeichnet den kubistischen Architekten Le Corbusier als sein Vorbild, und geometrische Formen sowie lichtdurchflutete Räume prägen auch das Ulmer Stadthaus.

Es wundert wenig, dass der Bau des Stadthauses gleich neben dem gotischen Münster bei den Ulmern lange umstritten war. Bis ins späte 19. Jahrhundert hatte an der Stelle ein schon im 13. Jahrhundert errichtetes Kloster gestanden. Als der Münsterturm jedoch seine heutige Höhe erhielt, hatte man es abgerissen, um einen freien Blick auf diesen zu ermöglichen. Schnell wurde aber klar, dass der Münsterplatz zu groß, vor allem aber zu leer war. So fanden seit 1924 insgesamt 17 Wettbewerbe für eine zukünftige Gestaltung statt. Noch 1986 lehnte eine Mehrheit der Ulmer in einem Bürgerentscheid eine Neubebauung ab, da sich jedoch zu wenige an der Abstimmung beteiligt hatten und das notwendige Quorum nicht erreicht wurde, war der Stadtrat an diesen Entscheid nicht gebunden.

Der dreistöckige Pavillon ist in einen größeren West und einen kleineren Ostflügel geteilt, die über Brücken und eine Dachterrasse miteinander verbunden sind. Neben der weißen Farbe wird er von großen Glasfenstern und rosafarbenem Granit dominiert, der sich auch im Inneren des Gebäudes sowie auf der Pflasterung des Platz selbst findet. Neben gastronomischen Betrieben beherbergt das Haus die **Touristeninformation** und bietet Platz für **Ausstellungen**, **Konzerte** oder Tagungen. 2019 wurde das Stadthaus unter Denkmalschutz gestellt und erhielt den Status eines Kulturdenkmals von besonderer Bedeutung.

Märkte auf dem Münsterplatz

Bei einem Bombenangriff am 17. Dezember 1944 wurden weite Teile des Münsterplatzes ebenso wie große Teile der Altstadt im Westen und Norden zerstört. Und so stammen die Häuser, die heute den Platz umgeben, fast ausschließlich aus der Nachkriegszeit. Bis in die 1980er Jahre wurde der Raum als zentraler Parkplatz genutzt, inzwischen fahren hier jedoch nicht einmal mehr die Busse des öffentlichen Nahverkehrs. Vielmehr findet samstags und mittwochs der Wochenmarkt, ab dem ersten Adventswochenende bis zwei Tage vor Heiligabend der Weihnachtsmarkt statt. Dieser gilt als einer der beliebtesten in ganz Süddeutschland und ist mit bis zu einer Million Besuchern auch einer der größten.

Ulms Neue Mitte

Dort, wo heute die verkehrsberuhigte **Neue Straße** mit ihren zahlreichen Buslinien verläuft, war nach den Zerstörungen des Zweiten Weltkriegs eine vier- bis sechsspurige Stadtautobahn gebaut worden. Diese Ost-West-Schneise zerschnitt die Altstadt in zwei Teile und war mit schließlich rund 33 000 Fahrzeugen pro Tag für die Anwohner nicht länger hinnehmbar. So beschlosss der Gemeinderat bereits 1975, die Innenstadt neu zu gestalten und schrieb einen ersten Architekturwettbewerb aus. Nach langen Diskussionen über den Bau eines Autotunnels und der Gründung des »Innenstadtforums Zukunft Neue Straße« entstand im Jahr 2000 ein konkreter Bebauungsplan. Südlich des Münsterplatzes liegt jetzt »Ulms Neue Mitte«, eine Vielfalt modernster Bauwerke inmitten einer historischen Umgebung. Dazu zählen unter anderem die **Rathausarkaden** des 1950 in Überlingen geborenen Architekten Stephan Braunfels, der unter anderem auch das Paul-Löbe-Haus des Berliner Reichstags entwarf. Ein Ensemble aus völlig gegensätzlichen Gebäuden bilden das Doppelgiebelhaus der **Museumsgesellschaft Ulm** mit seiner Fassade aus weinroten Lamellen und die weiße **Kunsthalle** der »Sammlung Weishaupt«. Die Kunsthalle, die über einen gläsernen Hochsteg mit dem »Museum Ulm« verbunden ist, wurde als letztes Gebäude der Neuen Mitte Ende November 2007 eröffnet. Das vielleicht spektakulärste Gebäude der Neuen Mitte ist das sogenannte **Kaufhaus Münstertor**. Da das zur Verfügung stehende Baugrundstück die Form eines Dreiecks hatte, schuf wiederum Stephan Braunfels einen in einem spitzen Winkel endenden Glasbau aus Sichtbeton. Auf seiner **Dachterrasse** befindet sich ein beliebtes Café, was passend ist, denn die Ulmer bezeichnen das Münstertor gern als »Tortenstück«. Die Stadt Ulm feiert sich für diese Neue Mitte gern selbst und vergisst dabei auch nicht, die **schönste Tiefgarage** Deutschlands, »wenn nicht der ganzen Welt« zu erwähnen. Nicht nur, dass hier ein leuchtend rot bemalter Weg durch eine drei Meter hohe Säulenhalle führt. Nein, auch eine Mauer aus dem 12. Jahrhundert und damit der Hochzeit Ulms unter den Staufern wurde in das Parkhaus integriert.

▲ Karte S. 168/169

Das moderne Stadthaus auf dem Münsterplatz

Skulpturen von Hans Multscher an den Fenstern des Rathauses

Rathaus

Das Ulmer Rathaus ist sicher eines der schönsten Rathäuser Deutschlands. Dies liegt vor allem daran, dass das mächtige Gebäude trotz unzähliger Umbauten durch alle Jahrhunderte hinweg immer noch so wirkt, als hätte es sein ursprüngliches Aussehen aus dem 14. Jahrhundert bewahrt. Gut kann man sich vorstellen, wie von hier aus die Reichsstadt regiert wurde. Wie Könige und Kaiser auf der Verkündigungskanzel die Huldigungen ihrer Untertanen entgegennahmen.

Die Geschichte des Rathauses beginnt wie bei so vielen anderen Rathäusern des Mittelalters: Es war ein Kaufhaus, auch Gewandhaus genannt, wo ab 1362 mit Stoffen und Ledern, aber auch mit Fleisch gehandelt wurde. Das Spitzbogentor, dass in die acht Meter hohe Verkaufshalle der Metzger führte, blieb bis heute an der Südseite erhalten.

Die zweite Funktion der damaligen Rathäuser war die des Gerichts, daher wird das Ulmer Rathaus ab 1383 auch als »Gerichtshaus« bezeichnet. An seiner Nordseite befand sich eine offene Laube, wo das »Niedergericht« über einfache Alltagsvergehen öffentlich verhandelte. Als Rathaus wurde das Gebäude dann ab 1419 bezeichnet, jetzt besaß der Ulmer Stadtrat einen **Ratssaal** über der Markthalle. Seine drei **Prunkfester** im Süden wurden außen mit **Statuen der sechs Kurfürsten** geschmückt, die der süddeutsche Bildhauer Meister Hartmann zwischen 1419 und 1430 aus Sandstein gefertigt hatte. Die **Plastiken** an den Fenstern der Ostseite (Kaiser Karl der Große, Könige von Böhmen und Ungarn sowie zwei Schildknappen) sind dagegen Werke von Hans Multscher. Beide Künstler gehören zur sogenannten »Ulmer Schule«, die keine institutionalisierte Schule im engeren Sinne war, sondern mehr eine lose miteinander verbundene Gruppe von Malern und Bildhauern, die im 15. und frühen 16. Jahrhundert in Ulm und Umgebung wirkten. So wird zum

Die Ostseite des Rathauses

Beispiel auch Hans Holbein der Ältere zu dieser Schule gezählt. Die genannten Skulpturen an den Rathausfenstern sind jedoch keine Originale mehr, diese befinden sich im Museum Ulm.

Freskenzyklus

In der Mitte des 16. Jahrhundert wurde das Rathaus in großem Umfang umgebaut und erneuert. So erhielt der Ostflügel sein heutiges Aussehen mit Säulen und Gebälk aus Terracotta. Am beeindruckendsten sind seine Freskenmalereien von dem ebenfalls zur Ulmer Schule zählenden Martin Schaffner, die als der größte deutsche Freskenzyklus dieser Zeit gelten. Thematisiert werden auf der **Ostfassade** Tugenden wie Gerechtigkeit oder Selbsterkenntnis, die **Nordseite** widmet sich dagegen antiken Sagen und ihren Idealen wie zum Beispiel der Kühnheit. An der Ostseite befindet sich außerdem die **Astronomische Uhr**, die etwa aus dem Jahr 1520 stammt. 1581 wurde sie von dem Straßburger Uhrmacher Isaak Habrecht erneuert. Zu sehen sind – neben vielem anderen astronomischen Angaben – zwei 12-Stunden-Ringe, der eine mit römischen, der andere mit arabischen Ziffern, ein Kreis mit schön gestalteten Sternzeichen, eine goldene Hand, die die Uhrzeit anzeigt, sowie ein Mond für die gerade aktuelle Phase des Mondes. Der Zeiger mit einer Sonne informiert den Betrachter über das Sternenzeichen, in dem er sich momentan befindet. Der eher selten auf solchen Uhren zu findende Drachen zeigt die sogenannten Drachenpunkte oder Mondknoten an – die Schnittpunkte der Mondbahn mit der Bahn der Sonne.

Vor der Südseite des Rathauses steht der 1482 vollendete **Brunnen** des Bildhauers Jörg Syrlin d.Ä. Im Volksmund wird er auch Fischkasten genannt, weil die Fischer dort ihren lebenden Fang zum Verkauf anboten. An der westlichen Seite wurde ab 1989 die gläserne Pyramide der **Ulmer Zentralbibliothek** errichtet, ein Werk Gottfried Böhms (→ S. 185).

▲ Karte S. 168/169

Fischer- und Gerberviertel

Ulm liegt an der Donau, doch das Fischer- und Gerberviertel der Stadt liegt an der Blau, jenem aus dem Blautopf bei Blaubeuren kommenden Fluss, der mit seinem schnell fließenden Wasser die Mühlräder dieses Handwerkerviertels in Bewegung setzte. Über die Große und die Kleine Blau fuhren die Fischer mit ihren Booten in die Donau. Und da diese Boote ja erst einmal gebaut werden mussten, war auch der Schiffsbau ein wichtiger Wirtschaftszweig des Viertels. Hier wurden zunächst Flösse und Zillen und dann auch die berühmten Ulmer Schachteln gezimmert.

Zwar gibt es im Fischerviertel heute schon lange keine Fischer mehr (sondern allenfalls noch Angler), doch wurde 1922 der Ulmer Schifferverein e.V. gegründet, der sich der Erhaltung der Fischer-Traditionen verschrieben hat. Dazu gehört in erster Linie das berühmte Fischerstechen, das alle vier Jahre stattfindet. Mitglied in diesem Schiffverein kann nur werden, wer Nachfahre einer der Fischerfamilien ist. Zu den berühmtesten gehören die Heilbronner, die Scheuffele oder die Käßbohrer, die natürlich jeder echte Ulmer kennt. Sie werden auch die »Räsen« genannt, was so viel bedeutet wie die »Herben, Scharfen, Strengen«. Manche sagen auch die »Dickköpfigen«. Das Wasser der Blau war auch unerlässlich für die Arbeit der Gerber, die darin bestand, in einem Fäulnisprozess Fleisch und Fett von der Haut der Tiere zu trennen. Die faulenden Tierhäute setzten erwartungsgemäss enormen Gestank frei. Auf Plattformen vor ihren Häusern, die auf hölzernen Stützen direkt in der

Blau standen, spülten die Gerber diese Häute. Und auf ihren offenen Galerien wurde das so entstandene Leder dann zum Trocknen aufgehängt. Am Ende des 18. Jahrhunderts zählte die Zunft der Gerber von Ulm noch 22 Meister, danach wurde ihre Arbeit mehr und mehr von Fabriken übernommen. In den heute so idyllisch erscheinenden Häuschen an der Blau leisteten die Gerber harte und wenig auskömmliche Arbeit. Mit Romantik hatte dies wenig zu tun. .

Saumarkt

Das Zentrum des Fischerviertels war der Saumarkt, der offiziell Schweinmarkt heißt und wo noch im 20. Jahrhundert Schweinemärkte abgehalten wurden. Daran erinnert heute ein modernes Denkmal mit zwei Händlern und ihren Sauen. Am Haus Schweinmarkt 3 kann man einen in Stein gehauenen Spruch lesen: »Auch auf dem Markt der Säue, wohnt echte deutsche Treue.« Derselbe Spruch, wenn auch in Latein, findet sich am Schweinmarkt 1.

Das »Schiefe Haus« im Fischerviertel

Er geht zurück auf einen Einheimischen, der nach dem deutsch-französischen Krieg 1870/71 die zurückkehrenden deutschen Truppen mit einem Bismarckbild begrüßte, das er an einem Flößerseil aus dem Fenster hängte. Das jetzt nur noch zweizeilige Gedicht hatte ursprünglich nämlich vier Zeilen. Die restlichen zwei lauteten: »Und hier an dem Strick hängt Deutschlands größtes Glück«.

Schiefes Haus

Da die Handwerkerhäuser direkt am Wasser gebaut wurden, gab der weiche Untergrund im Laufe der Jahrhunderte nach. Die Folgen kann man besonders gut am »Schiefen Haus« (Schwörhausgasse 3) sehen, einem fünfgeschossigen Fachwerkbau aus dem 14. und 15. Jahrhundert, der eine Neigung von zehn Grad aufweist. Direkt an der Blau gelegen, diente sein Keller den Fischern als natürlicher »Kühlschrank«. Heute ist in dem Haus, das schon seit dem 17. Jahrhundert abgestützt werden muss, ein beliebtes Hotel untergebracht.

Ulmer Münz

Gleich nebenan befand sich in der Schwörhausgasse 4 die Ulmer Münz, ein Fachwerkbau vom Anfang des 16. Jahrhunderts. Eine königliche Münzstätte »moneta ulmensis« ist bereits seit dem 11. Jahrhundert belegt, schon damals sprach man vom »Ulmer Geld«. Die Münzen, die damals geprägt wurden, trugen auf der Rückseite ein Kreuz, in dessen Winkeln sich eine Kugel befand. Ende des 14. Jahrhunderts ging die Münze in den Besitz der Stadt über. Nun prägte man Ulmer Heller, Ulmer Schillinge und ab 1616 auch Ulmer Gulden sowie Reichstaler. Da in dieser Zeit jedoch die Silberproduktion zurückging, konnten nur noch Münzen minderwertiger Qualität hergestellt werden. Sie wurden immer seltener als Zahlungsmittel anerkannt. Daher verbot 1624 der Schwäbische Reichskreis, zu dem Ulm gehörte, die weitere Prägung von Münzen in Ulm.

▸ Karte S. 168/169

Schwörhaus

Wenige Schritte weiter liegt zwischen Schwörhausgasse und der Gasse Weinhof das Schwörhaus, das auch Weinhaus genannt wird und neben dem Rathaus der wichtigste historische Versammlungsort der Bürger Ulms war. Das mächtige Renaissance-Gebäude wurde zu Beginn des 17. Jahrhunderts errichtet, danach jedoch mehrmals zerstört und wiederaufgebaut. Es steht dort, wo sich nach bisherigem Forschungsstand die ehemalige Königspfalz befand. Später existierte ein wichtiger Handelsplatz für Weine, daher auch der Name Weinhaus. Seit dem 14. Jahrhundert fand hier der sogenannte Schwörakt statt, bis heute legt der Ulmer Bürgermeister am »Schwörmontag« vom Balkon des Hauses den Bürgern öffentlich Rechenschaft über sein Tun ab. Heute ist hier das **Haus der Stadtgeschichte** beheimatet.

Fischergasse

Die Fischergasse führt parallel zur Schwörhofgasse vom Weinhofberg im Norden über den Saumarkt bis zur Stadtmauer im Süden. Berühmt sind die Gaststätten »Wilder Mann«, »Zur Forelle« und die »Gaststuben im Zunfthaus der Schiffleute«. In der Fischergasse 23 liegt das Kässbohrer-Haus, auch »Haus zur Weinrebe« genannt aus dem Jahr 1480. Hier wurde 1864 der Wagnermeister Karl Kässbohrer geboren, der Firmengründer der Kässbohrer Fahrzeugwerke. An seine Arbeit erinnert eine kleine Ausstellung. Direkt an der Stadtmauer steht das »Schöne Haus« (Nr.40), ein Fachwerkbau aus dem 17. Jahrhundert. Bereits 1533 erwähnt, war es das Haus der Meister der

Promenade auf der Ulmer Stadtmauer

Schifferzunft und auf den Zunftmeister Matthäus Scheiffele geht auch das (inzwischen erneuerte) Fresko auf der Außenwand zurück. Es zeigt die serbische Hauptstadt Belgrad und erinnert an die Kriege der Habsburger gegen das Osmanische Reich zwischen 1664 und 1718, bei denen von Ulmer Schiffern Soldatentransporte durchgeführt wurden.

Stadtmauer-Promenade

Vom Fischerviertel kann man durch mehrere Durchgänge und Treppen auf die Stadtmauer und damit auch zur Donau gelangen. Heute breitet sich zwischen der historischen Mauer und dem Fluss eine breite **Wiese** aus, beliebter Treffpunkt der Ulmer Jugend an lauen Sommerabenden. Vor 550 Jahren aber, in der Zeit, als die Stadtbefestigung gebaut wurde, reichte die Donau bis an die Mauer heran. So finden sich bis heute Ringe in der Stadtmauer, an denen einst Boote befestigt wurden. Die Donauwiese ist somit über Jahrhunderte gewachsenes Schwemmland.

Auch die 1480 errichtete Stadtmauer selbst ist bei Ulmern und natürlich auch bei Touristen beliebt. Von der **Adlerbastei** führt ein gut ein Kilometer langer **Panoramaweg** auf der Mauer über die Bastion **Lauseck** an der Altstadt entlang bis zu einem **Tast- und Riechgarten** am Kobelgraben. Wer die andere Richtung, flussabwärts, einschlägt erreicht über den **Rosengarten** nach 2,5 Kilometer die **Friedrichsau**, einen Park mit Tiergarten und Aquarium sowie Biergärten und Restaurants.

Da Napoleon 1800 die Schleifung der Befestigung anordnete, blieb lediglich der untere Teil der Stadtmauer erhalten, denn er diente zugleich als Hochwasserschutz. Außerdem gibt es noch ein historisches Stadttor, den **Metzgerturm**. Der quadratische Backsteinbau mit seinem hohen Walmdach entstand bereits 1340 und erhielt seinen Namen von der davorliegenden »Stadtmetzig«, dem städtischen Schlachthaus. Der 36 Meter hohe Turm neigt sich deutlich nach Nordwesten. Der Sage nach geht diese Neigung auf übergewichtige Metzger zurück, die sich aus Angst vor einer Strafe für ihre minderwertigen Waren in einer Ecke des Turms zusammendrängten als der Bürgermeister erschien. Tatsächlich hängt die Senkung jedoch natürlich mit dem sumpfigen Baugrund nahe der Donau zusammen.

Am Donauufer in Ulm

Nördlich des Münsterplatzes

Zwischen Münsterplatz, Bahnhof und Olgastraße breitet sich der nördliche Teil der Altstadt aus. In den mittelalterlichen Gassen blieb ein Teil des ehemaligen Flairs der Stadt erhalten, und am Abend treffen sich hier die Einheimischen in einem der zahlreichen Lokale auf ein Glas Wein. Die wichtigsten historischen Gebäude sind der **Büchsenstadel** von 1485, in dem einst Waffen aufbewahrt wurden, sowie der **Salzstadel**. Wie der Name sagt, diente er zur Lagerung von Salz, das wegen seiner Seltenheit und langer Transportwege über die Donau einst als »weißes Gold« galt. Aber auch Getreide wurde hier gespeichert – und so befindet sich in dem nach dem Zweiten Weltkrieg wiederaufgebauten Gebäude heute das besuchenswerte **Museum der Brotkultur**. Eine besondere Sehenswürdigkeit Ulms befindet sich im **Seelengraben** zwischen Seelturm und Zundeltor beim nordöstlichen Ende der Altstadt. In diesem Bereich der ehemaligen Stadtbefestigung wurden sogenannte »Grabenhäusle« direkt auf die außergewöhnlich breite Mauer gebaut. In den kleinen Reihenhäuschen lebten von 1610 bis 1810 die Soldaten, die für die Verteidigung der Stadt zuständig waren. Durch ihre Fenster konnten sie direkt in den Stadtgraben als Teil der Befestigung sehen, daher der Name. Manch Besucher vergleicht den Graben mit dem Goldenen Gässchen in Prag. Tatsächlich lebte hier wie dort nach dem Wegzug der Soldaten die städtische Unterschicht. So gab es für die rund 40 Bewohner aus zwölf Häuschen nur einen Gemeinschaftsabort. Die Wohnungen bestanden aus einer Flurküche und zwei Kammern und die Ulmer nannten die Bewohner abschätzig »Grabaleis«, »Grabenläuse«. In den 1980er Jahren wurden die Häuschen von dem städtischen Besitzer modernisiert und sind inzwischen als Wohnhaus in zentraler Lage und noch dazu mit Garten bei den Ulmern sehr beliebt.

Neu-Ulm

Es ist kaum verwunderlich, dass das erst 1810 entstandene bayerische Neu-Ulm mit der historischen Altstadt am württembergischen Donauufer nicht mithalten kann. Was sich allein schon daran zeigt, dass als Wahrzeichen Neu-Ulms ein um 1900 erbauter **Wasserturm** gilt. Dieser Turm steht inmitten der Wallanlagen der ehemaligen Bundesfestung Ulm und dient heute als **Festungsmuseum**. Wer mehr über die ehemals größte

▸ Karte S. 168/169

Verteidigungsanlage Europas erfahren möchte, sollte hierherkommen. Grundsätzlich hat die Neu-Ulmer Befestigungsanlage einen anderen Charakter als die in Ulm. Denn während die württembergische Stadt von Hügeln umgeben ist, die die Verteidigung erleichterten, liegt der bayerische Teil Ulms in der flachen Ebene. Viele Teile der Festungsanlagen wurden so in unmittelbarer Nähe der Donau und nicht am Rande der Stadt wie in Ulm gebaut. Ein »Festungsweg« führt durch den **Glacis-Park**, Stelen erklären die Funktionsweise der Anlage.

Kirche des Expressionismus

Das moderne (Einkaufs)Zentrum Neu-Ulms befindet sich zwischen Augsburger- und Ludwigstraße. Hier steht auch das bedeutendste kunsthistorische Bauwerk der bayerischen Stadt, die Johann-Baptist-Kirche. Als Garnisonskirche war sie bereits 1857 erbaut worden. In den 1920er Jahren wurde sie dann von Dominikus Böhm, dem »Stammvater« der berühmten deutschen Architektenfamilie Böhm, umgestaltet. Die Fassade, die von drei quaderförmigen Teilen mit dreiteiligen Eingangsportal und zurückgesetztem Türmchen gebildet wird, wirkt eher wie der Eingang zu einem Mausoleum oder einer Bestattungskapelle. Sie wirkt eher abschreckend, viel Festliches hat sie nicht an sich. Die in Schichten abwechselnd verlegten weißen und braunroten Steine der Fassade erinnern dagegen an gotische Kirchen in der Toskana, sie stammen von der ehemaligen Ulmer Befestigungsanlage, verwendet wurden Jurakalk und Backstein.

Ein Höhepunkt ist jedoch der **Innenraum**. Der rote Ziegelboden bildet einen kaum zu überbietenden Gegensatz zu dem weißen Gewölbe, das gotische Kreuzrippen nachahmt. Es ist eine der ersten Eisenbetondecken in Kirchen weltweit und der gesamte Bau stellt eine der ersten und bedeutendsten expressionistischen Kirchen in Europa dar.

Ansonsten arbeite Böhm vor allem in Köln und im Ruhrgebiet, sein Sohn Gottfried baute neben der Ulmer Bibliothek unter anderem die Stadtpfarrkirche in Saarloius und wurde 1986 als erster deutscher Architekt in den USA mit dem Pritzker-Preis ausgezeichnet.

i Ulm

Tourist-Information Ulm/Neu-Ulm, Münsterplatz 50, 89073 Ulm, Tel. 0731/1612830; Apr.–Dez. Mo–Fr 9.30–18 Uhr, Sa 9.30–16 Uhr, So 11–15 Uhr, Jan.–März Mo–Fr 9.30–18 Uhr, Sa 9.30–16 Uhr. www.tourismus.ulm.de

Comfor Hotel Ulm City, Frauenstr. 51, 89073 Ulm, Tel. 0731/96490; DZ ab 105 Euro. Große, moderne, aber einfach ausgestattete Zimmer, Familienzimmer und Familiensuiten, Frühstück für 6,50 Euro. Drei Minuten vom Münster. www.comfor.de

Ulmer Münster Hotel, Münsterplatz 14, 89073 Ulm, Tel. 0731/55218674; DZ ab 90 Euro. Zentraler geht es nicht. Zwei Terrassen zum Chillen. Fahrradkeller und City Bikes zum Leihen.

Lago Hotel und Restaurant, Friedrichsau 50, 89073 Ulm, Tel. 0731/2064000; DZ ab 135 Euro. Am Ulmer Stadtpark im Grünen. Zwei Restaurants, darunter das Sternerestaurant Seestern. Frühstück bis 11 Uhr, Sauna, Fahrrad- und Segway kostenlos. https://hotel.lago-ulm.de

In der Stadt kämpfen derzeit zwei **Steak-Restaurants** um die Spitze: Das »Room« in der Olgastraße 141 und das erst im Juni 2020 eröffnete »Jack's« 1598 nahe dem

Münsterplatz in der Neuen Straße 100. www.restaurant-room.de www.jacks1598.com

Fisch-Manufaktur, Dreiköniggasse 7, 89703 Ulm, Tel. 0731/602721. Kleine Bio-Fischräucherei mit Mittagstisch. Fisch-Burger und Fisch-Ravioli. Klassiker aber ist der Backfisch mit Kartoffelsalat, natürlich hausgemacht. www.lefrank.de

Zunfthaus der Schiffleute, Fischergasse 31, 89073 Ulm, Tel. 0731/64411. Schwäbische Küche, wie Saure Kutteln, im traditionellen Fischer- und Gerberviertel. Großer Außenbereich. www.zunfthaus-ulm.de

Zur Forelle, Fischergasse 25, 89073 Ulm, Tel. 0731/63924. Ebenfalls im Fischerviertel, direkt an der Blau, Maultaschen, Forellen, aber auch Französischer Fischeintopf. www.zurforelle.com

Siedepunkt, Eberhard-Finckh-Str. 17, 89075 Ulm. Sternerestaurant mit schöner Terrasse im Grünen. Drei- bis Sechs-Gang-Menü für 46–82 Euro. Europäisch-asiatische Küche. www.siedepunkt-restaurant.de

Einstein, Restaurant.Café.Bar, Wichernstr. 10, 89073 Ulm, Tel. 0731/25661. Vielleicht eines der größten Frühstücks-Angebote in ganz Deutschland und dieses gibt es bis 21.30 Uhr. Danach, oder auch schon davor, sollte man dann einen unter den 50 Whiskeys auswählen. www.cafeeinstein.de

Museum Ulm, Marktpl. 9, 89073 Ulm, Tel. 0731/1614301; Di–Fr 11–17 Uhr, Sa, So 11–18 Uhr. Umfangreiche Sammlung zu Kunst und Geschichte Ulm. Allein die grafische Abteilung verfügt über 25 000 Arbeiten. www.museumulm.de

Donauschwäbisches Zentralmuseum, Schillerstr. 1, 89077 Ulm, Tel. 0731/962540; Di–So 11–17 Uhr. Geschichte der schwäbischen Auswanderer in Südosteuropa. www.dzm-museum.de

Museum Brot und Kunst – Forum Welternährung, Salzstadelgasse 10, 89073 Ulm, Tel. 0731/69955; Mo 10–15 Uhr, Di–So 10–17 Uhr. Kunst und Infos zu allem, was mit der (Welt)Ernährung zusammenhängt. www.museumbrotundkunst.de

Kunsthalle Weishaupt, Hans-und-Sophie-Scholl-Platz 1, 89073 Ulm, Tel. 0731/1614360; Di–Fr 11–17 Uhr, Sa, So 11–18 Uhr. Große Privatsammlung moderner Kunst. www.kunsthalle-weishaupt.de

Schwörmontag, jahrhundertealtes Bürgerfest am vorletzten Montag im Juli, dauert inzwischen eine ganze Woche.

Fischerstechen, alle vier Jahre am ersten und letzten Sonntag der Schwörwoche.

Ulmer Zelt, von Mai bis Oktober Musik, Theater, Comedy.

Internationales Donaufest, alle zwei Jahre (gerade) zehn Tage an beiden Ufern. Kunst und Kulinarik zur Stärkung des »Zusammenhalts im Donauraum«. www.donaubureau.de

Ulmer Weinfest, 20 Tage im August rund um das Münster. www.ulmerweinfest.de

Donaubad, Wiblinger Str. 55, 89231 Neu-Ulm, Tel. 0731/985990. Größtes Erlebnisbad der Region mit Wellenbecken, Rutschanlage, 25-Meter-Schwimmbahn, Thermalwasser mit 36° Celsius, Sauna und Eissportanlage im Winter. www.donaubad.de

Tiergarten Ulm, Friedrichsau 40, 89073 Ulm, Tel. 0731/1616742; Apr.–Sept. 10–18 Uhr, Okt.–März 10–17 Uhr. www.tiergarten.ulm.de

Schildkröten- und Reptilienzoo, Brunnenweg 46, 89231 Neu-Ulm, Tel. 0163/5346093; tgl.10–18 Uhr. Rund 80 Schildkrötenarten, Echsen, Schlangen, Insekten. www.tourismus.ulm.de

▶ Karte S. 168/169

Theater an der Donau

Seit zehn Jahren ist es das Erfolgsstück des **Turmtheaters Regensburg**: »Mei Fähr Lady«, die Geschichte der Chinesin Mei Ding, die auf der Donaufähre von Matting als Fährfrau anheuern will und deshalb »Bairisch« (und nicht etwa »bayerisch«) im Crashkurs lernen muss. Das hört sich dann etwa so an: »Wir gehen weder die Straße ›lang‹, noch fahren wir die Donau ›hoch‹. D'Strass gehma auffi oder owi, und d'Donau fahrma auffi oder owi.« Rund 300 ausverkaufte Vorstellungen hat es inzwischen gegeben, selten war ein Theaterstück in Bayern so erfolgreich. Angelehnt ist der Titel des Stücks natürlich an das Musical »My fair Lady«, tatsächlich bezieht sich das »Fähr« jedoch auf die Fähre, die Mei Ding, gespielt von der Kelheimerin Eva Sixt, gerne steuern würde (www.regensburgerturmtheater.de).

Verfasser der Komödie ist Joseph Berlinger, der aus Lam im Bayerischen Wald stammt. Anfang der 1970er Jahre hatte er schnell Erfolge als Dialekt-Lyriker und vollendete sogar eine Doktorarbeit über dieses Thema. Über »Mei Fähr Lady« schrieb ein Kritiker der Mittelbayerischen Zeitung: Berlinger hat ein Stück verfasst »voller verblüffender Wortspiele und überraschender Einsichten, ganz egal, ob es um die Geheimnisse der vierfachen Verneinung oder um die labyrinthische Welt der Richtungsadverbien geht«. »Mei Fähr Lady« gibt es im Übrigen auch als Hörbuch, Infos unter www.tywart.de.

Zweifellos ist das Turmtheater, das seine Bühne im 6. Stock des Goliath-Hauses in der Regensburger Altstadt hat, eines der besten und innovativsten Theater Bayerns. Berühmt ist aber auch das **Stadttheater Ingolstadt**. 2020 hatte die Science-Fiction-Komödie »(R)Evolution« Premiere, die im Jahr 2040 spielt und sich um die vielfältigen Möglichkeiten des Datensammelns in unserer smarten Welt dreht. So wird gezeigt, wie im Theater der Zukunft die Emotionen der Zuschauer mittels Sensor und Kamera eingefangen werden, um anhand der so gewonnen Daten neue, erfolgreiche Stücke zu generieren. Das Ingolstädter Stadttheater verfügt über vier Bühnen und es gibt neben viel Modernem wie »Tyll I« nach dem Roman von Daniel Kehlmann, natürlich auch Inszenierungen von Klassikern sowie Musicals, Wiener Liederabende oder Märchenstücke (www.theater.ingolstadt.de).

Das älteste städtische Theater nicht nur in der Donauregion, sondern in ganz Deutschland ist das **Theater Ulm**, das bereits 1641 gegründet wurde. Anfang der 1960er Jahre hatte hier Peter Zadek seinen Durchbruch als Regisseur. Seit 1969 spielt man in einem von dem Ulmer Architekten Fritz Schäfer entworfenem Sechseckbau, in dessen Hauptsaal 815 Zuschauer Platz finden. Über 400 Aufführungen von Oper über Schauspiel und Ballett bis hin zum Kindertheater finden jedes Jahr statt. Allerdings ist es natürlich nicht immer einfach, ein so großes Haus zu füllen, weshalb der seit 2019 amtierende Intendant Kay Metzger auf das »Durchdringen der Stadt« mit kleinen Theaterformen setzt. So wurde das »Theater an der Theke« geboren, bei dem in verschiedenen Kneipen und Cafés kleine Kostproben aus aktuellen und kommenden Inszenierungen angeboten werden. Bei den »Vis-à-Vis«-Gottesdiensten werden Themen der Theaterstücke unter dem Blickwinkel des Glaubens interpretiert. Und bei »Literatur unter den Dächern« kann man Ensemblemitglieder in sein eigenes Wohnzimmer laden. Einzige Voraussetzung: Platz muss für etwa 20 Personen sein (www.theater-ulm.de).

Durch romantische Kleinstädte des Donaurieds

»Halb zwei fuhren wir ab nach Neuburg, durch eine großartige Landschaft im Stil (des Barockmalers) Claude Lorrain. Wir fuhren hinter einer Hügelkette entlang, die sich längs der Donau hinzieht: die Gipfel zu unserer Linken schmückten Waldgruppen; zur Rechten hatten wir fast beständig Wald, der von Lichtungen unterbrochen wurde. Bisweilen erblickten wir zwischen den Hügeln die Donau. Eine herrliche Landschaft, eine der schönsten, die man sich denken kann... Alles in Neuburg war zauberhaft, schönes Land, schönes Gewitter, gut gebaute Stadt, hübsche Mädchen, was dem ganzen einen besonderen Reiz verlieh«. So Henri Stendhal (1783–1842) in seinen Tagebüchern, die Eingang in seine Autobiographie »Bekenntnisse eines Ichmenschen« fanden. Der Schriftsteller begleitete Napoleon bei seinem Feldzug gegen Österreich 1809.

Am Beginn dieses Reiseabschnitts steht ein ungewöhnlicher Tipp: Wer mit dem Auto unterwegs ist, sollte Ulm Richtung Nordosten verlassen und an der Auffahrt Ulm-Ost auf die A 8 fahren, denn auf dieser Strecke Richtung Oberelchingen öffnet sich ein kaum zu überbietender Blick in die unendlich erscheinende Ebene des Bodenseevorlands. Überhaupt verändert sich die Landschaft nun, da die Donau die Schwäbische Alb hinter sich gelassen hat, grundsätzlich. Sie wird flacher, oder besser gesagt: topfeben. Im Sommer sticht die Sonne unerbittlich auf die Mais- und Getreidefelder und vermittelt einen Eindruck davon, unter welchen Strapazen die Moore des Donaumoos und Donauried (→ S. 42) einst trockengelegt wurden.

In der flachen Landschaft sind zwischen Günzburg und Dillingen die beiden Türme des Atomkraftwerkes von Gundremmingen kaum zu übersehen. Ab 1962 errichtet, war es mit 1344 Megawatt einst das leistungsstärkste Kraftwerk in Deutschland. Die Stilllegung begann 2017 und sollte nach den ursprünglichen Plänen Ende 2021 abgeschlossen sein. Doch dürfte es bis 2040 dauern, bevor das AKW vollständig abgerissen und aus dem Donauried verschwunden ist.

Im krassen Gegensatz zu der gleichförmigen Landschaft stehen die Städte. Sie sind klein, zählen kaum mehr als 20 000

Die Donau bei Dillingen

▲ Karte S. 164/165

Die Kühltürme des Atommeilers Gundremmingen

Einwohner und sehen so aus, als würden sie jeden Morgen frisch herausgeputzt. Die Schlösser leuchten, die Marktplätze sind voller Leben und die Menschen, sie scheinen hier ziemlich zufrieden in ihrer Kleinstadtidylle zu leben. Diese Städte, so stand es einmal in einem alten Reiseführer, reihen sich wie Schwalben auf dem Draht oder wie ein Schwarm sonntäglich herausgeputzter Schwabenmädle vor dem Tanz. Verweilt man in diesem Bild, so ist Neuburg mit seinem hoch über der Donau liegenden Renaissanceschloss sicher das schönstle Mädle, auch wenn wir hier schon Bayerisch-Schwaben verlassen haben und in Oberbayern angekommen sind.

Die Strecke zwischen Ulm und Ingolstadt ist 150 Kilometer lang und führt ab Günzburg über die viel befahrene B 16 bis Donauwörth zunächst am nördlichen, dann am südlichen Ufer der Donau entlang. Zwischen Donauwörth und Neuburg bietet es sich an, stattdessen auf die Landstraße ST 2215 auszuweichen. Sie verläuft teilweise direkt am Fluss und auf dieser Strecke liegt auch der besuchenswerte Biergarten Schweizerhof. Im Donauried entfernt sich der Radweg manchmal sehr weit vom Fluss, führt zwischen Günzburg und Offingen und zwischen Dillingen und Steinheim auf nicht asphaltierten Wegen jedoch auch direkt an ihm entlang. Landschaftlich besonders schön ist die Strecke zwischen Donauwörth und Neuburg, die den Schriftsteller Stendhal 1809 so tief beeindruckte. In diesem Abschnitt müssen denn auch mehrere Steigungen bewältigt werden (→ S. 117). Nach der Renaissancestadt Neuburg geht es durch den großen Auwald von Grünau, wo man in einem neu eröffneten Infozentrum viel über die Renaturierung des Waldgebiets lernen kann. Auch auf mehreren Wanderwegen wird die Vielfalt der Natur der Donauwälder erklärt.

Elchingen

Elchingen beziehungsweise Oberelchingen kennen viele wohl vor allem aus den Verkehrsnachrichten. Denn hier, am Stadtrand von Ulm, kreuzen sich die A8 nach München und Salzburg und die A7 ins Allgäu und so ist hier besonders in Ferienzeiten der Stau programmiert. Doch auch all jene, die sich für die napoleonischen Kriegszüge interessieren, kennen Elchingen. Denn hier besiegte Frankreichs Kaiser am 14. Oktober 1805 unter dem Kommando des legendären Marschalls Michel Ney das österreichische Heer unter General Karl Mack. Und dies obwohl die Österreicher mit rund 15 000 Soldaten gegen nur 9000 Franzosen in die Schlacht gezogen waren. Diese Schlacht begann mit dem Kampf um die Donaubrücke und verlagerte sich dann auf das Gelände nördlich des Klosters Oberelchingen, wo Napoleon auch sein Hauptquartier aufschlug. Ney bekam von Napoleon für diesen Sieg, bei dem rund 7000 Menschen starben, den Titel Duc d'Elchingen verliehen und der Name des

Dorfes findet sich auch auf dem Arc de Triomphe in Paris. Der Sieg bei Elchingen markierte den Anfang vom Ende des Heiligen Römischen Reiches deutscher Nation. Am Tag darauf begann die Belagerung von Ulm, bis zur entscheidenden Schlacht von Austerlitz im Dezember 1806 fehlten nurmehr sechs Wochen. Im August 1806 legte der Habsburger Kaiser Franz II. auf Druck Napoleons die deutsche Kaiserkrone nieder.

Reichsabtei Elchingen

Das Benediktinerkloster auf dem 530 Meter hohen Berg von Elchingen, einem der letzten Ausläufer der Schwäbischen Alb, wurde zu Beginn des 12. Jahrhunderts gegründet. Nahezu von Anfang an war das Kloster zunächst direkt dem Papst und später, ab 1485, dem Kaiser unterstellt, sein Abt war als Reichsprälat Mitglied des Reichstag. Zahlreiche Brände veränderten das Aussehen der Anlage immer wieder, so wurde die ursprünglich romanische **Kirche** im 15. Jahrhundert gotisiert und im 17. Jahrhundert barockisiert. Heute zeigt sich der **Chorraum** im Stil des Rokoko, während das **Hauptschiff** eine frühklassizistische Ausstattung erhielt. Nachdem das Kloster in der Säkularisation aufgehoben und bis auf Kirche, Klostermauer und Martinstor abgerissen wurde, entwickelte sich Elchingen zu einem überregional bekannten Wallfahrtsort zum **Gnadenaltar** »Maria der sieben Schmerzen«, der sich im nördlichen Seitenschiff der Kirche befindet. Hier ist eine in rote Gewänder gehüllte Marienfigur zu sehen, die von sieben Schwertern durchbohrt wird. Ein Großteil der Altäre und Skulpturen der Kirche St. Peter und Paul geht auf den fränkischen Bildhauer Johann Michael Fischer zurück, nicht zu verwechseln mit dem berühmteren Baumeister der gleichen Zeit und des gleichen Namens.

Schloss Leipheim

Beeindruckend besonders die überlebensgroßen **Figuren der Kirchenpatrone** neben dem Hauptaltar. Ein Modell in der Kirche zeigt die Größe der ehemaligen Reichsabtei.

Die Soldaten Napoleons haben auch im Kloster von Oberelchingen ihre Spuren hinterlassen. Denn nach der siegreichen Schlacht dienten ihnen die verlassenen Räumlichkeiten als Nachtquartier und Lazarett. Zu Gast waren sie natürlich auch in den **Klosterbräustuben**. Sie – und ein schattiger Biergarten – existieren bis heute. www.klosterbraeustube.de

Leipheim

Als es der Reichsstadt Ulm noch gut ging und sie keine Schulden hatte, kaufte sie 1453 Leipheim vom Grafen von Württemberg für 23 000 Gulden. Das war für den Marktflecken ein hoher Preis, vielleicht ein zu hoher. Denn die Leipheimer waren von dem Besitzerwechsel

▸ Karte S. 164/165

alles andere als angetan und erhoben sich schließlich unter dem Einfluss der Reformation 1525 zusammen mit den Bauern der Umgebung gegen die Reichsstadt. Als »Leipheimer Haufen« gingen sie in die Geschichte des Bauernkrieges ein. Doch wurden sie vom Heer des Schwäbischen Bundes unter Ulmer Führung schnell und grausam besiegt. Mindestens 3000 der 5000 Bauern verloren ihr Leben, allein 400 wurden in der Donau ertränkt. Nur wenige Jahre später freilich, 1531, bekannte sich Ulm ebenso wie Leipheim zum Protestantismus. Heute zählt die Stadt in Bayerisch-Schwaben 6700 Einwohner.

Schloss

Kaum hat man die Donau überquert sieht man es in seiner ganzen Größe und Schönheit: Schloss Leipheim, ein hoch aufragender Renaissancebau, dessen leuchtend weiße Mauern mit dem bayerisch-blauen Himmel eine vollendete Harmonie eingehen. Allzu alt ist diese Harmonie jedoch nicht: Lange Zeit, so heißt es in einem Internetbericht auf myheimat.de, hätten sich die Leipheimer gewünscht, dass man ihr Schloss von der Autobahn A8 aus nicht sieht, so heruntergekommen war das Wahrzeichen der Stadt. Dann aber entdeckte es Ernst Prost, Geschäftsführer des Ulmer Schmiermittelherstellers Liqui Moly. Der Unternehmer, der durch sein soziales Engagement für Mindestlohn und Vermögenssteuer über Jahre hinweg häufiger Gast in deutschen Talkshows war, erwarb »das Dornröschenschloss in jugendlichem Leichtsinn« für 362 500 Euro. Nachdem er es umfassend restauriert und auf Hochglanz poliert hat, wohnt er heute hier. Während der Arbeiten ließ er es sich nehmen, mit einem riesigen Banner an der Schlosswand für Liqui Moly zu werben.

Die Grundmauern von Schloss Leipheim gehen auf die Mitte des 11. Jahrhunderts zurück, als ein Gumbrecht von Leipheim auf einem steil zur Donau abfallenden Berg einen befestigten Wohnsitz errichtete. Danach folgten im 13. Jahrhundert die Ritter von Güssen, 1330 erhielt Leipheim unter ihrer Herrschaft das Stadtrecht. Der heutige Renaissancebau mit seinem drei Stockwerken, einem sehr steilen Satteldach, Rundturm und mehreren Erkern stammt aus der Zweiten Hälfte des 16. Jahrhunderts. Im Dreißigjährigen Krieg geplündert und weitgehend zerstört, wurde das Schloss zu Beginn des 19. Jahrhundert Wohnsitz des königlich-bayerischen Reviermeisters. Die Anlage ist ganz von einer Schlossmauer mit mehreren Rundtürmen umgeben. Der ehemalige Zehntstadel im Schlosshof entwickelte sich inzwischen zu einem beliebter Ort für Hochzeiten und andere Familienfeiern, aber auch Jazzkonzerte oder Comedy-Shows finden hier statt.

Leipheim

LH Hotel, Wilhelm-Röntgen-Str. 9, 89340 Leipheim, Tel. 08261/769546; DZ ab 58 Euro. Moderne Zimmer zum günstigen Preis mit Küchenzeile, 1,5 Kilometer vom Zentrum.
www.lhhotel.de

Schwarzfelder Hof, Schwarzfelder Weg 3, 89340 Leipheim/Riedheim, Tel. 8221/72628. Urlaub auf dem Bauernhof mit Camping, Ferienwohnungen und Heuhotel, Baggersee, Spielscheune, Hofladen. Ideal für Familien mit Kindern. Zwischen Leipheim und Riedheim
www.schwarzfelder-hof.de

Café und Bistro im Zehntstadel, Schlosshof 2, 89340 Leipheim, Tel. 08221/369853; nur Fr und So 9–17 Uhr.
www.restaurant-im-zehntstadel.de

Günzburg

Steht man vor dem Marktbrunnen von Günzburg, hat man mit einem Schlag schon ziemlich viel über diese Kreisstadt mit ihren 21 000 Einwohnern erfahren. Denn eine Figur des Brunnens ist die wasserspeiende, keltisch-römische Göttin Gontia. Sie wird allein in Günzburg verehrt und soll die Schutzgöttin des Flusses Günz gewesen sein, der hier in die Donau mündet und der Stadt ihren Namen gab. Außerdem prangt auf dem Brunnen der österreichische Doppeladler, denn Günzburg stand ähnlich wie Riedlingen oder Ehingen 500 Jahre lang unter der Herrschaft der Habsburger. Und dann ist da natürlich der knapp 300 Meter lange Marktplatz selbst, über den einst die Postkutschenroute von Wien nach Paris verlief. Schon 1395 fanden hier Wochenmärkte statt. Am Abend verwandelt sich der Marktplatz zum längsten Straßencafé Bayerisch-Schwabens. Vor den Toren der Stadt liegt zudem »Legoland«, ein riesiges Kinderparadies, das jedes Jahr mehr als eine Million Gäste anzieht. Aus diesem Grund verfügt Günzburg über ein breites Hotelangebot und bietet sich als Ausgangsort für Ausflüge in Donauried und Donaumoos an.

Römer und Habsburger

Die Römer hatten bereits im 1. Jahrhundert hier an der Donau ein erstes Kastell zur Verteidigung der Grenze ihres Reiches gegründet. Daneben entstand eine Siedlung für Zivilisten, bei Ausgrabungsarbeiten wurde eines der größten Gräberfelder nördlich der Alpen mit mehr als 1900 Bestattungen gefunden. Die römische Burg und auch ihr Nachfolger, der im 6. Jahrhundert errichtete fränkische Königshof, stand wahrscheinlich an der Stelle, an der sich heute die Kirche St. Martin erhebt. Als Beleg hierfür gelten die antiken Kalktuff-Quader, die für den Bau des Kirchturms verwendet wurden. Die Geschichte der Herrschaft der Habsburger beginnt 1301 mit dem Aussterben der Marktgrafen von Berg. Damit fiel die Markgrafschaft Burgau, zu der auch Günzburg gehörte, an Österreich und wurde Teil der sogenannten österreichischen Vorlande (→ S. 59). Planmäßig angelegt wurde nun die Oberstadt, in der Ende des 16. Jahrhunderts eine gewaltige Renaissanceburg mit Hofkirche vollendet wurde. Eine besondere Blütezeit begann für Günzburg unter Kaiserin Maria Theresia (1740–1780). So erhielt die Stadt eine eigene Münze, in der das Geld für ganz Vorderösterreich geprägt wurde. Die Maria-Theresia-Taler, die bis heute in Wien hergestellt werden, zieren noch immer die Initialen der Günzburger Münzmeister Schöbl und Faby. In dieser Zeit ließen sich auch norditalienische Händlerfamilien wie die Brentanos oder die Molos an der Günz nieder und verdienten ein Vermögen mit der Produktion und dem Handel von Leinen. Kaiser Josef II., Maria Theresias Sohn, machte Günzburg zur Garnisonsstadt, 1803 wur-

Orgelempore in der Frauenkirche von Günzburg

▲ Karte S. 164/165

Auf dem Marktplatz vom Günzburg

de es für kurze Zeit sogar Hauptstadt von Vorderösterreich. Doch bereits 1805 war es mit der Habsburgerherrlichkeit vorbei: Napoleon schlug Günzburg Bayern zu. Und so wurde man jetzt zu einem unbedeutenden Provinzstädtchen – doch mit vielen Bauwerken, die an die Habsburgerzeit erinnern.
Allerdings muss dieser Geschichte noch ein weiteres, trauriges Kapitel hinzugefügt werden. In Günzburg geboren wurde 1911 Josef Mengele, der im KZ Ausschwitz-Birkenau menschenverachtende Experimente an Roma und Juden mit Injektionen von Fremdstoffen und chirurgischen Eingriffen ohne Narkose durchführte. Mengele stammte aus einer deutschnationalen Familie, die zu Beginn des 20. Jahrhunderts den Landmaschinenbetrieb Karl Mengele & Söhne aufbaute und zum wichtigsten Arbeitgeber der Stadt aufstieg. Seit einigen Jahren erinnert im Dossenberger Hof unweit des Marktplatzes ein Mahnmal an die Opfer des KZ-Arztes.

Frauenkirche

Das bedeutendste und mit seiner Zwiebelhaube weithin sichtbare Bauwerk der Habsburgerzeit ist die »Kirche zu unserer Lieben Frau« nördlich des Marktplatzes. Sie wurde zwischen 1736 und 1780 nach Plänen von Dominikus Zimmermann, dem Schöpfer der inzwischen zum UNESCO-Weltkulturerbe zählenden Wieskirche im oberbayerischen Steingaden, errichtet und gilt als eines seiner Hauptwerke. Da beim großen Stadtbrand von 1735 die gotische Kirche des Franziskanerklosters bis auf den unteren Teil des Turms niedergebrannt war, beauftragte der Stadtrat den damals schon hoch angesehenen Zimmermann mit dem Neubau. Ein Kennzeichen des Baumeisters beziehungsweise der Wessobronner Schule, zu der er gehörte (→ S. 86), war die Verbindung von Ornament und Architektur. Sehr schön zeigt sich das in der Frauenkirche an den **Säulen des Langhauses**, die in korinthischen Kapitellen eigentlich ihren Abschluss finden, dann

Attraktion für Familien: das Legoland bei Günzburg

aber in leuchtend weißem Stuck als weit ausladendes Gebälk fortgeführt werden. Den westlichen Abschluss des einschiffigen Kirchenraums bildet die verglaste **Nonnenempore**, von der aus die nebenan lebenden Klosterschwestern den Gottesdiensten beiwohnten. Die sehr großen, fantasievoll geschwungenen Fenster machen das Innere zu einem lichtdurchfluteten Raum. Besonders seitdem die Frauenkirche von 1993 bis 2002 für 5,5 Millionen Euro restauriert wurde, zeigt sie sich wieder als strahlende Rokoko-Schönheit.

Das zentrale **Deckengemälde des Chores** zeigt die Verkündigungsszene, das **Fresko im Langhaus** die Marienkrönung, beides Werke des schwäbischen Malers Anton Enderle. Die Krönung ist umgeben von zahllosen Heiligen, Vertretern der Kirche und biblischen Figuren. Am östlichen und westlichen Bildrand stehen bei den Brunnenschalen, die Gnadenquellen symbolisieren, Figuren und Tiere der vier damals bekannten Erdteile. So steht das weiße Pferd für Europa, das Kamel für Asien, das Krokodil für Amerika und der Elefant für Afrika. Das Gemälde des von zahlreichen Engeln und Putti umgebenen **Hochaltars** – überhaupt ist die ganze Kirche voller Putti – zeigt die Anbetung der Heiligen Drei Könige, an dessen unterem Bildrand Maria Theresias Söhne Joseph und Leopold zu erkennen sind. Am linken Seitenaltar findet sich in einem Glasschrein eine Pietà aus dem frühen 16. Jahrhundert, die aus der Vorgängerkirche gerettet werden konnte.

▸ Karte S. 164/165

■ Stadtmauer und Unteres Tor

Auf alten Stichen kann man den historischen Grundriss Günzburgs gut erkennen. Drei von West nach Ost parallel verlaufende Straßen werden von ebenfalls parallel verlaufenden Querstraßen gekreuzt, umgeben sind sie von einem mächtigen Mauerring. Diese Stadtmauer entstand vermutlich im 14. Jahrhundert, damals wurde Günzburg erstmals als »stat« bezeichnet und erwähnt wird eine Oberstadt »infra muros«. Ehemals hatte die Befestigung 13 Türme, von ihnen sind

heute immerhin noch sechs erhalten. Die Zerstörung der anderen geht vor allem auf einen Befehl der bayerischen Regierung von 1809 zurück, der vorsah, überflüssige Gebäude abzubrechen.
Das mächtigste Tor der alten Befestigung ist das Untere Tor, das direkt auf den Marktplatz führt und auch das Wahrzeichen der Stadt ist. In seinem unteren Teil ist es viereckig, danach verjüngt es sich und wird achteckig. Dieser obere Teil entstand wohl zur gleichen Zeit wie das Schloss im 16. Jahrhundert. Zu den schönsten Gebäuden des weitläufigen Marktplatzes zählt das 1747 erbaute Stadthaus der Familie Brentano mit seinen Rokoko-Stuckaturen (Nr.8).

Schloss

Südlich des Marktplatzes steht das markgräfliche Schloss von Günzburg. Ab 1577 wurde es nach Plänen des italienischen Baumeisters Alberto Lucchese im Renaissance-Stil erbaut. Auftraggeber war Erzherzog Ferdinand II. von Tirol, dessen Sohn Karl von 1609–1618 hier residierte. In Artikeln über das Schloss wird gern betont, dass es »das einzige von den Habsburgern erbaute Schloss in Deutschland« sei. Dies stimmt natürlich, hängt aber mit den politischen Konstellationen der damaligen Zeit zusammen: Günzburg war eben ein Teil Österreichs. Heute sind in dem weitläufigen, dreiflügeligen Gebäude staatliche Institutionen wie das Finanzamt untergebracht. Im Sommer 2017 begann eine vom Land Bayern finanzierte Generalsanierung, für die rund 20 Millionen Euro veranschlagt wurden. Ziel ist es dabei, unter jüngeren Schichten den ursprünglichen Baukörper wieder hervorzuholen, so legte man bereits **Sgraffiti der Renaissancezeit** vom Ende des 16. Jahrhundert frei. Zu der Residenz gehört auch die zweitürmige **Hofkirche**, die jedoch in der Regel nur am Sonntagnachmittag von 14–16 Uhr geöffnet ist. Für ihren Erhalt wurde 2001 der Verein »Freunde der Hofkirche e.V.« gegründet.

Günzburg

Tourist-Info, Schlossplatz 1, 89312 Günzburg, Tel. 08221/200444; Ostern bis Anf. Nov. Mo–Fr 9–18 Uhr, Sa, So 9–14 Uhr. Anf. Nov. bis Ostern Mo–Fr 9–14 Uhr. www.guenzburg-tourismus.de

Vienna House Easy Günzburg, Jahnstr. 4, 89312 Günzburg, Tel. 0822/3510; DZ ab 69 Euro. Direkt beim schön angelegten Hofgarten, sehr großes Haus mit modernen Designerzimmern, Familienzimmer mit Hängesessel, Preisreduktion bei Buchung ab zwei Nächten und für Senioren. www.viennahouse.com

Pension Alte Ritterstube, Zum Kuhturm 2, 89312 Günzburg, Tel. 0176/72453110; DZ ab 75 Euro. In einem denkmalgeschützten Haus nahe des Marktplatzes mit rustikalen Holzmöbeln und kleiner Küchenzeile. www.alte-ritterstube.com

Brauereigasthof zur Münz, Marktplatz 25, 89312 Günzburg, Tel. 08221/9167494; DZ ab 80 Euro. Historischer Gasthof seit 1596, traditionell eingerichtete Zimmer und geräumige Familienzimmer. Großes Restaurant mit bayerischer Küche und Außenbereich am Marktplatz. www.hotel-muenz.de

Landgasthof Linde, Hauptstr. 2, 89312 Günzburg-Deffingen, Tel. 08221/367400; DZ ab 85 Euro. Drei Kilometer südlich, großes Haus mit Biergarten, Kegelbahnen und Wellnessbereich. www.linde-gasthof.de

Camping Gutshof Donauried, Heidenheimer Str. 115, 89312 Günzburg, Tel. 08221/2076946. Zwischen den Mooswaldseen und Günzburg, mietbare »Campingfässer«. www.campingplatz-guenzburg.de

Stadtmuseum, Rathausgasse 2, 89312 Günzburg, Tel. 08221/38828; Sa, So 14–17 Uhr. Archäologische Sammlungen, religiöse Gemälde und Plastiken, Alltagskultur. www.guenzburg.de

Günzburger Volksfest, zehn Tage Mitte August am Donaustrand.

Guntiafest, jährlich am letzten Juniwochenende mit Konzerten auf dem Marktplatz.

Wochenmarkt Günzburg, jeden Dienstagvormittag auf dem Marktplatz, Bauernmarkt jeden Samstagvormittag im Dossenberger Hof in der Altstadt.

Mooswaldseen, vier Badeseen zwischen Günzburg und Riedhausen. Aussichtsturm zur Vogelbeobachtung. Auch für Angler.

DonAUwald-Premiumwanderweg, knapp 60 Kilometer in fünf Etappen zwischen Günzburg und Schwenningen durch den typischen Auwald mit Magerrasen, Kiesbänken und Altwasser-Flussschlingen. Wer es kürzer mag: Als Rundwanderweg bietet sich die erste Etappe über die Donauhänge nach Offingen und zurück an.

Lauschtour Durchs Leipheimer Moos, 4,2 Kilometer mit App oder iPod auf Tour durchs Moor und zu Besuch auf einer Straußenfarm, Tel 08221/2074949. www.familien-und-kinderregion.de

Legoland Freizeitpark, Legoland-Allee 1, 89312 Günzburg, Tel. 0180/670075701; tägl. 10–18 Uhr. Verschiedenste Themenwelten, unzählige Fahrgeschäfte, mit Restaurants und Essensständen, Schnäppchenshop u.v.a.m. Am besten Tickets vorher im Internet buchen. Auch Übernachtung und Campingplatz. www.legoland.de www.legolandholidays.de

KikiMondo das Abenteuerland, Heidenheimer Str. 64, 89312 Günzburg, Tel. 08221/2047365; 3500 Quadratmeter Spielfläche mit Wabbelberg, Kletterwand, E-Cart u.v.a.m. www.kikimondo.de

Hochseilgarten Günzburg, Legoland-Allee, 89312 Günzburg, Tel. 07309/425960. Im Legoland-Feriendorf. Acht Parcours mit 42 Elementen, Seilrutschenparcours mit 300 Metern Länge. Für Kinder ab vier Jahren. www.hochseilgarten-guenzburg.de

Lauingen

▸ Karte S. 164/165

Nur fünf Kilometer liegen zwischen Lauingen und Dillingen – und doch könnten beide Städte kaum unterschiedlicher sein. Und dies liegt nicht daran, dass Lauingen mit seinen rund 10 000 Einwohnern nur halb so groß ist wie Dillingen, sondern hängt mit der völlig unterschiedlichen Geschichte beider Orte zusammen. Während sich Dillingen in den Jahren von Reformation und Gegenreformation zu einer erzkatholischen Stadt der Jesuiten entwickelte, war Lauingen ein Zentrum der Luther-Anhänger. Während in Dillingen Adel und Klerus das Leben bestimmten, waren es in Lauingen Handwerker und Händler. Und während Dillingen eine Stadt des Barock und des Rokoko ist, hat sich in Lauingen viel Mittelalterliches erhalten. Dies beweist am besten die wohl schönste Aussicht auf Lauingen: vom Donaustrand nahe der Donaubrücke blickt man auf Kaufmannshäuser mit ihren hohen, spitzen Giebeln und auf den alles dominierenden Stadtturm, der ein wenig an italienische Campanile erinnert.

Stadtgeschichte

Zur Stadt erhoben wurde Lauingen unter den Staufern im 12. Jahrhundert, doch bereits für das 6. Jahrhundert ist eine alemannische Siedlung verbürgt. Vermutlich unter Friedrich Barbarossa wurde die Stadtmauer errichtet, der letzte Staufer Konradin verkaufte Lauingen dann 1265 an den bayerischen Herzog Ludwig II. Viele Jahrhunderte lang befand es sich anschließend im Besitz der Wittelsbacher, allerdings waren immer wieder andere Linien des weitverzweigten Geschichte zuständig. Der Höhepunkt der Lauinger Geschichte wurde erreicht, als es Anfang des 16. Jahrhundert neben Neuburg zur zweiten Residenzstadt des Herzogtums Pfalz-Neuburg wurde. Schon 1522 bekannte sich der Prior des Augustinerklosters zur Lehre Martin Luthers, 1542 wurde die Stadt dann endgültig protestantisch. Eine Folge: Die alemannische Fasnet durfte vorübergehend nicht mehr gefeiert werden.

Seit Beginn des 13. Jahrhunderts hatten sich in der Stauferstadt zahlreiche Kaufleute niedergelassen, unter ihnen auch viele Juden. Schon 1336 besaß die jüdische Gemeinde eine eigene Synagoge, doch nur zwölf Jahre später wurde sie bei zwei Pogromen vertrieben. Auf ihrem ehemaligen Siedlungsgebiet an der Donaubrücke erhebt sich heute die Spitalkirche St. Alban. In den 1370er Jahren siedelten sich dann wieder einige wenige Juden in der Judengasse, der heutigen Hirschstraße nahe das Marktplatzes an. Die »Judenschul« dort ist bis heute erhalten (Nr. 19). Über dem Portal findet sich die hebräische Inschrift »Dies ist das Tor des Herrn«.

Das 17. und das 18. Jahrhundert bedeuteten für Lauingen Jahre des Niedergangs. Glaubens- und Erbfolgekriege, Pest- und Hungerepidemien behinderten jeden wirtschaftlichen Erfolg, dafür wechselte die Stadt mehrmals den Glauben. Ein neuer Aufschwung begann erst in den 1780er Jahren, als die Stadt Teil des Kurfürstentum Bayerns wurde. Lauingen erhielt ein neues Rathaus, ein

Der Stadtturm von Lauingen

einträgliches Salzlager und einmal in der Woche fuhr ein sogenanntes Ordinari-Schiff, also ein fahrplanmäßig verkehrendes Schiff, nach Wien.

In den folgenden Jahrzehnten unterscheidet sich die Geschichte Lauingens kaum von der anderer Provinzstädtchen in Bayern. Eines der bedeutendsten Ereignisse waren die Feiern zur Heiligsprechung von Albertus Magnus, dem »größten Sohn« der Stadt, im Jahr 1932 (siehe unten). Am Ende des Zweiten Weltkriegs entstand in Laubingen-Birkackerhof eines der größeren Außenlager des KZ Dachau. 2900 Gefangene mussten für den

Augsburger Rüstungskonzern Messerschmitt Flugzeugteile zusammensetzen. Ein erster Gedenkstein für die Opfer verschwand 1958 spurlos. 2012 ließ der Abiturjahrgang des Albertus-Magnus-Gymnasiums zum Gedenken eine Skulptur des Ungarn Sándor Kecskeméti bei ihrer Schule aufstellen.

Schimmelturm

Der Marktplatz in Lauingen ist im Unterschied zu so vielen Städten in Bayerisch-Schwaben keine lange Straße, sondern ein wirklicher Platz. Das dominierende Bauwerk ist der »Schimmelturm«, benannt nach einem weißen, zum Sprung bereiten Pferd auf der Fassade. Dieser Schimmel geht auf einem Legende zurück: Zur Zeit von Albertus Magnus im 13. Jahrhundert lebte im nahen unteren Brunnental ein gewaltiges Ross, fast fünf Meter soll es lang gewesen sein. Kein Lauinger durfte sich ihm nähern, allein von einem verkrüppelten Knecht ließ es sich füttern und reiten. Als nun eines nicht so schönen Tages der Bürgermeister erkrankte, wurde schnell klar, dass medizinische Hilfe allein ein Klosterbruder aus Donauwörth bringen konnte. Die Sage nimmt aber nun nicht den vielleicht erwarteten, einfachen Verlauf. Klar, dass der Krüppel als einziger in der Lage war, mit seinem Schimmel diese Klosterbruder aus Donauwörth zu holen. Jedoch kam als zusätzliches Hindernis auch noch ein mit Heu beladener Wagen hinzu, der das Stadttor blockierte: »Schnell besonnen riss das Knechtlein das Pferd zur Seite, feuerte es an, und mit gewaltigem Sprung setzten beide über Stadtmauer und Stadtgraben hinweg«. Und dem Bürgermeister konnte geholfen werden.

Die Darstellung des Schimmels ist nicht das einzige Fresko am Stadtturm: Im 1. Stock sind **Albertus Magnus** als wichtigster Sohn Lauingens und die **Gräfin Geiselina von Schwabeck**, die bedeutendste Wohltäterin der Stadt, zu sehen. Im 2. Stock dann die **Verleihung des Stadtwappens** an einen Lauinger Bürger. Dieses Wappen, das auch auf der Turmnordseite angebracht wurde, zeigt den Kopf eines Schwarzen, eines »Mohren«, wie man sie jahrhundertelang nannte. Die Entstehung dieses Wappens

Blick über die Donau nach Lauingen

▲ Karte S. 164/165

ist letztendlich nicht geklärt – und die Herkunftsgeschichte wird nicht einfacher dadurch, dass auch andere Städte, so zum Beispiel das fränkische Coburg, einen solchen »Mohren« im Wappen tragen. In Coburg handelt es sich um einen christlichen, schwarzen, römischen Soldaten, der sich mit einer maurischen Legion im 3. Jahrhundert weigerte, gegen die Christen im Wallis zu kämpfen und hingerichtet wurde. Später wurde er als Mauritius heiliggesprochen.

In Lauingen zeigte das ursprüngliche Stadtwappen in Frontalansicht ein gekröntes Haupt mit langem Haar und Vollbart. Ein Siegel mit diesem Königshaupt ist für 1270 belegt und man geht davon aus, dass es Kaiser Barbarossa zeigt. Mitte des 15. Jahrhunderts ändert sich das Stadtsiegel dann in unerwarteter Weise. Nun zeigt es einen bartlosen Mann mit goldener Krone in Seitenansicht, später kamen dann eine Halskette und noch später ein Ohrring hinzu. Seit 1560 ist dieser Mann dann plötzlich schwarz – und ist es bis heute geblieben.

Eine Legende, mit dem man versucht die Herkunft des Schwarzen im Wappenschild zu erklären, stammt aus dem Krieg der Christen gegen die »ungläubigen« Hunnen. Anstelle des vom Kaiser ausersehenen Hauptmanns habe sich damals ein Schuster aus Lauingen angeboten, in den Kampf zu ziehen und habe diesen Kriegszug siegreich beendet. Als Dank erbat sich der Schuster der Sage nach – und jetzt wird es ziemlich kompliziert – dass der ursprüngliche Feldherr des Kaisers – ein Marschall von Pappenheim – eine Mohrin im Wappen führen sollte. Tatsächlich zeigt auch das Schild der mittelfränkische Ort Pappenheim einen Mohr, und zeitweise war diesem tatsächlich eine Mohrin zugesellt. Warum aber wünscht sich ein Lauinger Schuster einen schwarze Frau im Wappen von Pappenheim? Und vor allem, wie kam dann ein Mohr in das Wappen von Lauingen? Logisch ist all das sicher nicht.

Der Stadtturm wurde zwischen 1457 und 1478 errichtet, 1751 um eine Laterne erhöht und diente mit seinen nun 54 Metern Höhe zur Überwachung des Umlands. Bis heute kann er bestiegen werden. An den Schimmelturm wurde die von Arkaden gesäumte, **ehemalige Markthalle** »Schupfe« angebaut.

Rathaus

An der Südseite des Marktplatzes wurde zwischen 1783 und 1790 ein neues Rathaus errichtet. Zuvor war der vom Ende des 15. Jahrhunderts stammende gotische Vorgängerbau abgebrannt. Da die ursprünglichen Baupläne dem bayerischen Kurfürsten nicht gefielen, beauftragte er seinen Hofbaumeister Lorenzo Quaglio mit dem Neubau. Dieser entwarf ein streng klassizistisches Gebäude, das durch einen Mittelrisaliten mit Giebeldreieck dreigeteilt und von einem hohen Walmdach bedeckt wird. Den Eingang bildet eine dreigeteilte Halle mit Arkaden, ein wohlproportionierter Treppenaufgang führt in zwei Läufen zum Festsaal, der als einer der schönsten Säle aus der Zeit des Klassizismus in Bayern gilt.

Albertus-Magnus-Denkmal

Mitten auf dem Marktplatz steht das Denkmal für den »größten Sohn« der Stadt und den »einzigen Philosophen der Geschichte, der den Ehrennahmen Magnus – der Große – erhalten hat« – wie es auf der Homepage der Stadtverwaltung heißt. Tatsächlich hat man für dieses Denkmal keine Mühen und Kosten gescheut und als Bronzegießer Ferdinand von Miller jr. gewonnen, einen der Schöpfer der Bavaria auf der Münchner Theresienwiese. Die Statue wurde 1881 enthüllt und zeigt den Theologen, Naturwissenschaftler und Philosophen als Dominikanermönch. Die Kosten von 15 300 Goldmark konnten durch Spenden aus ganz Deutschland finanziert werden.

Das genaue Geburtsdatum des »Albert von Lauingen« ist nicht gesichert, Forscher gehen von einem Zeitraum zwischen 1193 und 1206/7 aus. Erste gesicherte Informationen über sein Leben stammen aus dem Jahr 1222, als Albert bei Verwandten in Venedig und Padua lebte, ein Studium aufnahm und in den Dominikanerorden eintrat. Allzu viel weiß man also nicht vom Lauinger Leben der späteren Lehrers Thomas von Aquins, doch soll er schon als Junge die Natur beobachtet haben. Tatsächlich entwickelte sich der Lauinger zu einem Universalgelehrten, der nicht nur ein wichtiger Prediger bei kaiserlichen Kreuzzügen war, sondern sich auch »heidnischen« Philosophen, Astronomie, Geologie und Wetterkunde widmete. Sein Gesamtwerk zählt rund 20 000 Druckseiten.

In Lauingen wird der 1280 in Köln Verstorbene bereits seit 1631, als erstmals ein Albertusfest stattfand, verehrt und gefeiert. 1622 war Albert von Papst Gregor XV., selig, 1931 dann von Pius XI. heiliggesprochen worden. Pius XII. erklärte ihn 1941 zum Patron aller Naturwissenschaftler. Eine **Reliquie** mit der Hirnschale des Wissenschaftlers befindet sich in der St. Martinskirche von Lauingen und wird jedes Jahr zu seinem Todestag am 15. November zur Anbetung gezeigt.

■ Bruckhaus

In der Brüderstraße 11, nordöstlich des Rathauses, steht das um 1600 entstandene sehenswerte Bruckhaus. Der Überlieferung nach erhielt es seinen Namen von dem Brückenmeister, der sich um die Erhaltung der Donaubrücke kümmerte. Besonders schön sind die Fia-

Denkmal für Albertus Magnus in Lauingen

len, kleine Türmchen, die den Giebel abschließen. Am Hoftor findet sich ein Prellstein, der die Beschädigung des Hauses durch schwere Kutschen verhindern sollte. Auf ihm sind noch Wappen Bayerns zu erkennen.

■ Pfarrkirche St. Martin

In der Lauinger Hauptstraße, die nahezu durch den ganzen Ort führt und den Namen des Wittelsbachers Herzogs Georg der Reiche trägt, steht der wichtigste Kirchenbau der Stadt. Im Unterschied zu so vielen Kirchen der Region hat sie ihr ursprüngliches, spätgotisches Aussehen weitgehend bewahrt. St. Martin beindruckt vor allem durch seine Raumhöhe sowie den nach Süden, und nicht wie sonst üblich nach Westen – ausgerichteten Kirchturm, der mit seinen 57 Metern das Kirchengewölbe nur wenig überragt. Nachdem Lauingen Teil des reichen Herzogtums Pfalz-Neuburg geworden war, beschloss man, anstelle einer schon zu Zeiten der Staufer entstandenen Kapel-

▲ Karte S. 164/165

le einen größeren Kirchbau zu verwirklichen. Baubeginn war 1516 und schon vier Jahre später konnte die dreischiffige Hallenkirche unter der Leitung der Nördlinger Baumeisters Stephan Weyrer fertiggestellt werden. Da in Lauingen jedoch bereits weitere zwei Jahre später die Reformation Einzug hielt, wurden die gotischen Skulpturen und Altäre der Kirche teilweise zerstört. Spätere barocke Umgestaltungen entfernte man weitgehend in der Hochzeit der Neogotik Ende des 19. Jahrhunderts.

Vierzehn sowohl ausgesprochen schlanke wie hohe **Rundsäulen** tragen das 38 Meter hohe **Sternrippengewölbe**. Diese Rippen sind grün gestrichen und bilden so einen Gegensatz zu den weißen Säulen, die nur im Altarraum farbig bemalt wurden. Überhaupt scheint es, als hätten diese Säulen keinerlei tragenden Funktionen und als würde das ganze Gewölbe über dem Kirchenschiff schweben. Die **Altäre St. Martins** wurden erst in neogotischer Zeit aufgestellt, so auch der Hauptaltar, der die »Aussendung des Heiligen Geistes« an Pfingsten zum Thema hat. Der rechte Seitenaltar ist Albertus Magnus geweiht und zeigt ihn als Dominikaner und Bischof von Regensburg mit Mitra und Buch. Über dem Volksaltar hängt ein Kruzifix, das noch aus den Anfängen des Kirchenbaus aus dem Jahr 1522 stammt.

In der Pfarrkirche St. Martin

Im nördlichen Teil wurden **Fresken aus gotischer Zeit** freigelegt, sie zeigen Stationen des Kreuzweges. Unter der Orgelempore befindet sich das eindrucksvolle marmorne **Hochgrab der Gräfin Elisabeth von Neuburg-Pfalz**, die 1563 in Lauingen verstarb und eine überzeugte Anhängerin Martin Luthers war. Die Grabplatte ruht auf Löwen und auch hinter dem Haupt der Pfalzgräfin halten zwei Löwen eine ovale Kartusche mit einer Inschrift über ihr Leben und Sterben. Hinter dem Hochaltar befindet sich die **Gruft der Pfalzgrafen von Neuburg**, in der 38 Mitglieder der Familie beerdigt wurden.

Herzogsschloss

Im ehemaligen Schloss der Wittelsbacher, gegenüber von St. Martin, ist heute ein Psychiatrie- und Pflegezentrum untergebracht, das von der Elisabethstiftung Lauingen betrieben wird. Errichtet worden war es Ende des 15. Jahrhunderts unter den Herzögen Ludwig IX. und Georg dem Reichen. Unter den Grafen von Neuburg-Pfalz baute man es mehrmals um, von 1559 bis 1563 diente es als Witwensitz der in St. Martin ruhenden Pfalzgräfin Elisabeth. Im 18. Jahrhundert wurde es zunächst zu einer Brauerei, dann zu einem Salz- und Getreidelager, schließlich verfiel es langsam. Erst 1887 begann man mit dem Wiederaufbau, eindrucksvollster Teil des langgezogenen, dreigeschossigen Baus ist der mächtige runde Südwestturm mit seinem Kegeldach.

Apollo-Grannus-Tempel

Am südwestlichen Stadtrand von Lauingen stehen im Tempelweg die Überreste des Apollo-Grannus-Tempels. Einst war er einer der größten römischen Tempel nördlich der Alpen und daher ist er heute die bedeutendste römische Sehenswürdigkeit an der deutschen Donau. Sein Name setzt sich aus dem römischen Gott der Heilkunst Apollo und dem keltischen Quellgott Grannus zusammen. Im Jahre 212 betete Kaiser Caracalla hier für die Heilung seiner Leiden. Wegen seiner klaren Quellen galt der Ort damals als Heilbad für Trinkkuren. 1888 begann ein Dorfschullehrer mit ersten Ausgrabungen. Bis 1972 konnte so die ehemalige Anlage erforscht und teilweise rekonstruiert werden. Besonders eindrucksvoll sind die acht der ursprünglich 14 Säulen, die den Tempelhof auf drei Seiten umstehen, sowie die Treppe zum Portikus. Seit 1987 ist der Tempel ein jederzeit zugängliches Freilichtmuseum, der Aufbau der 1000 Quadratmeter großen Anlage wird ausführlich auf Schautafeln erklärt (Abb. → S. 53).

Lauingen

Stadt Lauingen, Herzog-Georg-Str. 17, 89415 Lauingen, Tel. 09072/9980; Mo 8–13 Uhr, Di 8–12 und 14–17 Uhr, Do 8–12 und 14–18 Uhr, Fr 8–12 Uhr. www.lauingen.de

Genießerhotel Lodner, Imhofstr.6–7, 89415 Lauingen, Tel. 09072/95890; DZ ab 109 Euro. Große, ganz in Beigetönen gehaltene modernisierte Suiten, aber auch einfachere Zimmer. Nahe Rathaus und Stadtturm. www.hotel-lodner.de

Landgasthof Sonne, Hauptstr. 56, 89423 Gundelfingen an der Donau, Tel. 09073/7334. Großes Gasthaus mit stattlicher Herde von Black Angus. Rinderkraftbrühe, Tatar, Carpaccio und natürlich Steaks vom Fleisch dieser Rinder bestimmen daher auch die Speisekarte. Da aber die Tiere hier im Ganzen verarbeitet werden, stehen auf der Tageskarte auch immer wieder Innereien wie Saure Kutteln. Eines der Biere kommt aus der Brauerei Hals aus Dunstelkingen, ein dunkles Bier nach altem Rezept. Fünf Kilometer westlich von Lauingen. www.sonne-gundelfingen.de

Auwaldsee, 50 ha großer Badesee mit großer Liegewiese, Grillplätzen und Naturlehrpfad. Südlich der Stadt und der Donau in einer Flussschleife gelegen.

Dillingen

Immerhin 50 Kilometer ist Dillingen von Augsburg entfernt und doch waren es die Fürstbischöfe von Augsburg, die mehr als ein halbes Jahrtausend das Schicksal der heute knapp 20 000 Einwohner zählenden Stadt prägten. Der Grund dafür wird schnell klar, wenn man sich die Geschichte Augsburgs ansieht. Da die Bürger der Reichsstadt schon früh Anhänger der Thesen Martin Luthers wurden, zogen sich die Bischöfe in das Provinzstädtchen an der Donau zurück, machten es zu ihrer Residenzstadt und zu einem Zentrum der Gegenreformation. Von der Bedeutung der katholischen Kirche zeugen neben einem mächtigen Jesuitenkolleg bis heute die zahlreichen Kirchen der Stadt. Manche sprechen auch vom »schwäbischen Rom«, aber wie die meisten Vergleiche dieser Art ist auch dieser etwas übertrieben.

Was weder zu Rom noch zu Dillingen passt, sind die Soldaten der deutsche Marine, die ab und an die Altstadt heimsuchen. Doch auch dies hat mit der Vergangenheit zu tun. Der Erfinder des U-Boots, Wilhelm Bauer (1822–1875), stammte aus Dillingen und so wurde die Stadt Patin des U-Boot-Ausbildungszentrums für

▸ Karte S. 203

Matrosen in Eckernförde. Ein 1989 geschaffener Brunnen am Hafenmarkt erinnert an einen der bekanntesten Söhne der Stadt. Doch nicht nur bei Matrosen, auch bei der bayerischen Lehrerschaft hat Dillingen einen guten Ruf. Tausende haben inzwischen an Kursen der hiesigen Akademie für Lehrerfortbildung teilgenommen und die anschließenden Abende in einer der zahlreichen Gaststätten der zentralen Königsstraße verbracht.

973 wurde Dillingen erstmals erwähnt, der Graf von Wittislingen hatte hier mit dem Bau einer Burg begonnen, um die sich eine Handwerkersiedlung entwickelte. Dieser Graf ist von Bedeutung, weil seiner Familie der heilige Ulrich entstammt, der von 923 bis 973 Bischof von Augsburg war und der in seinem Todesjahr im »castellum Dilinga« weilte. Für die Welt jenseits von Augsburg und Dillingen wichtiger war, dass Ulrich 955 dazu beitrug, das Vordringen der Ungarn nach Westeuropa bei der Schlacht auf dem Lechfeld zu stoppen (→ S. 57). An einen der bedeutendsten

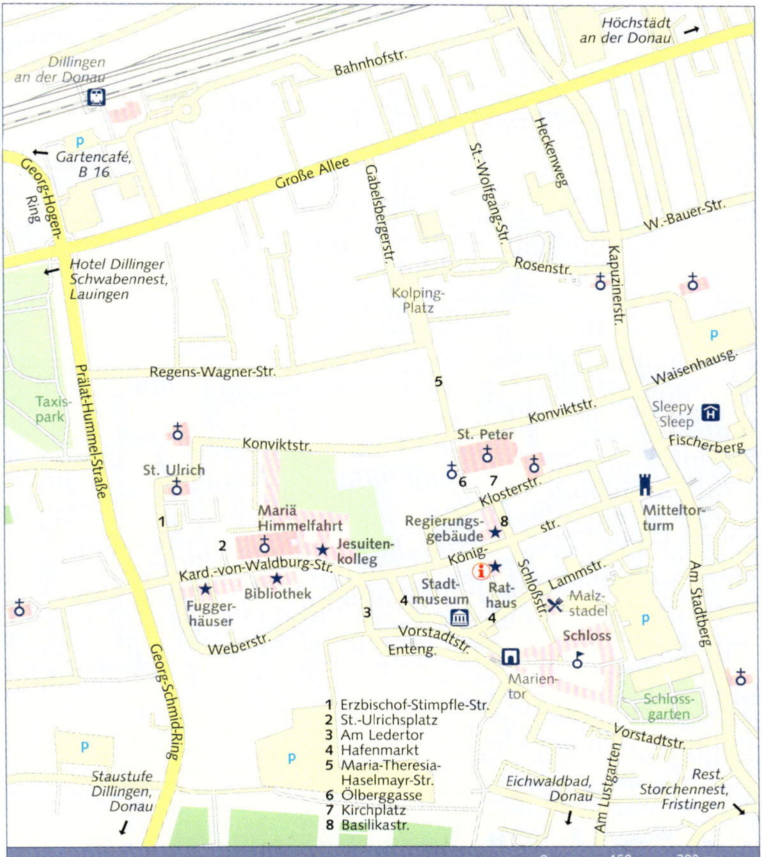

Dillingen, Zentrum

Heiligen des Reiches erinnert heute eine eindrucksvolle Bronzeplastik auf dem St. Ulrichs-Platz vor der Jesuitenkirche Mariä Himmelfahrt.
Die Beziehungen zwischen Dillingen und Augsburg sind also sehr alt, nicht nur einmal waren die männlichen Mitglieder der Grafenfamilie, die im Übrigen fast ausschließlich die Namen Adalbert oder Hartmann trugen, zugleich Bischöfe von Augsburg. So kann es kaum verwundern, dass der letzte Graf 1258 Burg und Stadt dem Hochstift Augsburg schenkte. Der aus Thüringen stammende Augsburger Bischof und Kardinal Peter von Schaumburg ließ die Dillinger Burg zu Beginn des 15. Jahrhunderts zur Residenz der Fürstbischöfe ausbauen. Ein Jahrhundert später gründete Kardinal Otto Truchseß von Waldburg 1549/51 die Universität Dillingen, die damit neben Tübingen, Freiburg und Ingolstadt eine der ältesten Unis im deutschen Südwesten war. Otto hatte in Tübingen, dem französischen Dole, in Padua, Bologna und in Pavia studiert und 1535 seinen Doktor in Theologie gemacht. Nur drei Jahre später war er als Kammerherr einer der engsten Berater des Papstes, weitere zwei Jahre später ernannte Karl V. ihn zum kaiserlichen Rat. All dies bedeutet, das Otto von Waldburg seine Karriere in einer Hochzeit der Auseinandersetzungen mit den Ideen Martin Luthers machte. So verteidigte er 1542 auf dem Reichstag zu Speyer kompromisslos den katholischen Glauben und nahm wenig später – nun bereits als Bischof von Augsburg – aktiv am Schmalkaldischen Krieg teil.

Das Jesuitenkolleg

Die Universität, das Collegium Hieronymi, wurde 1563 von den Jesuiten übernommen und war damit eine der ersten Einrichtungen ihrer Art im Heiligen Römischen Reich deutscher Nation. Ziel war es, den Söhnen der Adelsfamilien Süddeutschlands abgeschirmt von jedem Gedanken der Reformation eine strenge katholische Erziehung zu vermitteln. Die ersten Professoren kamen von der

Das ehemalige Jesuitenkolleg (rechts) mit Kirche

▲ Karte S. 203

Deckenfresko in der Studienkirche Mariä Himmelfahrt

Universität Löwen in den Niederlanden sowie aus Spanien, so etwa der Dominikaner Pedro de Soto, der Beichtvater Kaiser Karls V.

Die Zahl der Studenten und des angeschlossenen Gymnasiums stieg von den Anfängen bis zu seiner Hochzeit zu Beginn des 17. Jahrhunderts von 300 auf 760. Während und nach dem Dreißigjährigen Krieg entstanden neben der theologischen auch eine juristische sowie eine medizinische Fakultät. Auf diese Weise wuchs das Kolleg immer weiter und nahm praktisch ein ganzes Stadtviertel ein, das man auch als »lateinisches Viertel« bezeichnete. Von dieser Pracht ist heute nicht alles, aber doch einiges erhalten, was sich besonders in der Kardinal-von-Waldburg-Straße zeigt. Eindrucksvoll ist der **vierstöckige Südflügel** des Jesuitenkollegs mit seinen neun Fensterachsen im strengen italienischen Barock vom Anfang des 18. Jahrhunderts. An diesen schließt sich unmittelbar der dreistöckige **Bau der ehemaligen Universität** mit ihren dreizehn Fensterachsen, Giebelaufsatz und hochbarockem Hauptportal an. Dieses wird von dem Wappen des Fürstbischofs Johann Christoph von Freyberg, unter dem das Gebäude in den 1680er Jahren entstand, und zwei allegorischen Frauengestalten abgeschlossen. Gut zu erkennen auch die Rundfenster des Goldenen Saals im Obergeschoss. Da sich in der Universität heute die Akademie für Lehrerfortbildung befindet, kann man nur durch ein schmiedeeisernes Tor einen Blick in den weitläufigen Innenhof werden.

Prunkstück der Dillinger Universität ist der 1761-64 errichtete **Goldene Saal**, der seinen Namen natürlich nicht zufällig hat. Über und über mit vergoldeten Stuckornamenten im Rokoko-Stil überzogen, beeindruckt der ähnlich einer Kirche mit Hauptaltar und Orgelempore gestaltete frühere Kongregationsaal durch seine Helligkeit: durch große Fenster und Rundfenster strömt das Sonnenlicht in den Saal. Im Zentrum des gewaltigen Deckenfreskos steht die von den Jesuiten besonders verehrte Muttergottes, umgeben von Bischöfen und Vertretern von Stadt und Universität. An den Ecken sind die vier Fakultäten der Universität zu sehen.

Blick auf den Schlossturm

Nachdem die Jesuiten dem Papst zu mächtig geworden waren, hob er 1773 den Orden auf. Damit fiel die Universität wieder an die Augsburger Bischöfe zurück und wurde schließlich 1803 mit der Säkularisation aufgelöst. Zwar gab es von 1923 bis 1971 noch einmal eine »Philosophische-Theologische Hochschule Dillingen«, doch gliederte man diese in die 1970 gegründete Universität Augsburg ein.

Studienkirche Mariä Himmelfahrt

Die zwischen 1610 und 1617 erbaute Studienkirche schließt direkt an das einstige Jesuitenkolleg an. Ursprünglich im Stil der italienischen Renaissance errichtet, wurde der Bau Mitte des 18. Jahrhunderts im Rokokostil umgestaltet. Der ebenfalls in dieser Zeit entstandene **Hauptaltar** präsentiert sich in Form einer Theaterbühne, eine der wenigen erhaltenen in Deutschland. In jeder Palmwoche öffnet sich hinter dem dann versenkten Altarblatt in sechs Metern Höhe ein Raum mit Kulissen und Figuren, die den Leidensweg Christi nachzeichnen. Diese Funktion des Altars wurde erst bei der Renovierung 1990 wiederentdeckt. Das **Altarbild** selbst zeigt die Himmelfahrt Marias, die überlebensgroßen Figuren stammen von dem Veitshöchheimer Johann Michael Fischer und stellen die beiden Gründer des Jesuitenordens, Ignatius von Loyola und Franz Xaver dar. Doch nicht nur der Altar selbst, die ganze Kirche ist wie ein »theatrum sanctum« gestaltet. Es ist ein lichtdurchfluteter Raum, in dem die Sonne immer neue Details zum Leuchten bringt. Die mit Altären besetzten **Wandpfeiler** wirken wie eine Abfolge von Kulissen, die den Betrachter auf den Höhepunkt, den Hauptaltar, vorbereiten.

▸ Karte S. 203

Thema der **Fresken** in Chor und Langhaus der Jesuitenkirche ist die Verehrung Marias sowie die Missionstätigkeit der Jesuiten. Sie stammen von einem langjährigen Mitglied des Jesuitenordens, dem Mainburger Christoph Thomas Scheffler, der als Malergeselle bei dem berühmten Cosmas Damian Asam ausgebildet worden war. Der Auftrag dürfte für Scheffler selbst überraschend gekommen sein, denn bereits 1728 war er in Dillingen aus dem Orden ausgetreten und hatte sich selbstständig gemacht.

Unter dem Chor befindet sich die **Gruft der Jesuiten**, in der zwischen 1619 und 1800 insgesamt 126 Patres bestattet wurden: ein restauriertes Tonnengewölbe mit zehn zugemauerten Gängen, die zu den Grabkammern führten.

Königstraße

Die Waldburg-Straße, an der neben dem ehemaliges Jesuitenkolleg auch zahlreiche schöne Bürgerhäuser aus dem 17. Jahrhundert stehen (unter anderem Filialen der Augsburger Fugger Nr. 53 und 54), mündet in die Königsstraße, dem Zentrum von Dillingen. Zentrale Gebäude der ehemaligen Herrengasse – schließlich hatte Bayern erst ab dem 19. Jahrhundert einen König – sind die beiden Gebäude des Rathauses. Das **Alte Rathaus** wurde um 1500 erbaut, erhielt 1827 einen Neorenaissancegiebel und sieht mit seinen Rundbögen ein wenig wie ein Theater aus. Das **Neue Rathaus** wurde 1630 als Palais eines geadelten Hofbeamten erbaut und kam 1872 in den Besitz der Stadt. Auch die übrigen Fassaden Häuser an der Königstraße stammen aus dem 17. und 18. Jahrhundert und werden von den typisch bayerisch-schwäbischen Schweifgiebeln abgeschlossen. Das frühere **Regierungsgebäude der Fürstbischöfe** steht in der Königstr. 15, wurde 1715 erbaut und trägt ein Satteldach. Schön ist auch das **ehemalige Gasthaus zum Kreuz** mit seinem zweistufigen Giebel von 1780. Am oberen Ende der Königstraße erhebt sich der **Mitteltorturm**. Er ist das letzte erhaltene Stadttor Dillingens, wurde zur Zeiten der Erhebung Dillingens zur Stadt um 1230 erbaut und nach dem Stadtbrand 1753 erneuert; er ist 32 Meter hoch. An der Westseite steht eine Statue des Heiligen Josef, an der Ostwand zwei Ziegenböcke, die beim vollen Stundenschlag ihre Köpfe zusammenstoßen. Der Sage nach wurden sie von einem Kaufmann namens Böckler gestiftet, als Dank für seine Befreiung aus algerischer Gefangenschaft. Mit der Westwand des Tors verbunden ist ein sehenswerter **dreigeschossiger Satteldachbau** mit Arkaden im Erdgeschoss aus dem 17. Jahrhundert.

Die Orgel der Basilika St. Peter

Basilika St. Peter

Von der Königsstraße sind es nur wenige Schritte zur Basilika St. Peter, neben dem Augsburger Dom die zweite Kathedrale des Bistums Augsburg und Weihe- und Grabkirche seiner Bischöfe. Ursprünglich »nur« eine Stadtpfarrkirche wurde sie 1979 von Papst Johannes Paul II. zur »Basilica minor« erhoben.

Die Ursprünge der Kirche gehen bis auf das 13. Jahrhundert zurück, als Dillingen Stadtrecht erhielt. Die heutige dreischiffige Hallenkirche wurde von 1619 bis 1628 nach Plänen des späteren kaiserlichen Hofbaumeisters Hans Alberthal erbaut. Vielleicht war Alberthal auch der Schöpfer der Jesuitenkirche in Dillingen, hierüber gehen die Meinungen auseinander. Sicher jedoch ist, dass es sich auch bei St. Peter um eine Hallenkirche mit Wandpfeilern handelt, wobei diese Pfeiler jedoch ursprünglich frei in der Halle standen und erst 1644 durch Mauerwerk mit den Wänden verbunden wurden. Das Innere der Basilika wirkt überraschend schlicht, so fehlt zum Beispiel ein das gesamte Langhaus überziehendes Deckenfresko. Zunächst fallen so vor allem die in hellgrau gehaltenen **Emporen in Chor und Schiff** auf. Auch angesichts von nahezu vollständig fehlenden Heiligenstatuen oder Putti hat man fast den Eindruck, sich in einer von den Bilderstürmern der Reformation heimgesuchten Kirche zu befinden. Tatsächlich kam es bei der Besetzung der Stadt durch die Schweden im Dreißigjährigen Krieg zu Verwüstungen, so dass die Kirche 1643 saniert werden musste.

In der Basilika finden regelmäßig **Orgelkonzerte** statt, bei denen auch Weltstars wie die Franzosen Oliver Latry oder Thierry Escaich auftreten. Die 1978 fertiggestellte Orgel stammt von der einheimischen Orgelbaufirma Hubert Sandtner und verfügt über 53 Register.

Im Schlosshof

Dillinger Franziskanerinnen

Direkt neben St. Peter steht die ursprünglich gotische Kirche der »Dillinger Franziskanerinnen«. Diese Kongregation wurde bereits 1241 in Dillingen als Zusammenschluss christlicher Frauen nach der Art der Beginen-Bewegung – eine Zwischenform von Nonne und Laienschwester – gegründet. Über 600 Jahre gab es nur einen einzigen Konvent, doch inzwischen existieren neben Dillingen acht weitere Standorte in Deutschland. 2018 zählten sie weltweit knapp 1000 Mitglieder in 78 Konventen. Im Laufe der Jahrhunderte übernahmen die Franziskanerinnen zahlreiche soziale, pastorale und missionarische Aufgaben. So gründeten sie 1847 eine Schule für gehörlose Mädchen sowie ein Heim, in dem diese Mädchen nach ihrer Schulzeit leben konnten.

Schloss und Schlosspark

In der Mitte der Königsstraße führt eine kurze Gasse nach Süden zum Ehrenhof des Schlosses der Augsburger Fürstbischöfe. Auf einer Hochterrasse über der Donau gelegen, dient das dreieckige, in leuchtenden Weiß fast zu perfekt renovierte Gebäude mit seinen vier auffälligen Rundtürmen heute dem Amtsgericht und dem Finanzamt. Sehenswert sind das **Marientor** mit seinen beiden Zwiebeltürmchen und einer gotischen Madonnenfigur sowie der **Schlossgarten**. Dieser entwickelte sich aus dem wohl im 16. Jahrhunderten zugeschütteten Burggraben zwischen der Burg und ihrer Vorburg. Ein eindrucksvolles Park-Ensemble bilden Gärtnerhaus, Ulrichskapelle und das Salettl. So bezeichnet man im Österreichischen ein im Erdgeschoss offenes Gartenhaus. Das Obergeschoss ist dagegen geschlossen, hier findet sich ein mit feinem Stuck und klassizistischen Malereien von 1775 verzierter Raum, auch das Wappen des letzten Fürstbischofs Klemens Wenzelslaus ist zu sehen. Die kleine Kapelle mit ihrem Dachreiter mit Zwiebelhaube entstand schon im 14. Jahrhundert, erhielt ihr heutiges Aussehen jedoch in der Zeit des Rokoko.

▶ Karte S. 203

Kneipp-Rundwege

Der 1821 in Ottobeuren geborene Sebastian Kneipp studierte ab 1848 am Dillinger Lyzeum Theologie. Wohl seit 1846 litt der damals erst 25-jährige an einer Lungenkrankheit. Nachdem er 1848 zufällig ein Buch über die Heilkraft von frischem Wasser entdeckt hatte, begann er mehrmals wöchentlich in der eiskalten Donau zu baden. Auch übergoss er sich mit Wasser und wurde so nach eigenen Angaben wieder gesund. Ab 1850 behandelte er mit seiner Wasserkur erstmals andere Kranke, bald jedoch wurde ihm Kurpfuscherei vorgeworfen. Da er während einer Choleraepidemie zahlreiche Patienten heilen konnte, entstand sein Ruf als »Cholera-Kaplan« und nach Wörishofen, wo er inzwischen als Geistlicher tätig war, kamen immer mehr Menschen zu ihm in Behandlung. Trotz weiterer Angriffe gegen seine Wasser-Kur entwickelte sich Wörishofen in unglaublicher Geschwindigkeit zum Kurbad und im Sommer 1893, vier Jahre vor Kneipps Tod, zählte man bereits mehr als 33 000 Badegäste.

An Kneipp und seine Arbeit erinnern in Dillingen heute zwei Kneipp-Rundwege, von denen der eine rund 45 Minuten durch die Altstadt, der andere vom Parkplatz beim Fischerheim am Georg-Schmidt-Ring in 90 Minuten zu zwei Kneipp-Anlagen in den Donauauen führt.

Dillingen

Touristen-Information, Königstr. 37/8, 89407 Dillingen, Tel. 09071/54210; Mo, Di 7.30–17 Uhr, Di 7.30–16 Uhr, Do 7.30–18 Uhr, Fr 7.30–13 Uhr. www.dillingen-donau.de

Dillinger Schwabennest, Wittislinger Straße 7, 89407 Dillingen, Tel. 09071/5839376; DZ ab 80 Euro. Studios und Appartements mit Küchenzeile. www.ferienwohnung-heinisch.de

SleepySleepy Hotel, Kapuzinerstr. 35, 89407 Dillingen, Tel. 09071/7749690; DZ ab 56 Euro. Zweckmäßig ausgestattete, eher kleine Zimmer der Hotelkette Invite. www.invite-hotels.de

Storchennest, Demleitnerstr. 6, 89407 Dillingen-Fristingen, Tel. 09071/4569. Moderne deutsche Küche, aber auch Wurstsalat und Kässpätzle, 4-Gänge-Menü für 45 Euro. www.storchen-nest.de

Malzstadel, Lammstr. 13–14, 89407 Dillingen, Tel. 09071/7296611. Im Zentrum, einfache bayerische und deutsche Küche.

Gartencafé, Otto-Brenner-Str. 17, 89407 Dillingen, Tel. 09071/79290. Mitten im Grünen auf dem Gelände einer Gärtnerei. Gelobt wird der Apfelstrudel, es gibt aber auch herzhafte Gerichte.

Goldener Saal im Jesuitenkolleg, Apr.–Okt. Sa, So und Feiertags 10–17 Uhr.

Stadt- & Hochstiftmuseum, Hafenmarkt 11, 89407 Dillingen, Tel. 09071/4400; Mi 14–17 Uhr, jeden 1. Und 3. So im Monat 14–17 Uhr. Von der Steinzeit bis zur Gegenwart, Schwerpunkt ist das Handwerk und die Kirchengeschichte. www.dillingen-donau.de

Dillingen feiert, Stadtfest am zweiten Juli-Wochenende mit Lampionfest, Feuerwerk, regionaler Blas- und Rockmusik.

Wochenmarkt, auf der Königstraße Di, Do und Sa 7–13 Uhr.

Rund um Dillingen gibt es eine Reihe von **Baggerseen**. Da diese aber häufig in der Nähe von Kieswerken entstanden, wirken sie nicht immer einladend. Wer mehr wissen möchte: www.dillingerland.de

EXTRA

Das Theater der Jesuiten

1540 gründete der aus dem Baskenland stammende Ignatius von Loyola in Paris den Orden der Jesuiten. Papst Paul III. bestätigte die Gründung mit der Bulle »Regimini militantis ecclesiae« (»Zur Regierung der Streitenden Kirche«). Die Bezeichnung war Programm: Die vorrangigste Aufgabe der Jesuiten war es, die »ungläubigen« Protestanten in den Schoß der »rechtgläubigen« katholischen Kirche zurückzuholen. Überall im katholischen Europa entstanden Jesuitenkollegien, die sich mit einer Verbindung aus Wissenschaft und Moraltheologie diesem Ziel widmeten. In Prag, einer der Hauptstädte des Aufstands gegen die römische Kirche, waren sogar gleich drei solche Kollegien gegründet worden. Zehntausende Schriften des protestantischen Glaubens hatten die Jesuiten dort verbrannt.

Aufgabe der Jesuiten war es jedoch nicht, das Wort Gottes nur zu verkünden. sondern die biblischen Geschichten sollten als Theaterstück inszeniert werden. Hölzerne Engel wurden durch Kirchenchöre »geflogen«, Höllenfeuer flammte auf, auf diese Weise sollte demonstriert werden, welches Wohl und welches Wehe die rechtgläubige Kirche bereithält. Die kaum vorstellbare Zahl von 8000 Theaterstücken wurden in den 750 Kollegien, aber auch in Fürstenhöfen im 16. und 17. Jahrhundert aufgeführt. Wissenschaftler sind der Ansicht, dass das Jesuitentheater zu den bedeutendsten Kulturphänomenen der Frühen Neuzeit gehört. Einer der größten Theaterräume des Ordens war die St. Michaelskirche in München.

Mit dem Jesuitentheater in Dillingen hat sich vor allem der 1935 in Burladingen geborene Professor der Mittellateinischen Philologe Fidel Rädle beschäftigt. In einem langen Aufsatz hält er fest, dass es ein glücklicher Zufall für Dillingen gewesen sei, dass sich die beiden begabtesten und aktivsten süddeutschen Dramatiker des frühen 17. Jahrhunderts hier getroffen hätten: der Ehinger Jakob Bidermann und der Augsburger Georg Stengel, beide Mitglieder des Jesuitenordens. Bidermanns bekanntestes Stück »Cenodoxus« handelt von einem heidnischen Mimen, der sich zu einem christlichen Märtyrer wandelt. Johann Wolfgang von Goethe soll dadurch zu seinem Faust I. inspiriert worden sein.

In die Zeit, in der Stengel und Bidermann wirkten, fielen zwei Höhepunkte der jesuitischen Theatergeschichte Dillingens. Die Weihe der Jesuitenkirche wurde 1617 mit dem Stück »Triumph der Jungfrau Maria« gefeiert. Die Aufführung auf offener Bühne vor der Kirche dauerte drei ganze Tage. Oft regnete es dabei so stark, dass der jesuitische Rektor Angst vor dem Schaden bekam, die die Nässe den geliehenen Kostümen zufügen würde.

Im zweiten wichtigen Theaterstück, das im Collegium Hieronymi zu sehen war, befasste sich der Autor Georg Stengel mit dem Gründer der Dillinger Universität, Kardinal Otto von Waldburg. Anlässlich der Überführung seiner Gebeine aus Rom, wo er 1573 gestorben war, wurde es am 22. Oktober 1614 aufgeführt. Thema des Stücks »Comoedi Otho redivivus« war das von Kaiser Karl V. befohlene Programm zur Behebung der Missstände der katholischen Kirche. Und natürlich bewältigt der Kardinal die ihm dabei gestellten Aufgaben bravourös. Otto von Waldburg ist heute in der Studienkirche Maria Himmelfahrt beigesetzt. In der Studienbibliothek in der Kardinal-von-Waldburg-Straße 51 gibt es eine umfangreiche digitale Sammlung der Jesuitendramen. www.studienbibliothek-dillingen.de

Höchstädt und Blindheim

Höchstädt ging in die österreichische, Blindheim in die englische Geschichte ein – und das aus ein und demselben Grund: am 13. August 1704 fand hier eine entscheidende Schlacht des Spanischen Erbfolgekrieges statt, in dem es um die Nachfolge des letzten spanischen Habsburgers ging. Der Feldherr auf Seiten der Franzosen war Bayerns Kurfürst Maximilian II. Emanuel und ihm gegenüber standen der in den Türkenkriegen als »Edler Ritter« legendär gewordene Österreicher Prinz Eugen sowie der Herzog von Marlborough, ein Ahnherr des späteren britischen Premiers Winston Churchill. Und da die verbündeten österreichisch-englisch-niederländischen Truppen näher an Blindheim denn an Höchstädt standen, kennt man in Großbritannien eben heute eine »Battle of Blenheim« und das Schloss, das der britische König den Marlboroughs schenkte, heißt Blenheimpalace – was auch darauf verweist, wer die Schlacht gewann.

Tatsächlich mussten von den 56 000 Soldaten auf der bayerisch-französischen Seite in nur acht Stunden 20 000 ihre Leben lassen, der etwa gleich starke Sieger hatten 4500 Tote zu verzeichnen. Zwischen Goldberg und Nebelbach fand, so hielt die Süddeutsche Zeitung einmal fest, ein »Gemetzel« statt, eine der blutigsten Schlachten der Neuzeit. Winston Churchill, der Höchstädt selbst zweimal besuchte, schrieb in seinem dritten Band der »Englischen Geschichte«: »Der Sieg von Höchstädt-Blenheim hatte die französischen und die bayerischen Armeen an der Donau nahezu vernichtet. (...) Ganz Europa erschauerte vor diesem unglaublichen Geschehen. (Frankreichs Sonnenkönig) Ludwig XIV. konnte es nicht fassen, dass seine beste Armee nicht nur geschlagen, sondern auch vernichtet war. Von diesem Augenblick an dachte er nur noch an einen ehrenvollen Abgang aus dem Krieg, den er selbst heraufbeschworen hatte. (...) Mit Marlborough erreichte England den Gipfel seiner Macht, und die Inselbewohner gaben sich ihrer Freude hin.«

Der Spanische Erbfolgekrieg, der um das Erbe des Königs Karl II. von Spanien seit 1701 in ganz Europa geführt wurde, sollte freilich erst zehn Jahre nach der Schlacht von Höchstädt zu Ende gehen, wobei es keiner der beteiligten Mächte gelang, die angestrebte Hegemonie in Europa zu erlangen. Bis zu den Napoleonischen Kriegen 100 Jahre später herrschte nun ein Gleichgewicht der Kräfte. Im Höchstädter Heimatmuseum im Alten Rathaus hat man mit etwa 10 000 Zinnsoldaten die Schlacht nachgebaut und auch Führungen über das ehemalige Schlachtfeld bietet die Stadt an.

Ansonsten gibt es in der 6700 Einwohner zählenden Stadt die noch aus spätgotischer Zeit stammende **Pfarrkirche Mariä Himmelfahrt** mit Rokoko-Ausstattung sowie im östlichen Teil nahe der Donau ein eindrucksvolles **Schloss** mit vier Ecktürmen aus dem frühen 17. Jahrhundert. In diesem ist heute eine vielfältige Fayencen-Ausstellung zu sehen und natürlich gibt es auch umfassende Informationen über die historische Schlacht.

Höchstädt

Heimatmuseum Höchstädt, Marktplatz 7, 89420 Höchstädt, Tel. 09071/4412; Apr.–Sept. jeden So 14–17 Uhr oder nach Absprache unter 098074/5262.
www.vg-hoechstaedt.de

Museum Deutscher Fayencen, Herzogin-Anna-Str. 52, 89420 Höchstädt, Tel. 09074/0585700; Apr.–18. Okt. 9–18 Uhr, außer Mo. Mit (nur am Wochenende geöffneten) Schlosscafé, das am Sonntag auch einen Brunch anbietet.
www.schloss-hoechstaedt.de
www.schlosscafe-hoechstaedt.de

Donauwörth

Den schönsten Blick auf Donauwörth hat man von der Donau aus. Oder besser: Von der Stelle, an der die Wörnitz in die Donau mündet. Denn eigentlich liegt die historische Altstadt mit einer der längsten Prachtstraßen Bayerns gar nicht an der Donau, sondern an der aus dem Nördlinger Ries kommenden Wörnitz, die hier teilweise sogar breiter als die Donau ist. Und dann gibt es da noch die Nebenflüsse namens Schmutter, Zusam und Kessel, so dass Donauwörth mit seinen 20 000 Einwohnern ein beliebtes Ziel für alle ist, die Wasser, Baden oder Angeln lieben. Daneben zieht es aber auch Puppenfans hierher, denn Donauwörth ist die Heimat der Käthe-Kruse-Puppen.

Stadtgeschichte

Wie die Lage an der Wörnitz vermuten lässt, hieß Donauwörth die längste Zeit seiner Geschichte gar nicht Donauwörth. Sondern zunächst Werd und ab dem 13. Jahrhundert, als die schwäbischen Staufer um sie kämpften, dann Schwäbischwerd. Werd steht wie Werder oder Wörth für einen trockengelegten Sumpf oder eine Insel zwischen zwei Flüssen. Im heutigen Donauwörth war damit die Insel zwischen zwei Armen der Wörnitz gemeint, auf der sich schon um das Jahr 500 Fischer mit ihren Familien niederließen. Zugleich bildete Werd den Kreuzungspunkt der bedeutenden Handelsstraßen von Augsburg nach Nürnberg sowie von Ulm nach Regensburg. Zu Römerzeiten endete an der Donau hier die aus Norditalien kommende Via Claudia Augusta.

Im 10. Jahrhundert erhielt Werd Marktrecht, um 970 wurde von einer ersten Brücke über die Donau berichtet, 1081 liest man in den Quellen dann bereits von einem befestigten Ort. Nach dem Erlöschen des Herrschergeschlechts von Werd vergaben die Staufer Mitte des 12. Jahrhunderts das Land als Lehen an die Wittelsbacher, doch bald bereuten sie dies. Damit begann ein rund 300-jähriger Kampf zwischen Deutschem Reich und Bayern um die Stadt, der erst von Kaiser Friedrich III. 1465 erfolgreich beendet wurde. Von da an war Donauwörth – von kurzen Unterbrechungen abgesehen – bis 1607 Reichsstadt.

Zum Verlust der kaiserlichen Freiheitsrechte trug eine katholische Prozession des Jahres 1606 bei. Über diese war die protestantische Mehrheit Donauwörths so erbost, dass sie die Gläubigen überfie-

Blick über die Donau auf die Stadt

▲ Karte S. 213

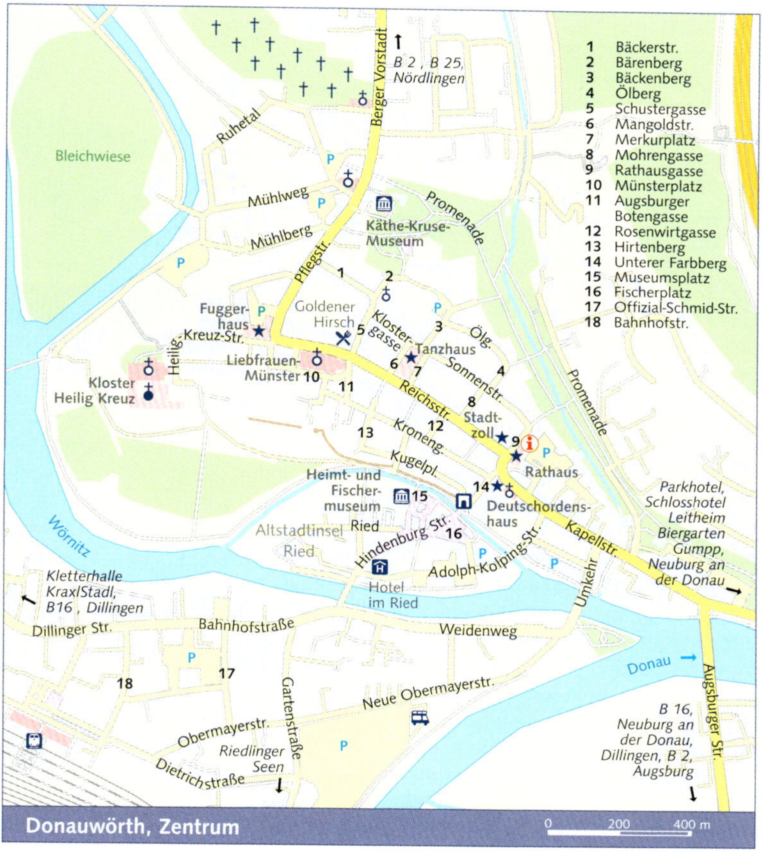

Donauwörth, Zentrum

len, schwer verletzten und die Devotionalien zerstörten. Als sich dieser Angriff wiederholte, besetzte Herzog Max von Bayern die Stadt und gab sie nie mehr frei. Donauwörth wurde rekatholisiert, weshalb die Hälfte der Bevölkerung abwanderte.

Die Ereignisse von Donauwörth führten bei Habsburgern und Bayern zur Gründung der »Katholischen Liga«, die andere, protestantische Seite schloss sich zur »Union« zusammen. Die Aufstellung der Konfliktparteien der sich abzeichnenden kriegerisch-religiösen Auseinandersetzungen fand also an der Donau statt. In der Geschichte des Dreißigjährigen Krieges wird die gewaltsam beendete Prozession von Donauwörth fast immer an vorderster Stelle genannt. In dem Krieg selbst hatte Donauwörth freilich unter beiden Seiten zu leiden.

Schon 1750 wurde eine ständige Schifffahrtslinie zwischen Donauwörth und Wien eröffnet. Fast 100 Jahre später, 1847, überquerte der erste Zug die Donau. Wie in den vielen Jahrhunderten zuvor blieb Donauwörth damit ein wichtiger Verkehrsknotenpunkt. Züge von

Nord nach Süd und von Ost nach West kreuzen sich hier und seit 2017 ist die Stadt an eine der schnellsten Bahnlinien Deutschlands angeschlossen. Die ICE-Züge der Strecke Berlin–Erfurt–München halten hier und man braucht nur vier Stunden von der Bundeshauptstadt nach Donauwörth.

Bei zwei Bombenangriffen Mitte April 1945 wurde die Stadt zu 75 Prozent zerstört und wenige Tage später von US-Truppen befreit. Wie in so vielen Städten Bayerns änderte sich die Einwohnerzahl durch den Zuzug von Vertriebenen vor allem aus dem Sudetenland grundlegend: 1949 waren von gut 8000 Einwohnern über ein Viertel Flüchtlinge. Um ausreichend Wohnmöglichkeiten zu schaffen, wurde auf dem Schellenberg die Neubausiedlung Parkstadt errichtet, ihre Hochhäuser bestimmen seitdem das Bild der Stadt im Norden.

Seit 2015 trägt Donauwörth den Titel einer »Fairtrade-Town«. Produkte aus fairem Handel sollen in den Einzelhandelsgeschäften der Stadt, aber auch in Schulen oder bei Gemeinderatssitzungen angeboten werden. Ein Fair-Führer informiert über die diversen Aktivitäten, so gibt es inzwischen auch eine eigene Donauwörther Fairtrade Schokolade, ein Fairtrade-Gymnasium, wo man sich um die Weiterentwicklung und Verbreitung des Fairtrade-Gedankens kümmert, und eine Faire Woche im Januar.

Reichsstraße

Im Wesentlichen besteht Donauwörth aus nur einer Straße: Der sich zwischen Rathaus und Fuggerhaus auf einer Länge von einem halben Kilometer hinziehende Reichsstraße, Teil des uralten Handelswegs zwischen Augsburg und Nürnberg. Auf beiden Seiten wird die breite Straße gesäumt von mächtigen Patrizierhäusern, bemalt in bunten Far-

In der Reichsstraße

ben und bekrönt von abwechslungsreichen Staffelgiebeln. Natürlich ist die Reichsstraße auch heute die wichtigste Einkaufsstraße der Stadt mit Straßencafés, Restaurants und Hotels, auch wenn in den letzten Jahren immer wieder Geschäfte schließen mussten. Im Zweiten Weltkrieg wurde die Reichsstraße weitgehend bei Bombenangriffen zerstört, doch begann man schon 1946 mit dem Wiederaufbau, den man der Straße heute kaum mehr ansieht.

Rathaus

Die Reichsstraße beginnt unweit der Donau beim Rathaus, einem dreigeschossigen Gebäude mit Freitreppe, das im Kern noch aus dem 14. Jahrhundert stammt. Im 16. Jahrhundert wurde der dritte Stock aufgesetzt, im 18. Jahrhundert erhielt es sein mächtiges Mansardendach. Über der Treppe sieht man das Wappen der Reichsstadt: Ein doppelköpfiger Reichsadler, 1530 von Kaiser Karl V. verliehen, mit einem W für Werd auf der Brust. Er bildet bis heute das Wappen von Donauwörth.

Das erste Haus der Reichsstraße auf der rechten Seite ist der 1418 errichtete **Stadtzoll**, in dem sich die Amtsstube

▲ Karte S. 213

des Zöllners und auch die Trinkstube des Stadtrates befand. Ein schlanker, langgezogener Eck-Erker wird von einer Konsole getragen, unter dem ein Ritter mit Fahne und Wappenschild kniet. Den Überlieferungen zufolge stellt er den Ratsherrn und Fähnlein-Hauptmann Georg von Zusum dar, der von Kaiser Maximilian I. für seine Tapferkeit ausgezeichnet wurde. Nach einer Sage soll man das »Männle« seufzen hören, wenn der Stadt Gefahr droht.

Deutschordenshaus

Das mächtige weiße Gebäude in der nahen Kapellstraße 3 ist eine der ältesten Niederlassungen des 1197 im Heiligen Land gegründeten Deutschen Ritterordens. 1214 entstand zunächst an der Donau eine Kapelle, an der für die Armen gesammelt wurde. Als der Ritterordens-Komtur Heinrich von Zipplingen 1332 mit seinem ganzen Konvent nach Donauwörth zog, wurde die Niederlassung erstmals vergrößert, seine heutige Form erhielt der Bau allerdings erst in den 1770er Jahren. Sehenswert ist vor allem der **Enderlesaal**, der nach dem 1798 in Donauwörth verstorbenen Barockmaler Johann Baptist Enderle benannt wurde, und wo neben einem Fayenceofen und reichen Stuckaturen das Deckenfresko des Künstlers »Hochzeit der Meeresnympfe Thetis mit Peleus« zu sehen ist. Heute beherbergt das Deutschordenshaus die **Städtische Kunstgalerie**.

Das Tanzhaus

Eines der Häuser der Reichsstraße, von denen man lange nicht wusste, wie man es in der Gegenwart nutzen kann, ist das »Tanzhaus« (Nr. 34). Bereits um 1400 als Markthalle und Kornschranne errichtet, erinnert das mächtige ziegelrote Gebäude mit seinem hohen Giebel an Kaufmannshäuser aus dem Ostseeraum. An Markttagen präsentierten die reichsten Händler ihre edelsten Waren wie Seide, Gold- und Silberschmuck im großen Saal des ersten Stocks. An Feiertagen dagegen fanden hier rauschende Feste statt. Und auch jeden Sonntag wurde von 12 bis 15 Uhr getanzt. Am 8. März 1500 besuchte Kaiser Maximilian mit seinem Hofstaat das Haus.

Allerdings gab es auch weniger erfreuliche Ereignisse. So steckten im Juli 1704 die abziehenden französischen Besatzer das Tanzhaus in Brand, zur Zeit Napoleons diente es als Gefängnis, am 11. April 1945 wurde es durch Bomben zerstört. Nach dem Wiederaufbau eines Provisoriums, diente dieses als Kino und Sitz verschiedener Einzelhandelsgeschäfte. Erst 1971 entschied sich der Stadtrat für eine weitgehende Rekonstruktion des historischen Gebäudes. Dieses jedoch genügte den wachsenden Ansprüchen der Zeit schnell nicht mehr, seit 2016 stand das Tanzhaus leer. Doch vielleicht gelingt nun eine Rückkehr in bessere Zeiten: Anfang 2020 beschloss die Stadt nach langen Diskussionen, das Tanzhaus nicht abzureisen, sondern in ein Kulturzentrum mit großem Veranstaltungssaal, Bibliothek und Archäologischem Museum umzubauen. Auch das Tourismusbüro soll hier seinen Sitz haben.

Liebfrauen-Münster

Das 1467 geweihte »Münster zu Unserer Lieben Frau« beherrscht mit seinem 57 Meter hohen Turm das obere Ende der von Südost nach Nordwest ansteigenden Reichsstraße. Daher steigt auch die dreischiffige spätgotische Hallenkirche vom Chor zur Orgelempore um rund 170 Zentimeter an. Mit Ausnahme des Chors mit seinen **modernen Glasfenstern** aus den 1960er Jahren macht das Münster einen eher düsteren Eindruck, was vor allem darauf zurückzuführen ist,

Das Liebfrauenmünster

dass in das Mittelschiff einer Hallenkirche im Unterschied zu einer Basilika kein Licht fällt. Schön ist jedoch sein **Parallelrippengewölbe** sowie das **Sternrippengewölbe** des Chors.

Die **Decken- und Wandmalereien** des Münsters stammen aus dem späten 15. Jahrhundert, wurden nach einer Übermalung jedoch erst 1938/9 wieder freigelegt. Zu den schönsten Ausstellungstücken zählen das **gotische Sakramentshäuschen** von 1503, ein **Kruzifix** von 1513 über dem Hauptaltar, eine **Pietà** von 1508 am rechten Seitenaltar sowie das vermutlich älteste Ausstattungsstück: eine **Steinmadonna** über dem Eingang zur Sakristei. Diese wird auf das Jahr 1430 datiert und mit dem Ulmer Meister Hartmann in Verbindung gebracht. Die bekannteste Sehenswürdigkeit des Münsters ist die **Pummerin**, eine etwa 6500 Kilogramm schwere Glocke, die erstmals 1512 gegossen wurde. Wegen Sprüngen im Guss musste sie jedoch zweimal erneuert werden, 1677 und 1886. Mit ihrem Gewicht von 6550 Kilogramm und einem Durchmesser von 2,15 Metern ist die Pummerin die größte Glocke Bayerisch-Schwabens. Allerdings wird sie bei weitem von der Wiener Pummerin im Stephansdom mit gut 20 000 Kilogramm übertroffen. Jeden Tag um 12 Uhr spielen die Pummerin und vier weitere Glocken im Kirchturm das »Salve Regina«. Regelmäßig finden **Führungen auf den Münsterturm** statt, Infos gibt es im Tourismusbüro. Dem Münster gegenüber steht der moderne **Reichsstadtbrunnen**, auf dem ein mächtiger Adler, Sinnbild des Reiches und damit auch der Reichsstadt, zum Abflug bereit scheint. Jedes Jahr an Ostern wird er von Schülern geschmückt.

Fuggerhaus

Das Fuggerhaus am oberen Ende der Reichsstraße wurde 1539 von der Augsburger Kaufmannsfamilie Fugger erbaut und diente als ihr Handelskontor in Donauwörth. In dem mächtigen Gebäude, das mit seinem Zinnengiebel mehr an ein Schloss denn an ein Kaufmannshaus erinnert, bezog Schwedens König Gustav Adolf während des Dreißigjährigen Krieges Quartier. Aber auch Kaiser Karl VI., der Vater Maria Theresias, war hier 1711 zu Gast. Das frisch renovierte Gebäude gilt als ein bedeutendes Beispiel für schwäbische Renaissance und dient heute dem Landratsamt des Donau-Ries-Kreises.

Kloster Heilig Kreuz

Bereits 1040 wurde von Mangold I. von Werd das Benediktinerinnenkloster Zum Heiligen Kreuz gegründet. Nur kurz zuvor hatte er als Gesandter des deutschen Kaisers in Konstantinopel dort einen der

▶ Karte S. 213

unzähligen Splitter vom Kreuz Christi in Empfang nehmen dürfen. Anfang des 12. Jahrhunderts wurde das Frauen- in ein Männerkloster der Benediktiner umgewandelt und an seinen heutigen Standort im Westen Donauwörths verlegt. Zwar löste man das Kloster im Zuge der Säkularisation 1803 auf, die im Stil des Rokoko erst 30 Jahre zuvor umgebaute Anlage – schön vor allem der weithin sichtbare Kirchturm – blieb jedoch erhalten. In der Klosterprälatur übernachtete Napoleon 1809, die Kirche allerdings, sie diente ihm als Pferdestall. Bis 1977 beziehungsweise 2016 waren im Kloster Heilig Kreuz ein Kinderheim und ein Internat untergebracht. Sie gehen zurück auf den Pädagogen Ludwig Auer (1839–1914), dessen Ziel eine bessere Ausbildung der katholischen Landjugend war und der deshalb die Stiftung Cassianeum gründete. Besonders das Internat genoss jahrzehntelang einen hervorragenden Ruf, bis 2018 bekannt wurde, dass sowohl im Heim wie in der Schule Kinder körperlich gezüchtigt und sexuell missbraucht worden waren. Auch der 1980 verstorbene Geistliche und Enkel des Schul-Gründers, Max Auer, soll mindestens drei Kinder vergewaltigt haben. Bei den Untersuchungen der Vorfälle kam man zu dem Schluss, dass die Demütigungen und Misshandlungen in dieser »grauenhaften Einrichtung« auch auf den paternalistischen Geist Ludwig Auers mit seinen strengen Befehls- und Gehorsamsketten zurückzuführen seien. Das Internat war bereits 2016 geschlossen worden, da es zu wenig Interessenten gab. Eine Realschule Ludwig Auer gibt es jedoch bis heute. Und auch die Stiftung Cassianeum existiert weiter, sie vergibt einen Schulentwicklungspreis und betreibt einen Tageskindergarten. Und: In Donauwörth stand lange Zeit nahe dem Heilig-Kreuz-Kloster ein 1925 anlässlich des 50-jährigen Gründungsjubiläums des Internats enthülltes Denkmal für Ludwig Auer mit der Inschrift »Onkel Ludwig«. Denn so ließ sich der Pädagoge von den Kindern gern nennen. Das Denkmal gibt es immer noch, allerdings fehlte – zumindest im Sommer 2020 – die Onkel-Aufschrift. Im Juni 2019 wurde beschlossen, ein Denkmal für die Opfer zu errichten. Dieses soll im nahen Auer-Park stehen.

Das Fuggerhaus

Pfarrkirche Heilig Kreuz

Die heutige Pfarrkirche Heilig Kreuz wurde Anfang des 18. Jahrhunderts von Joseph Schmuzer aus dem oberbayerischen Wessobrunn errichtet, weshalb man sie auch als gutes Beispiel für den Wessobrunner Barock bezeichnet. Dieser zeichnet sich durch eine Vielfalt von leuchtend weißen Stuckornamenten aus, und tatsächlich prägen mächtige weiße Pfeiler und stuckgefasste Deckenfreskos das Innere der Kirche.

Die Themen dieser **Fresken**, die von dem Asamschüler Jakob Karl Stauder stammen, sind das Leben des heiligen Benedikt sowie das Heilige Kreuz. Im ersten nördlichen Langhausjoch sind der Klosterstifter Mangold und Kaiser Maximilian I. zu sehen. In wortgewaltige Begeisterung geriet der Autor eines kunsthistorischen Reiseführers des vergangenen Jahrhunderts über die **Engelsfiguren** des Johann Georg Bschorer aus Oberndorf am Lech. Diese würden »geradezu quellend aus dem Schnitzmesser des großartigen Manieristen hervorgehen« und das Gewand seiner Figuren sei von ihm dermaßen »zerhackt« worden, um all ihre Leidenschaft und Erregung wiedergeben zu können.

In der Klosterkirche wurde **Maria von Brabant** beigesetzt, die 1256 auf Befehl ihres bayerischen Gatten enthauptet worden war. Der Hintergrund dieser Tat ist bis heute nicht endgültig geklärt. In der einen Version war Herzog Ludwig der Strenge, der wegen dieses Mordbefehls später seinen Beinamen erhielt, eifersüchtig auf einen Ritter, dem Maria angeblich ihre Gunst geschenkt hatte. In einer neueren Version gibt es die Vermutung, dass er mit dem Tod der Brabanterin den damaligen deutschen König Wilhelm von Holland schwächen wollte, mit dem Maria verwandt war. Sterben musste jedoch nicht nur die Herzogin, sondern auch ihre Hofdamen. An das Schicksal aller erinnern heute Tafeln unter der Orgelempore. Das Epitaph Marias ist von einem prunkvollen schmiedeeisernen Gitter umgeben, Geschenk des Prinzregenten Luitpold von Bayern, eines späten Nachfolgers des strengen Ludwig.

Jedes Jahr am 14. September findet in der Pfarrkirche Heilig-Kreuz das »Kreuzerhöhungsfest« statt, das hunderte Wallfahrer nach Donauwörth zieht. Denn nur dann ist es möglich, der **Reliquie mit dem Splitter des Heiligen Kreuzes**, den

Altar für die Kreuzreliquie in der Heiligkreuzkirche

Donauwörths Herrscher Mangold einst vom byzantinischen Kaiser erhielt, zumindest etwas näher zu kommen. Ansonsten steht das Reliquiar auf einem Altar, der von einem schmiedeeisernen Gitter geschützt wird in der Gruft der Pfarrkirche – weit weg also von den Gläubigen. Allerdings gibt es natürlich nicht nur in Donauwörth einen solchen Splitter des Kreuzes Christi. Ein Kreuzpartikel gehörte zum Beispiel auch zu den römisch-deutschen Reichskleinodien. Gefunden wurde das Kreuz vom Golgota-Hügel im Jahre 323 in Jerusalem ausgerechnet von der Mutter des römischen Kaisers Konstantin, Helena. Damals soll es immer noch gut erhalten gewesen sein, ein Teil blieb in Jerusalem, der andere wurde nach Konstantinopel gebracht. In den folgenden Jahrhunderten jedoch wurden beide Orte immer wieder geplündert, das Kreuz geraubt und weiter

▶ Karte S. 213

geteilt. Wissenschaftler haben darum versucht, die Zahl der bekannten Kreuzsplitter zusammenzuzählen. Inzwischen ist man auf eine Summe von 4500 Kubikzentimetern gekommen, woraus man ein Kreuz von 1,80 Metern Höhe mit einem Querbalken von einem Meter Länge fertigen könnte.

Altstadtinsel Ried

Einen ganz anderen Eindruck von Donauwörth als in der Reichsstraße mit ihren prächtigen Patrizierhäusern bekommt man auf der Altstadtinsel Ried, der »Keimzelle« Donauwörths. Von zwei Armen der Wörnitz umflossen, ist sie so etwas wie eine Oase in der Altstadt, in der zahlreiche bunte **Handwerker- und Fischerhäuschen** erhalten werden konnten. Die Insel betritt man durch das rosafarbene **Rieder Tor** mit seinem zwei mächtigen Rundtürmen, einem der letzten Reste der ehemaligen Stadtbefestigung. Auf der Ried-Insel befindet sich in einem aus dem Jahr 1480 stammenden, ochsenblutroten Haus einer Fischerfamilie das **Heimatmuseum** der Stadt. Die Ausstellung widmet sich vor allem der Schlosserei- und Schmiedekunst sowie der Fischerei auf Donau und Wörnitz.

Denkmal von Latour d'Auvergne

30 Kilometer östlich von Donauwörth weist an der B16 bei Oberhausen eine große Tafel auf das Denkmal von Latour d'Auvergne hin. Dieses erinnert an den »Ersten Grenadier Frankreichs« Theophile Latour d'Auvergne, der am 27. Juni 1800 bei der Schlacht von Oberhausen im Kampf gegen bayerisch-österreichische Truppen gefallen war. Erst wenige Monate vor seinem Tod hatte er den Titel von Napoleon erhalten und 1809 besuchte der Kaiser das Denkmal. Der sargförmige Stein liegt inmitten von Wiesen zwischen Unter- und Oberhausen.

Donauwörth

Tourist-Info, Rathausgasse 1, 86609 Donauwörth, Tel. 0906/789151; Mai–Sept. Mo–Fr 9–12 und 13–18 Uhr, Sa und So 15–18 Uhr, Okt.–Apr. Mo–Do 9–12 und 13–17 Uhr, Fr 9–13 Uhr.
www.ferienland-donau-ries.de

Hotel im Ried, Hindenburgstr. 30-32, 86609 Donauwörth, Tel. 0906/9998480; DZ ab 90 Euro. Einfaches, aber beliebtes Hotel auf der Altstadtinsel Ried mit italienischem Restaurant.
www.hotel-im-ried.de

Parkhotel Donauwörth, Sternschanzenstr. 1, 86609 Donauwörth, Tel. 0906/706510; DZ ab 136 Euro. Großes Haus mit großen Zimmern im Grünen östlich des Stadtzentrums und mit Höhenblick auf Donauwörth, Fitnessstudio und Sauna. Klassische deutsche Küche auf schöner Terrasse. Gleich nebenan liegt das **Restaurant Wogis** mit regionalen Spezialitäten, Steaks, in der kalten Saison auch Entenbraten.
www.parkhotel-donauwoerth.de
www.wogis-restaurant.de

Schlosshotel Leitheim, Schloss-Str. 1, 86687 Leitheim, Tel. 09097/485980; DZ ab 209 Euro. In einem Rokokoschloss 10 km östlich von Donauwörth hoch über historischen Weingärten und der Donau. Das Restaurant erhielt 2019 von Michelin einen »Bib Gourmand«. Mediterrane Küche. Spa.
www.schloss-leitheim.de

Biergarten Gumpp, Im Donautal 1, 86609 Donauwörth, Tel. 0906/3316. Großer Biergarten unweit der Donau. Augustiner-Bräu und Gutmann Hefeweizen. Bayerische Küche, Salate. Mit Appartments und Zimmern (DZ ab 50 Euro) sowie Zeltplatz.
www.biergarten.gumpp

Goldener Hirsch, Reichstr. 44, 86609 Donauwörth, Tel. 0906/3124. Gegen-

über dem Münster gibt es traditionelle schwäbische Küche: große Suppen- und Bratenauswahl.
www.goldener-hirsch-donauwoerth.de

Städtische Kunstgalerie im Deutschordenshaus, Kapellstr. 3, 86609 Donauwörth, Tel. 0906/789180; jeweils am 1. Sonntag des Monats 14–17 Uhr. In fünf Räumen werden vor allem Werke mit Motiven aus Donauwörth gezeigt.
Käthe-Kruse-Puppen-Museum, Pflegestr. 21a, 86609 Donauwörth, Tel. 0906/789170; Okt.–Apr. Do–So 14–17 Uhr, Mai–Sept. Di–So 11–18 Uhr, 25.12.–6.1. täglich 14–17 Uhr.
Heimatmuseum der Insel Ried, Museumsplatz 2, 86609 Donauwörth, Tel. 0906/789170; Mai–Okt. Di–So 14–17 Uhr, Nov.–Apr. Mi, Sa, So 14–17 Uhr.
Infos zu allen Museen unter:
www.donauwoerth.de

Weltladen, Bäckerstr. 3, 86609 Donauwörth, Tel. 0906/29999407. Initiator der Fair-Trade-Stadt Donauwörth, in der Altstadt, Lebensmittel und Kunsthandwerk.

Fischerstechen, vier Tage im Juni, auf der Ried-Insel mit viel Musik
Maimarkt, seit fast 1000 Jahren mit 100 Marktständen und verkaufsoffenem Sonntag in der ganzen Altstadt, Anfang Mai

Fahrt mit historischen Zillen an Muttertag und beim Maimarkt
Härpfer'sches Fronfischlehen, Ried 21, 86609 Donauwörth, Tel. 0151/43814381; vom Huchen bis zum Edelkrebs, Angelkarten für alle Gewässer rund um Donauwörth. www.angeln-donau.de
www.ferienland-donau-ried.de
Kletterhalle Kraxl-Stadt, Neudegger Allee 3a, 86609 Donauwörth, Tel. 0906/99997080. www.kletterhalle-don.de

Riedlinger Seen, zwei große Baggerseen nahe der Donau mit großer Liegewiese und Grillplatz.
Freibad auf dem Schellenberg, Sternschanzenstr. 1, 86609 Donauwörth, Tel. 0906/789540. Mit Panoramablick auf Donauwörth, acht 50-Meter-Bahnen, 10-Meter-Springturm, 90-Meter-Wasserrutsche.

Harburg

15 Kilometer nördlich von Donauwörth erhebt sich auf einem steil abfallenden, 480 Meter hohem Felsen die Harburg, eine der eindrucksvollsten Burgen ganz Deutschlands. Allerdings wird der Blick auf die fast vollkommen erhaltene mittelalterliche Anlage von der B25 aus von einem riesigen Zementwerk verdeckt. Ein Industriebetrieb, der den Ort seit einem guten Jahrhundert mit seinem Staub belastet und jetzt noch um einen achten Ofen erweitert werden soll. Dessen Höhe wird 115 Meter betragen und damit 25 Meter höher als der Kirchturm Daniel im nahen Nördlingen sein.

▸ Karte S. 164/165

Um die Harburg in ihrer ganzen Pracht bewundern zu können, sollte man daher in den Ort hinein- und zur Brücke über die Wörnitz fahren. Und auch die 5600-Einwohner-Stadt selbst lädt mit einigen romantischen, mittelalterlichen Gässchen zu einem kurzen Besuch ein.
Die Harburg entstand vermutlich spätestens um 1100 zur Überwachung des Handels im Nördlinger Ries. Die erste schriftliche Erwähnung stammt von 1150, als der Staufer Heinrich IV. sich hier aufhielt. 1299 verpfändeten die Habsburger die Harburg an die Grafen von Öttingen, in ihrem Besitz befindet sie sich bis heute.
Der **Fürstenpalast** wird von einer **Verteidigungsanlage** mit sechs Türmen gesichert, zunächst mussten die Angreifer freilich die etwas tiefer gelegene **Vorburg**

einnehmen. Außerdem gab es gleich **zwei Bergfriede** – den Diebsturm mit einer Mauerstärke von drei Metern sowie den Faulturm, beide aus dem 12. Jahrhundert. Sie dienten als Fluchtort bei Angriffen, als Lagerraum und als Gefängnis mit Folterkammern. Zwischen den beiden Türmen entstand am Ende des 15. Jahrhunderts der sogenannte **Saalbau**, der 1717 um ein weiteres Stockwerk erhöht wurde. In ihm befindet sich der **Rittersaal** der mit seinen Stuckkaturen aus der Mitte des 18. Jahrhunderts als der kunstgeschichtliche wichtigste Profanbau der Burg gilt.

Der **Burgbrunnen** hatte einst eine Tiefe von 129 Metern und man soll über eine halbe Stunde gebraucht haben, bis man einen Eimer Wasser mit Hilfe eines Tretrades nach oben gezogen hatte.

Der **Fürstenbau**, zu dem der ehemalige Palas in der frühen Renaissancezeit umgebaut wurde, diente den Öttinger Grafen bis zum 16. Jahrhundert als Residenz. Danach luden sie hierher Jagdgesellschaften ein, später wurde ein Teil als Getreidespeicher genutzt. In der ehemaligen **Vogtei**, einem Fachwerkbau aus der Mitte des 16. Jahrhunderts, ist heute ein Gasthof und ein Hotel untergebracht. Die Burg ist von Mitte März bis Anfang November täglich von 10–17 Uhr geöffnet. Stündlich finden Führungen statt.
www.burg-harburg.de
www.burgschenke-harburg.de

Abstecher nach Nördlingen

30 Kilometer nördlich von Donauwörth liegt inmitten eines Meteoritenkraters (→ S. 42) die ehemalige Reichsstadt Nördlingen. In ganz Deutschland gibt es nur wenige Städte, die sich ihren mittelalterlichen Charakter so weitgehend erhalten haben. Schon von Ferne ist der 90 Meter hohe Turm von St. Georg zu sehen, von den Einheimischen liebevoll »Daniel« genannt. Ein weiterer Höhepunkt jedes Nördlingen-Besuchs ist ein Spaziergang auf der 2,6 Kilometer langen Stadtmauer, die die gesamte Altstadt ohne jede Unterbrechung umschließt. Man kann also auf Nördlingen nicht nur herabsehen, sondern auch um es herumgehen – und dies nicht nur auf der Stadtmauer, sondern auch auf einem durch gepflegte Parkanlagen führenden Promenadenweg. Von der Stadtmauer führen immer wieder Treppen in die Altstadtgassen hinab,

Die Harburg an der Wörnitz

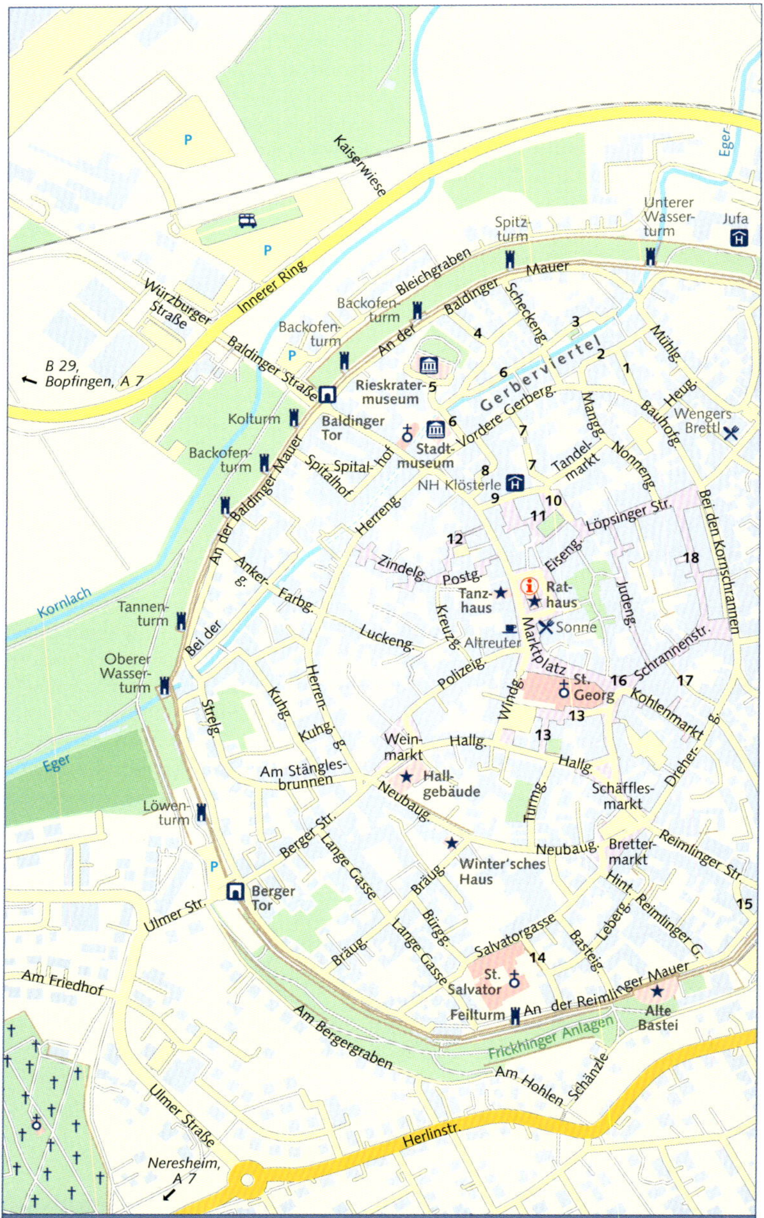

Nördlingen, Zentrum

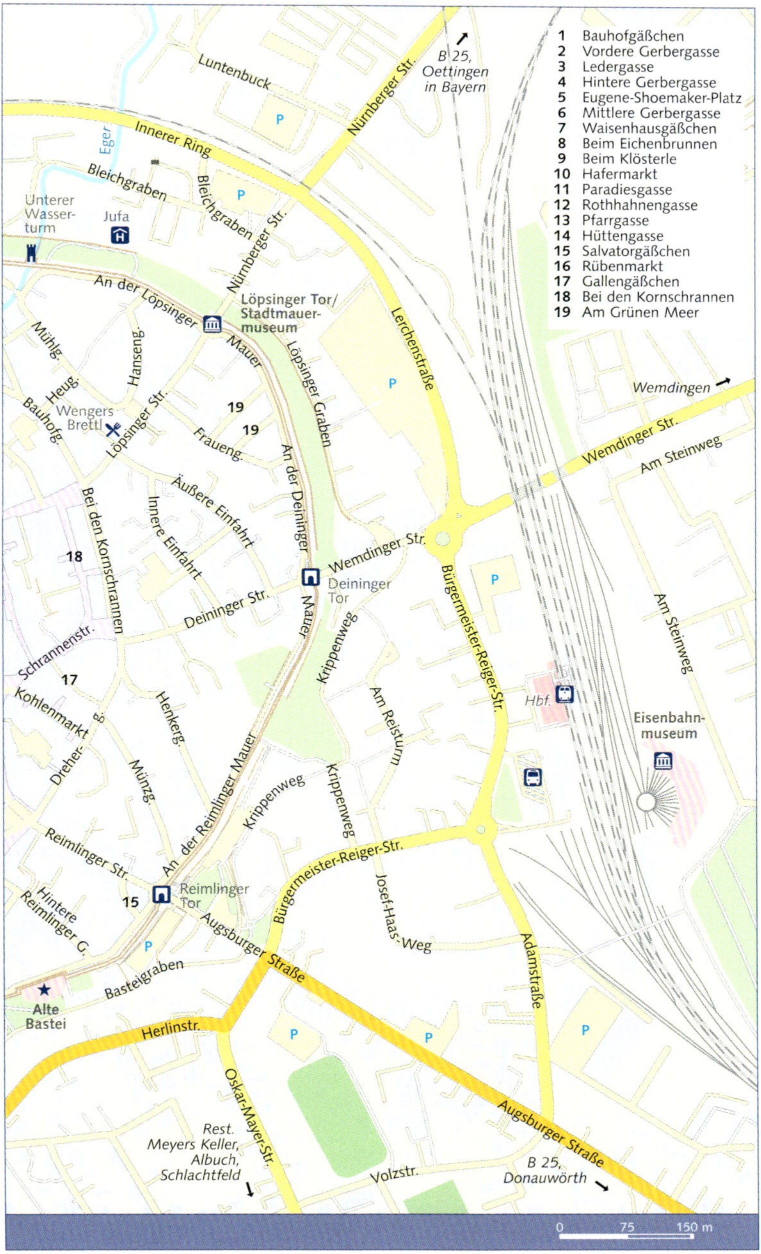
1 Bauhofgäßchen
2 Vordere Gerbergasse
3 Ledergasse
4 Hintere Gerbergasse
5 Eugene-Shoemaker-Platz
6 Mittlere Gerbergasse
7 Waisenhausgäßchen
8 Beim Eichenbrunnen
9 Beim Klösterle
10 Hafermarkt
11 Paradiesgasse
12 Rothhahnengasse
13 Pfarrgasse
14 Hüttengasse
15 Salvatorgäßchen
16 Rübenmarkt
17 Gallengäßchen
18 Bei den Kornschrannen
19 Am Grünen Meer
B 25, Oettingen in Bayern
Luntenbuck
Nürnberger Str.
Innerer Ring
Eger
Bleichgraben
Unterer Wasser-turm
Jufa
An der Löpsinger Mauer
Löpsinger Tor/ Stadtmauer-museum
Löpsinger Graben
Lerchenstraße
Wemdingen
Wemdinger Str.
Am Steinweg
Mühlg.
Heug.
Hanseng.
Bauhofg.
Wengers Brettl
Löpsinger Str.
Fraueng.
Äußere Einfahrt
Innere Einfahrt
An der Deininger Mauer
Bei den Kornschrannen
Deininger Str.
Deininger Tor
Krippenweg
Bürgermeister-Reiger-Str.
Hbf.
Eisenbahn-museum
Schrannenstr.
Kohlenmarkt
Dreher-g.
Henkerg.
Münzg.
Am Reisturm
An der Reimlinger Mauer
Reimlinger Str.
Hintere Reimlinger G.
Reimlinger Tor
Augsburger Straße
Josef-Haas-Weg
Adamstraße
Basteigraben
Alte Bastei
Herlinstr.
Oskar-Mayer-Str.
Rest. Meyers Keller, Albuch, Schlachtfeld
Volzstr.
B 25, Donauwörth
0 75 150 m

in denen nicht nur historische Patrizierhäuser stehen, sondern auch eine Vielfalt von Einkaufsmöglichkeiten locken. Allein rund um den Daniel kann man zwischen fünf verschiedenen Bäckereien und Konditoreien wählen. Für eine Stadt mit 20 000 Einwohnern ist dies ja heute keine Selbstverständlichkeit mehr.

Stadtgeschichte

Urkundlich erwähnt wurde ein »Nordilinga« erstmals im Jahr 898 als Besitztum der Karolinger. Nachdem der Ort zwischenzeitlich dem Bistum Regensburg gehörte, kaufte es der spätere Kaiser Friedrich II. für das römisch-deutsche Reich zurück und erhob es 1215 zur **Reichsstadt** – und damit rund ein halbes Jahrhundert früher als Donauwörth oder Augsburg. Bereits in jenem Jahr wurde auch der Grundstein für die Stadtmauer gelegt und 1219 fand die erste Nördlinger Pfingstmesse statt, damals nach Frankfurt die wichtigste Messe für den Fernhandel, heute eines der ganz großen Volksfeste der Region.

Beim **Reichstag von Speyer** 1529 zählte Nördlingen zu den Vertretern der Städte und Fürstentümer, die gegen die Verhängung der Reichsacht über Martin Luther protestierten. Bereits sieben Jahre zuvor hatten in der Stadt die ersten protestantischen Gottesdienste stattgefunden. 1555 wurde die Reformation in Nördlingen dann endgültig bestätigt. Bis heute liegt der Anteil der Protestanten in Nördlingen mit 27 Prozent deutlich über dem bayerischen Durchschnitt mit 21 Prozent.

Zwischen 1589 und 1598, also in nur neun Jahren, wurden in Nördlingen 34 Frauen und ein Mann nach sogenannten **Hexenprozessen** auf dem Galgenberg verbrannt. Da es insgesamt im 15. und 16. Jahrhundert rund 90 Fälle angeblicher Hexen gab, wovon zudem die Hälfte ohne Strafe oder »nur« mit Landesverweis endeten, überrascht die hohe Zahl Ende des 16. Jahrhunderts. Der Grund hierfür wird von den Historikern dem damaligen Bürgermeister Johannes Pferinger zugewiesen, der als erbitterter und fanatischer Verfolger der beschuldigten Frauen galt. Auch gab es damals keine unabhängige Justiz, diese unterstand dem Gemeinderat. Überraschend ist aber auch, dass die Verfolgungen Anfang des 17. Jahrhunderts ziemlich abrupt enden. Denn nun, so die Historiker, wurden mehr und mehr nicht nur Frauen aus der Unterschicht, sondern auch aus höheren Schichten beschuldigt. Außerdem war es dem Stadtrat trotz nahezu unglaublichen 62 Folterungen nicht gelungen, die Ehefrau des alteingesessenen Kronenwirts, Maria Holl, zu einem

Das Baldinger Tor führt von Nordwesten nach Nördlingen

▶ Karte S. 222/223

Am Marktplatz von Nördlingen

Geständnis zu bewegen, was dem Ansehen der Stadtoberen ausgesprochen schadete. Die Zahl der Hexenprozesse in Nördlingen Ende des 16. Jahrhunderts war so ungewöhnlich hoch, dass sie von der Wissenschaft detailliert erforscht wurde. Das Tourismus-Büro der Stadt bietet sogar eine eigene Führung zu den Orten der Verfolgung an.

Die **Schlacht von Nördlingen** am 5. und 6.September 1634 brachte eine entscheidende Wendung im damals schon über 15 Jahre dauernden Dreißigjährigen Krieg. Nachdem bei der Schlacht von Lützen 1632 Schwedens König Gustav Adolf gefallen war, es dabei aber keinen wirklichen Sieger gegeben hatte, erlitt das protestantische Lager nun eine wirklich verheerende Niederlage. Die Anzahl der Opfer übertraf alle bisherigen Schlachten des Krieges, von rund 25 000 schwedischen und norddeutschen Soldaten wurden 8000 verwundet oder getötet. Die Verluste der siegreichen und doppelt so starken Katholiken waren geringer: Von 50 000 Soldaten wurden 1200 verwundet und ebenso viele getötet. Gravierend waren jedoch auch die politischen Folgen der Schlacht. Was die Protestanten bisher erobert hatten, war mit einem Schlag dahin. Nahezu ganz Süddeutschland, weite Teile Österreichs und mehr als 40 Reichsstädte fielen an das kaiserliche Lager. Zudem verloren die Schweden einen wichtigen Verbündeten: Der Kurfürst von Sachsen, einst immerhin der wichtigste Förderer Luthers, schloss mit Österreichs Kaiser einen Separatfrieden. Doch auch für Nördlingen selbst hatten die Kämpfe vor den Toren der Stadt dramatische Konsequenzen. Nach Zahlung eines hohen Strafgelds behielt man zwar den Status einer Reichsstadt. Doch halbierte sich die Einwohnerzahl nahezu und sank von 8000 auf 4300. Bis zur **Industrialisierung**, die erst Mitte des 19. Jahrhunderts langsam begann, konnte sich die vom Handel und der Landwirtschaft geprägte Ries-Stadt nicht von diesem Aderlass erholen. Zumal mit dem Reichsdeputationshauptschluss und der Auflösung des Deutschen Reiches auch der Status der Reichsstadt verlorenging. Von nun an gehörte das protestantische Nördlingen zum katholischen Bayern. Auf der Höhe des 10 Kilometer südlich der Stadt gelegenen Albuch (543m) erinnert seit gut 100 Jahren ein Denkmal an die Opfer der Schlacht von Nördlingen.

■ Daniel

Der 90 Meter hohe Daniel, Turm der evangelisch-lutherischen Pfarrkirche St. Georg und Wahrzeichen Nördlingens, trägt seinen Namen nach einem Zitat aus dem Buch Daniel im Alten Testament: »Und der König erhöhte Daniel und (...) machte ihn zum Fürsten über das ganze Land«. Was im topfebenen Nördlinger Ries ja durchaus der Realität entsprach: Nach Angaben der Stadtverwaltung kann man von der **Aussichtsgalerie** des Daniel auf 70 Metern Höhe 99 Kirchtürme sehen.

Das Wahrzeichen Nördlingens: der Kirchturm Daniel

Die unter der Plattform liegende **Turmstube** ist ständig von einem Türmer besetzt, von 22 bis 24 Uhr ruft er in den Nachthimmel halbstündlich den Spruch »So G'sell, so!«. Der Grund hierfür hängt mit einer sich heute etwas unwahrscheinlich anhörenden Legende aus dem 15. Jahrhundert zusammen. Damals versuchte der Graf von Oettingen-Wallerstein angeblich das benachbarte Nördlingen zu erobern. Zu diesem Zweck bestach er die Wächter des Löpsinger Tors, sie sollten dieses nicht verschließen. Doch tief in der Nacht entdeckte eine Frau beim Bierholen, wie sich ein Schwein an dem offenen Tor den Rücken rieb. Dieser Sau rief sie das »So, Gsell, so! zu, vertrieb damit nicht nur das Tier, sondern alarmierte zugleich die Stadtwache. So rettete ein Schwein Nördlingen und am **Löpsinger Tor** im Norden der Stadt steht in Erinnerung daran heute ein **Sau-Denkmal**.
Der Daniel selbst erinnert in seiner Schlichtheit mehr an einen Wachturm als an einen typisch gotischen Kirchturm aus dem 15. Jahrhundert. Weitgehend schmucklos ist er zunächst quadratisch, um sich in den oberen Stockwerken achteckig zu verjüngen. Bedeckt wird der Daniel von einem Notdach, da ein Blitzeinschlag die ursprüngliche Haube zerstörte. Früher hieß der Turm im übrigen »Wendelstein«, bevor sich im 19. Jahrhundert der heutige Name einbürgerte. Im Hochsommer wird am Samstag auch eine Nacht-Besteigung um 21.30 Uhr angeboten. Immer aber gilt: 320 Stufen sind zu bewältigen.

▸ Karte S. 222/223

St. Georg

Mit dem Bau von St. Georg begann man 1427 nach Plänen von Hans Kuhn, einem der Baumeister des Ulmer Münsters. Nach ihm folgten bis zur Vollendung der Kirche im Jahr 1505 eine ganze Reihe von weiteren berühmten Architekten wie Konrad Heinzelmann, dem Schöpfer der Lorenzkirche in Nürnberg, oder Moritz Ensinger, dessen Vater ebenfalls am Münster in Ulm baute.
Sie alle schufen eine 93,5 Meter lange, dreischiffige Hallenkirche, deren Gewölbe von einer Flucht von runden Pfeilern getragen wird. Die **Kreuz- und Sternrippen** dieses Gewölbes haben im Unterschied zu den Säulen keine stützende Funktion wie sonst in der Gotik üblich, sondern sind nur Zierrat. In 20 Meter Höhe beeindrucken sie aber natürlich dennoch durch ihre Kunstfertigkeit.
Als eines der wertvollsten Kunstwerke von St. Georg gilt der **Hochaltar**: Nicht jedoch seine barocke Umrahmung, sondern die Kreuzigungsszene mit Maria und dem Jünger Johannes. Sie wurden 1462 von dem Niederländer Nicolaus Gerhaert van Leyden geschaffen, der bereits zu seiner Zeit infolge von Arbeiten am Straßburger Münster so berühmt war, dass Kaiser Friedrich III. ihn mehrmals aufforderte, nach Wien zu kommen. Sechs

Das Rathaus

Jahre, bis zu seinem Tod 1473, baute der Niederländer schließlich an der kaiserlichen Residenz in Wiener Neustadt. Im Chor von St. Georg beeindruckt außerdem das **spätgotische Gestühl**, das mit Menschen- und Tierköpfen sowie Fabelwesen verziert ist. Das **Sakramentshäuschen** in der Nordostecke des Chors zeigt noch Reste der ursprünglichen Bemalung. Zu sehen sind unter anderem alttestamentarische Propheten, die vier Evangelisten und Christus als Weltenretter. Gekrönt wird das Haus, das gemäß der katholischen Liturgie zur Aufbewahrung der Hostien dienen sollte, von einer Figur des heiligen Georg. Allerdings erfüllte es diesen Zweck nie, denn bei der Fertigstellung 1525 fanden in St. Georg bereits protestantische und keine katholischen Gottesdienste mehr statt.

Im nördlichen Langhaus kann seit 1971 wieder einer der **Höhepunkte spätgotischer Altarmalerei** in Bayerisch-Schwaben bewundert werden. Denn damals wurde unter einer barocken Übermalung die Originalarbeit von 1462 entdeckt. Eine Inschrift besagt: »dis werck hat gemacht friderich herlein von rotenburck«. Heute ist der Maler besser unter dem Namen Friedrich Herlin bekannt, der 1430 in Rothenburg ob der Tauber geboren wurde und 1500 in Nördlingen starb. Herlin lernte vermutlich bei dem wichtigsten Vertreter der flämisch-burgundischen Malerei Rogier van der Weyden und steht am Übergang von der Gotik zur Frührenaissance. Auf dem in neun Bildern geteilten Altarschrein in St.Georg, der nur noch ein Teil des ehemaligen Flügelalters ist, sind unter anderem Szenen aus dem Leben Johannes des Täufers und aus der Leidensgeschichte Jesu zu sehen. Die anderen Teile des Altars sind im Nördlinger Stadtmuseum zu sehen. Regelmäßig finden in St. Georg Kirchenführungen statt.

Rathaus

Das heutige Rathaus von Nördlingen war das erste aus Stein erbaute Haus der Stadt und wurde daher auch einfach »Steinhaus« genannt. Allerdings diente das im 13. Jahrhundert errichtete Gebäude zunächst nicht dem Rat der Stadt, sondern gehörte den Grafen von Öttingen. 1313 kaufte das Kloster Heilsbronn das Steinhaus und machte daraus eine Markthalle. Doch seit 1382 wird das Gebäude ununterbrochen von der Stadt genutzt. Im Laufe der Jahrhunderte wurde das Rathaus immer wieder umgebaut. So erhielt das bisher zweistöckige Gebäude um 1500 sein Obergeschoss mit Treppengiebel und Erker, 1509 wurde dann auch der Turm erhöht, so dass es heute ein wenig wie eine Festung wirkt. Die bedeutendste Veränderung erfolgte 1618, als die repräsentative Freitreppe angebaut wurde. Sie verbindet Elemente der Spätgotik, wie der Schmuck des Treppenaufgangs, mit den typischen Türmchen und dem Portalaufsatz der Renaissance. Neben dem Rathaus steht das **Gasthaus zur Sonne**, das schon seit 1405 als Herberge für die bedeutendsten Besucher der Stadt diente. Hier übernachteten die Kaiser Friedrich III. und Maximilian I., der gern auch im gegenüberliegenden Brot- und Tanzhaus einkehrte und die Mädchen der Stadt zum Tanz aufforderte. Im Jahr 1548 war Karl V. in der Sonne

Die Stadtmauer ist begehbar

▲ Karte S. 222/223

Altes Kaufmannshaus in der Altstadt von Nördlingen

zu Gast, 1788 dann Johann Wolfgang von Goethe.

Das **Tanzhaus** entstand 1442-44 und beeindruckt durch sein vielfältiges, in kräftigem Rot leuchtenden Fachwerk. Das Erdgeschoss war früher den Bäckerläden vorbehalten, daher auch der Namenszusatz Brothaus. Den Tanzsaal im 1. Obergeschoss nutzten zu Messezeiten die Tuchhändler, um ihre Ware auszulegen. Im 19. Jahrhundert waren in dem Haus verschiedene Schulen untergebracht, heute wird es von der Stadtverwaltung genutzt.

■ Altstadtgassen

In Nördlingen blieben so zahlreiche Häuser aus dem Mittelalter und der Renaissance erhalten, dass es sich lohnt, ganz ohne großes Ziel durch die Gassen zu streifen. Dennoch ein paar Orientierungspunkte: Vom **Marktplatz** führt in nordöstlicher Richtung die **Eisengasse** zum **Tändel- und Hafenmarkt**. Auffällig ein sechsstöckiges Gebäude mit von kräftigen Gelb eingerahmten Fenstern, einem Stufengiebeln und einer Seilwinde unter dem Giebelabschluss. Es ist das **ehemalige Franziskanerkloster**, das nach

der Reformation zu einem Kornspeicher umgebaut wurde. Nur wenige Schritte weiter, erreicht man am Flüsschen Eger zwischen Gerber- und Ledergasse dann das **ehemalige Gerberviertel**, wo noch Galerien zum Trocknen des Leders und auch eine Mühle erhalten blieben.
Wie im Mittelalter üblich hatte jede Zunft ihr eigenes Viertel, wobei das der »besseren« Handwerker deutlich von dem der »schlechteren« getrennt war. Daher liegt am gegenüberliegenden Ende der Altstadt, im Westen, das **Viertel der Brauereien und Weinhändler**. Beeindruckend das Fachwerkgebäude »Winter'sche Haus« in der Bräugasse 2 mit seiner geschnitzten Holztür oder das Hallgebäude am Weinmarkt, das auch als Salzlager diente.

Stadtmauer

Wer von Donauwörth kommt, erreicht Nördlingen beim **Reimlinger Tor**, das zugleich das älteste Stadttor ist und aus dem 14. Jahrhundert stammt. Der Bau der 2,6 Kilometer langen Stadtmauer, seiner fünf Tore und elf Türme begann 1327 und wurde eigentlich erst 1618 beendet, denn immer wieder wurde die Befestigung verstärkt. Eigentlich wollte die Stadt die Mauer nach den Napoleonischen Kriegen schleifen, doch Bayerns König setzte sich für die Erhaltung des damals schon als historisch geltenden Kulturerbes ein.
Umrundet man die Stadtmauer vom Reimlinger Tor aus gegen den Uhrzeigersinn, kommt man zunächst zur 1554 errichteten **Alten Bastei**, wo zehn Geschütze stationiert werden konnten. Heute dient sie als Freilichtbühne. Beim **Feilturm** bietet sich ein Abstecher zur **Kirche St. Salvato**r an, eine Wallfahrtskirche der Karmeliter von 1422. Es folgt das **Berger Tor** mit Café und Münzschneidewerkstatt (www.muenzenschneiden.de). Zwischen dem Berger und dem **Baldinger Tor** wurden im 16. Jahrhundert sogenannte **Backofentürme** an die Außenseite der Stadtmauer gesetzt, die die Verteidigungsfähigkeit weiter erhöhen sollten. Durch die **Baldinger Straße** kommt man zu den **drei wichtigsten Museen** der Stadt (siehe unten). Nun folgt, bevor der Rundgang wieder am Reimlinger Tor endet, noch das **Löpsinger Tor** von 1388, in dem heute das **Stadtmauermuseum** untergebracht ist.

i Nördlingen

Tourist-Information, Marktplatz, 86720 Nördlingen, Tel. 09081/84116; Karsamstag–31. Okt. Mo–Do 10–18 Uhr, Fr 10–16.30 Uhr, Sa und Feiertage 10–14 Uhr, zusätzlich 1.Mai–30. Sept. So 10–14 Uhr. Nov.-Karfreitag Mo–Do 10–17 Uhr, Fr 10–15.30 Uhr. www.noerdlingen.de
Kirchenführung St. Georg, die genauen Termine finden sich auf der Internetseite. Die Kirche selbst ist – wie bei evangelischen Kirchen üblich – nicht den ganzen Tag geöffnet: Apr.-Okt- 10–18 Uhr, Nov.–März 10–16 Uhr.
www.kirchengemeinde-noerdlingen.de
Den **Daniel** kann man vom März bis Oktober von 10 bis 18 Uhr besteigen, allerdings ist der Einlass wegen der Enge des Aufstiegs reglementiert. Aktuell geltende Infos unter 09081/271813.
www.noerdlingen.de

NH Klösterle Nördlingen, Beim Klösterle 1, 86720 Nördlingen, Tel. 0981/87080; DZ ab 87 Euro. Große, aber etwas steril eingerichtete Zimmer inmitten der Altstadt, Fitnessstudio mit Stadtblick, So Frühstück bis 12 Uhr. www.nh-hotels.de
JUFA Nördlingen, Bleichgraben 3, 86720 Nördlingen, Tel. 09081/2908390; DZ ab 70 Euro. Jedes Zimmer ist einem Planeten zugeordnet und dementsprechend farblich gestaltet. Bei einem alten Wehrturm der

Stadtmauer mit Kinder-Spielzimmer, großen Familienzimmern und Sauna. www.jufa.eu

Meyers Keller, Marienhöhe 8, 86720 Nördlingen, Tel. 09081/4493. Seit 2009 regelmäßig vom Gault Millau mit einem Stern ausgezeichnet. Regionale und französisch/mediterrane Küche, so zum Beispiel Blutwurst, Huchen, Bouillabaisse, Perlhuhn. Auf einem ehemaligen Bierlagerkeller mit stimmungsvoller Terrasse. Selbstgemachter Rieser Culatello-Schinken, auch zum Mitnehmen oder im Internet. www.jockl-kaiser.de

Wengers Brettl, Löpsinger Str. 27, 86720 Nördlingen, Tel. 09081/88282. Schwäbische Küche wie Saures Nierle oder Hochzeitssuppe, geräucherter Schinken und Bratwürste aus dem Ries sowie italienische Antipasti. Dachterrasse und Weinkeller. Erst ab 17.30 Uhr. www.wengers-brettl.de

Hotel-Café Altreuter, Marktplatz 11, 86720 Nördlingen, Tel. 09081/4319. Obwohl eher unscheinbar, gilt das Altreuter mit seinen Pralinen und Kuchen als bestes Café im Ries, direkt unter dem Daniel. Auch einfache Zimmer, DZ ab 79 Euro. www.cafe-altreuter.de

RiesKraterMuseum, Eugene-Shoemaker-Platz 1, 86720 Nördlingen, Tel. 09081/84710; jew. Di–So: Nov.–Apr. 10–12 und 13.30–16.30 Uhr, sonst 10–16.30 Uhr. www.rieskrater-museum.de

Geopark Ries Infozentrum Nördlingen, Eugene-Shoemaker-Platz 3, 86720 Nördlingen, Tel. 09081/2738220. Öffnungszeiten wie oben. Angebot von Führungen durch das Nördlinger Ries, Termine auf der Homepage. www.geopark-ries.de

Stadtmuseum, Vordere Gerbergasse 1, 86720 Nördlingen, Tel. 09081/84810; 12. Mai–8. Nov. Di–So 13.30–16.30 Uhr. Im schon 1233 gegründeten Heilig-Geist-Spital auf vier Stockwerken. Schwerpunkt ist die Schlacht von Nördlingen, zahlreiche Tafelgemälde des 15. und 16. Jahrhunderts, viele Sonderausstellungen. www.stadtmuseum-noerdlingen.de

Stadtmauermuseum, An der Löpsinger Mauer, 86720 Nördlingen, Tel. 09081/9180 (Apr.–Okt.); 09081/84116 (Nov.–März); Mitte Mai–Anf. Nov. Di–So 10–13 und 13.30–16.30 Uhr. www.noerdlingen.de

Bayerisches Eisenbahnmuseum e.V., Am Hohen Weg 6a, 86720 Nördlingen, Tel. 09081/24309; Mitte Mai bis Sept. Di–Fr 12–16 Uhr, Sa, So 10–17 Uhr, Okt. Sa, So 10–17 Uhr. Auf dem alten Bahnbetriebswerk 200 Originalfahrzeuge. Nach Gunzenhausen und Dinkelsbühl fährt eine Museumsbahn, Fahrplan auf der Homepage. www.bayerisches-eisenbahnmusum.de

Genuss Boxen, Marktplatz 15, 86720 Nördlingen, Tel. 09081/6046748. Entstanden aus einem Shop für Biere aus dem Nördlinger Ries bietet Biersommelier Sebastian Haag nun regionale Spezialitäten von der »Rieser Bruzzler Roasted Onion & Pflaume Sauce« bis hin zum Rieser Gin an. www.genuss-boxen.de

Nördlinger Mess, größtes Volksfest Nordschwabens mit 200 Marktständen, der Rieser Verbraucherausstellung, Fahrgeschäften und Festumzug, jedes Jahr zehn Tage Anfang Juni auf der Kaiserwiese.

CittaSlow Festival, alle drei Jahre im August, das nächste Mal voraussichtlich 2021. Fest für Kultur, Geschmack und Nachhaltigkeit: viel Musik und Produkte regionaler Produzenten auf dem Marktplatz.

Stadtmauerfest, alle drei Jahre im September, das nächste Mal 2022, ganz im Zeichen des Mittelalters mit Handwerkerhof, Musik und Tanz.

Kunsthandwerkermarkt, jedes Jahr Ende Mai rund um das Rathaus mit rund 60 Ausstellern.

▶ Karte S. 222/223

Neuburg an der Donau

Neuburg überrascht. Und das in zweifacher Hinsicht. Hatte man sich an den barocken Kirchen Schwabens, an der Fülle dieses Stils schon fast sattgesehen, steht man nun plötzlich vor einem Renaissanceschloss und seinen nüchternen, klaren Formen. War man angesichts der etwas in die Jahre gekommenen Häuser entlang der vielbefahrenen Neuburger Hauptstraße fast schon überzeugt, dass es wohl das Beste sei, diese Stadt möglichst schnell hinter sich zu lassen, begrüßt auf dem Schlossberg ein völlig anderes Neuburg die Besucher: Ein Schmuckkästchen mit perfekt renovierten Bürgerhäusern, vielen kleinen Restaurants und einem fast schon italienischem Charakter.

Stadtgeschichte

Die Geschichte der Besiedlung Neuburgs reicht bis 1300 vor Christus zurück, wovon Urnen- und Keramikfunde zeugen. Und auch Kelten und Römer gründeten auf dem gut zu verteidigenden Stadthügel, der heutigen Altstadt, ihre Siedlungen. 798 wurde Neuburg zum ersten Mal als »Niwinpurc« erwähnt, bereits 1269 wurde es erstmals als Stadt bezeichnet und gehört so zu den ältesten Städten Bayerns. Herzog Heinrich IV., der spätere deutsche Kaiser Heinrich II. erwählte die Stadt am Beginn des 11. Jahrhunderts zu seiner Residenz, lange bevor Neuburg sein heutiges Aussehen erhielt.

Denn die moderne Geschichte der Stadt begann erst, als im Jahre 1505 als Ergebnis des Erbfolgekriegs zwischen den bayerischen und den pfälzischen Wittelsbachern ein vollkommen neues Fürstentum entsteht. Dieses erhielt den Namen Pfalz-Neuburg, wurde meist jedoch als »Junge Pfalz« bezeichnet. Es umfasste Gebiete an der oberen Donau, aber auch Teile der Ober- und der Rheinpfalz, zeitweise reichte es bis zum Niederrhein.

Bedeutendster Herrscher der Jungen Pfalz war Ottheinrich, der ab 1527 das Neuburger Schloss im Renaissancestil umbauen ließ und 1542 die Reformation einführte. Doch bereits vier Jahre später

Schloss Neuburg

wurde Neuburg von den Truppen Kaiser Karls V. besetzt und Ottheinrich musste ins Exil nach Heidelberg gehen – wo er den nach ihm benannten berühmten Ottheinrichsbau des dortigen Schlosses bauen ließ. Dieser Glanzperiode Neuburgs im 16. Jahrhundert widmen sich bis heute immer wieder Ausstellungen. Im Spanischen Erbfolgekrieg zu Beginn des 18. Jahrhunderts versuchte Bayern Neuburg einzunehmen, doch die Stadt wurde erst 1777 wieder bayerisch und verlor ihre Selbstständigkeit. Ab 1828 war Neuburg Standort eines Regiments, zeitweise bestand ein Drittel der Bevölkerung aus Angehörigen des Militärs. So ging die Industrialisierung nur langsam voran, wichtigster Wirtschaftszweig war jahrzehntelang die Förderung der weltweit einzigartigen Kieselkreide. Durch Flüchtlinge und Vertriebe wuchs die Stadt zwischen 1939 und 1946 von 9600 auf 14 000 Einwohner an. Heute zählt die Große Kreisstadt des oberbayerischen Landkreises Neuburg-Schrobenhausen 30 000 Einwohner.

Der Schlossberg

Am besten lässt man sein Auto auf einem der großen Parkplätze entlang der Stadtmauer und der Luitpoldstraße stehen und steigt zu Fuß durch die steile Gasse Am Unteren Tor auf den Schlossberg hinauf. Gleich links liegt dann der Eingang zum Schloss, die Amalienstraße führt weiter zur Hofkirche, dem Karlsplatz sowie dem Oberen (Stadt)Tor.

Das Schloss von Neuburg zählt zu den am besten erhaltenen und künstlerisch wertvollsten Bauwerken Deutschlands. Seine vier Flügel, die ab 1527 entstanden, gruppieren sich um einem von Arkaden gesäumten Innenhof, die zum Teil mit **Sgraffitimalereien** biblischer Szenen des flämischen Künstlers Hans Schroer von 1555 bedeckt sind. Auch der Treppenturm ist im Inneren bemalt – mit fantastischen Landschaften, Bibelszenen, Fabeltieren und Masken.

Zur Donau hin erhebt sich der **Neue Bau**, der schon 1538 vollendet wurde und der erste Wohnsitz Ottheinrichs war. In seinem ersten Stock befindet sich der von mächtigen Rundsäulen getragene **Rittersaal** mit Kassettendecke und Wandtäfelung. Beeindruckend aber auch sein Erker mit einem bemalten Sternrippengewölbe. Im Rittersaal finden heute standesamtliche Trauungen und klassische Konzerte statt. Überhaupt versucht die bayerische Schlösserverwaltung mit der Vermietung des Neuburger Schlosses ein Nebeneinkommen zu erwirtschaften. So stehen zum Beispiel auch die Kleine und die Große Dürnitz, ehemalige Speise- und Gemeinschaftssäle der Bediensteten, sowie Schlossterrasse oder Schlosshof für Tagungen, Familienfeiern oder Stehempfänge zur Verfügung. Zugleich ist im Schloss jedoch auch das **Schlossmuseum** mit fast 1000 Exponaten untergebracht, das angefangen von Ottheinrichs Strickweste über Wandteppiche und Familienportraits bis hin zu einem barocken Einhornschlitten über nahezu alle Aspekte des Lebens eines Pfälzer Herzogs informiert.

Bedeutendster Teil des Schlosses ist der **Ottheinrichsbau**, der den Schlosshof im Westen zur Altstadt hin begrenzt. Dem Eingangsportal ist ein zweigeschossiger Altanbau mit Halbsäulen vorgesetzt. In der Tordurchfahrt, die aufwändig mit Stuckkaturen im Stil der italienischen Renaissance verziert ist, beeindrucken vor allem achteckige Kassetten mit Portraits römischer Imperatoren und Soldaten. In der Mitte der Durchfahrt dann ein Portrait Ottheinrichs. Rechts führt ein Zugang in den Saal der Dienstboten, links liegt das Portal der **Hofkapelle**, ein einschiffiger Bau mit zwei Stockwerken und umlaufender Empore. Ihre 1543 vollendeten

▲ Karte S. 164/165

In Neuburg gibt es viele kleine Restaurants und Cafés

Fresken stammen von dem Salzburger Maler Hans Bocksberger d.Ä. und haben die kunsthistorische Forschung intensiv beschäftigt, da sie als »protestantische Malerei nach dem Konzept des Nürnberger Theologen Osiander« im bayerischen Raum einmalig sind. Bestimmend sind zunächst alttestamentarische Szenen wie der Sündenfall oder die Verleihung der göttlichen Gesetze an Moses. Erst das Evangelium von Jesu Christi, und hier besonders Taufe und Abendmahl, ermöglicht im Sinn der neuen Lehre die Erlösung des Menschen. Die buchstäbliche Krönung dieser Darstellungen jedoch zeigt sich am Gewölbe: Christus mit Kreuzfahne, Zeichen seiner Auferstehung. Die Schlosskapelle gilt weltweit als der älteste protestantische Sakralbau.

Der gegenüberliegende **Osttrakt des Schlosses** entstand erst unter Kurfürst Philipp-Wilhelm in der zweiten Hälfte des 17. Jahrhunderts und trägt auch dessen Namen. Der vierstöckige Bau, der von zwei kuppelgekrönten Rundtürmen begrenzt wird, dominiert das Stadtbild und unterscheidet sich als Barockbau deulich von den anderen drei Flügeln des Schlosses.

Hofkirche Unserer Lieben Frau

Wenige Schritte vom Schloss entfernt wurde 1607/8 an der Stelle einer ehemaligen Pfalzkapelle die Hofkirche »Unserer Lieben Frau« errichtet. Zur damaligen Zeit war es eine protestantische Kirche, die sich jedoch ausgerechnet die Jesuitenkirche St. Michael in München zum Vorbild nahm. Zudem steht der Bau am Übergang von Renaissance zu Barock, beide Baustile werden vermischt, weshalb es sich um ein in Süddeutschland seltenes Werk des sogenannten »italienischen Manierismus« handelt. So steht die klar gegliederte, jedoch kaum dynamisierte Westfassade mit ihren Halbpfeilern und einem Giebeldreieck noch ganz im Zeichen der Renaissance.

Da die Fürsten von Neuburg-Pfalz jedoch schon wenige Jahre später reumütig in den Schoss der katholischen Kirche zurückkehrten, ist die **Ausstattung der Hofkirche** ganz im gegenreformatorischen Sinn gehalten. Besonders deutlich zeigt sich dies bei den reichen Stuckprogramm, das der Geschichte der wundersamen Übertragung der Santa Casa aus dem Heiligen Land ins italienische Loreto gewidmet ist.

Ursprünglich hatte einer der bedeutendsten Maler dieser Umbruchszeit, der aus Antwerpen stammende **Peter Paul Rubens**, zu Beginn des 17. Jahrhunderts gleich drei Gemälde für die Hofkirche geschaffen. »Das Größte Jüngste Gericht« kann heute jedoch nicht mehr in Neuburg, sondern in der Alten Pinakothek Münchens bestaunt werden. Trotz des gegenreformatorischen Themas »erregte« es wegen der unzähligen nackten Körper den Missmut der Jesuiten, die die Hofkirche 1618 übernommen hatten. Im rechten Seiteneingang der Hofkirche kann man heute jedoch eine Kopie dieses mit 6 mal 4,6 Metern größten Rubens-Gemäldes sehen. »Das Pfingstwunder«

Die Staatliche Bibliothek am Karlsplatz

und »Die Anbetung der Hirten« findet man ebenfalls nicht mehr in der Kirche, doch sind sie nun zusammen mit weiteren Rubenswerken in der **Staatsgalerie Flämische Barockmalerei** im Neuburger Schloss zu sehen. Der heutige Hochaltar stammt von dem Düsseldorfer Hofmaler Dominikus Zanetti und zeigt die Himmelfahrt Marias.

Karlsplatz

Die Hofkirche steht auf dem weitläufigen, 1602 angelegten Karlsplatz. Dieser wird von über 200 Jahre alten Lindenbäumen sowie **Adels- und Bürgerhäusern** vor allem aus der Renaissance- und Barockzeit gerahmt. Besonders schön ist das Anfang des 17. Jahrhunderts errichtete **Rathaus** mit seiner Freitreppe, neben dem Eingangsportal die Skulpturen Ceres und Justitia. An der Ecke zur Amalienstraße steht das vielleicht etwas zu farbig renovierte Gebäude der **Staatlichen Bibliothek**, ein Rokokobau von 1732, das einst für die »Bruderschaft zur schmerzhaften Mutter Gottes unter dem Kreuz« errichtet worden war. In der Mitte des häufig menschenleeren Karlsplatzes steht ein Brunnen mit Marienstatue aus dem 18. Jahrhundert.

▸ Karte S. 164/165

Oberes Tor und Hofgarten

Die Amalienstraße führt vorbei am **Stadtmuseum im Weveldhaus** und an der frühbarocken **Pfarrkirche St. Peter** und endet an der **Alten Vogtei** beim Oberen Tor. Der Backsteinbau mit seinen beiden Rundtürmen aus dem frühen 16. Jahrhundert war Teil der Stadtbefestigung. Von hier führt ein schmaler Fußweg an Resten der Stadtmauer ostwärts zur »Hutzeldörr«, einem Park, der den Herzögen einst als Hofgarten diente. Die terrassenförmige Anlage gilt vielen als der romantischste Platz Neuburgs, an ihrem Ende liegt der Ausgangspunkt des Altstadt-Rundgangs, die Parkplätze an der Luitpoltstraße.

Schloss Grünau

Das Jagdschloss der Herren von Neuburg-Pfalz liegt sieben Kilometer östlich der Stadt in einer »grünen Au« des Donauauwaldes. Grünau erreicht man vom Englischen Garten in Neuburg, dessen Vorbild der Englische Garten in München war, über die kerzengerade verlaufende Grünauer Straße. Ottheinrich

Herbst im Auwald bei Neuburg

Schloss Grünau beherbergt das Auenzentrum

ließ das Schloss 1530/31 für seine Gemahlin Susanna von Bayern errichten, um ihr zu »gefallen«, wie es in den alten Quellen heißt. Das etwas in die Jahre gekommene Schloss besteht aus einem »Alten Haus« mit hohem Staffelgiebel und einem Turm mit bunter Ziegelhaube sowie dem langgestreckten »Neuen Haus« mit runden Ecktürmen, welches erst 20 Jahre später entstand. Heute befindet sich im Untergeschoss das **Auenzentrum**, das auch Führungen durch den Auwald anbietet. Ansonsten sind die Innenräume für die Öffentlichkeit nicht frei zugänglich, sondern können für Veranstaltungen gemietet werden.

■ Auwald

Einst breitete sich zwischen Neuburg und Ingolstadt eines der größten Auwaldgebiete der deutschen Donau aus. Heute wird hier eines der bedeutendsten Projekte Mitteleuropas zur Wiederbelebung eines Auwaldes umgesetzt, getragen vom Aueninstitut der Katholischen Universität Eichstätt-Ingolstadt. Schon vor mehr als 20 Jahren hatte der Chef der Naturschutzbehörde des Landkreises Neuburg-Schrobenhausen ein Konzept für die Renaturierung ausgearbeitet. So wurde im Osten Neuburgs ein acht Kilometer langer Donau-Seitenarm freigelegt. Bis dahin hatten Staustufen die Wanderung der Donaufische flussaufwärts behindert, nun war der Weg zu ihren Laichplätzen wieder frei.

Die Kanalisierung des Flusses hatte zudem ein Jahrhundert lang die Überflutung der Auen, die notwendig ist für das Überleben der Tier- und Pflanzenwelt, verhindert. Nun konnte man durch »ökologische Flutungen« eine direkte Verbindung zwischen Wasser und Wald wiederherstellen. Für eine Summe von immerhin 15 Millionen Euro wurden dazu zwei Ausleitungsbauwerke geschaffen, die das Wasser der Donau in den Auwald strömen lassen. So stehen zumindest für mehrere Tage die Wälder wieder unter Wasser. Zuviel Wasser darf die Donau freilich auch nicht abgegeben, denn das würde den Betrieb der Wasserkraftwerke stören.

Neu entstanden sind zudem die typischen »Brennen«, Kies- und Sandbänke, die sich im Sommer in der Sonne aufheizen, also brennen, und auf denen daher Orchideen und Enzian wachsen, Spechte, Baumpieper und Wendehälse nach Nahrung suchen.

Doch auch westlich von Neuburg, wo bei Rennertshofen die Friedberger Ach in die Donau mündet, ist ein von Wassergräben durchzogenes Gelände entstanden, das mit seiner Vielzahl von wild wuchernden Sträuchern fast wie ein Dschungel anmutet. Es ist ein Paradies für Biber und insgesamt wurden 250 Vogelarten hier gezählt, darunter auch Eisvogel und Seeadler.

Neuburg an der Donau

Tourist-Information, Ottheinrichplatz A 118, 86633 Neuburg, Tel. 08431/55240; Karfreitag–1.11. 9–18 Uhr, Rest des Jahres Mo–Do 9–12 und 14–16 Uhr, Fr 9–13 Uhr. www.neuburg-donau.info

aussicht, bio-hotel.restaurant.café.bar, Amalienstr. 27, 86633 Neuburg, Tel. 08431/431220; DZ ab 125 Euro. Direkt im Schlossbezirk mit Ausblick auf Donau, Fränkischen Jura oder Altstadt. Zweiraum-Suiten für vier Personen. Saisonale, regionale Bioküche. www.die-aussicht.de

ACKER Hotel, Am Maschinenring 2, 86633 Neuburg, Tel. 08431/907660; DZ ab 129 Euro. Modernes Hotel, ausgestattet vor allem mit natürlichen, hellen Materialen, am westlichen Rand der Stadt mit Ausblicken auf das Donaumos. Tagungshotel mit Kaminfeuer und Sauna. www.dasacker.de

Gasthof Neuwirt, Färberstr. 88, 86633 Neuburg, Tel. 08431/2078. Der einzige Brauereigasthof der Stadt: sechs Sorten Juliusbräu. Kachelofen und Holztäfelung. Gerichte vom Murnau-Werdenfelser Rind, wie zum Beispiel Ochsengulasch. Großer Biergarten. Einige Zimmer. www.neuwirt-neuburg.de

Biergarten zum Saliter, Saliterweg 31, 86633 Neuburg, Tel. 08431/2805; Mo und Di geschl., Mi–Fr ab 16, Sa ab 13 und So ab 11 Uhr. Direkt an der Donau, seit 1849 in Familienbesitz. Bayerische Brotzeit. Spanferkel und Steckerlfisch je nach Saison. Spielplatz. Gaststube mit Kamin im Winter. www.biergarten-zum-saliter.de

Schloss Neuburg, Residenzstr. 2, 86633 Neuburg, Tel. 08431/64430; Di–So Apr.–Sept. 9–18 Uhr, Okt.–März 10–16 Uhr. www.schloesser.bayern.de

Auenzentrum Neuburg-Ingolstadt, Schloss Grünau, 86633 Neuburg, Tel. 08431/647590; Apr.–Okt. Mi–Fr 9–12 und 13–18 Uhr, Sa, So 10–18 Uhr. www.auenzentrum-neuburg-ingolstadt.de

Schlossfest, alle zwei Jahre Ende Juni/Anfang Juli: Die Renaissance wird wieder lebendig, wenn Bürger zeitgenössische Kostüme anziehen und im Schlosshof der Steckenreitertanz aufgeführt wird.

Donauschwimmen, größtes Winterschwimmen in Europa am letzten Samstag im Januar mit 2000 Teilnehmern.

Fischergasslerfest, Ende Mai direkt an der Donau mit kulinarischen Spezialitäten und dem Fischerstechen.

Neuburger Sommerakademie, in den ersten zwei Augustwochen Kurse in Bildender Kunst, Musik und Theater mit internationalen Dozenten.

Es gibt zahlreiche Weiher rings um die Stadt, so der **Zeller See** oder der **Förstlweiher Lichtenau**. FKK in lauschigen Buchten am **Schimmerweiher**.

Durch den **Auwald von Grünau** führen eine Reihe von Wanderwegen, mit vielen Infotafeln. Unter dem Motto »Mit allen Sinnen« entstand aber auch eine Kunst- und Erlebniswelt. Die App »Donauerleben« bietet einen Bereich für »Junge Entdecker« mit Geocoaches an. Flyer im Infozentrum Schloss Grünau (s.o.) oder online.

▶ Karte S. 164/165

Ingolstadt

»München soll mich nähren, in Ingolstadt will ich mich wehren«.

Motto der Wittelsbacher Herzöge seit dem frühen 16. Jahrhundert

Ingolstadt hat zwei Gesichter: In der Altstadt wirkt es trotz zahlreicher kunsthistorischer Sehenswürdigkeiten wie ein etwas verschlafenes Provinzstädtchen, rund um die ehemaligen Befestigungsanlagen, auf denen heute die Ringstraße verläuft, dagegen wie eine dynamische Industriemetropole. Tatsächlich ist Ingolstadt mit seinen 137 000 Einwohnern eine der am schnellsten wachsenden Städte in Deutschland und hat mit gut 18 Prozent der Bevölkerung den höchsten Anteil an den unter 18-jährigen in Bayern. Sein Bruttoinlandsprodukt ist ungefähr dreimal so hoch wie der bayerische Durchschnitt. Zu verdanken hat die Stadt dies in erster Linie dem Automobilhersteller Audi, der in Ingolstadt seinen größten Produktionsstandort hat: Über 44 000 Menschen sind hier beschäftigt, wobei die zahlreichen Zulieferer, die sich im Umkreis von Audi angesiedelt haben, noch gar nicht berücksichtigt sind.

Zudem war Ingolstadt lange Zeit ein wichtiges Zentrum der Erdölindustrie. Drei Raffinerien entstanden rund um die Stadt ab den 1960er Jahren, von denen heute aber nur noch eine in Betrieb ist. In Ingolstadts Nachbargemeinde Manching beschäftigt die Airbus Defence and Space, die den Eurofighter baut, mehrere tausend Menschen.

Nicht zuletzt verfügt Ingolstadt mit einem guten Dutzend Museen über eine der abwechslungsreichsten Museumslandschaften Bayerns: Es gibt ein Medizinhistorisches Museum und eines für konkrete Kunst. Es gibt ein Spielzeugmuseum und das Bauerngerätemuseum. Wegen der Bedeutung der Befestigungsanlagen für ganz Bayern hat auch das Bayerische Armeemuseum und das Museum des Ersten Weltkriegs hier seinen Sitz.

Fassaden in der Theresienstraße

Geschichte

Ein »Ingoldesstat« wird erstmals 806 in einer Urkunde Karls des Großen erwähnt. Damals existierte bereits ein Königshof der Karolinger; wo dieser sich jedoch genau befand, konnte bisher nicht erforscht werden. Nach verschiedenen Wechseln der Besitzer fiel Ingolstadt 1242 schließlich an die Wittelsbacher und erhielt nur kurz danach Stadt- und Münzrecht. Geprägt wurde hier der Ingolstädter Pfennig, der ein Einhorn zeigt. Um 1280 dürfte bereits eine erste, allerdings noch weitgehend aus Holz gebaute Stadtbefestigung existiert haben. Eine wichtige Epoche war das 14. und frühe 15. Jahrhundert. Der Hauptarm der Donau wurde zur Stadtgrenze umgeleitet, man begann mit dem Bau eines gemauerten Stadtrings und 1392 wurde Ingolstadt im Zuge der Teilung Bayerns in drei Herzogtümer die Haupt- und Residenzstadt des neuen Herzogtums Bayern-Ingolstadt. Ludwig VII., der am Hof des französischen Königs erzogen worden war, begann den Ausbau der Stadt, die man wegen ihrer 87 Türme auch die »Hunderttürmige« nannte. Errichtet wurden nun das Liebfrauenmünster und das Neue Schloss. Zugleich jedoch gab es ständige Machtkämpfe mit dem benachbarten Herzogtum Bayern-Landshut, an das Ingolstadt schließlich 1447 fiel.

■ Universität und Gegenreformation

1472 wurde in Ingolstadt die erste Universität Bayerns gegründet. In seiner brieflichen Bitte um die Zustimmung zu dieser Gründung schrieb Herzog Ludwig IX., genannt der Reiche, an den Papst: »Die Häuser sind hier geräumig, manche prachtvoll, sie enthalten Wohnungen für mehr als tausend Studenten (...). Der Wein ist etwas teuer, das Fleisch ist gut, das Brot vorzüglich und Fische liefert die Donau ebenso viel, als köstlich«.

▶ Karte S. 240/241

Kanonen vor dem Armeemuseum

Zum Zeitpunkt der Eröffnung dieser elften Universität des Heiligen Römischen Reiches deutscher Nation zählte man bereits 500 Studenten an den klassischen vier Fakultäten Theologie, Jura, Medizin und Philosophie. Eine Hochzeit erlebte die Wissenschaft zu Beginn des 16. Jahrhunderts in der Renaissance, als unter anderem der weitgereiste Rhetoriker Conrad Celtis und der Historiker Johannes Aventinus, Autor der ersten umfassenden Abhandlung der Geschichte Bayerns, in Ingolstadt lehrten.

1549 folgte die Gründung eines Jesuitenkollegs und so wurde die Stadt zu einem wichtigen Ort der Gegenreformation. Der Theologieprofessor Johannes Eck (1486–1543) veröffentliche 1520 die Streitschrift »De primatu Petri adversus Ludderum«, in der er die päpstliche Oberhoheit über die Kirche verteidigte. Der gewandte Rhetoriker Eck führte auch direkte »Dispute« mit Martin Luther und erreichte schließlich beim Papst den Erlass der Bulle »Exsurge Domine«, die dem Kirchenreformator den Bann androhte. Luther selbst war in der Auseinandersetzung mit Eck wenig diplomatisch und bezeichnete diesen als

»das Schwein von Ingolstadt«. Von Eck stammt die sogenannte »Eck-Bibel«, eine Bibelübersetzung, die im katholischen Süden Deutschlands bis ins 17. Jahrhundert weit verbreitet war und in mehreren Auflagen meist in Ingolstadt gedruckt wurde. 1800 wurde die Uni Ingolstadt zunächst nach Landshut und 1826 nach München verlegt, wo sie in die Ludwig-Maximilian-Universität eingegliedert wurde. Heute existieren zwischen Donau und Altmühl zwei Hochschulen: die Technische Uni Ingolstadt mit über 6000 Studierenden und die Katholische Universität Eichstätt-Ingolstadt, die einzige katholische Hochschule im deutschsprachigen Raum, mit gut 5000 Studentinnen und Studenten.

Reinheitsgebot

Anfang des 16. Jahrhunderts wurden die drei bayerischen Teilherzogtümer wiedervereinigt und am 23. April 1516 in Ingolstadt eine neue Landesordnung erlassen. Bekannt ist sie bis heute durch eine Passage, die als »Reinheitsgebot« für bayerisches Bier in die Geschichte eingegangen ist: »Wir wöllen auch sonnderlichen, das füran allenthalben in unnsern Stetten, Märckten und auf dem Lannde, zu kainem Pier merer Stückh, dann allain Gerste, Hopffen unnd Wasser, genommen und gepraucht sollen werden«. Diese Vorschrift war eine Reaktion auf die schlechte Bierqualität. Auch sollten Weizen und Roggen den Bäckern vorbehalten bleiben. Das Reinheitsgebot wird vom bayerischen Biermarketing immer noch gern und stolz eingesetzt, es ist jedoch in Zeiten der industriellen Bierherstellung eigentlich überholt, weil viel zu undifferenziert. Denn was nützt es, wenn in ein Bier tatsächlich nur Hopfen, Gerste und Wasser kommen, als Hopfen jedoch nicht frische Dolden aus der nahen Hallertau, sondern billige US-amerikanische Pellets verwendet werden?

Bayerische Landesfestung

Zwischen 1537 und 1565 wurde Ingolstadt zur bayerischen Landesfestung ausgebaut, die sich schon im Schmalkaldischen Krieg 1546 und dann im Dreißigjährigen Krieg bewährte. Doch ab 1799 wurde die Festung von den Franzosen geschleift und da nur ein Jahr später die Uni nach Landshut verlegt wurde, halbierte sich durch den Wegzug von Armee- und Universitätsangehörigen die Einwohnerzahl der Stadt. 1828 begann man mit der Wiedererrichtung der Befestigungsanlage, nach ihrer Vollendung lebten in Ingolstadt nur 7000 Zivilsten, jedoch knapp 13 000 Soldaten. Während des Ersten Weltkriegs sollte ihre Zahl sogar auf 40 000 steigen und die Gebäude der Festung wurden als Kriegsgefangenenlager benutzt, in dem unter anderen auch der spätere französische Präsident Charles de Gaulle inhaftiert war.

Obwohl Ingolstadt Standort einer Garnison und zahlreicher Rüstungsbetriebe war, wurde die Stadt erst ab Januar 1945 bombardiert. Dabei zerstörten die Flugzeuge der Alliierten weite Teile der Innenstadt, wie auch das Stadttheater und die Augustinerkirche, mehr als 600 Menschen starben. Nach dem Krieg konnten die erhaltenen Festungsbauten einem neuen Zweck zugeführt werden: Sie dienten als Unterkunft für rund 5000 Flüchtlinge und Vertriebene.

Stadtbesichtigung

Rund um die Altstadt Ingolstadts liegen zahlreiche große Parkplätze, von denen aus man in wenigen Minuten das Zentrum erreicht. Überhaupt ist die historische Mitte so klein, dass man sie – ohne Besichtigungen – in 15 Minuten durchqueren kann.

Den **westlichen Zugang zur Stadt** bildet das **Kreuztor**, nicht nur Wahrzeichen Ingolstadts, sondern auch eines

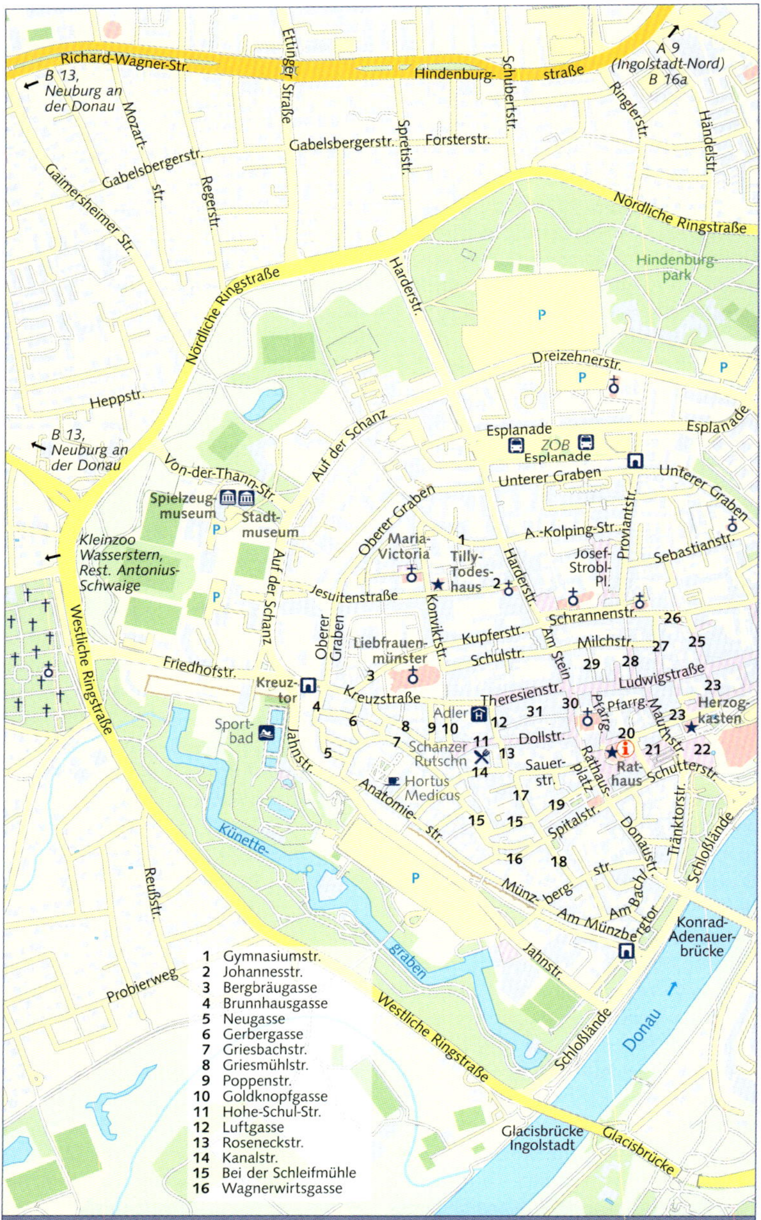

Ingolstadt, Zentrum

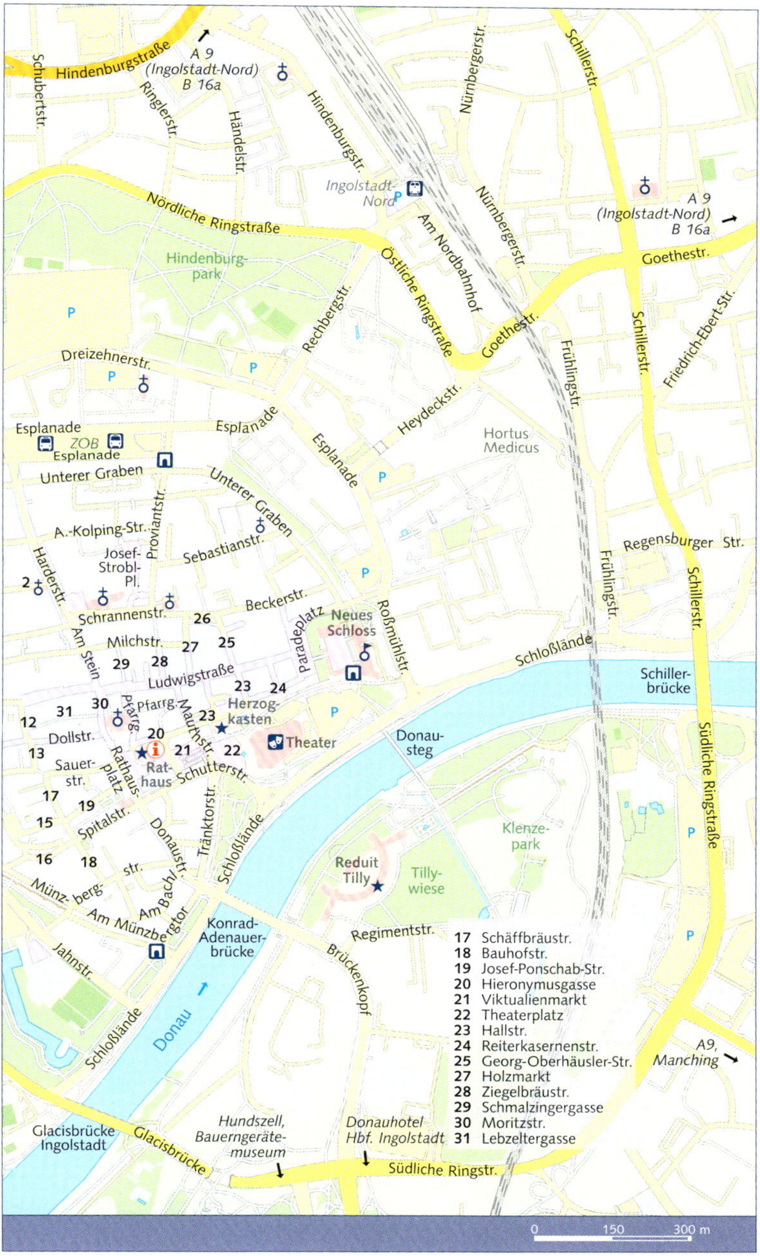
Hindenburgstraße
A 9
(Ingolstadt-Nord)
B 16a
Schubertstr.
Ringlerstr.
Händelstr.
Hindenburgstr.
Nürnbergerstr.
Schillerstr.
Ingolstadt-Nord
Nördliche Ringstraße
Am Nordbahnhof
Östliche Ringstraße
Goethestr.
Hindenburg-park
Rechbergstr.
Friedrich-Ebert-Str.
Dreizehnerstr.
Frühlingstr.
Heydeckstr.
Esplanade
ZOB
Hortus Medicus
Unterer Graben
A.-Kolping-Str.
Proviantstr.
Josef-Strobl-Pl.
Sebastianstr.
Regensburger Str.
Harderstr.
Beckerstr.
Schrannenstr.
Neues Schloss
Paradeplatz
Roßmühlstr.
Milchstr.
Am Stein
Ludwigstraße
Schloßlände
Schiller-brücke
Pfarrg.
Herzog-kasten
Mauthstr.
Dollstr.
Theater
Donau-steg
Sauer-str.
Rat-haus
Rathaus-platz
Schutterstr.
Spitalstr.
Tränktorstr.
Donaustr.
Südliche Ringstraße
Klenze-park
Reduit Tilly
Tilly-wiese
Münzbergstr.
Am Münzbergtor
Am Bachl
Konrad-Adenauer-brücke
Regimentstr.
Jahnstr.
Brückenkopf
Donau
A9, Manching
Glacisbrücke Ingolstadt
Glacisbrücke
Hundszell, Bauerngeräte-museum
Donauhotel
Hbf. Ingolstadt
Südliche Ringstr.
17 Schäffbräustr.
18 Bauhofstr.
19 Josef-Ponschab-Str.
20 Hieronymusgasse
21 Viktualienmarkt
22 Theaterplatz
23 Hallstr.
24 Reiterkasernenstr.
25 Georg-Oberhäusler-Str.
27 Holzmarkt
28 Ziegelbräustr.
29 Schmalzingergasse
30 Moritzstr.
31 Lebzeltergasse
0 150 300 m

der schönsten Stadttore Deutschlands. Der achteckige Backsteinturm mit Spitzhelm, der von Türmchen und Erkern umgeben ist, wurde schon 1385 errichtet. Vor der Schlacht von Regensburg zog Napoleon 1809 durch das Kreuztor zu Pferde in die Stadt ein. Heute finden in dem sorgfältig renovierten Tor Ausstellungen und andere kulturelle Events statt. Von hier sind es nur wenige Schritte bis zum Liebfrauenmünster, der bekanntesten Sehenswürdigkeit der Stadt.

Liebfrauenmünster

100 Jahre lang, von 1425 bis 1525, wurde am gotischen Münster Ingolstadts gebaut. Kriege und auch Geldmangel hatten eine schnellere Fertigstellung verhindert. Schließlich griff der Papst 1487 selbst ein und gestattete, dass Freiwillige, die für den Kirchenbau so viel spenden, wie sie für ihren Lebensunterhalt an einem Tag aufwenden müssen, auch an Fasttagen Milch, Butter und Käse essen durften. Ganz ausreichend war dieser »Gnadenbrief« dennoch nicht, die beiden Türme konnten nicht fertiggestellt werden, was man ihnen auch deutlich ansieht. Statt der geplanten Höhe von 86 Metern, messen sie nur 69 und 62 Meter. Eine gelungene architektonische Umsetzung ist ihre Eckstellung zur Fassade, wodurch diese fast wie eine Barockkirche dynamisiert wird.

Schlingengewölbe im Münster

▲ Karte S. 240/241

Wie beim gotischen Kirchenbau üblich, wurde zunächst im Osten der Chor errichtet. Diesen umgab man mit einem von sechs rechteckigen Seitenkapellen abgeschlossenen Umgang, Zeichen für die besondere Stellung der Kirche, denn die Gläubigen konnten so den Altar betend umschreiten.

Ab 1503 begann man, das auf schlanken hohen Säulen stehende **Mittelschiff** mit einfachen Kreuzrippen einzuwölben. Sehr viel formenreicher sind dagegen die **Schlingen-Gewölbe der Seitenkapellen**, außerdem überraschen sie durch ihre vielfältigen Ast- und Blütenmotive als Schlusssteine. Sie stammen nicht von dem bisher federführenden Architekten Hans Rottaler, sondern von einem Meister der Regensburger Dombauhütte, Erhard Heydenreich.

Der Name der Kirche geht auf ein Marienbild zurück, das jedoch 1801 bei der »Einziehung überflüssigen Kirchensilbers« eingeschmolzen wurde. Das bedeutendste Kunstwerk ist daher heute der **Hochaltar** von 1572, der mit seinen zahlreichen Bildern der biblischen Geschichte und ihren Heiligen einen Protest gegen den Bildersturm der Reformation darstellen sollte. Besonders eindrucksvoll ist die Rückseite, die die Debatte der heiligen Katarina von Alexandrien mit Gelehrten zeigt. Die **Glasfenster** entstanden an der Wende vom 15. zum 16. Jahrhunderts und wurden unter anderem nach Plänen von Albrecht Dürer und seinem Assistenten Hans von Kulmbach gefertigt. Im Münster wurde der Luther-Gegner Johannes Eck (s.o.) beigesetzt, der lange hier Pfarrer war.

Kirche Maria de Victoria

Eine der ungewöhnlichsten Kirchen der Donauregion ist die Kirche Maria de Victoria unweit des Münsters. Schon ihr Name ist Programm, denn er geht zurück auf den Sieg der Katholiken gegen die Osmanen 1571 bei Lepanto vor der griechischen Westküste. Fast 500 Schiffe mit etwa 200 000 Soldaten waren daran beteiligt, es war eine der größten Seeschlachten der Menschheit. Da Papst Pius V. angab, am Tag der Schlacht eine Marienerscheinung gehabt zu haben, begründete er damit die besonders intensive Verehrung der »Maria de Victoria«. Unzählige Bruderschaften und Marien-Kongregationen entstanden zur ihrer Huldigung. Weit verbreitet ist die Ansicht, dass Maria ab dieser Zeit in einem Halbmond stehend abgebildet wurde, als Symbol für den Sieg über die Muslime. Die Darstellung der »Madonna in der Mondsichel« gibt es jedoch bereits seit dem Mittelalter und sie geht auf die biblische Offenbarung des Johannes zurück.

In Ingolstadt wird der Besucher der Kirche Maria de Victoria schon von ihrem Äußeren überwältigt oder – je nach Meinung – erschlagen. Denn alle **Außenwände** sind mit fein ziselierten Stuckornamenten bedeckt, es sind so viele wie in keiner anderen Kirche im Donau-Raum. Modelliert wurden sie von dem einheimischen Künstler Wolfgang Zächenberger, während für die **Innenausstattung** die Gebrüder Asam (→ S. 87) gewonnen werden konnten. Die Kirche konnte innerhalb kürzester Zeit in den 1730er Jahren fertiggestellt werden. Ungewöhnlich ist neben ihrer Gewölbehöhe von lediglich zehn Metern, dass sie keinen Chor hat, sondern der dem Priester vorbehaltene Altarraum nur durch eine Stufe von den Bänken der Gläubigen getrennt ist. Dies ist typisch für Gotteshäuser von katholischen Kongregationen, die ja eine geschlossene Gemeinschaft ohne Standesunterschiede darstellen sollen. Daher durchzieht auch das **Chorgestühl**, in einzelne Sitze aufgeteilt, den gesamten Raum.

Das gewaltige **Deckenfresko**, das um die 40 Meter lang ist, zeigt in sehr lichten Farben die Menschwerdung Jesu. An zentraler Stelle erscheinen die Verkündigung Gabriels an Maria sowie Gottvater inmitten eines Engelschors, einen Lichtstrahl aussendend.

In der **Schatzkammer** werden die Lepantomonstranz, die als wertvollste ihrer Art gilt, sowie ein Kreuz ausgestellt, das Feldherr Tilly angeblich bei den Schlachten im Dreißigjährigen Krieg mit sich führte. Nur wenige Meter weiter starb der katholische Heerführer Tilly, in der Schlacht gegen die Schweden 1632 verwundet, in einem kleinen Bürgerhaus.

Herzogskasten

Der sogenannte Herzogskasten steht an der Stelle des ersten Wittelsbacher Schlosses in Ingolstadt, das Herzog Ludwig der Strenge 1250 errichten ließ. Ursprünglich stand es direkt an der

Fassade der Kirche Maria Victoria

Stadtmauer, doch als die Stadt immer weiterwuchs und 1430 daher eine neue Befestigungsanlage gebaut werden musste, lag das Schloss nun mitten in der Bürgerstadt, was den Herzögen wenig gefiel. Als Ersatz ließ Ludwig im Barte das »Neue Schloss« errichten, dass wiederum am Rande der Stadt lag und durch Mauern und Gräben von den Wohnvierteln der Bürger geschieden war. Die alte Burg verwendete man als Speicher, süddeutsch »Kasten«, daher der Name. 1980 kaufte die Stadt das heruntergekommene Gebäude und ließ es aufwendig für die Stadtbibliothek sanieren. Besonders schön ist der **spätgotische Stufengiebel** mit seinen filigranen Zinnen und dem Eckerker, erhalten werden konnte außerdem der ursprüngliche Dachstuhl.

Neues Schloss

Im Gotik- und Renaissancestil präsentiert sich das Neue Schloss. Umgeben von einem Burggraben, in dem heute knorrige Apfelbäume wachsen, entstand es ab 1417 um einen großen rechteckigen Hof. In ihm finden heute Freiluftkonzerte statt, aber auch eine ganze Anzahl reich verzierter Kanonenrohre ist zu sehen. Sie sind Teil des **Armeemuseums**, das nach dem Zweiten Weltkrieg von München hierher verlegt wurde.

In den Schlosshof führt vom Westen ein schön proportioniertes **Renaissancetor**, das um 1580 errichtet wurde und einen barocken Glockenturm mit Uhr aus der Mitte des 18. Jahrhunderts trägt. Der frühere **Palas** ist ein dreigeschossiges Gebäude mit hohem Satteldach und vier Ecktürmen aus der 2. Hälfte des 15. Jahrhunderts. Auf der linken Seite steht das etwas heruntergekommene **Zeughaus**, in dem früher auch Getreide gelagert wurde. Rechts, an der südlichen Hofseite, der **Kavaliersbau** aus dem 18. Jahrhundert und auch ein **Teil der alten Stadtmauer** blieb hier erhalten. Der alles überragende Torturm im Osten der komplexen Schlossanlage ist das **Alte Feldkirchner Tor** aus dem frühen 15. Jahrhundert, an den sich die mehrfach umgebaute Statthalterei anschließt.

Das Neue Schloss

▲ Karte S. 240/241

Grundmauern der römischen Siedlung in Manching

Festung

Im 16. Jahrhundert war ein breiter Festungsring um die Stadt herum angelegt worden. Zwischen Stadtmauer und diesem Befestigungsring, der heutigen Ringstraße, befand sich ein 300 Meter breites unbebautes Gelände, das Glacis. Heute breiten sich hier viele Grünanlagen aus. Ingolstadt war die stärkste Festung Süddeutschlands, trotz fünftägiger schwerer Kanonade 1632 konnte Schwedens König Gustav Adolf Ingolstadt nicht erobern. Kein Wunder also, dass Napoleon die Schleifung der Festung befahl. Doch nur wenige Jahre später kam es unter Ludwig I. zu einem Neubau, es war das größte und teuerste Projekt des baufreudigen Königs, unter dem im Donau-Raum auch die Walhalla, die Befreiungshalle Kelheim und der Ludwig-Donau-Main-Kanal entstanden. Verantwortlicher Architekt war hier wie dort Leo von Klenze, viele seiner backsteinroten, klassizistischen Bauwerke blieben bis heute erhalten. Eines von ihnen ist das **Kavalier Hepp** im Nordwesten, in dem heute das **Stadtmuseum** untergebracht ist. Zu seinen Hauptsehenswürdigkeiten zählt der »Schwedenschimmel«, das Pferd Gustav Adolfs, das bei einem Erkundungsritt des Königs vor Ingolstadt von einer Kugel getroffen wurde. Es gilt als das älteste erhaltene Tierpräparat Europas.

Auf dem anderen Donauufer steht im Süden das halbmondförmige **Reduit Tilly** mit den beiden mächtigen Geschütztürmen Triva und Baur. Es gilt als das Kernstück der Befestigungsanlagen zur Sicherung des Flussübergangs. Heute sind hier das **Bayerische Armeemuseum** und das **Bayerische Polizeimuseum** untergebracht.

Oppidum von Manching

Im Süden des heutigen Ingolstadt befand sich seit dem 3. Jahrhundert vor Christus eine keltische Siedlung, die sich schon nach wenigen Jahrzehnten zu der wohl größten Stadt nördlich der Alpen entwickelte. Zwischen 5000 und 10 000 Menschen sollen hier gelebt haben. Der die Stadt umgebende Wall hatte eine Breite von 1,7 Kilometern, die aus Stein errichtete Stadtmauer eine Länge von über sieben Kilometern, sie war damit fast dreimal so lang wie die mittelalterliche Stadtmauer von Nördlingen. Über die Siedlung wird heute umfassend im **kelten römer museum manching** informiert. Reste der Befestigungen blieben südlich von Manching erhalten, liegen jedoch zum Teil auf dem Gelände des Airbuswerks.

Ein – wenig begangener – **Wanderweg** mit Erklärungstafeln beginnt beim Besucherparkplatz Keltenwall an der Landstraße nach Geisenfeld.

Ingolstadt

Tourist-Info am Rathausplatz, Moritzstr. 19, 85049 Ingolstadt, Tel. 0841/3053030; Mo–Fr 10–18 Uhr, Sa und So 10–15 Uhr. www.ingolstadt-tourismus.de

Hotel Adler, Theresienstr. 22, 85049 Ingolstadt, Tel. 0841/35107; DZ ab 105 Euro. Traditionsreiches Haus direkt im Zentrum nahe dem Liebfrauenmünster. Günstige Familienzimmer. Sauna und Fitnessbereich. www.hotel-adler-ingolstadt.de

Donauhotel Ingolstadt, Münchner Str. 10, 85051 Ingolstadt, Tel. 0841/965150; DZ ab 76 Euro. Großes Haus im Süden der Stadt, 500 Meter von der Donau entfernt. Zur Vermietung angeboten wird auch ein Appartement in der Altstadt. www.donauhotel.de

Wer mal Lust auf etwas Nichtbayerisches hat: Entlang der Bundestraße 13 Richtung Eichstätt/Neuburg an der Donau gibt es neben zahlreichen Supermärkten, Einkaufszentren und einem Wein-Shop auch mehrere Restaurants mit internationaler Küche: Mongolisch oder Indisch zum Beispiel.

Schanzer Rutschn, Kanalstr. 1a, 85049 Ingolstadt, Tel. 0841/3791733. Spezialität in dem Gewölbekeller ist das Landhof Pfandl mit Ente, Spanferkel, Haxn, mehreren Knödelsorten und Blaukraut. www.schanzer-rutschn.de

Gaststätte und Biergarten Antonius-Schwaige, Antoniusschwaige 47, 85049 Ingolstadt, Tel. 0841/32680. Typisch bayerisches Gasthaus mit großem Biergarten. Es gibt Biergartenklassiker, aber auch vegetarische Kräuterpfannkuchen, Backhendlfetzn, Kalbstafelspitz oder Tafelspitzbrühe mit selbstgemachten Leberspätzle. Ausgeschenkt werden die Biere des Ingolstädter Herrnbräus. Drei Kilometer westlich des Zentrums; mit Hofladen. www.antonius-schwaige.de

Café Hortus Medicus, Anatomiestraße 20, 85049 Ingolstadt, Tel. 0171/6225130. Etwas versteckt im Botanischen Garten des Medizinhistorischen Museums gilt es als Geheimtipp. Selbstgemachte Kuchen und Kekse. www.dmm-ingolstadt.de

Alle Angaben zu den zahlreichen **Museen in Ingolstadt** unter www.ingolstadt.de/kultur/museen

kelten römer museum manching, Im Erlet 2, 85077 Manching, Tel. 08459/323730; Di–Fr 9.30–16 Uhr, Sa, So 10–17 Uhr. www.museum-manching.de

Fest zum Reinen Bier, mit mittelalterlichen Kostümen und viel Bier durch die Altstadt an drei Tagen Ende April.

Fest der Kulturen, Treffen der internationalen Kulturvereine der Region im Klenzepark Mitte Juli, natürlich mit Köstlichkeiten aus der Heimat.

Schanzer Herbstvergnügen, Stadtvolksfest Ende Sept.–Anf. Okt.

Mundartfestival dialektig, Kunst im alpenländischen Dialekt, also nicht nur aus Bayern, sondern auch aus Österreich, Mitte Nov.–Mitte Dez.

Sportbad, Jahnstr. 5a, 85049 Ingolstadt, Tel. 0841/9903220. Hallenbad mit zehn Bahnen à 50 Meter Länge und zwei Saunen. Da die Öffnungszeiten sehr unterschiedlich sind und auch nicht immer alle Bahnen für Schwimmer geöffnet sind, am besten auf der Homepage nachschauen. Wichtig: Es ist kein Spaßbad für Kinder, sondern ein wirkliches Sportbad. www.sw-i.de

Kleinzoo Wasserstern, Aloisiweg 19, 85049 Ingolstadt, Tel. 0841/86421. 44 Tierarten aus fünf Kontinenten mit dem Schwerpunkt Vögel und Reptilien im Auwald. www.wasserstern.de

Karte S. 240/241

Zwischen Ingolstadt und Regensburg

Wer sich für die Geschichte der Kelten und Römer im Donauraum interessiert, findet auf dem Weg von Ingolstadt nach Kelheim gleich mehrere Besuchsziele. Da ist zum einen Manching (→ S. 245), wo sich einst die größte keltische Siedlung nördlich der Alpen befand. Ein paar Kilometer weiter in Bad Gögging gab es eine römische Therme, die den Soldaten des Kastells von Eining diente, die hier die Grenze des römischen Reiches, den Limes, bewachten. Reste dieses Limes findet man dann am anderen, dem linken Ufer der Donau. Höhepunkt des mit 80 Kilometern eher kurzen Streckenabschnitts ist aber eine Dampferfahrt durch den Donaudurchbruch zwischen Kelheim und dem Kloster Weltenburg.

Für Radfahrer auf dem Donauradweg besonders attraktiv ist der Streckenabschnitt zwischen Großmehring, Vohburg und Wackerstein, wo der Weg direkt an der Donau beziehungsweise der Kleinen Donau entlanggeht. Autofahrer sollten die B 16 meiden und die B 16a bis Vohburg und dann Landstraßen links der Donau wählen. Bei Vohburg und Neustadt führen Brücken über den Fluss, außerdem existieren immer noch zwei Fähren.

Vohburg

Auf einem steil ansteigenden Berg, der sich 80 Meter über der Donau und der Stadt Vohburg erhebt, lag einst eine der größten Burgen Bayerns. 895 unter den Karolingern gegründet, lautete ihr

Denkmal für Agnes Bernauer auf der Vohburg

ursprünglicher Name Volksburg, weil hier die gesamte Bevölkerung zusammenkam, um Schutz zum Beispiel vor den Ungarneinfällen des 10. Jahrhunderts zu suchen.

1414 wurde unter Herzog Ernst von Bayern-München die 1316 beim Machtkampf zwischen zwei Wittelsbachern Brüdern zerstörte Anlage wiederaufgebaut. In den Palast zog 1432 des Herzogs Sohn Albrecht mit seiner Geliebten Agnes Bernauer ein und ließ sich dort heimlich mit ihr trauen. Die Liebesgeschichte zwischen dem Adeligen und der 22-jährigen Augsburger Baderstochter endete tragisch – freilich allein für die »Bernauerin«: Am 11. Oktober 1435 ließ der Herzog seine Schwiegertochter verhaften und noch am gleichen Tag vom Henker in Straubing in der Donau ertränken. Der Sohn jedoch versöhnte sich mit seinem Vater und heiratete standesgemäß. Bis heute finden in Vohburg ebenso wie in Straubing **Agnes-Bernauer-Festspiele** statt.

Zwischen Ingolstadt und Regensburg

Die **Vohburg** wurde 1641 durch die Schweden endgültig zerstört, die Stadt selbst konnte durch die Zahlung einer Brandsteuer vor der Verwüstung gerettet werden. Heute dient der **Burghof** als Friedhof, von der mittelalterlichen Anlage ist nur ein Tor erhalten geblieben und an der Stelle des ehemaligen Bergfrieds steht ein 1959 errichteter **Wasserturm**. In den 1980er Jahren wurde die **Ringmauer** rekonstruiert, von hier bieten sich schöne und weniger schöne Ausblicke, denn Richtung Ingolstadt erheben sich die Türme einer Erdölraffinerie.

Das 8400 Einwohner zählende Vohburg könnte man auch als Vierflüssestadt bezeichnen, denn es wird eingerahmt von der Donau, dem Auenwasserlauf Kleine Donau, der Paar und der Ilm. Die **schön restaurierte Innenstadt** lohnt einen kurzen Spaziergang. Im Sommer zieht es viele Badelustige zum Eiscafé San Marco an den **Donaustrand** bei der alten Donaubrücke.

Vohburg

Biergarten Birkenheide, Birkenheide 1, 85290 Geisenfeld, Tel. 08457/308. Riesiger Biergarten und »Event-Location«, drei Kilometer südlich von Vohburg. Große Auswahl an bayerischen und auch österreichischen Spezialitäten. Biere des Tegernseer Brauhauses, außerdem Weltenburger Klosterbräu, Hofbrauhaus Freising, Erdinger Weißbräu.
www.birkenheide.com

Die **Agnes-Bernauer-Festspiele** finden immer an besonderen Jahrestagen des Kolpingvereins Vohburg statt. Auf dem Burghof werden aber auch andere volkstümliche Stücke gezeigt, wie zum Beispiel 2015 das »Königlich-Bayerische Amtsgericht«, das 10 000 Besucher anzog.
www.agnes-bernauer.de
www.freilichtfestspiele.de

Neustadt an der Donau und Bad Gögging

Neustadt an der Donau sollte nicht mit Neuburg an der Donau verwechselt werden. Denn im Unterschied zu der Renaissancestadt westlich von Ingolstadt ist das östlich davon gelegene Neustadt eine der typischen mittelalterlichen Gründerstädte der Wittelsbacher. Bereits 1273 erhielt es als eine der ersten bayerischen Gemeinden das Stadtrecht und der quadratische Grundriss der Stadt sowie Teile der ehemaligen Befestigung blieben bis heute erhalten. Dennoch ist Neustadt heute vor allem wegen seines Ortsteils Bad Gögging bekannt, ein Thermalwasserkurort, dessen Tradition bis in die Kelten- und Römerzeit zurückreicht.

Limes-Therme

Mittelpunkt von Bad Gögging ist die Limes-Therme. Ganz in der Nähe, beim Kastell Abusina, endete der Obergermanisch-Rätische Limes (→ S. 52) und

Überreste des Römerlagers Abusina

Kaiser Trajan, der um 110 die Region besuchte, ließ für seine Soldaten eine Therme errichten. Auf ihre Überreste stieß man beim Neubau der Ortskirche in den 1960er Jahren. Und auch unter der romanischen **St. Andreas-Kirche** fand man ein Badebecken aus römischer Zeit. Da man vermutet, dass sich die gesamte Thermenanlage unter dem heutigen Ortzentrum von Gögging befand, konnten nur Teile freigelegt werden.

Die Tradition des Ortes als **Kurbad** wurde im Mittelalter fortgesetzt, Badegäste kamen bis aus Landshut und Straubing. Der Dreißigjährige Krieg beendete den Kurbetrieb, der dann erst Ende des 19. Jahrhunderts wiederaufgenommen wurde. 1919 wurde Gögging als staatlicher Kurort anerkannt. Die heutige Limes-Therme mit ihrer rund 3500 Quadratmetern großen SPA-Wasserlandschaft wurde 1979 gebaut. Jedes Jahr zählt der Ort zwischen 400 000 und 500 000 Übernachtungen. Medizinische Behandlungen finden mit Mineralthermalwasser, Schwefelwasser und Moorschlamm statt. 1999 wurde eine Saunalandschaft eröffnet, die sich in einem originalgetreu nachgebauten **Limes-Turm** befindet, in

▲ Karte S. 248/249

dem **antike Exponate** ausgestellt sind und **Schwitzbäder** nach römischem Vorbild angeboten werden. So gibt es unter anderem eine Kräuter- und Peelingsauna oder ein Tepidarium, einen Raum mit beheizten Liegen, in dem die Luft nicht wärmer als 40 Grad sein sollte. So kann der Körper ohne einen zu großen Hitzestress entspannen und die Durchblutung des Körpers wird verbessert.

Castellum Abusina

Nur einen halben Kilometer hinter Bad Gögging erreicht man Richtung Weltenburg die kleine Gemeinde Eining. Hier errichteten die Römer 80 nach Christus ein Kastell mit angeschlossener Wohnsiedlung, die den Römern zur Sicherung ihrer Grenzbefestigung, dem Limes, diente und erst Mitte des 5. Jahrhunderts aufgegeben wurde. Zwischen 100 und 500 Soldaten vor allem aus Gallien und Britannien waren hier stationiert. Der Name Abusina leitet sich ab von dem Fluss Abens, der heute im Urbett der Donau fließt. Da um 140 nach Christus die ursprünglichen Holz- durch Steinbauten ersetzt wurden, blieben viele **Grundmauern** des Römerlagers erhalten. Die gesamte Anlage, die knapp 2 Hektar maß und von 18 Türmen und 4 Toren umgeben war, ist gut erforscht und ausführlich auf Schautafeln beschrieben. Der Zugang ist zwischen 6 und 23 Uhr möglich, öffentliche Führungen finden jeden Samstag zwischen April und September um 10.30 Uhr statt.

In Eining selbst gibt es gleich neben einem großen Biergarten eine **Fähre**, mit der Rad- und auch Autofahrer außer montags zwischen 10 und 18 Uhr über die Donau nach Hienheim übersetzen können (Victor Beisel, Tel. 0151/15236738). Nördlich Hienheims erreicht man nach etwa zwei Kilometern einen Gedenkstein, die sogenannte **Hadrianssäule**, die den Beginn beziehungsweise das Ende des ehemaligen Limes markiert. 250 Meter weiter westlich wurde ein **Turm der früheren Grenzbefestigung** rekonstruiert, noch einmal 250 Meter weiter beginnt der **Limes** in einem Feldrain sichtbar zu werden. In **Weltenburg** kann man sich dann mit einer weiteren **Seilfähre**, die allein von der Strömung des Wassers angetrieben wird, wieder aufs rechte Ufer der Donau übersetzen lassen (Fährunternehmen Stausacker, Tel. 0176/12701227).

Bad Gögging

Tourist-Info, Heiligenstädter Straße 5, 93333 Bad Gögging, Tel. 09445/95750; Mo–Fr 9–19 Uhr, Sa 9–14 Uhr, So 9–12 Uhr. www.bad-goegging.de

Der Eisvogel, Hotel-Spa-Gasthof, An der Abens 20, 93333 Bad Gögging, Tel. 09445/9690; DZ ab 150 Euro. Großes Haus mit einem Spa auf 1600 Quadratmetern, mit Spa-Suiten für kleine Gruppen und eigenem Arzt. Leichte Küche, je drei vegane und vegetarische Gerichte, Salate, aber auch Steaks, Burger, Wild. www.hotel-eisvogel.de

Hotel Zur Sonne, Trajanstr. 3-5, 93333 Bad Gögging, Tel. 09445/95470; DZ ab 98 Euro, mehrere Pauschalangebote zu guten Preisen. Familienbetrieb direkt im Ortszentrum. Jeden Mittwochabend Wirtshausmusi und Altbayerisches Braten-Buffet. www.hotelgasthof-zur-sonne.de

Pension Marcus, Am Stocket 19, 93333 Bad Gögging, Tel. 09445/95610; DZ ab 65 Euro. Kleine Pension, auch Appartements.

Campingplatz Felbermühle, Felbermühle 1, 93333 Neustadt/ Donau, Tel. 09445/516. Schön angelegter moderner Campingplatz zwischen zwei Armen des

Donau-Nebenflusses Abens. Kein Restaurant, aber Brötchenservice.
www.felbermuehle.de

Römisches Museum für Kur- und Badewesen, Trajanstr. 8, 93333 Bad Gögging, Tel. 09445/95750; Di–Sa 16–17 Uhr, So 10.30–11.30 Uhr.
www.bad-goegging.de

Limes-Therme, Am Brunnenforum 1, 93333 Bad Gögging, Tel. 09445/20090; Mo–Fr 8–20 Uhr, Do und Sa bis 22 Uhr, So 8–20 Uhr, Sauna ab 10 Uhr.
www.limes-therme.de

Römerfest Salve Abusina, jedes Jahr im August im Römerkastell von Eining.

Kelheim

Eigentlich wäre Kelheim ein beschauliches Städtchen mit nicht einmal 17 000 Einwohnern. Wenn da nicht die unzähligen Besucher wären, die hier von gleich drei touristischen Zielen angezogen werden. Zielen, die zu den bedeutendsten an der deutschen Donau gehören. Da ist zum einen die sich hoch über der Stadt erhebende »Befreiungshalle«, die Bayerns König Ludwig I. nach den Freiheitskriegen gegen Napoleon errichten ließ. Zum zweiten starten am Kelheimer Hafen die Ausflugsdampfer zu ihrer Fahrt durch den Donaudurchbruch beim Kloster Weltenburg. Und schließlich mündet hier die romantische Altmühl in die Donau, einen Ausflug zumindest bis ins nur acht Kilometer von Kelheim entfernte Essing mit seinen mächtigen Jurafelsen sollte man sich auf keinen Fall entgehen lassen. Und wem dies alles noch nicht genug ist: In Kelheim und Weltenburg gibt es gleich drei der schönsten Biergärten der Region.

Geschichte

Kelheim zählt zu den am längsten besiedelten Orten an der Donau. Ausgrabungen haben Spuren aus der Zeit der Neandertaler sowie aus der Bronze- und der Hallstattzeit nachgewiesen. Und dort, wo heute die Befreiungshalle steht, auf dem Michelsberg, befand sich einst die zweitgrößte keltische Stadt im Süden Deutschlands.

Auf dem Weg zum Donaudurchbruch bei Weltenburg

Karte S. 248/249

Entscheidend für die Entwicklung Kelheims im Mittelalter waren die Wittelsbacher, in deren Besitz es im 11. Jahrhundert kam. Otto I. verlieh 1181 »Cheleheim« die Stadtrechte, genau 50 Jahre später, 1231, wurde sein Sohn Ludwig, genannt »der Kelheimer«, auf der dortigen Donaubrücke ermordet. Bis dahin war die Stadt eine der bevorzugten Residenzen dieser bayerischen Herrscherfamilie gewesen. Doch von nun an lebte man lieber in Landshut oder Regensburg.

Dank der Donaubrücke blieb Kelheim jedoch ein wichtiges wirtschaftliches und strategisches Zentrum, so auch im Dreißigjährigen Krieg. Von hier aus begannen die Schweden 1633 die Eroberung Regensburgs, denn sie konnten auf beiden Ufern des Flusses in die nur 30 Kilometer entfernte Stadt vorstoßen.

1846 wurde der Ludwig-Donau-Main-Kanal eröffnet, der die Donau mit dem Main bei Bamberg verband – und damit einen Warentransport von der Nordsee ins Schwarze Meer und umgekehrt ermöglichte. Nachfolger des 1950 aufgelassenen Kanals ist der 1992 fertiggestellte Main-Donau-Kanal (→ S. 78).

Eine heutige Besonderheit der Stadt ist das Patt zwischen gleich vier politischen Gruppierungen. Bei der Kommunalwahl 2020 kamen CSU und Freie Wähler und CSU auf 23 beziehungsweise 22,5 Prozent der Stimmen, SPD und Grüne auf knapp 22 beziehungsweise fast 18 Prozent.

Befreiungshalle

Eigentlich ist es kurios: Ludwig I. von Bayern wollte die »teutsche« Bedeutung der Donau hervorheben (→ S. 69) und bediente sich dabei sowohl bei der Befreiungshalle in Kelheim wie bei der Walhalla bei Donaustauf griechischer Vorbilder. Natürlich ist die Liebe und sind die Beziehungen des zweiten bayerischen Königs zur griechischen Kultur legendär (und Griechenland hat nicht zufällig eine blau-weiße Landesflagge) – und doch muten die antiken Säulen und Göttinnen mitten in den bayerischen Wäldern etwas seltsam an.

Baubeginn für den mächtigen Rundbau, den Claudio Magris in seinem Donau-Buch mit einem Gasometer verglich, war 1842, kurz nach der Fertigstellung der Walhalla (→ S. 278). Erster Architekt war Friedrich von Gärtner, nach dessen Plänen in München zahlreiche Gebäude darunter auch die Feldherrenhalle gebaut worden waren, der jedoch bereits 1847 starb. Auf ihn folgte bis zur Fertigstellung 1863 Leo von Klenze, der nach Karl Friedrich Schinkel als bedeutendster Architekt des deutschen Klassizismus gilt.

Bei der Grundsteinlegung gab ein Männerchor ein vom König selbst gedichtetes Lied zum Besten, das mit der Zeile »Heil Euch, wack're Männer, muth'ge Krieger« beginnt. Hier sei nur die vierte und letzte Strophe wiedergegeben:

»Durch der Zeiten weite Ferne schlinge
Immer sich der Eintracht heilig Band,
In des Teutschen Seele sie durchdringe,

Die Befreiungshalle

Pseudoantiker Reigen im Inneren der Befreiungshalle

Unbesiegt bleibt dann das Vaterland.« Eine zum 150-jährigen Jubiläum der Befreiungshalle erstellte Aufnahme dieses Liedes ist auf der Homepage des Museums zu hören.

In einem nicht ganz zu klärenden Gegensatz zu diesem Lied steht die Ausgestaltung der Halle. Denn wackere Männer sind hier nicht zu sehen. Stattdessen umgeben **18 Frauenstatuen** den Bau, bezugnehmend auf die Völkerschlacht von Leipzig am 18. Oktober 1813, dem Anfang vom Ende Napoleons. Sie symbolisieren die deutschen »Volksstämme«, deren Namen dort auch verzeichnet sind: »Franken, Boehmen, Tyroler, Bayern, Oesterreicher, Preussen, Hannoveraner, Maehren, Sachsen, Schlesier, Brandenburger, Pommern, Mecklenburger, Westphalen, Hessen, Thueringer, Rheinlaender und Schwaben.«

Das **Innere der Halle** mit ihrem Durchmesser von 29 und einer Höhe von 45 Metern, erreicht man über eine schwindelerregende Treppe, auf der man das Gefühl hat, sich direkt ins Donautal hinabstürzen zu können. Allerdings gibt es für weniger Trittfeste inzwischen auch einen behindertengerechten Aufzug. Den Innenraum umgeben erneut Frauen, **34 Siegesgöttinnen** mit einer Größe von 3,30 Metern, gefertigt aus weißem Marmor aus dem Tiroler Schlanders und dem italienischen Carrara. Auch hier hatte der König keine Mühen und Kosten gescheut, um einen der bedeutendsten Bildhauer seiner Zeit, Ludwig Michael Schwanthaler, Schöpfer der Münchner Bavaria, für diese Aufgabe zu gewinnen. Allerdings stammen von Schwanthaler selbst nur einige wenige der 34 Göttinnen, deren hohe Zahl sich aus der Zahl der Mitgliedsstaaten des damaligen Deutschen Bundes erklärt. Bayern König wollte damit vermutlich zum Ausdruck bringen, dass er weiterhin auf einen Staatenbund und nicht auf einen Nationalstaat setzt.

■ Donaudurchbruch

Zu einem ganz besonderen Erlebnis einer Donaureise gehört die 45-minütige Dampferfahrt durch den Donaudurchbruch zwischen Kelheim und Weltenburg. Vorbei an Sandstränden, wo die Einheimischen in der Donau baden oder sich einfach nur von der Sonne verwöhnen lassen, und immer wieder begleitet von Standup-Paddlern und Kanufahrern erreicht man die sogenannte »Weltenburger Enge«. Im Februar 2020 wurde sie wegen ihrer »Seltenheit, Eigenart und Schönheit« zum »Nationalen Naturmonument« erklärt, es ist erst das sechste seiner Art in Deutschland. Allerdings hatte schon König Ludwig I. den Donaudurchbruch 1840 als »Naturdenkmal« ausweisen lassen.

Das besondere des Durchbruchstals sind die vielfältigen Felsformationen des Jura-Kalksteins, durch den sich schon der Vorläufer der Donau einen Weg suchte (→ S. 21). Der Volksmund hat ihnen

▲ Karte S. 248/249

so fantasievolle Namen wie »Napoleons Reisekoffer«, »Bienenhaus« oder »Zwei-sich-Küssende« gegeben. Bis zu 80 Meter reichen die grauen Steine in die Höhe. An der schmalsten Stelle der Durchbruchs ist die Donau dann nur noch gut hundert Meter breit, doch dafür 20 Meter tief – normalerweise sind es in Deutschland nur zwischen zwei und sechs Metern. Die Strömung ist so stark, dass man an der »Langen Wand« 65 Eisenringe einlassen musste. Daran konnten sich die Schiffer mit ihren Bootshaken flussaufwärts ziehen. Auch stellte man zu ihrem Schutz einen heiligen Nepomuk auf.

Kloster Weltenburg

»In schimmernder Rüstung reitet der heilige Georg auf die Bühne, die flammende Lanze gegen den Drachen gerichtet, der sich noch einmal ohnmächtig aufbäumt. Die Prinzessin, den Arm schützend vor das Gesicht gehoben, starrt mit Entsetzen auf das Untier. Aber sie ist gerettet, der Sieg über das Böse errungen. Der heilige Martin links verkündet diese wunderbare Tat dem staunenden Publikum, während die Gans, sein Wahrzeichen, zischend auf das stauende Ungeheuer losgeht. Im Hintergrund tragen goldene und weiße Wolken die Jungfrau Maria zum Himmel empor, von dem Christus herabsteigt, um seine Mutter zu begrüßen.« So beschreibt ein alter Reiseführer detailgetreu und ausdrucksstark den **Hochaltar** der Kirche der Benediktinerabtei Weltenburg. Obwohl es sich somit nicht um eine Kirche des Ordens der Jesuiten handelt, die Altäre in Form von Theaterbühnen geradezu liebten, schufen die Künstler hier eine Kulisse, in der die Heiligen eine biblische Szene zum Leben erwecken. Die Künstler sind die Asam-Brüder, Egid Quirin und Cosmas Damian, die zu den bedeutendsten Barockarchitekten Bayerns gehören (→ S. 87). Im Zuge einer umfassenden Neugestaltung der gesamten Klosteranlage schufen sie zwischen 1716 und 1735 die dem heiligen Georg geweihte Kirche neu. Die Weltenburger

Idyllische Lage: Kloster Weltenburg

Dramatische Szenerie am Hochaltar der Klosterkirche

Kirche wird häufig als eines der besten Werke der Asams gefeiert. Tatsächlich ist jedoch der ovale Hauptraum mit seiner Länge von nur 19,5 Metern sehr klein für eine Abteikirche. Und diese räumliche Enge wird auch durch die 20 Meter hohe Kuppel nicht ausgeglichen. Allerdings mussten die Asams sich den örtlichen Begebenheiten anpassen, die durch die Donau auf der einen Seite und dem steil hinter der Kirche ansteigenden Bergrücken bestimmt waren.

Glanzpunkt bleibt somit der Hochaltar, bei dem die Asams ganz bewusst mit dem Licht spielten. Denn dieses fällt allein durch ein großes Rundbogenfenster in den Chor und auf den Altar. Wer die Klosterkirche heute betritt, hat jedoch den Eindruck, in einen etwas zu dunklen Raum zu kommen. Dies war nicht Plan der beiden Künstler, sondern hängt mit dem späteren Einbau einer größeren Orgel zusammen, die das Licht aus dem Westen abfängt. So sind die Szenen des **Deckenfreskos**, deren Thema die »Verklärung der Kirche« ist, nur mit Mühe zu entschlüsseln. Einmalig für deutsche Barockkirchen ist jedoch der Kronreif, der die Darstellung abschließt und fast im Raum zu schweben scheint.

An dem unteren Rand des Deckenfreskos befindet sich das berühmte **Doppelportrait der Asams**, das es bis auf eine Briefmarke der Deutschen Post schaffte: Rechts in Stuck ausgeführt Cosmas Damian, links als Fresko Egid Quirin. Mit ihrer Selbstverewigung gestatteten sich die beiden einen kleinen Künstler-Spaß: Nicht nur, dass Egid als nackter Engel dargestellt ist, Cosmas dagegen als Künstler mit Bleistift. Zugleich war Egid eigentlich der begabtere Stuckateur, Cosmas dagegen der begnadetere Maler.

Die Benediktinerabtei selbst wurde lange Zeit als das älteste Kloster Bayerns bezeichnet. Inzwischen ist jedoch widerlegt, dass sie bereits 617 von iroschottischen Mönchen gegründet wurde. Und auch eine Weihung der Kirche durch den heiligen Rupert um 700 ist nicht eindeutig belegt. Sicher dagegen ist, dass Herzog Tassilo III. in der Mitte des 8. Jahrhunderts das Kloster förderte und es nach seiner Entmachtung reichsunmittelbar wurde. Auch die folgenden Jahrhunderte und ihre Kriege brachten ständig neue Machtwechsel, Plünderungen und schließlich die Säkularisation. Zwar ist die Schönheit der Lage direkt am Donaudurchbruch kaum zu übertreffen, doch traf jedes Donauhochwasser natürlich auch das Kloster und seine Mönche. Eine neue, ruhigere Zeit begann für Weltenburg somit erst mit der Neugründung 1842 durch König Ludwig I.

Klosterbrauerei

Barock ist in Weltenburg aber nicht nur die Klosterkirche, sondern auch das Bier. Dunkel, manche meinen sogar dunkelrot, ist es und seine Liebhaber sagen, dass es nach Kaffee, Pumpernickel und dunkler Schokolade rieche. Wie auch immer, sicher ist, dass das »Weltenburger Kloster Barock Dunkel« ein Bier mit starken süßlichen Malznoten ist und dass Freunde eines herben Pils mit ihm ihre Schwierigkeiten haben. Die Liebhaber jedoch halten es für das beste Dunkelbier der Welt, bereits dreimal gewann es beim World Beer Cup die Goldmedaille in dieser Kategorie.

Die Brauerei des Weltenburger Klosters wurde 1050 gegründet und daher wirbt man mit dem Slogan »Älteste Klosterbrauerei der Welt« zu sein. Wirklich nachprüfen kann das keiner, doch im schattigen Biergarten des Klosterhofes überzeugen sich jährlich zehntausende von der Qualität des dunklen Bieres. Und gut essen kann man dort natürlich auch.

Kelheim und Weltenburg

Touristeninformation, Ludwigsplatz 1, 93309 Kelheim, Tel. 09441/701234; Mo–Fr 9.30–17 Uhr, Sa 10–12 und 13.30–17.30 Uhr, So 10–12 Uhr.
www.kelheim.de

Schifffahrt Kelheim, Tel. 09441/5858. Vier Unternehmen bieten Fahrten nicht nur zum Kloster Weltenburg, sondern auch nach Regensburg und ins Altmühltal an.
www.schifffahrt-kelheim.de

Weisses Lamm, Ludwigstr. 12, 93309 Kelheim, Tel. 09441/20090; DZ ab 92 Euro. Großes Familienhotel im Zentrum, traditionelle bayerische Küche.
www.weisses-lamm-kelheim.de

Landhotel & Brauereigasthof Schneider, Altmühlgasse 10, 93343 Essing, Tel. 09447/91800; DZ ab 111 Euro. Acht Kilometer von Kelheim in einem der beeindruckendsten Orte des Altmühltals. Brauereiführungen und Brauseminare.
www.brauereigasthof-schneider.de

Pension Carlbauer, Schlossbuckel 4, 93309 Kelheim, Tel. 09441/50380; DZ ab 72 Euro. In der kleinen Familienpension mit 14 Zimmern kann man auch günstige Appartements mit Küchenzeile oder Dreibettzimmer mieten. Frühstück gibt's für 6 Euro. www.pension-carlbauer.de

Klosterschenke Weltenburg, Asamstr. 42, 93309 Kelheim, Tel. 09441/76570; www.klosterschenke-weltenburg.de

Weisses Bräuhaus, Emil-Ott-Str. 3, 93309 Kelheim, Tel. 09441/3480. In der ältesten Weißbierbrauerei Bayerns mit einem der schönsten Biergärten der Region wird seit 1607 die berühmte Schneider Weisse gebraut, und so kann man hier zur klassischen bayerischen Küche bis zu neun verschiedene Sorten Bier probieren.
www.weisses-brauhaus-kelheim.de

Donaugarten Holzwurm, Regensburgerstr. 65, 93309 Kelheim, Tel. 09441/21118; Mo–Sa ab 17 Uhr, So ab 10 Uhr. Wunderbarer Biergarten direkt an der Donau, bei schönem Wetter Mi und So Schweineschäuferl, jeden Fr Forellen vom Grill.
www.donaugarten-kelheim.de

Ciao Cacao Kelheim, Fischergasse 1, 93309 Kelheim, Tel. 0163/7752823. Ursprünglich ein Kiosk, der sich zum Eis- und Frühstückscafé entwickelte. Berühmt für seine Baumstriezel, die es auch mit Eis gibt.

Befreiungshalle Kelheim, Befreiungshallenstr. 3, 93309 Kelheim, Tel. 09441/682070; Apr.–Okt. 9–18 Uhr, Nov.–März 10–16 Uhr.
www.schloesser-bayern.de

Kelheimer Schmankerlwochen, während zwei Wochen im Oktober bieten die einheimischen Gasthäuser besondere regionale Gerichte.

Donauschlaufe am Jurasteig: Knapp 18 km und 100 Höhenmeter vom Kloster Weltenburg zum ehemaligen Limes bei Hienheim (→ S. 251) und zurück zum Kloster.

Altmühltal-Panoramaweg: Einer der schönsten Abschnitte dieses insgesamt 200 Kilometer langen Wanderwegs an der Altmühl führt von Riedenburg nach Kelheim. Für die 23 km sollten rund sechs Stunden veranschlagt werden, denn 750 Höhenmeter müssen überwunden werden.

Waldhochseilgarten Hammertal, Naturfreundehaus Hammertal, Saustal 3, 93309 Kelheim, Tel. 09441/701248: Parcours in 8–12 Metern Höhe.
Klettern im Altmühltal: www.naturpark-altmüehltal.de

▶ Karte S. 248/249

Mit dem Boot auf der Donau

»Mit Vollgas auf der Donau?«, so lautete eine Reportage des Infosenders BR24 im Sommer 2020 aus Niederwinkling bei Straubing. Kurz vorher hatte an der niederbayerischen Donau nach Jahrzehnten des Streits der »sanfte Donauausbau« begonnen (→ S. 293). Doch jetzt drohte aus Niederbayern erneut Unheil. Denn die Gemeinde Niederwinkling will die Möglichkeiten für Motorbootfahrer auf der Donau verbessern und einen Hafen mit 50 Stellplätzen anlegen. Dagegen jedoch regt sich Widerstand. Der Fischereiverband fürchtet um seine Jungfische, Anrainer den Lärm. Anderen scheint dieser Protest übertrieben, denn das Motorbootfahren auf der Donau ist nicht verboten, und bereits heute gibt es in allen größeren Orten der Region Häfen für Motor- und Sportboote. Auf dem Fluss selbst sind diese jedoch kaum zu sehen oder zu hören. Stundenlang begegnet einem manchmal kein anderes Schiff.

Überhaupt ist das Bootfahren, egal ob motorisiert oder nicht, auf der gesamten deutschen Donau und auch ihren Nebenflüssen streng reglementiert. So ist für Kanu- und Kajakfahrer in der besonders beliebten Region rund um Beuron zur Regulierung der Zahl der Boote ein kostenpflichtiger »Befahrungsschein« notwendig. Auch die Beachtung eines Mindestpegels ist Pflicht, und Schlauchboote für mehr als vier Mann sind sogar grundsätzlich verboten (www.landkreis-sigmaringen.de). Ansonsten ist das Paddeln auf der Donau jedoch weitgehend ohne Einschränkungen erlaubt, beachtet werden müssen jedoch die wechselnden Strömungsverhältnisse, das häufige Treibgut sowie die zahlreiche Schleusen.

Ab Kilometer 2414, der Mündung des Main-Donau-Kanals bei Kelheim, wird die Donau zur Bundeswasserstraße und darf von nun an mit Motorbooten befahren werden. Motorisierter Schiffsverkehr oberhalb von Kelheim ist nur mit Ausnahmegenehmigungen durch die Landratsämter möglich. Für Motorboote, die weniger als 15 PS haben, ist kein Führerschein nötig, die meisten Boote haben freilich deutlich mehr Motorstärke. Nicht befahren werden dürfen Donau-Altarme und Fischruhezonen, die mit gelben Tonnen gekennzeichnet sind.

Die meisten Boote, die die Donau befahren, sind in Privatbesitz. Es gibt jedoch auch eine Reihe von Charterunternehmen wie den Bootsverleih Rammelmayr in Kelheim, der zudem eine Schleuseneinweisung sowie Übungsstunden für's An- und Ablegen anbietet (www.bootsverleih-rammelmayer.de).

In Saal bei Kelheim befindet sich die Marina Saal, in der es neben Charterbooten auch rund 300 Liegeplätze gibt (www.marina-saal.de).

Ein breites Angebot an Sportbooten auch für Wasserski oder Schlauchboote wie Tube Rings findet sich bei der Regensburger Firma »Yacht chartering« (www.deinurlaubsboot.de).

Wer die Donau mit ihren immer wieder gefährlichen Strömungen meiden möchte, dem bietet sich vielleicht schon bald die Möglichkeit, mit dem Hausboot den Main-Donau-Kanal zu befahren. Zumindest wurde ein solches Projekt 2019 den zuständigen Behörden im Altmühltal zur Genehmigung vorgelegt und ein erstes Hausboot wurde im August 2020 bei Riedenburg auch schon in den Kanal gesetzt. 1500 bis 3000 Euro pro Boot und Woche müssen dafür jedoch schon kalkuliert werden (www.greenpartment.de).

Wohl fehlen Wein und Nachtigallen, / doch es grüßen Wälder und Matten, / Weizengold und Hopfenreben. Und in manchem Laubgebüsch, / flötet ein Pirol, / der aus Verborgenheit abschwirrt, / wie ein goldener Pfeil – der Pirol: ein Symbol für / Schönheit, Seltenheit und Scheu / Abgeschiedenheit und Stille.

Der Passauer Dichter Hans Carossa (1878–1956) in seinem Niederbayern-Gedicht »Rauhes Land«

Blick von der Walhalla über Donau und Gäuboden

VON REGENSBURG NACH PASSAU

Regensburg

Am schönsten ist es in Regensburg am frühen Morgen, wenn die Sonne die bunten Fenster des Doms zum Leuchten bringt und die Steinerne Brücke über die Donau noch menschenleer ist. In die Gassen der Altstadt dagegen ist die Sonne noch nicht vorgedrungen, sie sind eng und gekrümmt und wirken ein wenig düster. Doch so kann man sich umso besser vorstellen, wie das Regensburger Leben des Mittelalters zwischen den Stadttürmen der reichen Patrizierfamilien, die ein wenig an die Geschlechtertürme der Toskana erinnern, aussah. Als der Kaiser seine Fürsten zum Reichstag an die Donau rief. Oder Schiffe aus Russland mit neuen Pelzen angekommen waren. Und jeder Kaufmann der Stadt der erste sein wollte, der im Hafen mit ihnen einen Handel abschloss. Pelze gegen Salz, das »weiße Gold«, wie es damals hieß, so sahen die Geschäfte aus. Heute geht es da viel profaner zu: Die Schiffe, die von der Nordsee über den Rhein-Donau-Kanal bis zum Schwarzen Meer fahren, befördern Dünger, Getreide oder Mineralölprodukte.

Durch viele Jahrhunderte hindurch war Regensburg eine der führenden Städte des deutschen Reiches. Heute ist es die Hauptstadt der Oberpfalz. Doch dieser Bedeutungsverlust ist der Stadt kaum anzumerken. Mit 153 000 Einwohnern ist Regensburg die viertgrößte Stadt Bayerns. Das Manager Magazin setzte sie bei der Frage nach dem besten Technologiestandort in der EU unter über 1400 Regionen auf den 14. Platz. Seit 2006 gehören die Altstadt sowie der Stadtteil Stadtamhof zum UNESCO-Weltkulturerbe, und 1000 Gebäude stehen in der größten mittelalterlichen Altstadt Deutschlands nun unter besonderem Schutz.

▲ Karte S. 264/265

Immer wieder muss die Stadt jedoch mit Skandalen zurechtkommen. 2019 wurde der SPD-Oberbürgermeister wegen Korruption verurteilt. Wohnungen rund um den Dom werden immer häufiger für Touristen zweckentfremdet und die Stadtverwaltung geht dagegen nur halbherzig vor. Und bei der bekanntesten Institution der Stadt, dem Knabenchor der Regensburger Domspatzen, wurden zwischen 1945 und 1995 über 500, vielleicht sogar 700 Fälle von gewalttätigen Übergriffen und sexuellem Missbrauch verzeichnet, wie ein Bericht erst 2017 feststellte. Der Historiker Bernhard Löffler kam zu dem Urteil, dass es ein System des Schweigens gegeben habe, zu dem nicht nur kirchliche Stellen, sondern auch das bayerische Kultusministerium und Teile der Elternschaft beigetragen hätten. Der Erfolg des Chores sei wichtiger als das Wohlergehen der Schüler gewesen. Der emeritierte Papst Benedikt XVI.,

Graffiti an der Wand einer Regensburger Kirche

dessen Bruder Georg lange Jahre den Chor leitete, schrieb einen Aufsatz, wonach der Missbrauch auf die Freiheiten der Pädophilenbewegung während der Studentenbewegung in den 1960er und 1970er Jahren zurückgehe. Dies sorgte in Deutschland für Entsetzen und wurde von Wissenschaftlern zurückwiesen. Inzwischen haben knapp 400 Betroffene vom Bistum Regensburg »Entschädigungen« von knapp vier Millionen erhalten.

Stadtgeschichte

Warum, so könnte mancher Reisender heutzutage fragen, heißt diese Stadt eigentlich Regensburg? Schließlich liegt sie nicht am Fluss Regen und eine Burg ist auch nirgends zu sehen. Doch bereits die Römer benannten ihr »Castra Regina« nach dem aus dem Bayerischen Wald kommenden Gewässer, das etwa einen Kilometer östlich des historischen Zentrums in die Donau mündet. 640 mal 450 Meter maß dieses Lager und 6000 Soldaten waren hier stationiert. 179 wurde es unter Kaiser Marc Aurel fertiggestellt und dieses Jahr gilt daher als Gründungsdatum der Stadt. 2029 wird man so den 1850. Geburtstag Regensburgs feiern können. An das römische Lager erinnert heute noch die Porta Praetoria nahe dem Dom. Neben der Porta Nigra in Trier ist sie die einzige, zumindest teilweise erhaltene römische Toranlage nördlich der Alpen.

Die nächste wichtige Etappe in der Geschichte Regensburg begann im 6. Jahrhundert, als die aus Burgund oder Franken stammenden Agilofinger Regensburg zur Hauptstadt des von ihnen gegründeten Herzogtum Bayerns machten. Mehr und mehr wurde Regensburg nun zu einem politischen und wirtschaftlichen Zentrum des deutschen Reiches. Erste Reichstage fanden bereits unter Karl dem Großen statt. Die Handelsbeziehungen

Altstadtgasse

reichen damals nach Venedig und Paris, nach Byzanz und Kiew. 1245 erhielt Regensburg den Status einer Reichsstadt. Doch schon wenig später begann der Niedergang. Wien und Augsburg gewannen dank des Aufstiegs der Habsburger und der Fugger im internationalen Handel immer mehr an Gewicht. Angesichts des drohenden Machtverlustes begannen die reichen Kaufmannsfamilien Regensburgs sich gegenseitig zu bekämpfen. Hinzu kamen ab Beginn des 16. Jahrhunderts religiöse Auseinandersetzungen. Wie viele (Reichs)städte war auch Regensburg der Reformation zugeneigt. 1541 fand auf Initiative Karls V. ein »Regensburger Religionsgespräch« statt, an dem sich neben vielen anderen Johannes Calvin, Philipp Melanchton auf der einen und Johannes Eck (→ S. 238) auf der kaiserlichen Seite beteiligen. Wer damals am meisten überzeugte, zeigte sich schon wenig später: 1542 bekannte die Stadt sich offiziell zum evangelischen Glauben.

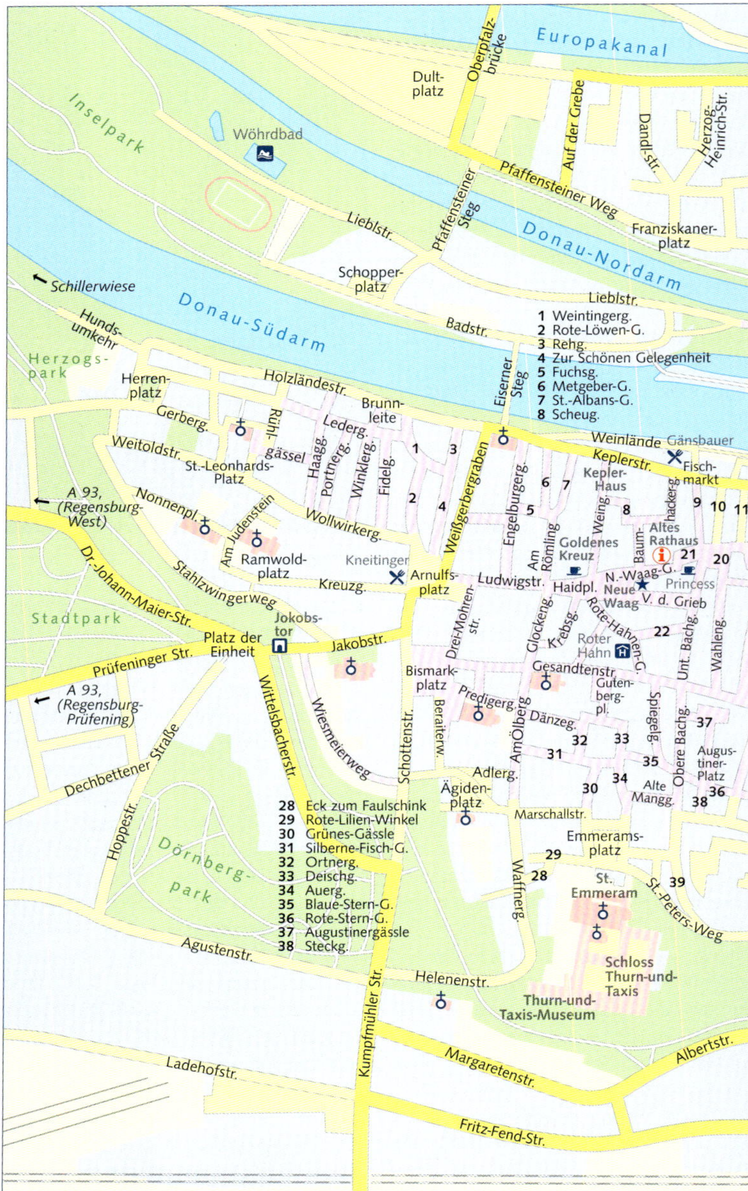

Regensburg, Zentrum

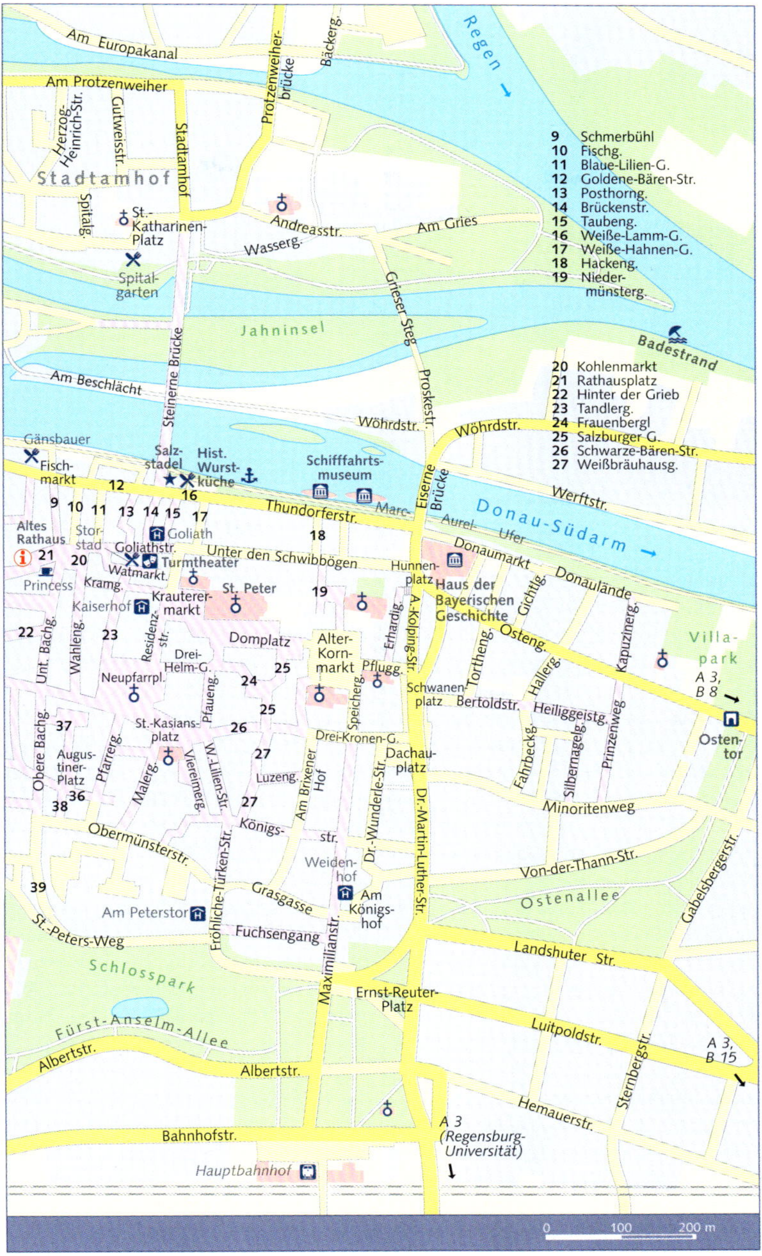
Am Europakanal
Am Protzenweiher
Protzenweiher-brücke
Bäckerg.
Regen
Herzog-Heinrich-Str.
Gutweisstr.
Stadtamhof
Stadtamhof
Spitalg.
St.-Katharinen-Platz
Andreasstr.
Am Gries
Wasserg.
Spital-garten
Grieser Steg
Jahninsel
Badestrand
Am Beschlächt
Steinerne Brücke
Proskestr.
Wöhrdstr.
Wöhrdstr.
Gänsbauer
Fisch-markt
Salz-stadel
Hist. Wurst-küche
Schifffahrts-museum
Eiserne Brücke
Werftstr.
Thundorferstr.
Marc-Aurel-Ufer
Donau-Südarm
Altes Rathaus
Stor-stad
Goliath
Goliathstr.
Unter den Schwibbögen
Turmtheater
Watmarkt.
Hunnen-platz
Haus der Bayerischen Geschichte
Donaumarkt
Donaulände
Princess
Kramg.
St. Peter
Kaiserhof
Krauterer-markt
Erhardig.
A.-Kolping-Str.
Gichtlg.
Osteng.
Unt. Bachg.
Wahleng.
Residenz-str.
Domplatz
Alter Korn-markt
Tortheng.
Kapuzinerg.
Villa-park
Drei-Helm-G.
Pflugg.
Hallerg.
Neupfarrpl.
Pfaueng.
Speicherg.
Schwanen-platz
Bertoldstr.
Heiliggeistg.
A 3, B 8
Obere Bachg.
St.-Kasians-platz
Drei-Kronen-G.
Prinzenweg
Osten-tor
Augus-tiner-Platz
Pfarrerg.
Malerg.
Viereimerg.
W.-Lilien-Str.
Luzeng.
Am Brixener Hof
Dr.-Wunderle-Str.
Dachau-platz
Fahrbeckg.
Silbernagelg.
Dr.-Martin-Luther-Str.
Minoritenweg
Obermünsterstr.
Königs-str.
Weiden-hof
Von-der-Thann-Str.
Gabelsbergerstr.
Fröhliche-Türken-Str.
Grasgasse
Am Königs-hof
Ostenallee
Am Peterstor
St.-Peters-Weg
Fuchsengang
Maximilianstr.
Landshuter Str.
Schlosspark
Ernst-Reuter-Platz
Luitpoldstr.
Fürst-Anselm-Allee
Albertstr.
Albertstr.
Sternbergstr.
A 3, B 15
Hemauerstr.
Bahnhofstr.
A 3 (Regensburg-Universität)
Hauptbahnhof
0 100 200 m
9 Schmerbühl
10 Fischg.
11 Blaue-Lilien-G.
12 Goldene-Bären-Str.
13 Posthorng.
14 Brückenstr.
15 Taubeng.
16 Weiße-Lamm-G.
17 Weiße-Hahnen-G.
18 Hackeng.
19 Niedermünsterg.
20 Kohlenmarkt
21 Rathausplatz
22 Hinter der Grieb
23 Tandlerg.
24 Frauenbergl
25 Salzburger G.
26 Schwarze-Bären-Str.
27 Weißbräuhausg.

Der Dom überragt die Altstadt

Immerwährender Reichstag

Ab 1594 wurden alle Reichstage in Regensburg abgehalten. Gegen den Konkurrenten Augsburg hatte man sich durch die Ausnutzung einer Besonderheit der örtlichen Machtverhältnisse durchgesetzt. Neben der protestantischen Stadt existierten mit den örtlichen Klöstern gleich vier katholische Herrschaftszentren – daher galt Regensburg als fast neutrales Territorium. Zudem war Wien nicht allzu weit entfernt, dem Habsburger Kaiser bot sich mit der Donau ein bequemer Reiseweg zu den Reichstagen. Da zwischen 1663 und 1806 wegen des nie endenden Streits über die Machtverhältnisse zwischen dem Kaiser und seinen Fürsten der Reichstag nicht mehr aufgelöst wurde, sprach man vom »Immerwährenden Reichstag«. Dies bedeutete jedoch nicht, dass sich die höchsten Adeligen Deutschlands ständig in Regensburg aufhielten. Vielmehr ließ der Kaiser sich durch einen Prinzipalkommissar vertreten, ab 1748 durchgehend Mitglieder der Familie Thurn und Taxis. Die Adeligen und Städte entsandten ihre höchsten Beamten und daher verwandelte sich Regensburg in eine Politiker- und Beamtenstadt, in der rund 70 Staaten des In- und Auslands ihre ständige Vertretung hatten. Die Stadt an der Donau war also so etwas wie ein Vorläufer Brüssels. Bereits damals zeichnete sich Regensburg durch ein Vielzahl von Gasthäusern und ein lebhaftes Nachtleben aus. Heute rühmt sich die Donaustadt, nach Düsseldorf die höchste Kneipendichte Deutschlands zu haben. Wirklich überprüft hat dies freilich noch keiner.

Mit der Auflösung des deutschen Reiches sank Regensburg auf den Status einer Provinzstadt im bayerischen Königreich herab. Selbst nach dem Abriss der mittelalterlichen Stadtmauern Mitte des 19. Jahrhunderts siedelte sich kaum Industrie an. Während sich in München und Augsburg die Einwohnerzahl verzehnfachte, wuchs Regensburg nur um das Dreifache.

▲ Karte S. 264/265

Nach dem Ende des Zweiten Weltkriegs

Im Zweiten Weltkrieg waren der Hafen, die Donaubrücken sowie die Messerschmitt-Flugzeugwerke Ziel von Luftangriffen, die Innenstadt wurde dagegen kaum in Mitleidenschaft gezogen. Etwa 3000 Menschen starben, darunter viele der Kriegsgefangenen und Zwangsarbeiter, die unter anderem bei Messerschmitt eingesetzt worden waren. Am 23. April 1945 sprengte die Wehrmacht mehrere Brücken, darunter auch zwei Pfeiler der Steinernen Brücke. Am gleichen Tag kam es zu einer Demonstration, bei der Domprediger Johann Maier die Gauleitung um eine kampflose Übergabe der Stadt bat. Einen Tag später wurde er zusammen mit zwei anderen Bürgern auf dem heutigen Dachauplatz, dem Ort der Demonstration, hingerichtet. Nicht viel später floh die Gauleitung und so konnte die Stadt am 27. April kampflos an die 3. US-Armee übergeben werden. Nach Kriegsende nahm Regensburg allein aus Böhmen und Mähren 35 000 Flüchtlinge auf. Außerdem wurden rund 12 000 »Displaced persons« in der Ganghofer-Siedlung, der früheren Hermann-Göring-Siedlung in der Nähe der Messerschmitt-Werke, untergebracht. Die Einwohnerdichte war damals so hoch wie in keiner anderen Stadt Deutschlands, deshalb entstanden bereits damals erste Pläne zur Sanierung der Altstadt, die sich dann jedoch bis in die 1980er Jahre hinzog.
Ein neuer Abschnitt in der Geschichte der Stadt begann mit der Gründung der Universität 1962, an der heute über 20 000 Studierende eingeschrieben sind. In ihrem Umfeld ließen sich eine Reihe von Großunternehmen wie BMW, Siemens und Infineon nieder, auch ein deutscher Vorläufer von Amazon wurde hier gegründet. 2013 wurde im Prognos-Zukunftsatlas Regensburg als die »dynamischste Stadt« Deutschlands ausgezeichnet, und in den folgenden Jahren behauptete man sich auf den Plätzen sechs bis sieben.

Dom St. Peter

Die Türme von St. Peter prägen mit ihrer Höhe von 105 Metern unser Bild von Regensburg und es scheint, als sei dies schon immer so gewesen. Tatsächlich jedoch sind die Türme gerade einmal 150 Jahre alt. Dabei standen am Beginn der Arbeiten für einen vollkommen neuen Dom des gerade zur Reichsstadt erhobenen Regensburg hehre Ziele: »Hoch wie der Himmel« sollte das neue Gotteshaus werden und sein Vorbild waren die klassischen französischen Kathedralen wie in Paris oder Chartres: Ein breites Mittelschiff eingerahmt von schmaleren Seitenschiffen und einem kaum darüber hinaus kragenden Querhaus. Doch dann fanden die 1275 begonnenen Arbeiten 1520 ein abruptes und jahrhundertelanges Ende. Für den Weiterbau fehlten in den Jahren der Reformation sowohl das Geld wie die Überzeugung.
Erst Mitte des 19. Jahrhunderts begann man wieder an St. Peter zu bauen, was nun von den bayerischen Herrschern Ludwig I. und Maximilian II. gefördert wurde. Denn der Bau sollte ein »Zeichen ihres Königtums von Gottes Gnaden« sein. 1872 konnte der Dom so nach 600 Jahren Bauzeit vollendet werden. Eine solche Geschichte ist für gotische Kathedralen freilich nichts Ungewöhnliches. Auch in Köln wurde der Dom erst 1880 fertiggestellt, in Prag sogar erst Anfang des 20. Jahrhunderts. Doch eigentlich wird der Regensburger Dom nie fertig. Sein hellgrauer Sandstein kann Wind und Wetter, vor allem aber der Umweltverschmutzung nur schwer trotzen. Ständig sind Restaurierungsarbeiten nötig, drei

Millionen Euro stellt der Freistaat dafür jedes Jahr zur Verfügung.
St. Peter gilt neben dem Kölner Dom als eine der bedeutendsten gotischen Kathedralen Deutschlands. Und doch unterscheiden sich die Ausmaße beider Kirchen gewaltig. Die Höhe des Regensburger Mittelschiffs beträgt knapp 32 Meter, in Köln sind es 10 Meter mehr. Und auch bei der Länge übertrifft der Dom am Rhein jenen an der Donau deutlich: 85 zu 140 Meter lautet der Vergleich. Die Besonderheit des Regensburger Doms beruht so vor allem auf seinen eindrucksvollen Fenstern.

Die Domfenster

Sie funkeln rubinrot, smaragdgrün und saphirblau – die Fenster des Regensburger Doms. Über 10 000 bemalte Felder aus dem Mittelalter, verteilt auf 39 Fenster blieben erhalten, es ist die größte derartige Sammlung nördlich der Alpen. Die ältesten Fenster wurden sogar aus dem romanischen Vorgängerbau des Doms übertragen, sie gelten als das früheste Zeugnis deutscher Glaskunst. Eines von ihnen ist das **Stammbaum-Christi-Fenster** im Triforium des südlichen Querhauses, das unter anderem die Verkündigung Marias zeigt und aus dem Jahr 1230 stammt. Neu sind nur die **Fenster der Westfassade**, sie stammen aus dem 19. Jahrhundert, sowie die **modernen Glasfenster** der Obergaden und des nördlichen Querhauses. Diese schuf in den 1960er und 1980er Jahren Josef Oberberger, der bedeutendste deutsche Kirchenglaskünstler des 20. Jahrhunderts. Oberbergers Ziel war es, seine Fenster denen der gotischen Zeit anzupassen und so freute es ihn besonders, wenn Dombesucher suchend nach den »neuen« Fenstern fragten, denn sie waren von den alten nicht zu unterscheiden. Das jüngste Fenster des 1994 verstorbe-

Im Inneren des Doms

▲ Karte S. 264/265

Am Neupfarrplatz: Die Kirche wurde aus zerstörten jüdischen Häusern errichtet

nen Kunstprofessors befindet sich an der Westwand des nördlichen Querschiffes und zeigt das **Pfingstwunder**.

Über die Geschichte der Fenster und ihre biblischen Szenen sowie über die Bedeutung des »Heiligen Lichts« im Dom bietet das Bistum thematische Führungen – auch für Kinder – an.

Die Altäre

Im Unterschied zu Kathedralen in Prag oder Chartres existiert in Regensburg kein Chorumgang mit Kapellenkranz. Und auch das Gewölbe ist eher einfach gehalten: Die Rippen bilden keine Sterne, sondern nur Kreuze.

Das eindrucksvollste Kunstwerk St. Peters neben den Fenstern ist so der **Hochaltar** aus Silber und vergoldetem Kupfer, der nicht aus der Gotik stammt, sondern im Laufe von knapp 100 Jahren im 18. Jahrhundert nach und nach zusammengesetzt wurde. Die ältesten Büsten zeigen Maria und Josef neben dem Gekreuzigten, rechts und links davon Petrus und Paulus. Doch dem nicht genug: Auch neben dem Tabernakel stehen eine Vielzahl von Silberleuchtern und Vasen. Der gesamte von Augsburger Künstlern gefertigte Altar kostete zu seiner Zeit 15 000 Gulden, wovon zwei Drittel durch das Einschmelzen und den Verkauf des Domschatzes zusammenkamen.

Die ungewöhnlichsten Kunstwerke des Doms sind die fünf gotischen **Ziboriumsaltäre** in den Seitenschiffen. Ziborium bedeutet übersetzt eigentlich Gefäß, und so handelt es sich um Altäre, die von vier Säulen umgeben sind, welche einen Baldachin tragen. Der älteste Ziboriumsaltar steht im dritten Joch des nördlichen Seitenschiffs, wurde zu Beginn des 14. Jahrhunderts gefertigt und zeigt in den Tabernakeln die Heiligen Heinrich und Kunigunde. Sehr schön ist außerdem eine kleine Steinfigur der Muttergottes am Verkündigungsaltar im zweiten Joch des südlichen Nebenschiffs, eine Darstellung im sogenannten weichen, also fließendem, Stil aus den Jahren um 1420.

Die bekannteste Plastik Regensburgs ist jedoch der **Lachende Engel** in der Vierung. Erzengel Gabriel verkündet seine frohe Botschaft und freut sich sichtlich darüber. Die Arbeit des sogenannten Erminoldmeisters stammt aus der Zeit um 1280 und gilt als einer der Höhepunkte mittelalterlicher Kunst in Bayern.

Durch die Altstadt

Rund um den Dom

An den Domplatz schließt sich im Osten der nahezu quadratische **Alte Kornmarkt** an. Er war vermutlich der Ort der ältesten bayerischen Besiedlung durch Agilofinger und Wittelsbacher, nur dass man darüber bis heute leider nicht viel weiß. Im Westen des Platzes steht der sogenannte **Herzogshof**, der aber nichts

Die besten Bratwürste gibt es in der Historischen Wurstküche an der Donau

mit der ehemaligen Burg der Wittelsbacher zu tun hat. Eine Ausnahme bildet der **Römerturm**, der in der Zeit der Romanik entstand, genauere Angaben können auch hier nicht gemacht werden. Sicher aber ist, dass dieser 28 Meter hohe Turm mit seinen bis zu vier Meter dicken Mauern heute den Kornmarkt dominiert. Vielleicht diente er einst als Zufluchtsort und Schatzkammer der Karolinger.
Südlich des Doms befand sich im Mittelalter rund um den heutigen **Neupfarrplatz** das **jüdische Viertel** der Stadt. Schon seit 981 gibt es Belege für eine jüdische Gemeinde, deren rund 500 Mitglieder jedoch 1519 auf Betreiben des Dompredigers vertrieben wurden. Aus den Steinen der zerstörten jüdischen Häuser sowie aus jüdischen Grabsteinen errichtete man stattdessen die Wallfahrtskirche »Zur Schönen Maria«, die bis 1526 eine der bedeutendsten Wallfahrtsorte des Reiches war. 1995 entdeckte man bei der Neugestaltung des Platzes **Mauerreste der Synagoge** und auch einen Goldschatz, der heute im Historischen Museum der Stadt zu sehen ist. Im **document Neupfarrplatz** wird über die tausendjährige Geschichte der jüdischen Gemeinde informiert, dafür bildete der israelische Künstler Dani Karavan den Grundriss der Synagoge als Relief aus weißen Beton nach.

▲ Karte S. 264/265

Geschlechtertürme

Wie in Italien gab es im Mittelalter in bayerischen Städten sogenannte »Geschlechtertürme«, Statussymbol der reichsten und politisch wichtigsten Familien. Erhalten blieben diese in größerer Zahl allein in Regensburg – auch wenn es heute nicht mehr einige Dutzend, sondern nur noch an die 20 Türme gibt. Um die Bedeutung der jeweiligen Familie zu demonstrieren, waren zunächst Höhe und Größe des Geschlechterturms entscheidend. Daneben zeichneten sie sich aber auch durch Hauskapellen und Repräsentationsräume aus. Anders als vielfach angenommen dienten die Türme jedoch nicht zur Verteidigung, dazu standen sie viel zu eng nebeneinander. Allerdings gab es feuerfeste Räume mit mehreren Gewölben, in denen Wertsachen gelagert wurden. Außerdem hatten fast alle Türme an ihren Schauseiten zur Straße hin aufwändig gestaltete Fensterrahmen oder sogar eine Loggia.

Zu den ältesten Türmen zählen jene in der **Kapellengasse** aus dem beginnenden 12. Jahrhundert und die Türme in der **Oberen Bachgasse** aus der Mitte des 12. Jahrhunderts. Der höchste Stadtturm ist der **Goldene Turm** in der Wahlenstraße 14, der 42 Meter misst. Er dürfte um 1260 errichtet worden sein, hat einen stimmungsvollen Innenhof und dient heute als Studentenwohnheim. Es gab aber auch Türme, die »nur« 28 Meter maßen, wie der **Baumburger Turm** am Watmarkt 4, der mit seiner Vielfalt gotischer Fenster als der schönste Geschlechterturm in Regensburg gilt. Eine vollkommen andere Fassade zeigt dagegen der **Wohnturm in der Goliathstraße 4** mit seiner Darstellung des Kampfes zwischen David und Goliath. In diesem von Zinnen bekrönten Haus von 1230 ist im 6. Stock heute das 1990 gegründete Turmtheater untergebracht (→ S. 187).

Rathaus und Reichstagssaal

Noch etwas höher als der höchste Geschlechterturm ist der des Rathauses: 55 Meter misst er und stammt wie das Rathausgebäude selbst aus der Mitte des 13. Jahrhunderts. Nachdem er 1360 ausbrannte, war er schon drei Jahre später

Im Sommer ist ganz Regensburg ein Freiluftrestaurant

Das Rathaus von Regensburg

wiederhergestellt. Links des Turmes steht das 1330 fertiggestellte Reichssaalgebäude mit seinem von schlanken Fialen eingerahmten Erker. Der Saal, in dem die Sitzungen des Reichstages (→ S. 266) stattfanden, ist von außen dank der gotischen Maßwerkfenster gut zu erkennen. Und auch im Inneren wird schnell klar, wie die Macht im Reich verteilt war. Auf einem Podest steht der Thron des Kaisers, neben ihm, aber nicht auf gleicher Höhe, hatten die bis zu zehn Kurfürsten ihren Platz. Den höchsten Adeligen des Reiches gegenüber saß der niedere Adel und die Vertreter der Freien Reichsstädte. Die langen grünen Bänke auf den Seiten waren den – bis zu 61 – Reichsfürsten vorbehalten. Von ihnen leitet sich das Sprichwort »etwas auf die lange Bank schieben« ab, denn angesichts ihrer hohen Zahl brauchten diese stets lange für eine Einigung.

Auf die Steinerne Brücke

Vom Rathaus sind es nur wenige Schritte bis zum **Salzstadel** und der Steinernen Brücke, nach dem Dom das bekannteste Bauwerk Regensburgs. Das mächtige Gebäude des Salzlagers entstand 1616 bis 1620 und dient nach einer vorbildlichen Generalsanierung heute festlichen städtischen Veranstaltungen. Gleich daneben steht direkt an der Donau die schon 1378 gegründete **Wurstküche**. Bis heute werden die dünnen, kurzen Schweinswürstchen in der hauseigenen Metzgerei hergestellt und über Holzkohle gegrillt. Nicht verwechseln sollte man sie mit den sehr viel dickeren »Regensburgern«, Grundbestandteil eines bayerischen Wurstsalats.

Durch den gotischen **Brückturm** mit seinem **Brückenmuseum** betritt man die **Steinerne Brücke**, die älteste aus Stein gebaute Brücke Deutschlands und Vorbild für die berühmten Brücken von Prag und Avignon. Doch während man an der Karlsbrücke über die Moldau mehr als ein Jahrhundert baute, wurde die Donaubrücke mit ihren damals 336 Metern Länge in nur elf Jahren, zwischen 1135 und 1146, fertiggestellt. Der Baumeister ist nicht bekannt, der Sage nach (→ S. 23) wird er jedoch als »Bruckmandl« in der Mitte der Brücke dargestellt.

Die Brücke ist nicht in einer geraden Linie gebaut, sondern berücksichtigt den Strömungsverlauf und ist daher leicht nach Osten gekrümmt und steigt zur Mitte hin auf eine Höhe von 5,50 Metern an. Vor Eis und Geröll wurden die Pfeiler durch sogenannte Beschlächten, spitz zulaufende, künstliche Inseln geschützt. Durch diese verringerte man freilich auch die Durchflussbreite und erhöhte die Strömung, der früher gefürchtete »Strudel« – eine Stromschnelle – entstand. Dennoch trotze die Steinerne Brücke all den zahlreichen Hochwassern der Donau. Bereits 1997 wurde sie für den PKW-Verkehr gesperrt, eine notwendige Generalsanierung dauerte von 2010 bis 2018.

Stadtamhof

Die Steinerne Brücke führt über gleich drei Donauarme und die beiden Donauinseln **Oberer und Unterer Wöhrd** in den beschaulichen Stadtteil Stadtamhof nördlich der Donau. Die ehemals selbstständige Stadt wurde erst 1924 nach Regensburg eingemeindet und zählt heute 2500 Einwohner. Tatsächlich hantdelt es sich auch bei Stadtamhof um eine Insel, die vom nördlichen Arm der Donau und dem Rhein-Main-Donau-Kanal umflossen wird. An ihrem westlichen Ende be-

Die Steinerne Brücke stammt aus dem 12. Jahrhundert

▲ Karte S. 264/265

Die romanische Vorhalle der Klosterkirche St. Emmeram

findet sich die Dult, der Volksfestplatz, an ihren östlichen der Grieser Spitz, ein beliebter Treffpunkt der Regensburger Studenten. Gries bedeutet so viel wie flaches, sandiges Ufer, das Gebiet gilt als »Naturkleinod mitten in der Stadt« und so wird seit Jahren über seine sinnvolle Nutzung auch als Wohngebiet gestritten. Zentrum des Viertels mit seinen vielen Häusern aus der Zeit des Biedermeiers bildet die 200 Meter lange **Marktstraße**, die beim sogenannten **Pylonentor** endet. Dieses Stadttor wurde nach der Zerstörung in den napoleonischen Kriegen von 1809 im klassizistischen Stil wiederaufgebaut. Zum 200. Jahrestag der Kämpfe um Regensburg erhielt es eine heftig umstrittenen **Gedenktafel** mit der Inschrift »1809 Schreckenstage durch Napoleon im Gedenken an die Opfer 2009«. Diese Worte formulierte der damalige städtische Kulturreferent Klemens Unger. Seine Kritiker hielten ihm »manischen Franzosenhass« vor, denn tatsächlich seien die Zerstörungen des 23. April 1809 vor allem von österreichischen Truppen verursacht worden. Ältester erhaltener Profanbau von Stadtamhof ist der ehemalige **Salzstadel** aus dem Jahre 1597 in der Andreasstraße 28. Heute befinden sich im sogenannten »Künstlerhaus Andreasstadel« Ateliers, ein Programmkino und das italienische Restaurant Akademiesalon.
www.kuenstlerhaus-andreastadel.de

St. Emmeram

Südlich des Stadtzentrums liegt unweit des Bahnhofs eines der eindrucksvollsten Klöster Regensburgs. Durch eine **Doppelportalwand** mit Fresken aus dem 13. Jahrhundert betritt der Besucher einen von alten Laubbäumen beschatteten **Vorhof**. Seine Wände sind mit Dutzenden von reich geschmückten Epitaphen bedeckt, die noch viel älter als die Bäume sind. Eine der bekanntesten Grabplatten zeigt Aventinus, der eigentlich Johannes Turmair hieß, und als Vater der bayerischen Geschichtsschreibung gilt. Vorbei an einer spätgotischen Kreuzigungsgruppe aus dem 16. Jahrhundert erreicht man die etwas tiefer liegende romanische **Vorhalle der Klosterkirche**, auch hier sind die Wände eng mit Grabtafeln und einem Kalksteinrelief bedeckt,

Der südliche Flügel von Schloss Emmeram

das Christus, den heiligen Dionysius und den Namenpatron von Kirche und Kloster, den heiligen Emmeram zeigt.

Die Geschichte des aus dem französischen Poitiers stammenden Märtyrers hört sich ziemlich abenteuerlich und ungewöhnlich an: So gab er sich als Vater eines unehelichen Kindes einer bayerischen Herzogstochter aus und wurde dafür von deren Bruder 652 auf die grausamste Weise in der Nähe von München umgebracht. Als der Herzog von dieser Geschichte erfuhr, ließ er den Bischof und Missionar nach Regensburg überführen.

Ungewöhnlich ist aber auch der Kirchenbau selbst. Denn von der Vorhalle führen zwei Eingänge in zwei völlig unterschiedliche Kirchenräume. Durch den rechten gelangt man in das fast tausendjährige hallenartige **Kirchen-Querhaus** mit einer Krypta, in der Dionysius und der heilige Wolfgang von Regensburg begraben liegen. In dieses Querhaus dringt nur wenig Licht und da die Wände und die Holzdecke zudem mit im Laufe der Jahrhunderte stark nachgedunkelten Gemälden und Fresken bedeckt sind, kann man sich der Vorstellung, in einer großen Grabkammer zu stehen, nur schwer entziehen.

Ganz anders dann der Eindruck, wenn man in die dreischiffige **Basilika** tritt: Ein hochbarocker Raum, der in Weiß und Gold leuchtet. Der ursprüngliche Kirchenbau aus dem 12. Jahrhundert wurde 1731 bis 1733 von den Gebrüdern Asam (→ S. 87) barockisiert und gäbe es die beiden Krypten nicht, käme wohl keiner auf den Gedanken, dass man sich hier in einer der ältesten Kirchen Regensburgs befindet: In einer ringförmigen **Krypta** aus dem 8. Jahrhundert befindet sich das Grab des heiligen Emmeram, in einer rund 200 Jahre jüngeren rechteckigen Krypta wurde der aus Trier stammende Klosterabt Ramwold beerdigt.

Das Bild des **Hochaltars** aus dem Jahr 1666 zeigt die Geschichte des grausamen Martyriums des heiligen Emmeram, an den Wänden der Kirche wird von seinem Wirken erzählt. Und auch ansonsten liegen in der Kirche wie im Vorhof unzählige weitere wichtige Personen aus der Geschichte Regensburgs begraben.

▲ Karte S. 264/265

Das größte Grabmonument mit fünf Metern Höhe steht im Querhaus und wurde 1777 für Alexander Ferdinand von Thurn und Taxis geschaffen, dem Prinzipalkommissar des Immerwährenden Reichstags.

Schloss Thurn und Taxis

Die Säkularisation traf auch das Kloster St. Emmeram, doch kam es hier zu einer überraschenden Entwicklung. Denn die gesamte Anlage wurde dem Fürstenhaus Thurn und Taxis als Entschädigung zugesprochen. Was war passiert? Das Adelshaus, dessen Geschichte bis ins 12. Jahrhundert zurückverfolgt werden kann, hatte Ende des 15. Jahrhunderts für Kaiser Maximilian I. einen regelmäßigen Kurierdienst nach Italien eingerichtet – es war so etwas wie der Vorläufer der heutigen Post. Seit 1615 verfügte die Familie über das vererbbare Amt eines Reichsgeneralpostmeisters, doch genau dieses erlosch mit der Auflösung des Reiches, was für die Thurn und Taxis natürlich erhebliche finanzielle Einbußen mit sich brachte. Daher sprach der bayerische König der Familie den dreiflügeligen Konvent samt Kreuzgang zu, im Laufe der 19. Jahrhunderts wurde er zu einem Schloss im historistischen Stil mit nahezu unglaublichen 500 Zimmern umgebaut.

Da Teile des Schlosses bis heute von der Familie bewohnt werden, ist eine Besichtigung nur mit Führungen möglich. Im Innenhof findet einer der stimmungsvollsten **Weihnachtsmärkte** der Region sowie jährliche **Schlossfestspiele** statt. Im früheren **Marstall** ist heute ein **Brauereigasthof** untergebracht, in dem man zur klassischen bayerischen Küche die Biere der hauseigenen Brauerei probieren kann. www.brauhaus-am-schloss.com

i Regensburg

Touristinformation, Rathausplatz 4, 93047 Regensburg, Tel. 0941/5074410; Mo–Fr 10–18 Uhr, Sa 10–16 Uhr, So Apr.–Okt. 10–16 Uhr, Nov.–März 10–14.30 Uhr. www.tourismus.regensburg.de

Donauschifffahrt Wurm & Noe, Ostengasse 3, 93047 Regensburg, Tel. 0941/50277880. Stadtrundfahrten auf der Donau mit Passage des berühmten »Strudel«, einer Stromschnelle unterhalb der Steinernen Brücke. Fahrten zur Walhalla, Sonntagsbrunch. Anlegestelle der Schiffe zwischen Steinerner und Eiserner Brücke. www.donauschifffahrt.eu

Hotel Goliath am Dom, Goliathstr. 10, 93047 Regensburg, Tel. 0941/2000900; DZ ab 130 Euro, Familiensuiten. Jedes der 41 Zimmer in dem Geschlechterturm ist anders gestaltet. Frühstück rund um die Uhr. Wellnessabteilung. Etwas preisgünstiger ist das zum Unternehmen gehörende »David« nahe der Steinernen Brücke. www.hotel-goliath.de

Hotel Weidenhof, Maximilianstr. 23, 93047 Regensburg, Tel. 0941/53031;DZ ab 75 Euro. Einfache, aber moderne Zimmer in einem 100 Jahre alten Familienhotel im Zentrum. www.hotel-weidenhof.de

Hotel am Peterstor, Fröhliche-Türken-Str. 12, 93047 Regensburg, Tel. 0941/54545; DZ ab 120 Euro. Renoviertes Altstadthotel mit Möbeln von einem der besten Schreiner Deutschlands, außerdem Wasserkocher und großer TV-Bildschirm. www.hotel-am-peterstor.de

Hotel Kaiserhof am Dom, Kramgasse 10–12, 93047 Regensburg, Tel. 0941/585350; DZ ab 105 Euro. Historisches Haus direkt gegenüber dem Dom. Frühstück gibt es im gotischen Gewölbe der ehemaligen Hauskapelle. www.kaiserhof-am-dom.de

Hotel Roter Hahn, Rote-Hahnen-Gasse 10, 93047 Regensburg, Tel. 0941/595090; DZ ab 120 Euro. Moderne Zimmer in einem Haus aus dem 13. Jahrhundert, mitten in der Altstadt mit vielen Restaurants und Kneipen in unmittelbarer Nähe.

Storstad, Watmarkt 5, 93047 Regensburg, Tel. 0941/59993000. Sternerestaurant mit bayerisch-asiatischer Küche (→ S. 94). www.storstad.de

Restaurant Gänsbauer, Keplerstr. 10, 93047 Regensburg, Tel. 0941/29021897, über facebook. Spezialität sind die »Bayerischen Tapas« und es gibt ein eigenes Vegi-Menü.

Brauereigaststätte Kneitinger, Arnulfsplatz 3, 93047 Regensburg, Tel. 0941/52455. Eine traditionsreiche Institution für Freunde deftigen Essens und guten Bieres. www.reichinger.info

Brauereigaststätte Spitalgarten, St.-Katharinenplatz 3, 93047 Regensburg, Tel. 0941/84774. Auf der Donauinsel Wöhrd mit schönem Blick auf die Silhouette der Altstadt, ältester und größter Biergarten der Stadt. Auch DZ ab 129 Euro. www.spitalgarten.de

Café Prinzess, Rathausplatz 2, Tel. 0941/595310; www.cafe-prinzess.de. 1686 gegründet, gilt das Prinzess als erstes Kaffeehaus Deutschlands. Große Auswahl an selbsthergestellten Pralinen.

Haus der Bayerischen Geschichte, Donaumarkt 1, 93047 Regensburg, Tel. 0941/598510; tägl. außer Mo 9–18 Uhr. Erst 2019 eröffnet, in einem modernen Kubus direkt an der Donau, viele interaktive Angebote. www.hdbg.de

Donau Schiffahrts-Museum Regensburg, Thunsdorferstr., 93059 Regensburg, Tel. 0941/5075888; Apr.–Okt. Mi–So 10–17 Uhr. An Bord zweier historischer Dampfschiffe, die auch Ausflugsfahrten unternehmen. Führungen ab fünf Teilnehmern Sa und So 14 Uhr. www.donau-schiffahrts-museum-regensburg.de

Fürstliches Schloss Thurn und Taxis, Emmeramsplatz 5, 93047 Regensburg, Tel. 0941/5048133. Das Schloss kann nur mit Führung besucht werden, aktuelle Termine auf der Homepage. www.thurnundtaxis.de

document Neupfarrplatz, Besuch nur im Rahmen von Führungen von Do–Sa um 14.30 Uhr, Juli und Aug. auch So und Mo um 14.30 Uhr. Infos unter 0941/5073442, museumsfuehrungen@regensburg.de. Tickets bei Tabak Götz, Neupfarrplatz 3.

Domschatzmuseum, Krauterermarkt 3, 93047 Regensburg, Tel. 0941/5972575; Mo–Sa 11–17 Uhr, So 12–17 Uhr. www.regensburg.de

Jeden Sonntag um 10 Uhr singen die **Regensburger Domspatzen**, ein schon 975 gegründeter Knabenchor, während der Messe. **Orgelkonzerte** mit internationalen Künstlern Juni/Juli jeden Mi um 20 Uhr. **Mittagsmeditation** Mo–Fr 12 Uhr.

Thurn und Taxis Schlossfestspiele, Oper und Musicals 10 Tage im Juli im Schlossinnenhof. www.schlossfestspiele-regensburg.de

Bürgerfest, alle zwei Jahre drei Tage Ende Juni in der ganzen Altstadt, das nächste Mal 2021.

Naturbadeplätze gibt es an der Donau am Grieser Steg und auf der Schillerwiese, am Regen bei der Oberen und Unteren Regenstraße. www.regensburgnow.de/flussbaden/

Wöhrdbad, Lieblstr. 26, 93059 Regensburg, Tel. 0941/6012922. 50-Meter -Sportbecken, Strömungskanal, Abenteuerspielplatz. www.das-stadtwerk-regensburg.de

Westbad, Messerschmittstr. 93049 Regensburg, Tel. 0941/2944. Erlebnis- und Sportbad, Saunalandschaft, Wasser-Fitnesstraining. www.westbad.de

▸ Karte S. 264/265

Internationaler Handelsweg und unberührte Flusslandschaften

Bei der Ruine von Donaustauf, einst eine der ältesten Burgen Bayerns, erreicht die Donau ihren nördlichsten Punkt. Ab jetzt stellt sich ihr der Bayerische Wald entgegen und lenkt den Fluss in südöstliche Richtung. Er ist nun zu einer internationalen Wasserstraße von rund gut 100 Metern Breite geworden und hat bei Kelheim, an der Mündung des Rhein-Main-Donau-Kanals, von der Nordsee kommende Lastschiffe aufgenommen. Von der Walhalla aus, dem neogriechischen Tempel des bayerischen Königs Ludwig I., kann man verfolgen, wie die Donau in ihrem kanalisierten Bett durch den flachen Gäuboden vor Straubing fließt. Wer wissen möchte, was Kanalisierung von Flüssen bedeutet: einen besseren Platz kann man wohl nicht finden.

Doch ab Straubing ändert sich das Bild. Die Donau fließt nicht mehr kerzengerade, sondern wieder in Mäandern, und vom Hauptstrom zweigen immer wieder kleine Altwasserarme ab. Dieser Lebensraum für seltene Vogel- und Fischarten soll nach einem Masterplan der bayerischen Staatsregierung in Zukunft besser geschützt werden. Bis Vilshofen, kurz vor Passau, fließt die Donau jetzt frei, in ihrem ursprünglichen Bett ganz ohne Staustufen.

Regensburg (→ S. 262) und Passau sind in vieler Hinsicht zwei Höhepunkte jeder Reise an die Donau in Deutschland. Sie sind Stein gewordene Geschichte, aber auch Universitätsstandorte mit Forschungsschwerpunkten wie Nano-Science oder Netzpolitik. Ein bisschen wie in Italien kann man sich in beiden Städten fühlen: Im mittelalterlichen Regensburg dank seiner Geschlechtertürme, die an die Toskana oder Bologna erinnern. In dem von drei Flüssen umflossenen Passau dank barocker Gässchen und eines Rathausplatzes, den Claudio Magris mit dem Markusplatz in Venedig verglich, was nur leicht übertrieben sein mag. Einen Besuch wert ist nicht nur zu Volksfestzeiten im August auch das lebhafte Gäubodenzentum Straubing sowie das uralte Rodungskloster Metten. Von ihm ging einst die Besiedlung des Bayerischen Waldes aus und so sollte man von hier aus einen Abstecher in eines der größ-

In der Mühlhamer Schleife zwischen Niederaltaich und Vilshofen

ten Waldgebiete Deutschlands machen. Die rund 100 Kilometer lange Strecke zwischen Regensburg und Passau kann man am schnellsten auf der A3 oder der B8 zurücklegen. Sehr viel schöner, weil näher an der Donau, fährt es sich jedoch auf den Landstraßen am linken Ufer. Auch der Donauradweg führt hier entlang, es ist der Wegabschnitt mit den längsten Strecken direkt am Fluss. Wobei es zwischen Niederaltaich und Vilshofen auch eine Radwegvariante am rechten Ufer gibt, die durch einen der schönsten Streckenabschnitte der Donau in Niederbayern führt, die Mühlhamer Schleife (→ S. 293).

Walhalla

»Der weiße Hellenentempel, der seinen Namen Walhalla aus der nordischen Mythologie trägt, symbolisiert jenen Traum von einer Symbiose zwischen Deutschland und Griechenland; die Germanen als Abkömmlinge der antiken Dorer sollten die Griechen des neuen Europas sein, sollten Europa eine neue, universale Kultur geben wie einst die Griechen der antiken Welt«. So beschreibt Claudio Magris in seinem Donau-Buch die Gedanken des bayerischen Königs Ludwig I. bei der Planung der dorischen Tempelanlage Walhalla hoch über der Donau. Tatsächlich ist in der nordischen Mytho-

Zwischen Regensburg und Passau

logie »Walhall« oder auch »Valhall« eng verbunden mit dem Götterpalast Valaskjalf, dem Ruheort gefallener Kämpfer, die sich in der Schlacht als besonders tapfer erwiesen haben. In der Walhalla des Bayernkönigs, die von 1830 bis 1842 nach Plänen Leo von Klenzes errichtet wurde, stehen freilich nicht nur die Büsten tapferer Krieger und Herrscher, sondern auch die Geistesgrößen des deutschen Volkes. Goethe darf nicht fehlen und auch nicht Mozart. Der war zwar Österreicher, in die Ruhmeshalle aufgenommen werden den Regularien zufolge jedoch grundsätzlich Persönlichkeiten aus dem »germanischen Sprachraum«. 96 Büsten waren es ursprünglich, doch werden diese alle fünf bis sieben Jahre auf Empfehlung der Bayerischen Akademie der Wissenschaften ergänzt. Erster Neuzugang war so schon 1847 Martin Luther. Zuletzt aufgestellt wurden die Büsten von Sophie Scholl, Edith Stein und Heinrich Heine – der sich über das Bauwerk als »Walhall-Wisch« lustig machte – sowie von Käthe Kollwitz, so dass es heute **131 Büsten** sind, unter ihnen ganze sieben Frauen. Hinzu kommen über 60 Gedenktafeln, die ebenfalls an deutsche Helden und Herrscher erinnern. Die Büsten sind im Übrigen von künstlerisch sehr unterschiedlicher

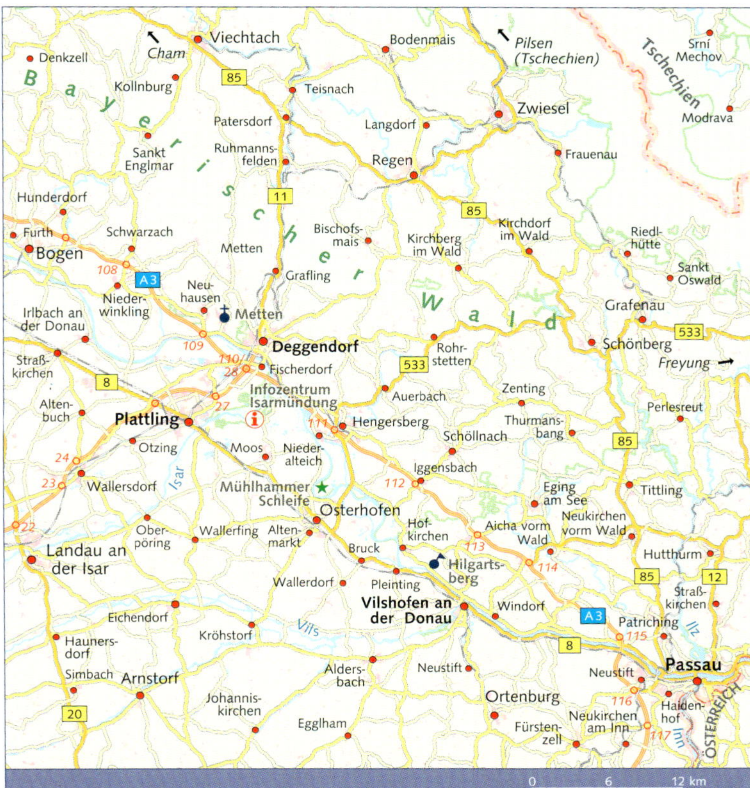

Qualität. Nicht nur, aber vor allem die jüngeren Exemplare zeigen häufig nur grob modellierte Gesichtszüge.
Bei der Architektur ließ der klassizistische Architekt von Klenze sich vom Parthenon in Athen inspirieren. Für den Bau verwendete er nahezu weißen Kalkstein aus Kelheim. Die Länge des Tempels beträgt 67 Meter, seine Breite 32 und seine Höhe 20 Meter. Umgeben ist er von 52 Säulen im dorischen Stil, der ältesten Säulenordnung, bei der die Säulen von einem sehr einfachen Kapitell abgeschlossen werden. Das **Giebelfeld der Nordseite** der Walhalla zeigt die Schlacht im Teutoburger Wald, im **Süden** ist »Teutschlands Befreyung im Jahr 1814« zu sehen. Das beeindruckendste an der Walhalla ist freilich ihre Lage. Weit schweift der Blick über die hier bereits 100 Meter breite Donau hinweg bis in den Gäuboden vor Straubing. Und an klaren, föhnigen Herbsttagen kann man sogar die Alpen sehen. Claudio Magris stellt zusammenfassend fest: »Die Walhalla ist ein Wachsfigurenkabinett. Unschwer erkennt man darin ihre Vergänglichkeit im Gegensatz zu den Grashalmen im Wind, zu den Schatten der Bäume, zu den Wassern der Donau, die hundert Meter weiter unten glitzern«.

Burg Donaustauf

In unmittelbarer Nähe zur Walhalla erhebt sich auf einer Höhe von 424 Metern die Ruine der Burg Donaustauf. Bereits Anfang des 10. Jahrhunderts erwähnt, zählt sie zu den ältesten Burgen Bayerns. Mit ihrer Hilfe kontrollierten die Regensburger Bischöfe ihren Besitz an der Donau und in den Vorbergen des Bayerischen Waldes. Daher war sie jahrhundertelang umkämpft und wurde im Dreißigjährigen Krieg schließlich von den Schweden zerstört.
Der Besucher betritt eine ausgedehnte und sich aus mehreren Bauperioden zusammensetzende Anlage, die als Abschnittsburg angelegt wurde und sechs aufeinanderfolgende Tore umfasste. Durch **zwei Vorburgen** des späten Mittelalters geht es hinauf zur **Kernburg**. Über ihrem Torturm befand sich die Burgkapelle, ein Konzept aus der Zeit der Staufer. Von der **Kapelle** blieben Wandsäulen und Würfelkapitelle sowie Reste von Wandmalereien erhalten, entstanden ist sie vermutlich in der zweiten Hälfte des 11. Jahrhunderts. Die höchsten Stelle des Berges nahm der Palas ein, von ihm existiert jedoch lediglich ein schön gearbeitetes **romanisches Biforienfenster**. Der **Stumpf des östlichen Rundturms**

Dem Parthenon auf der Akropolis nachempfunden: die Walhalla

▸ Karte S. 278/279

Im Inneren der Walhalla

aus Buckelquadern unterhalb des Palas hat einen Durchmesser von 15 Metern, seine Mauern waren 5 Meter stark. Vermutlich handelt es sich um einen Munitionsturm, nicht aber den Bergfried, wie man vermuten könnte. Denn von diesem blieb nichts erhalten.

Schloss Wörth an der Donau

Schon von Ferne ist hoch über der Donau das Renaissanceschloss Wörth zu erkennen, 20 Kilometer östlich von Donaustauf. Es geht auf eine Fliehburg des beginnenden 10. Jahrhunderts zurück und sein Festungscharakter mit Wehrgang und Schießscharten hat sich bis heute erhalten. Besonders eindrucksvoll sind die beiden gut vom Fluss aus zu sehenden, leuchtend weißen **Rundtürme** sowie der viereckige **Bergfried**.

Das Schloss war eine wichtige Veste der Bischöfe von Regensburg, diente ihnen später aber auch als Sommerresidenz. Seinen Renaissancecharakter erhielt es im 16. Jahrhundert unter anderem vom Regensburger Stadtbaumeister Albrecht Altdorfer. Der führende Vertreter der Donauschule (→ S. 84) hielt den Bau auch in einem seiner Landschaftsbilder fest. Der künstlerisch wertvollste Raum ist das **Rondellzimmer im Westturm** mit seinem mythologischen Bilderzyklus zu den Themen Jagd, Macht und Klugheit vom Ende des 17. Jahrhunderts. Heute ist im Südflügel ein Seniorenheim untergebracht.

Die Höfe des Schlosses sind tagsüber frei zugänglich, die Besichtigung des Inneren ist nur mit Führungen möglich (ab sechs Personen: Tel. 09482/1277; 09482/90273, heimatpflege-woerth@gmx.de).

Walhalla und Donaustauf

Walhalla, Walhallastr. 48, 93093 Donaustauf, Tel. 09403/961680; Apr.-Okt. 9–18 Uhr, Nov.-März 10–12 und 13–16 Uhr. www.schloesser.bayern.de

Burgruine Donaustauf, Burgstr. 93093 Donaustauf, Tel. Bürgermeisteramt 09403/950280; tägl. 8–20 Uhr. www.donaustauf.de

Unterhalb der Walhalla befindet sich die **Anlegestelle für Dampfer** aus und nach Regensburg (→ S. 275).

Donaustaufer Burgensteig, mittelschwere Wanderung von gut 20 Kilometern von der Burgruine durch den Bernhardswald und sonnige Wiesen zurück nach Donaustauf. www.burgensteige.de

Straubing

Diese Stadt kann man nicht übersehen. Schon von Ferne sind in der topfebenen Landschaft des Gäubodens die Türme Straubings zu sehen: der knapp 90 Meter hohe Turm der Jakobskirche mit seiner markanten Haube, die die Straubinger Zuckerrübe nennen, der Stadtturm und die Doppeltürme von St. Peter. Seit fast zwei Jahrtausenden ist die Stadt mit ihren heute 48 000 Einwohnern einer der wirtschaftlich bedeutendsten Handelsplätze an der Donau. Hier kreuzte sich die Fernstraße, die von Rom über den Bayerischen Wald bis nach Prag und an die Ostsee führte, mit jener vom Rhein auf den Balkan. Zentrum des Handels war der 600 Meter lange Stadtplatz, immer noch beliebter Treffpunkt der Einheimischen nicht nur beim täglichen Markt, der wie in der bayerischen Hauptstadt Viktualienmarkt heißt. An die alte Handelstradition erinnert auch das Gäubodenfest im August, nach dem Münchner Oktoberfest das größte Volksfest Bayerns.

Stadtgeschichte

Der fruchtbare Gäuboden und eine Furt durch die Donau sind verantwortlich dafür, dass das Gebiet seit rund 8000 Jahren ununterbrochen besiedelt war. Von besonderer Bedeutung war dabei die frühe Bronzezeit um 2000 vor Christus Nach bedeutenden Funden von Gräbern mit bronzenen Ringen und Nadeln schufen die Archäologen dafür sogar die Bezeichnung »Straubinger Kultur«.

Die römischen Besatzer errichteten ab dem zweiten Jahrhundert an der Donau zur Absicherung der Grenze ihrer Herrschaft mindestens vier Kastelle. Am 27. Oktober 1950 entdeckte man bei Bauarbeiten den »Goldschatz von Straubing«, Münzen, Gesichtshelme, Statuetten und vieles andere mehr, einer der bedeutendsten Funde aus römischer Zeit in Deutschland. Heute ist er im Gäubodenmuseum ausgestellt.

Ludwig der Kelheimer war es dann, der zu Beginn des 13. Jahrhunderts eine vollkommen neue Stadt westlich der bisher bei St. Peter gelegenen Siedlung anlegen ließ. 75 Jahre lang war Straubing ab der Mitte des 14. Jahrhunderts die Hauptstadt des Wittelsbacher Herzogtums Straubing-Holland, in dieser Zeit entstand auch das Herzogsschloss. Dieses ungewöhnliche Herrschaftsgebiet umfasste neben Teilen Niederbayerns und der Oberpfalz auch niederländische Grafschaften wie Zeeland und Friesland. Entstanden war es nach dem Tod des deutschen Kaisers Ludwig des Bayern, der eine Tochter des holländischen Grafen geheiratet hatte.

Der Niedergang Straubings kam wie so häufig in der Donauregion mit den Kriegen des 17. und 18. Jahrhunderts. Aber auch die Pest und ein Stadtbrand trugen dazu bei, dass die Einwohnerzahl Ende des 18. Jahrhunderts von 4000 auf nur mehr 1800 gesunken war. Da die wichtige Eisenbahnlinie nach Prag über Deggendorf geführt wurde, ging es mit der Industrialisierung im 19. Jahrhundert nur schleppend voran. Straubing blieb ein Zentrum der Landwirtschaft.

Wissenschaftsstadt

Einer der bedeutendsten Söhne Straubings war Joseph Fraunhofer, der 1787 hier als Kind eines Glasermeisters geboren wurde. Mit 14 Jahren überlebte der spätere Erfinder des farbreinen Objektivs einen Hauseinsturz in München

Der Stadtturm von Straubing

▲ Karte S. 283

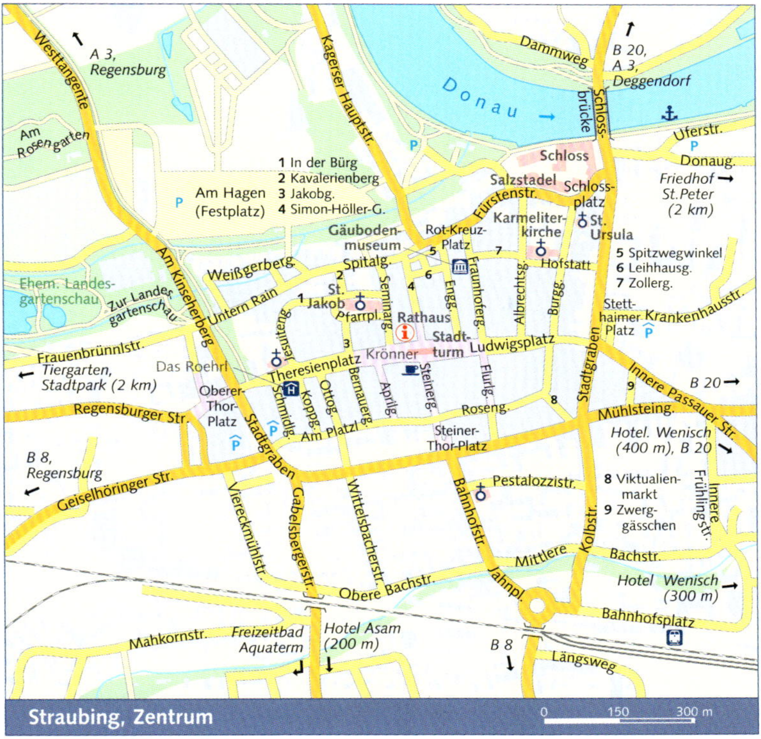

und erhielt vom bayerischen Kurfürsten, der bei seiner Rettung anwesend war, 18 Dukaten als Geschenk. Dafür kaufte sich Fraunhofer seine erste Glasschneidemaschine.

Heute gibt es in Straubing ein Fraunhofer-Projekt zur Nutzung nachwachsender Rohstoffe und von Kohlendioxid. Daneben hat die Technische Uni München einen Campus für Biotechnologie und Nachhaltigkeit eröffnet. Gemeinsam mit weiteren Institutionen arbeitet sie im KoNaRo, dem »Kompetenzzentrum für nachwachsende Rohstoffe« zusammen. 2007 zeichnete der damalige bayerische Ministerpräsident Edmund Stoiber Straubing als »Wissenschaftsstadt« aus. Nur vier deutsche Städte führen derzeit diesen Titel. Für die Wirtschaft Straubings außerdem bedeutend ist der 1996 eingeweihte neue Hafen in Straubing-Sand mit einem Umschlag von 800 000 Tonnen Schiffsgütern, wobei über 60 Prozent auf landwirtschaftliche Produkte entfallen.

Basilika St. Jakob

89,50 Meter misst der Turm von St. Jakob, der mit seiner spitz auslaufenden Zwiebelhaube nicht nur der höchste Kirchturm des Gäubodens, sondern auch das Wahrzeichen Straubings ist. 363 Stufen führen zu ihm hinauf und der Verein zur Kirchenbauförderung bietet spezielle **Führungen auf den Turm** und zu seinen Glocken an (www.st-jakob-straubing.de).

In der Basilika St. Jakob

Da der Jakobsturm erst am Ende des 16. Jahrhundert vollendet wurde, ist er ein knappes Jahrhundert jünger als die Kirche selbst. Die Pläne für den dreischiffigen Bau stammen von Hans von Burghausen, einem der bedeutendsten Backsteinarchitekten Süddeutschlands, dessen Vorbild das Münster Heinrich Parlers in Schwäbisch Gmünd war. Daher verwirklichte er auch bei St. Jakob ausgesprochen hohe und schlanke Rundpfeiler im Hauptschiff sowie einen Chorumgang.

Bedeutendste Kunstwerke sind die **Glasfenster vom Ende des 15. Jahrhunderts**, und hier allen voran das **Mosesfenster**, ein Werk Albrecht Dürers. Allerdings war die 7 mal 2,5 Meter große Darstellung der Übergabe der Gesetzestafeln an Moses jahrhundertelang anderen Künstlern zugeschrieben worden. Erst 2004 konnte es als Werk des jungen Nürnbergers identifiziert werden, da ein Kunsthistoriker Ähnlichkeiten mit anderen Werken Dürers festgestellt hatte.

Zum längeren Betrachten lädt aber auch der **Hochaltar** ein, ein Flügelaltar von 1486. In seinem Zentrum stehen Maria mit Kind, umgeben von den Kirchenpatronen Jakobus und Tiburtius, Maria Magdalena und dem heiligen Leopold. Einige Gemälde der Flügel, wie die »Anbetung der Könige« werden Michael Wohlgemut, dem Lehrer Dürers zugeschrieben. Die Rückseite ziert ein Gemälde von 1895 und zeigt die »Verklärung auf dem Berg Tabor«.

Dagegen stammt die überreich mit Engeln und Putti geschmückte **Kanzel** aus einer ganz anderen Zeit: Der Straubinger Stuckateur Mathias Obermayr schuf sie in der zweiten Hälfte des 18. Jahrhunderts. Ganz oben steht der heilige Jakobus, der heilige Nepomuk »bewacht« die Kanzelpforte.

Im Stadtzentrum gibt es zwei weitere sehenswerte Kirchen: **St. Ursula**, das letzte gemeinsame Werk der Barockbaumeister Asam, sowie die **Kirche der Karmeliter** aus dem 14. Jahrhundert. Hier, östlich des Stadtplatzes und nahe der Donau, stehen außerdem das ehemalige **herzogliche Schloss** aus der Mitte des 14. Jahrhunderts, heute Finanzamt, sowie der frühere **Salzstadel**.

Stadtplatz

Mittelpunkt des breiten Straßenmarktes ist der 68 Meter hohe **Stadtturm** mit seinen fünf kupfergrünen Turmspitzen. Erbaut wurde er ab 1316 als Wach- und Feuerturm, mit dem man die Schiffe auf der Donau überwachen und bei einem Stadtbrand die Bevölkerung alarmieren konnte. Im obersten Geschoss wohnte daher bis 1930 der Stadttürmer, seine Stube ist im Rahmen der Führung »Über den Dächern von Straubing« zu besichtigen.

Der Turm teilt den Stadtplatz in zwei Teile, seit dem Besuch des bayerischen Thronfolgerpaares 1812 heißt die westliche Seite Theresien-, die östliche Ludwigsplatz. Gesäumt wird der gut 600 Meter lange Platz von **Patrizierhäusern** aus den unterschiedlichsten Epochen von Barock bis Historismus und Jugendstil – wobei die meisten Häuser im Kern noch mittelalterlich sind. Ein besonders typisches und schönes Beispiel ist das **Zellerhaus** am Ludwigsplatz 21. Der Eckbau mit Walmdach stammt ursprünglich aus der Spätgotik, erhielt im 17. Jahrhundert einen Arkadenhof und 1756 seine heutige Rokokofassade, ein Werk des Straubingers Mathias Obermayr. Typisch für den Stadtplatz sind die hohen (Treppen) giebel, die nicht zur Straßenseite, sondern zum Nachbarhaus hin ausgerichtet sind und dem Brandschutz dienten. Gebrannt hat es in Straubing trotz Feuerglocke auf dem Stadtturm und trotz dieser Mauern immer wieder, zuletzt erst 2016, als das mehr als 600 Jahre alte **Rathaus** am Theresienplatz 2 fast vollständig abbrannte. Bis zu 15 Meter hoch waren die Flammen, die aus dem Dachstuhl schlugen, eine Ursache des Brands war angesichts der Zerstörrungen nicht zu ermitteln. Im November 2019 beschloss man, es wiederaufzubauen, 50 Millionen Euro wurden dafür veranschlagt.

Friedhof und Kirche St. Peter

Friedhof von St. Peter

Der Friedhof von St. Peter, etwa zwei Kilometer östlich der Innenstadt nahe der Donau gelegen, gilt als eine der eindrucksvollsten Grabstätten ganz Deutschlands. Schriftsteller und Kunsthistoriker haben ihn beschrieben, so auch der Autor des Kriegsromans »Soweit die Füße tragen«, Josef Martin Bauer: »Der Friedhof ist im Sommer eine blühende Insel seeliger Toter mit geschmiedeten Grabkreuzen aus vielen Jahrhunderten. Ein Idyll für Seelige, innig eingehüllt in Busch und Baum«.

Claudio Magris vergleicht den Friedhof mit einem Garten, der Kunsthistoriker Hans Karlinger sogar mit einem »Paradiesgärtlein«. Ein mutiger Vergleich, ist doch die gesamte Anlage mit der romanischen Kirche St. Peter in ihrer Mitte von einem Befestigungsring umgeben. Eventuell handelt es sich bei ihr sogar um die Stadtmauer des »alten« Straubing, das nach der Gründung des »neuen« durch Ludwig den Kelheimer aufgegeben wurde.

Zum Friedhof gehören drei **Kapellen**, wovon die berühmteste die **Agnes-Bernauer-Kapelle** (→ S. 248) ist. Diese ließ der Herzog nach der von ihm befohlenen Ermordung seiner Schwiegertochter als »Sühne« errichten. Das Grabmal der Bernauerin zeigt sie in einen weiten Mantel gehüllt, mit Kopftuch, Rosenkranz und zwei Hündchen zu ihren Füßen, Symbol der ehelichen Treue. Alle Kapellen sind nur mit Führungen zugänglich, die das Tourismusbüro Straubings organisiert.

Ebenfalls nur mit Führungen zugänglich ist außerhalb der Gottesdienste die ehemalige **Pfarrkirche St. Peter**, die auf die zweite Hälfte des 12. Jahrhunderts zu-

Auf dem Straubinger Marktplatz

▲ Karte S. 283

rückgeht. Da barocke und neogotische Umgestaltungen inzwischen beseitigt wurden, vermittelt die dreischiffige Basilika einen guten Einblick in die Bauweise der Romanik. Besonders schön sind die drei halbrunden Apsiden mit ihren Kegeldächern. Das Südportal zeigt einen mit einem Löwen kämpfenden Greif, das Westportal den heiligen Georg. Das Kruzifix im Chor entstand um 1200, die Holzfiguren der heiligen Katherina und der heiligen Barbara sowie eine Vespergruppe und eine überlebensgroße Pietà aus dem frühen 15. Jahrhundert.

Straubing

Stadtmarketing und Tourismusinformation, Fraunhoferstr. 27, 94315 Straubing, Tel. 09421/94469199; Mo–Fr 9–17 Uhr, Sa 10–14 Uhr, Nov.–März Sa 10–13 Uhr. www.straubing.de

Hotel & Gasthaus DAS RÖHRL, Theresienplatz 36, 94315 Straubing, Tel. 09421/9696857; DZ ab 75 Euro. Radfahrerfreundliches Hotel (Keller, Trockenraum) direkt am Stadtplatz in einem mehr als 500-jährigen Haus. Bayerische Küche. www.das-roehrl.de

Asam-Hotel, Wittelsbacher Höhe 1, 94315 Straubing, Tel. 09421/788680; DZ ab 120 Euro. Wellnesshotel knapp einen Kilometer südlich des Zentrums. Große Zimmer, Biergarten unter Kastanien, Prosecco-Frühstück im Freien, aber auch Angebot einer siebentägigen Basenfastenkur. www.hotelasam.de

Wenisch Genuss verbindet, Innere Passauer Str. 59, 94315 Straubing. Der Ochsenbrater vom Gäubodenfest betreibt neben einer Metzgerei in der Äußeren Passauer Str. 10 nun auch ein Genusshotel mit Restaurant und Biergarten, wo es neben Steaks und Burgern auch viele vegetarische und vegane Gerichte gibt. DZ ab 120 Euro. www.wenisch-straubing.de

Café und Konditorei Krönner, Theresienplatz 1, 94315 Straubing, Tel. 09421/10994. Atmosphäre wie in einem Wiener Kaffeehaus, Spezialität ist die nussig-sahnige Agnes-Bernauer-Torte. www.kroenner.de

Freizeitanlage Friedenhain-See, Friedenhain 52a, 94365 Parkstetten; 1. Apr.–Ende Sept., Strandbad 15. Mai–Ende Sept. Großer Platz mit umfangreichem Freizeitangebot: Wasserski, Wakeboard, Wasserrutsche, SUP-Verleih, Restaurant etc. 8 km nördlich von Straubing. www.friedenhainsee.de

Gäubodenmuseum, Fraunhoferstr. 23, 94315 Straubing, Tel. 09421/94463225; Di–So 10–16 Uhr. www.gaeubodenmuseum.de

Gäubodenfest, jedes Jahr zehn Tage im August.

Agnes-Bernauer-Festspiele, seit 1953 wird alle vier Jahre im Innenhof des Straubinger Stadtschlosses die tragische Geschichte der Baderstochter (→ S. 248) inszeniert, nächster Termin ist 2023. www.agnes-bernauer-festspiele.de

Bluval, Internationales Musikfestival fünf Wochen im September und Oktober. www.bluval.de

Tierpark, Am Tiergarten 3, 94315 Straubing, Tel. 09421/94472222; März–Okt. 8.30–17.45 Uhr, Nov.–Feb. 9–15.45 Uhr. www.tiergarten-straubing.de

AQUAterm, Wittelsbacherhöhe 50/52, 94315 Straubing, Tel. 09421/8640. Thermalbad, Warmwasser-Freibecken, Dampfbad. Freibad mit 50-Meter-Becken, Kneippanlage. www.stadtwerke-straubing.de

Deggendorf

Deggendorf gilt als das Tor zum Bayerischen Wald, noch auf dem Stadtgebiet steigen die Berge auf über 1100 Meter an und der Nationalpark Bayerischer Wald an der Grenze zu Tschechien ist nur 50 Kilometer entfernt. Mit der Autobahn A92 ins 140 Kilometer entfernte München und seinem Donauhafen ist Deggendorf zudem ein wichtiger Verkehrsknotenpunkt. Doch bekommt man in der beschaulichen historischen Altstadt davon nur wenig mit. Wie Straubing hat das mit 34 000 Einwohnern etwas kleinere Deggendorf einen langgezogenen Stadtplatz mit Stadtturm, täglichem Markt und vielen Cafés und Restaurants.

Stadtgeschichte

Im Jahr 2002 konnte Deggendorf seinen 1000. Geburtstag feiern, 1002 hatte eine königliche Urkunde es zum ersten Mal angeführt. 1280 wurde dann eine hölzerne Brücke über die Donau erwähnt, es war eine der ersten über den Fluss. Deggendorf war bereits damals eine wichtige Handelsstadt und hatte spätestens seit Mitte des 13. Jahrhunderts eine große jüdische Gemeinde, die jedoch 1338 bei einem Pogrom komplett ausgelöscht wurde. Etwa 400 Männer, Frauen und Kinder fanden den Tod, die Deggendorfer wurden jedoch vom Herzog aller Schuld freigesprochen. Seit 1361 fanden bis in unsere Tage

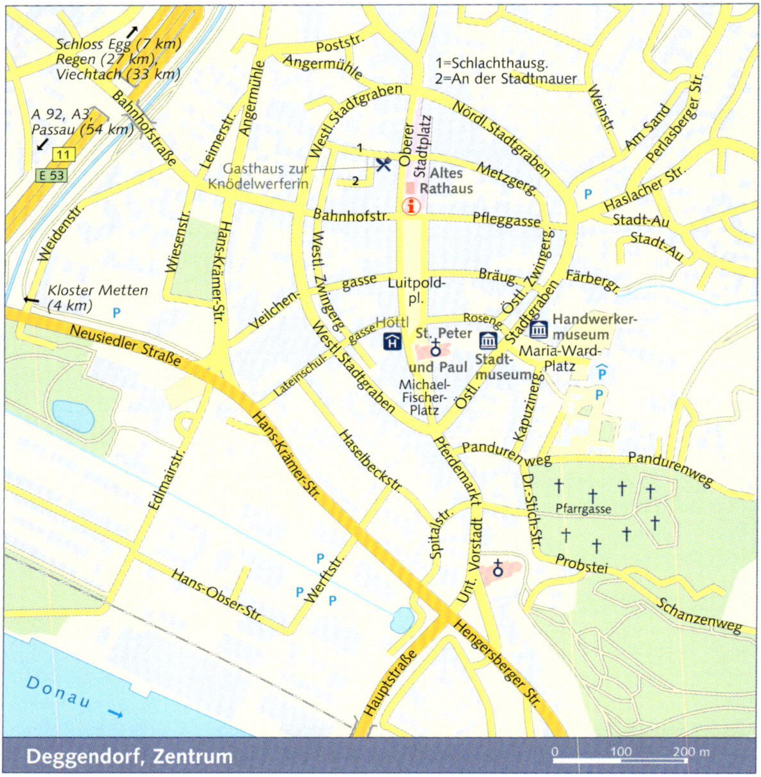

Deggendorf, Zentrum

Wallfahrten zur »Deggendorfer Gnad« in der Grabeskirche auf dem Stadtplatz statt. Doch nicht etwa um der Morde an den Juden zu gedenken, sondern um an die angebliche »Hostienschändung an der Gnad-Monstranz« durch diese zu erinnern. Tatsächlicher Hintergrund des Pogroms war eine Wirtschaftskrise, die viele Christen zu Schuldnern bei den jüdischen Geldverleihern hatte werden lassen. Noch 1721 kamen etwa 40 000 Pilger in die Stadt, nicht zuletzt eine lukrative Einnahmequelle für die Wirte. Erst 1992 wurden diese antisemitischen Veranstaltungen von der Kirche verboten. Im Stadtmuseum wird heute über die Legende und die historischen Tatsachen der »Deggendorfer Gnad« informiert.

In der frühen Neuzeit verlief die Geschichte Deggendorfs wie in vielen anderen Gemeinden an der Donau. Kriege und Pest führten zu einem deutlichen Bevölkerungsrückgang, schließlich brannte 1743 fast die gesamte Stadt nieder. Immer wieder für wirtschaftlichen Aufschwung sorgte die zentrale Lage zwischen Donau und Bayerischem Wald, so wurde 1818 die Ruselstraße nach Regen mit einer Steigung von bis zu 13 Prozent durch den Wald geschlagen, heute ein beliebtes Ziel von Motorradfahrern. Als Verkehrsknotenpunkt erlebte Deggendorf und das benachbarte Plattling während des Zweiten Weltkriegs zahlreiche schwere Bombenangriffe, bei denen auch der Hafen und seine Öl-Depots zerstört wurden.

Da Deggendorf nicht nur an der Donau, sondern auch an der Isarmündung liegt, traf es das Hochwasser vom Juni 2013 besonders hart. 6000 Menschen mussten ihre Wohnungen und Häuser verlassen, Stadtteile wie Fischerdorf komplett überflutet. Durch einen umfangreichen Ausbau der Hochwasserschutzanlagen hofft man nun, dem nächsten »Jahrhunderthochwasser« standhalten zu können. So

Die Knödelwerferin von Deggendorf

entsteht seit Oktober 2020 für mehr als 50 Millionen Euro bei Metten eines der größten Schöpfwerke in Bayern.

Deggendorf wird auch als Knödelstadt bezeichnet, es gibt einen Brunnen mit einer Knödelwerferin in der Schlachthausgasse, ein Gasthaus zur Knödelwerferin am Stadtplatz und eine Praline namens »Deggendorfer Knödelchen«. Zurück gehen all diese Knödel auf das 13. Jahrhundert, als die Stadt vom böhmischen König Ottokar belagert wurde und die Bürgermeistersgattin einen feindlichen Spion mit Hilfe eines geworfenen Knödels in die Flucht schlug.

Sehenswürdigkeiten

Das Handelszentrum Deggendorfs bildet seit Jahrhunderten der in Nord-Süd-Richtung verlaufende **Stadtplatz**, der von der Straße von Passau nach Regensburg von Ost nach West gekreuzt wird. Den Mittelpunkt dieses sogenannten »Wittelsbacher Kreuzes« bilden das **Alte Rathaus** mit seinem Turm, 1535 beziehungsweise 1450 errichtet.

Südlich davon steht die historisch bedeutendste Kirche der Stadt, die **Heilig-Grabeskirche St. Peter- und Paul**, die 1361 nach dem Pogrom gegen die Juden der Stadt (siehe oben) errichtet. Ob sie an der Stelle der dabei zerstörten Synagoge gebaut wurde, konnte bis heute nicht geklärt werden (www.alemannia-judaica.de). Die Grabeskirche ist eine dreischiffige Basilika mit einem 70 Meter hohen und von einer Nachbildung der historischen Gnad-Monstranz gekröntem Turm. Seine heutige Form erhielt das Gebäude in den 1720er Jahren unter anderem durch den Oberpfälzer Johann Michael Fischer, es war eines der ersten Werke des berühmten Barockbaumeisters. Das Innere der Kirche wurde regotisiert, der »Judenaltar«, an dem der angebliche Hostienmissbrauch stattgefunden haben soll, bildet jetzt einen Teil des Altartisches am Hochaltar. Dieser stammt vom Beginn des 16. Jahrhunderts und zeigt die Flucht nach Ägypten. Das Kruzifix am Chorbogen entstand in der Mitte des 15. Jahrhunderts, eine Madonna mit Kind um 1480.

Tafel beim Infozentrum Isarmündung

Das Deggendorfer Rathaus

In der südöstlichen Altstadt liegt das **Kulturviertel**, ein seit den 1990er Jahren aufwendig renoviertes Gebäudeensemble mit dem Veranstaltungsort **Kapuzinerstadl**, einer ehemaligen Kapuzinerkirche sowie dem **Stadt- und Handwerksmuseum**.

Kloster Metten

Die Benediktinerabtei Metten, vier Kilometer nordwestlich Deggendorfs, gehört zu den bedeutendsten Rodungsklöstern Süddeutschlands. Bereits 766 von Mönchen von der Bodenseeinsel Reichenau inmitten von Wäldern und Sümpfen gegründet, diente es der Missionierung des Bayerischen Waldes. Die heutige Klosteranlage stammt aus der Zweiten Hälfte des 13. Jahrhunderts, ihr barockes Gesicht erhielt sie an der Wende vom 17. zum 18. Jahrhundert. Knapp drei Jahrzehnte nach der Säkularisierung erwarb ein einheimischer Adeliger die Abtei und machte dadurch eine Wiederansiedlung von Benediktinermön-

▶ Karte S. 288

chen möglich. 1837 eröffnete der Orden ein Priesterseminar und eine Schule, ein Gymnasium besteht bis heute.

Die bedeutendsten kunsthistorischen Werke stammen wie so oft im Donauraum von Cosmas Damian Asam. Er malte das **Altarbild**, das den heiligen Michael bei der Vertreibung der »gefallenen« Engel aus dem Himmel zeigt. Laut einer in der Klosterbibliothek erhaltenen Quittung erhielt er dafür 500 Gulden, was nach heutigen Preisen einer Kaufkraft von 25 000 Euro entspricht. Links des Altars steht Karl der Große mit einem Modell der Kirche, rechts der heilige Benedikt, beide Werke von Franz Mozart, einem Großonkel von Wolfgang Amadeus. Das **Deckenfresko** stammt ebenfalls von Asam und ist der Dreifaltigkeit gewidmet.

Die Besichtigung der barocken **Klosterbibliothek** ist nur mit Führungen möglich. Termine unter www.kloster-metten.de. Weitere bedeutende Barockklöster nahe Deggendorfs finden sich in **Niederaltaich**, einem hochbarocken Bau von Johann Michael Fischer, sowie in **Osterhofen**, das als eines der schönsten Werke der Asams in Niederbayern gilt.

Isarmündung

Im Deggendorfer Stadtteil Fischerdorf sowie in der Nachbargemeinde Moos, mündet die Isar in die Donau. Schon aus diesen Angaben wird deutlich, dass der aus Tirol kommende Fluss hier ein breites Delta mit vielen kleinen Flüsschen und toten Flussarmen auf einer Fläche von insgesamt 2800 Hektar bildet. Ein Teil davon wurde 1990 als Naturschutzgebiet ausgewiesen. An seinem Rande liegt das Infozentrum »Isarmündung«, das nicht nur ausführlich über die Natur des Auwaldes informiert, sondern auch Ausgangspunkt für **Wanderungen durch die Auenlandschaft** ist.

Deggendorf

Tourist-Info, Oberer Stadtplatz 1, 94469 Deggendorf, Tel. 0991/2960535; Mo–Fr 9–12 Uhr und 13–17 Uhr, Sa 10–12 Uhr. www.deggendorf.de

Hotel Gasthof Höttl, Luitpoldplatz 22, 94469 Deggendorf, Tel. 0991/3719960; DZ ab 109 Euro. Direkt am Stadtplatz. Mit Pool, Sauna und Fitnessraum. Ausgesprochen umfangreiche Karte mit Suppen, Salaten, Würstl, Vegetarischem, Braten, Wild u.v.a.m.
www.hoettl.de

Gasthaus Zur Knödelwerferin, Schlachthausgasse 1, 94469 Deggendorf, Tel. 0991/4767. Spezialität sind die Ofenkartoffeln, Do und Fr gibt es Bayerwaldforellen.
www.knoedelwerferin-deggendorf.de

Stadtmuseum, Östl. Stadtgraben 28, 94469 Deggendorf, Tel. 0991/2960555; Di–Sa 10–16 Uhr, So 10–17 Uhr.
www.stadtmuseum-deggendorf.de

Handwerksmuseum, Maria-Ward-Platz 1, 94496 Deggendorf, Tel. 0991/2960555; Di–Sa 10–16 Uhr, So 10–17 Uhr.
www.handwerksmuseum-deggendorf.de

Vilshofen und das Donauengtal

Vilshofen ist im Rest der Republik vor allem aus einem Grund bekannt: Im Wolferstetter Keller hielt Franz Josef Strauß seit 1953 seine berühmten Aschermittwochsreden und begründete damit eine Tradition, die heute alle politischen Parteien pflegen. Das Gasthaus gibt es immer noch, es liegt in der Bürg, der zentralen Einkaufsstraße der ansonsten etwas verschlafenen Stadt mit ihren 17 000 Einwohnern. Schon seit dem frühen Mittelalter stand in der Bürg eine Burg, 776

Naturbelassene Donau bei Vilshofen

wurde Vilusa erstmals erwähnt. Auffällig sind die Häuser im sogenannten **Inn-Salzach-Stil**, Österreich ist nahe. Giebel sind bei diesen Bauten nicht zu sehen, denn sie werden von den Fassaden verdeckt. So wirken die Häuser größer als sie eigentlich sind. Hintergrund dieser Bauweise sind jedoch die zahlreichen Brände im 16. und 17. Jahrhundert, die hohen Wände sollten ein schnelles Übergreifen des Feuers verhindern. Der schön gegliederte, frühbarocke **Stadtturm** stammt aus dem Jahr 1647 und misst 45,5 Meter. Heute befindet sich hier die Stadtgalerie. In Vilshofen mündet die knapp 70 Kilometer lange Vils in die Donau. Sie kommt aus dem oberbayerischen Erding und sollte nicht mit der Oberpfälzer Vils verwechselt werden, die bei Regensburg in die Naab mündet. Wenige Kilometer westlich Vilshofens beginnt das sogenannte **Donauengtal**, das die Donau jetzt bis ins österreichische Aschach von beiden Seiten begrenzt. Auf den teilweise steil ansteigenden Bergen standen einst zahlreiche Burgen, einen Besuch wert ist zum Beispiel die **Ruine Hilgartsberg**, sieben Kilometer östlich von Vilshofen.

Die Burgruine Hilgartsberg

▸ Karte S. 278/279

Am niederbayerischen Amazonas

Einer der schönsten Abschnitte der Donau in Niederbayern ist die Mühlhamer Schleife. Zwischen Niederaltaich und Osterhofen nahe Deggendorfs gelegen, schlägt der Fluss einen Bogen von 180 Grad. Zugleich war die Schleife lange Zeit aber auch einer der gefährdetsten Abschnitte der hier noch frei fließenden Donau. Zur Erleichterung der Güterschifffahrt sollte ein Kanal quer durch den Flussbogen gebaut werden – ein Projekt, das heute nahezu unglaublich erscheint. Die Planung begann 1987, damals gab es 21 verschiedene Varianten für den Donauausbau, Gutachten- und Gegengutachten kosteten rund 100 Millionen Euro.

Zur Symbolfigur des Protestes gegen den Kanalbau entwickelte sich schnell der damalige Abt des Klosters Niederaltaich. Der 1927 in Frankfurt an der Oder geborene Emmanuel Jungclaussen begann, einmal im Jahr den »Strom des Lebens« zu segnen und initiierte regelmäßige Gottesdienste direkt am Donauufer. Dieser christliche Protest kam der Christlich-Sozialen-Union natürlich alles andere als gelegen, zumal auch noch Wahlen vor der Tür standen. Und so bestieg im Herbst 2012 der damalige bayerische Ministerpräsident Horst Seehofer zusammen mit knapp 100 Gegnern und Befürwortern des Projekts die »Kristallkönigin«, ein mit Swarovski-Diamanten geschmücktes Schiff, und machte sich auf zur Mülhamer Schleife. Die »Welturaufführung« (Zitat Seehofer) war von Erfolg gekrönt – für die Umweltschützer. Denn nur wenige Monate später wurden die Pläne für den Kanalbau gestoppt. Und der Gründer der niederbayerischen Volksrockgruppe Haindling, Hans-Jürgen Buchner, schlug vor, die Schleife von nun an nach »König Horst« zu nennen.

Tatsächlich konnten nach Angaben von Naturschützern auf nur einem halben Prozent der bayerischen Landesfläche 32 Prozent der bedrohten Vogelarten und 43 Prozent der Fischarten Bayerns nachgewiesen werden. Darunter die nur wenige Millimeter große Donaukahnschnecke mit ihren charakteristischen Zickzackmuster auf hellem Gehäuse. Da sie nur in frei fließenden Gewässern leben kann, wurde sie zum Symboltier des Widerstands. Jedes Jahr an Christi Himmelfahrt findet in Niederaltaich ein Donaufest statt, die Mülhamer Schlinge wurde zum Natura 2000 Schutzgebiet erklärt und von Deggendorf aus kann man eine naturkundliche Schifffahrt mit der »Takatuka« in die Donauauen unternehmen (www.deggendorf.bund-naturschutz.de).

Dennoch wird seit Sommer 2020 zwischen Straubing und Vilshofen an der frei fließenden Donau gebaut. Denn gestoppt wurde zwar die Kanalisierung des Flusses, nicht aber die Verbesserung des Hochwasserschutzes und die Vertiefung der Fahrrinne. Darauf hatten sich beide Seiten schon 2013 unter dem Stichwort »sanfter, naturnaher Donauausbau« geeinigt. Beim Spatenstich anwesend war auch Bayerns Ministerpräsident Markus Söder, der dabei die Wortwahl der Naturschützer übernahm und vom Niederbayern-Amazonas sprach. Der Bund Naturschutz stellte seinerseits fest, dass es nach fast 50 Jahren Kampf für eine lebendige Donau gelungen sei, »den ersten Planfeststellungsbeschluss für einen Wasserstraßen-Ausbau ohne Staustufe durchzusetzen«. Eingesetzt werden dafür sogenannte »Buhnen«, Bausteine, die quer zur Fließrichtung wie Landungsbrücken in den Fluss gebaut werden und sein Wasser so zur Fahrrinne in der Mitte ablenken sollen. Über eine Million Euro werden in den kommenden zehn Jahren für diesen »Frieden an der Donau« (Zitat Söder) ausgegeben werden.

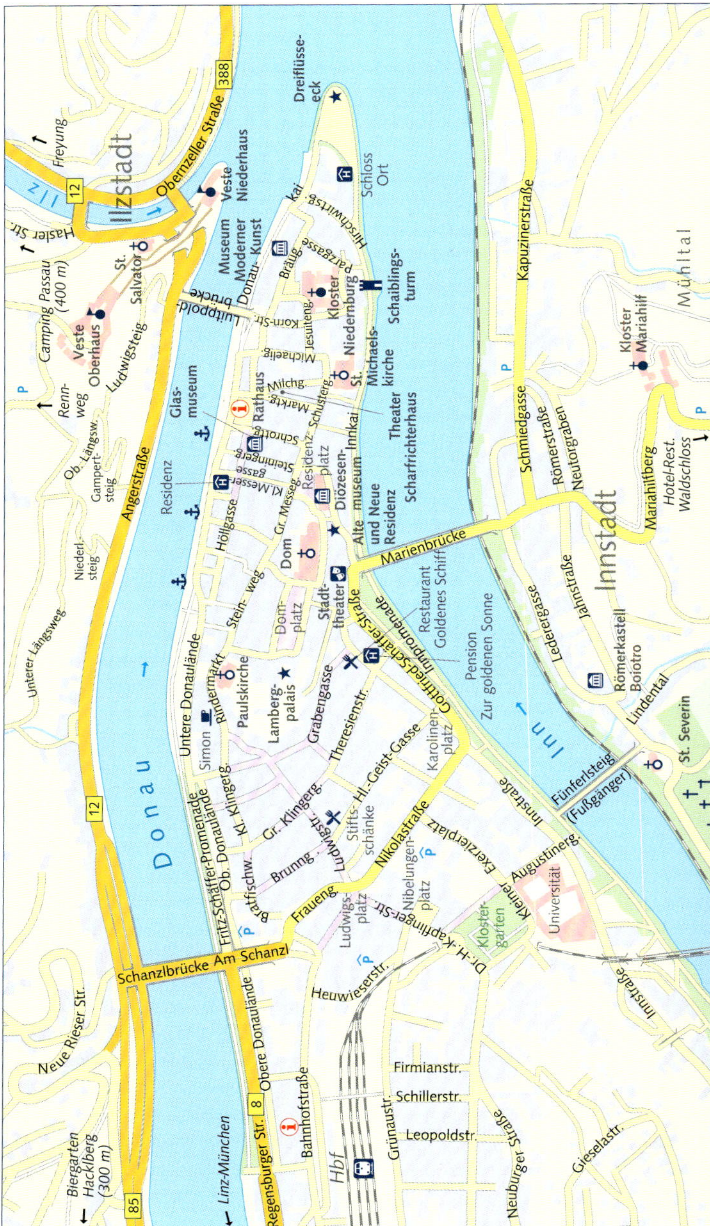

Passau, Zentrum

Passau

Passau sollte man sich von oben nähern. Blickt man von der Veste Oberhaus, der uralten Festung der Fürstbischöfe, auf die Stadt hinab, offenbart sich ihr Charakter am besten. Wie eine Insel schwimmt sie zwischen den drei Flüssen Donau, Inn und Ilz. Unzählige, ganz unterschiedliche Türme bestimmen das Stadtbild, am höchsten Punkt der Insel aber steht der mit weißer Kalkfarbe gestrichene Dom mit seinen drei grünen Hauben. Vor dem Rathausplatz starten Ausflugsboote zum Dreiflüsseeck und in das Donauengtal, Kreuzfahrer machen sich auf Schiffen mit ausladenden Sonnendecks auf ihren Weg nach Wien und Budapest.
Steigt man dann in die historische Altstadt hinab, gibt es kaum einen Ort, der nicht zum Verweilen einlädt. Am Residenzplatz, am Innufer, am Rindermarkt oder in der Ludwigstraße mit den zahllosen von ihr abzweigenden mittelalterlichen Gässchen: überall haben Café- und Restaurantbesitzer Stühle und Tische ins Freie gestellt, wo man das italienische Flair der Stadt auf sich wirken lassen kann. Überhaupt konnte sich in Passau eine Vielzahl von kleinen Mode-, Schmuck- oder Feinkostgeschäften, von Galerien und Ateliers erhalten – allen Widrigkeiten wie Hochwasser oder der Konkurrenz durch die Einkaufsmeile »Neue Mitte« zum Trotz. Zu verdanken ist dies nicht zuletzt der wachsenden Zahl von (Rad)Touristen, von »Over-Tourism« kann dennoch keine Rede sein.

Stadtgeschichte

Dort, wo heute am Donauufer das Rathaus steht, befand sich schon um 700 vor Christus eine keltische Siedlung. Dagegen gründeten die Römer ihr Castell Batavis auf dem Domhügel, von diesem leitet sich vermutlich der Name Passau ab. Ein weiteres römisches Kastell, das Boiotro, entstand in der heutigen Innstadt. Erst Ende des 5. Jahrhunderts verließen die römischen Soldaten die Region. In dieser Zeit wirkte der heilige Severin in der bereits florierenden Handelsstadt und gründete 460 das erste Kloster Passaus. Dessen Friedhof in der Innstadt gilt als einer der ältesten Deutschlands.
Schon 739 wurde Passau Bischofssitz und 260 Jahre später, 999, erhielten die Bischöfe vom Kaiser auch die weltliche Herrschaft über die Stadt. Bis zur Säkularisation sollten sie es bleiben, erst 1805 fiel Passau an Bayern. Sitz der

Blick vom Mariahilfberg auf Passau und die Veste Oberhaus

Fürstbischöfe war zunächst das Kloster Niedernburg, in dem im 11. Jahrhundert Gisela von Bayern, Witwe des ersten ungarischen Königs Stephan I., als Äbtissin wirkte. Gisela war auch das historische Vorbild für die Figur der Kriemhild im Nibelungenlied, das aller Wahrscheinlichkeit nach in Passau geschrieben wurde. Da den durch Handel und Handwerk reich gewordenen Passauer Bürgern die Bevormundung durch den Fürstbischof immer weniger gefiel, kam es zu mehreren Aufständen gegen die Kirche. Dennoch war das Fürstbistum Passau eines der mächtigsten im Römischen Reich, dessen Einflussbereich bis nach Wien reichte. Das sogenannte »Abteiland«, das von der Donau bis zur böhmischen Grenze reichte, brachte die notwendigen Einnahmen.

1552 schlossen der spätere Kaiser Ferdinand I. und die protestantischen deutschen Fürsten im fürstbischöflichen Lamberg-Palais auf dem Domberg den »Passauer Vertrag«, der drei Jahre vor dem Augsburger Religionsfrieden die erste formale Anerkennung der neuen Religion darstellte. Der Dreißigjährige Krieg ging so weitgehend an Passau vorbei. Stark getroffen wurde die Stadt dagegen von zwei Bränden 1662 und 1680, bei der fast das gesamte mittelalterliche Zentrum in Flammen aufging. Ihr heutiges barockes Aussehen verdankt die Altstadt vor allem den beiden aus der Lombardei stammenden Künstlern Giovanni Battista Carlone und Carlo Lurago. Nach der Säkularisation wurde Passau zunächst Hauptstadt von Niederbayern, musste diese Position aber schon 1839 an Landshut abtreten. Der Glanz der fürstbischöflichen Zeit war endgültig dahin, am äußersten östlichen Rand Bayerns gelegen, galt man in München nur noch als entfernte Provinz. Auch die Industrialisierung brachte kaum eine Besserung.

▸ Karte S. 294

Für den Handel auf der Donau richtungsweisend war in den 1920er Jahren dann jedoch der Bau der Staustufe Kachlet. Dieser mit Felsen und kleinen Inseln durchzogene Flussabschnitt westlich der Stadt hatte schon immer den Schiffsverkehr behindert, nun entstand eine Schleuse samt Wasserkraftwerk, das rund 90 000 Haushalte mit Strom versorgen kann.

Das »Schreckliche Mädchen«

Seit 1942 befand sich in Passau eine Außenstelle des KZ Dachau, die Inhaftierten wurden unter anderem zum Entladen von Schiffen eingesetzt. Ende April 1945 erschoss die SS am Rande des Neuburger Waldes über 300 sowjetische Kriegsgefangene, erst im Oktober 2020 wurde für sie in Ingling eine Gedächtnistele errichtet. Sehr viel früher, zu Beginn der 1980er Jahre, hatte sich die damals 20-jährige Anna Elisabeth Rosmus bei einem Aufsatzwettbewerb mit der nationalsozialistischen Vergangenheit ihrer Stadt auseinandergesetzt. Dies sorgte bei den Honoratioren Passaus für wenig Begeisterung, hatte doch der von 1933 bis 1945 amtierende Oberbürgermeister Max Moosbauer in der SS Karriere gemacht. Rosmus wurde als Netzbeschmutzerin und als »schreckliches Mädchen« bezeichnet, es gab sogar Morddrohungen gegen sie. Andererseits erhielt sie zahlreiche Auszeichnungen wie den Geschwister-Scholl-Preis und der deutsche Regisseur Michael Verhoeven drehte eine erfolgreiche politische Komödie über Passaus Kleingeist. Dennoch emigrierte Rosmus 1994 in die USA, wo sie seitdem lebt.

Hochwasser und Flüchtlinge

1954 und erneut 2013 erlebte Passau sogenannte »Jahrhunderthochwasser«. So erreichte die Donau am 10. Juli 1954 eine Höchststand von 12,20 Meter, im Juni 2013 war es dann noch etwas mehr:

Die Türme von Rathaus und Dom

12,89 Meter. Sogar die Trinkwasserversorgung musste eingestellt werden, es war die schwerste Überschwemmungen seit 500 Jahren.

An den Aufräumarbeiten beteiligten sich unzählige Studierende der 1978 gegründeten Passauer Universität, deren facebook-Gruppe 2013 daher mit dem Deutschen Bürgerpreis ausgezeichnet wurde. Viele Studenten, aber auch zahllose andere Bürger wurden erneut aktiv, als im Herbst 2015 täglich bis zu 10 000 Flüchtlinge über die Balkanroute in der deutsch-österreichischen Grenzstadt ankamen. Bereits nach dem Zweiten Weltkrieg hatte Passau 28 000 Flüchtlinge, Vertriebe und Displaced Persons zeitweilig aufgenommen und auch vor dem Mauerfall waren im September 1989 über Zehntausend DDR-Bürger in Zeltlagern untergebracht worden.

Stadtrundgang

2004 wurde die Nibelungenhalle im Zentrum der Stadt abgerissen. Diese war gleich nach der Machtergreifung der NSDAP als Versammlungshalle für 10 000 Zuschauer erbaut worden. Franz-Josef Strauß hatte hier unzählige legendäre Aschermittwochsreden gehalten. An ihrer Stelle entstand ab 2008 die »Neue Mitte« Passaus. Lange war sie wegen ihrer ziemlich einfallslosen Blockarchitektur umstritten, doch inzwischen bildet sie tatsächlich einen der belebtesten Teile Passaus. Nicht zuletzt dank des **Wochenmarkts** am Dienstag- und Freitagvormittag mit seiner großen Vielfalt von Metzgereien und Käsereien aus Niederbayern und Oberösterreich.

Rund um die Neue Mitte gibt es zahlreiche große Parkhäuser und Parkplätze, so dass man am besten hier mit der Besichtigung Passaus beginnt. Diese führt über Dom, Rathausplatz, Dreiflüsseeck und Innpromenade zurück zur Neuen Mitte.

▶ Karte S. 294

Dom

Er bestimmt die Silhouette Passaus bis heute: Der gotisch-barocke Dom mit seinen drei kupfergrünen Zwiebelhauben. Doch anders als vielleicht erwartet, bildet St. Stephan anders als der Stephansdom in Wien oder der Kölner Dom nicht das lebhafte Zentrum der Stadt – im Gegenteil. Steigt man durch die engen mittelalterlichen Gassen zu ihm hinauf, wird schnell klar, dass man sich dem ehemaligen Regierungsviertel Passaus nähert. Im hochbarocken **Lamberg-Palais**, in dem heute der Domschatz präsentiert wird, residierten die Fürstbischöfe. Man sprach vom »Pfaffenhof«, es war eine Stadt in der Stadt. Geschäfte und Cafés gab es hier oben lange nicht. Erst in letzter Zeit hat sich dies etwas verändert, weil auch dem Stadtrat klar wurde, dass ein Domplatz mehr sein sollte als nur ein großer Parkplatz. Inmitten der Autos aber steht seit bald 200 Jahren der **Regenprüfer**, die Statue des ersten bayerischen Königs Maximilian I. Joseph. Da er einen Arm weit vorstreckt, haben die Passauer ihm diesen Spitznamen verliehen.

Unter Bischof Pilgram, einer der zentralen Figuren des Nibelungenlieds in Passau, entstand bereits im 10. Jahrhundert

Hochwassermarken in der Altstadt

Ein Fest für Barock-Fans: der Stephansdom

auf dem Domberg eine romanische Basilika. Entscheidend war dann jedoch das Jahr 1407 als unter dem böhmischen Architekten Hans Krumenauer der Bau einer gotischen Kathedrale begann, an der man knapp 200 Jahre arbeitete. Bei dem großen Stadtbrand von 1662 blieb von ihr jedoch nur der Chor, der Vierungsturm und das Querhaus erhalten, ihre Spitzbogen und Strebepfeiler bestimmen das Bild des Doms auf dem Residenzplatz, einem der schönsten Plätze der Stadt. Der Wiederaufbau fiel in die Zeit des Frühbarocks und so war es die Hauptaufgabe der vor allem italienischen Architekten – unter ihnen Carlo Lurago und Giovanni Battista Carlone – alte gotische und neue barocke Bauteile zu einer Einheit zu verbinden.

Hat man die Schwelle von St. Stephan übertreten, wird schon auf den ersten Blick klar: Hier hat der Barock gewonnen. Allgegenwärtig ist der **Stuck**, wobei er nicht in leuchtendem Weiß, sondern in Grau ausgeführt wurde, was dem Dominneren einen ziemlich düsteren Charakter verleiht – die Leichtigkeit, die Beschwingtheit, die barocke Kirchen sonst auszeichnet, fehlt vollkommen. Vielmehr wirkt der dreischiffige Bau mit seinen 101 Metern Länge wie ein nur schwer zu manövrierendes Schiff. Dem zudem das »Himmelssegel«, ein den Raum überspannendes Deckenfresko in lichtem Blau, fehlt. Stattdessen entwarf Carpoforo Tencalla für jedes Joch ein eigenes Bild, so ist das Fresko über der Orgelempore der Musik gewidmet, darauf folgt die Darstellung Jesu im Tempel. Tatsächlich zählen die insgesamt **fünf Orgeln** mit ihren knapp 18 000 Pfeifen und 233 Registern zu den größten der Welt und wurden von der einheimischen Familie Eisenbarth ab Ende der 1970er Jahre gebaut. Über die regelmäßig stattfindenden Orgelkonzerte informiert www.bistum-passau.de.

Nicht ganz so jung wie die Orgel, aber dennoch aus der Zeit nach dem Zweiten Weltkrieg ist der **Hochaltar**: aus Pappel und Silberfolie schuf der Münchner Bildhauer Josef Henselmann ab 1947 eine Darstellung der Steinigung des heiligen Stephan. Und auch das **Fresko** über dem Chor ist dem ersten Märtyrer des Christentums gewidmet, der als Diakon der Jerusalemer Urgemeinde bis circa 40 nach Christus wirkte.

Rathausplatz

Ein Höhepunkt jedes Aufenthalt in Passau ist es, auf dem Rathausplatz die Kulisse und das Treiben der Stadt auf sich wirken zu lassen. Dort, wo heute die Kreuzfahrtschiffe ankern, wurde früher der Fischmarkt abgehalten. Aber auch Handelsschiffe legten hier an, um ihre Waren zu verzollen. Daran erinnert das alte **Hauptzollamt** an der linken Seite des Rathausplatzes, ein Backsteinbau aus der Mitte des 19. Jahrhunderts, das heute der Stadtverwaltung dient. Rechts daneben steht in der Milchgasse das **Scharfrichterhaus**, in der der Legende zufolge einst der Passauer Henker wohnte. Schon seit den 1970er Jahren

Das Passauer Rathaus

befindet sich hier eines der bekanntesten **politischen Kabaretts** Bayerns, gegründet von den Kabarettisten Bruno Jonas und Siegried Zimmermann.

An der westlichen Seite des Rathausplatzes liegt das **Hotel Wilder Mann**, in dem schon Österreichs Kaiserin Sissi, Adalbert Stifter oder Neil A. Armstrong übernachteten. Heute ist hier zudem ein **Glasmuseum** mit rund 30 000 Exponaten zu besichtigen. Beim Wilden Mann beginnt auch die schmale **Höllgasse**, die wegen ihrer Ateliers und Galerien auch als »Kunstmeile« bekannt ist. Ihr Name leitet sich vom althochdeutschen »hell« ab, was so viel wie »enger Raum« oder »laut schallen« bedeutet. Allerdings hat besonders das Hochwasser von 2013 dem ehemaligen Armenviertel Passaus stark zugesetzt.

Rathaus

▸ Karte S. 294

Dem mächtigen Rathaus mit seinem 38 Meter hohen Turm ist nicht anzusehen, dass die Bürger Passaus bis zum Ende des 13. Jahrhunderts keine wirkliche Selbstverwaltung hatten. Die Nordseite zur Donau hin beherrscht ein **spätgotischer Saalbau** mit fünf schönen Maßwerkfenstern aus dem Jahre 1405. Die **Fassadengemälde** stammen aus dem Jahr 1922 und zeigen Kaiser Ludwig den Bayern sowie vier Fahnenträger aus Kursachsen, Kurtrier, Kurköln und Bayern. Der **Turm**, zu dem 100 Stufen hinaufführen, entstand von 1889 bis 1892 im neogotischen Stil.

Eine **Hochwassersäule** erinnert an die größten Überschwemmungen des Platzes, die **24 Wappen** an die Länder, die am 18. Januar 1871 in Versailles das Deutsche Reich gründeten. Eine Glocke im 1811 abgerissenen Vorgängerturm rief ab 1368 den Magistrat zu seinen Sitzungen zusammen. Heute spielen hier dreimal am Tag, um 10.30, 14 und 15.30 Uhr, 23 Bronzeglocken eine von 88 möglichen Melodien – es ist das **größte Glockenspiel Bayern**s. Nur die Spielzeit um 17.30 Uhr wurde 2015 gestrichen, um die Stadtratssitzungen nicht zu stören…

Den **Großen Rathaussaal** erreicht man ebenso wie den **Kleinen Saal** von der Schrottgasse über eine gotische Treppe von 1446. Der Stuck in beiden Sälen wurde von den Barockkünstlern Carlo Lurago und Giovanni Battista Carlone gestaltet. Die beiden großen Ölgemälde des Großen Saales stammen aus einer viel späteren Epoche. Der Historienmaler Ferdinand Wagner schuf Ende des 19. Jahrhunderts den »Einzug Kriemhilds in Passau« und die »Passauer Hochzeit Kaiser Leopolds mit Eleonore von Pfalz-Neuburg 1676« (tägl. 10–16 Uhr).

Dreiflüsseeck

Vom Rathausplatz führt der Donaukai zum bekanntesten Ort Passaus: dem Dreiflüsseeck. Sehr gut kann man von der Spitze der Landzunge verfolgen, wie sich das grüne Wasser des aus den Alpen kommenden Inns mit dem grauen – und nicht etwa blauen – Wasser der Donau mischt. Und man sieht auch, dass der Inn an dieser Mündung breiter ist als die Donau – weshalb manche meinen, dass die Donau nun eigentlich Inn heißen müsste. Und eigentlich handelt es sich auch nicht um ein Drei-, sondern nur um ein Zweiflüsseeck, denn das schwarze Wasser der aus dem Bayerischen Wald kommenden Ilz floss bereits etwas donauaufwärts bei der Veste Niederhaus in die Donau. Doch egal, man sollte sich eine Schiffsfahrt vom Donaukai durch das Dreiflüsseck und das Donauengtal bis zur nahen österreichischen Grenze nicht entgehen lassen.

Maria Hilf

Den Inn entlang gelangt man vorbei am 1250 zum Schutz des Salzhafens errichteten Schaiblingsturm und durch die Theresienstraße mit ihren 20 denkmalgeschützten Häusern zurück in die Fußgängerzone und die Neue Mitte. Immer wieder gibt es am Fluss kleine Grünflächen, beliebte Treffpunkte der Studierenden der nahen Universität. Am gegenüberliegenden Innufer erhebt sich die frühbarocke Wallfahrtskirche Maria Hilf. Zu ihr kann man über eine »Himmelsleiter« hinaufsteigen, ein steiler, gedeckter Treppenaufgang, dessen Wände mit unzähligen Votivtafeln von Pilgern geschmückt sind. Der reich verzierte, goldsilberne Leuchter in der Wallfahrtskirche ist die so genannte Kaiserampel, die Leopold I. anlässlich seiner Eheschließung in Passau 1676 stiftete. Nur sieben Jahre später war der Kaiser, den die Wiener verächtlich Türkenpoldl nannten, dann aus einem ganz anderen Grund wieder hier. Auf seiner Flucht vor den Heeren des Osmanischen Reiches, die Wien belagerten, suchte er in Maria Hilf Zuflucht.

Veste Oberhaus

Auf einem nahezu senkrecht über Donau und Ilz aufsteigenden Felssporn erhebt sich seit 1219 die Veste Oberhaus, die Burg der Passauer Fürstbischöfe. Mit Vorburg, fünfstöckigem Torturm, dem 1499 errichteten Schachnerbau mit Rittersaal war sie eine der größten Festungen Europas und uneinnehmbar. Fünfmal wurde das Oberhaus zwischen 1250 und 1482 belagert, fünfmal wurden die Belagerer zurückgeschlagen – darunter zweimal die um ihre Selbstverwaltungsrechte kämpfenden Passauer. Heute befindet sich in den Innenräumen das **Oberhausmuseum** mit Ausstellungen zu Geschichte und Handwerk der Region. Vom wiedereröffneten **Aussichtsturm** hat man einen grandiosen Blick auf Passau. Und für all jene, die diese Aussicht noch etwas länger genießen möchten, bietet sich die **Terrasse des Restaurants** »Das Oberhaus« an, seit kurzem vom Guide Michelin für seine moderne bayerische Küche ausgezeichnet (www.dasoberhaus.com).

Die Ilzmündung und die Veste Oberhaus

Wo die Donau Deutschland verlässt

In Obernzell, 16 Kilometer östlich von Passau, nimmt die Donau Abschied aus Deutschland. Zumindest heißt es so im »Obernzeller Lied«: »Wo die Donau ganz leis ihren Abschied nimmt, vom geliebten bayerischen Land...«. Tatsächlich jedoch kann man gar nicht genau angeben, wo die Donau Deutschland verlässt. Denn schon wenige Kilometer hinter dem Passauer Dreiflüsseeck, genau gesagt ab dem »Gasthaus zur Freiheit«, gehört die Donau und ihr rechtes Ufer zu Österreich, das linke Donauufer aber zu Deutschland. Die Staatsgrenze verläuft in der Mitte des Flusses und dies bis hinunter zur Staustufe Jochenstein. Erst hier verabschiedet sich die Donau endgültig aus Deutschland. Auf dem Kilometerstandsanzeiger am Flussufer, der angesichts der umstrittenen Donauquelle (→ S. 24) die Kilometer von der Mündung bis zur Quelle zählt, steht die Zahl 2202 – was bedeutet, dass die Donau von hier bis zum Schwarzen Meer noch 2202 Kilometer zurückzulegen hat.

Passau

Tourist-Information, Rathauspl. 2, 94032 Passau, Tel. 0851/396610; aktuelle Öffnungszeiten im Internet. https://tourismus.passau.de

Dreiflüssse-Stadtrundfahrt, von Apr.–Ende Okt. tägl. sowie an den Adventswochenenden und der Weihnachtswoche, stündlich zwischen 11 und 15 Uhr. Dauer 45 Minuten, Abfahrtsort Liegestelle A 11 am Busparkplatz.

Hotel Residenz Passau, Fritz-Schaeffer-Promenade 6, 94032 Passau, Tel. 0851/989020; DZ ab 135 Euro. Direkt in der Altstadt an der Donau große, gemütliche Zimmer. Sauna. www.residenz-passau.de

Pension zur Goldenen Sonne, Unterer Sand 18, 94032 Passau, Tel 0851/2730; DZ ab 70 Euro. Drei- und Vierbettzimmer. Einfaches B & B in einem über 800 Jahre alten Gasthof nahe dem Inn. www.pension-goldene-sonne.de

Hotel Schloss Ort, Ort 11, 94032 Passau, Tel. 0851/34072; DZ ab 100 Euro. In einem 800 Jahre alten Schlossgebäude direkt am Dreiflüsseeck. https://schlosshotel-passau.com

Hotel & Restaurant Waldschloss, Schärdinger Str. 66, 94032 Passau, Tel. 0851/7568400; DZ ab 190 Euro. Direkt an der österreichischen Grenze mit Panoramablick. Für all jene, die die Ruhe suchen. Bis ins Zentrum zwei Kilometer vorbei an der Wallfahrtskirche Maria Hilf. Bayerische und österreichische Küche. www.waldschloss.at

▶ Karte S. 294

Goldenes Schiff, Unterer Sand 8, 94032 Passau, Tel. 0851/34407; DZ im schön renovierten Altbau ab 75 Euro, teilweise (individuelle) Bäder auf dem Gang. Slow-Food-Restaurant mit Tageskarte und mehreren vegetarischen Gerichten.
www.goldenesschiff.de

Camping Passau, Halser Str. 34, 94034 Passau, Tel. 85141457 (während der Saison tgl. 18–21 Uhr). Schön gelegener, einfacher kleiner Platz direkt an der Ilz, der von der Kanuabteilung des Passauer Turnvereins betrieben wird. Keine Stellmöglichkeit für Wohnmobile.
www.camping-passau.de

Heilig-Geist-Stiftsschänke, Heiliggeistgasse 4, 94032 Passau, Tel. 0851/2607. Österreichische und bayerische Küche in jahrhundertealtem Keller oder im romantischen Weingarten. Eigene Weine aus der Wachau, die man nur wenige Meter entfernt in der Brunngasse 1 auch verkosten und kaufen kann.

Biergarten Hacklberg, Bräuhausplatz 7, 94034 Passau-Hacklberg, Tel. 0851/58382. Der schönste Biergarten Passaus, wo es immer noch üblich ist, seine eigene Brotzeit mitzubringen. Hat er geschlossen, bietet das Bräustüberl traditionelle, aber auch moderne bayerische Küche.
www.hacklberger-braeustueberl.de

Um den Domplatz gibt es ganze Reihe von gemütlichen Cafés wie das »Schöffberger«, das »Anton« oder das »Hornsteiner«. Das traditionsreichste Kaffeehaus ist jedoch das »Simon« am Rindermarkt 10.

Oberhausmuseum, Veste Oberhaus 125, 94034 Passau, Tel. 0851/396800; 15. März–23. Dez. Mo–Fr 9–17 Uhr, Sa, So 10–18 Uhr, 25. Dez.–6. Jan. (außer 1.1.) 10–16 Uhr. www.oberhausmuseum.de

Glasmuseum, Schrottgasse 2, 94032 Passau, Tel. 0851/35071; tägl. 9–17 Uhr.
www.glasmuseum.de

Domschatzmuseum, Residenzplatz 8, 94032 Passau, Tel. 0851/3930; Mai–Okt. Mo–Sa 10–16 Uhr.
www.bistum-passau.de

Museum Moderner Kunst, Bräugasse 17, 94032 Passau, Tel. 0851/3838790; Di–So 10–18 Uhr. Wechselnde Ausstellungen der Kunst des 20. Jahrhunderts.
www.mmk-passau.de

Römermuseum Boiotro, Lederergasse 43, 94032 Passau, Tel. 0851/34769; Di–So 10–16 Uhr. Archäologische Funde von den Anfängen der Besiedlung Passaus im 8. Jahrhundert vor Christus bis zum Ende der Römerzeit.
www.stadtarchaeologie.de

Scharfrichterhaus, Milchgasse 2, 94032 Passau, Tel. 0851/35900. Politisches Kabarett seit 1977. Restaurant und Café.
www.scharfrichterhaus.de

Europäische Wochen, Juni und Juli, mit Konzerten, Theater, Lesungen, Ausstellungen im Dreiländereck
www.ew-passau.de

Mai- und Herbstdult, zehntägige Volksfeste auf dem Messeplatz in Kohlbruck

Wanderungen an der Ilz entlang zählen zu den schönsten im Bayerischen Wald. So beginnt am Marktplatz des Passauer Stadtteils Hals ein rund 20 Kilometer langer Rundwanderweg um den Ilzstausee. Eine andere knapp 20 Kilometer lange Wanderung führt von der Inn-Promenade an der Universität vorbei **den Inn entlang bis Neuburg am Inn** und am anderen Innufer zurück. Die Strecke ist auch für Radfahrer geeignet. Ab Neuburg mit seiner sehenswerten Burg aus dem 11. Jahrhundert kann man auch mit dem Bus nach Passau zurückfahren.

Weine aus der Wachau

Wer kennt sie nicht, die letzte Szene aus dem ersten Teil der Sissi-Trilogie. Romy Schneider besteigt als Liesl von Possenhofen in Passau ein reich geschmücktes Schiff, um mit diesem auf der Donau nach Wien zu ihrer Hochzeit mit Österreichs Kaiser Franz Joseph I. zu fahren. Auf ihrem Weg begleiten sie die freudig winkende Landbevölkerung, stolze Burgen und Klöster und die steilen Weinberge der Wachau. Die Region hätte sich kein besseres Marketing ausdenken können. Dabei ist die Wachau schon immer einen Besuch wert gewesen, seit 2000 gehört sie zum Weltkulturerbe der UNESCO. Ihre Weine zählen zu den besten Österreichs und waren schon im Mittelalter weit über die Donau hinaus bekannt.

Die Gründe für die besondere Qualität der Weine sind eng mit der Geologie und dem außergewöhnlichen Klima der Donaulandschaft verbunden. In dem Engtal zwischen Melk und Krems wachsen die Reben auf Gneis, Glimmerschiefer und Lößböden. Die großen Temperaturschwankungen, hervorgerufen durch heiße, trockene Sommer und strenge Winter, werden durch die große Wasserfläche des Flusses ausgeglichen. Die Steinterrassen zur Bewirtschaftung der lange schwer zugänglichen Gegend wurden bereits im 12. Jahrhundert unter Führung bayerischer Klöster angelegt.

Die wichtigsten Rebsorten der Wachau sind Grüner Veltliner und Riesling, die bekanntesten Anbauorte Dürnstein und Mautern. Doch auch in vielen anderen Dörfern entlang des Flusses stecken die Wirte ihre »Buschen« aus, Kennzeichen für ein Heurigenlokal. Die bekanntesten Weingüter heißen Prager, Jamek, Hirtzberger und Pichler, wobei die Familie inzwischen gleich mehrere Betriebe führt. Kaufen kann man diese Weine freilich nicht nur in der Wachau selbst, sondern auch in den Supermärkten in der deutsch-österreichischen Grenzregion bei Passau.

Wer Weine aus der Wachau trinken möchte, sollte dabei auf drei Qualitätsstufen achten: Leichte Weißweine bis 11,5% vol. tragen auf dem Etikett die Bezeichnung »Steinfeder«, klassische Weine zwischen 11,5 und 12,5% vol. »Federspiel«, kraftvolle Reserveweine ab 12,5 % vol. »Smaragd«. Denn Smaragd-Eidechsen tummeln sich an sonnenreichen Tagen in großen Mengen auf den Trockenmauern der Weinbauterrassen. Seit 2020 hat die Wachau zudem eine eigene Ursprungsbezeichnung: Weine, die den Titel »Wachau DAC« tragen, dürfen nur von Hand gelesen werden. Allerdings hat das neue Siegel die Bezeichnung auf den Etiketten nicht gerade vereinfacht. Denn nun gibt es drei weitere Qualitätsstufen: Gebietsweine, Ortsweine und Riedenweine, die in 157 Rieden, vergleichbar den deutschen Lagen, nur aus Riesling und Grünem Veltliner gekeltert werden dürfen. Die Gebietsweine können dagegen aus 17 gebietstypischen Rebsorten der Wachau bestehen.

Inzwischen ist jedoch nicht nur der Wein, sondern auch die Architektur der Weingüter zu einem Grund für einen Ausflug in die Wachau geworden. Besonders das Weingut Högl in Spitz an der Donau ist ein Beispiel dafür, wie moderne Betriebsgebäude in die besondere Geometrie der Weinbauterrassen eingefügt werden können.

Von Linz aus kann man mit Schiffen des Passauer Unternehmens Wurm & Noé die schönsten Orte der Wachau ansteuern, so zum Beispiel Ybbs, Melk, Dürnstein und Krems. Auch eine Weiterfahrt bis Wien ist möglich (www.donauschifffahrt.eu). Außerdem gibt es fünftägige Flusskreuzfahrten von Passau über Linz und Krems nach Wien (www.behringer-touristik.de).

Reisetipps von A bis Z

App
Der Förderverein Auenzentrum Neuburg an der Donau hat die App »Donau erleben« mit Informationen zu Natur und Wanderungen in den Auwäldern ins Netz gestellt.

Baden
Natürlich hat nahezu jede Stadt der Region heute ein Schwimm- oder Freizeitbad. Schöner ist es jedoch, in der Donau oder ihren Nebenflüssen zu baden, und dies wird auch immer populärer. Die Wasserqualität wird ständig überprüft und ist zuletzt immer besser geworden. Allerdings muss man auf die Strömung sowie Strudel achten, und es gibt auch keine Badeaufsicht oder Rettungsboote. Zudem gibt es in der Region zahlreiche Baggerseen, die zum Teil sehr idyllisch in den Auwäldern liegen.

Barrierefreiheit
In Bayern gibt es das staatliche Ziel, dass alle Gemeinden ab 2023 barrierefrei sein sollen. Dies gilt für den Personennahverkehr, öffentliche Gebäude, Plätze und Straßen, aber auch für Ärzte und Apotheken (www.barrierefrei.bayern.de).

Überall helfen Tourist-Infos weiter

Auf www.barrierefrei-unterwegs.de findet man eine Suchmaschine für barrierefreie Hotels und Pauschalreisen. Außerdem gibt es eine Internetseite für barrierefreies Reisen in Baden-Württemberg unter www.tourismus-bw.de. In Bayern lautet die entsprechende Seite www.bayern.by.

Camping
Camping und Radfahren gehören an der Donau zusammen, sei es mit Zelt oder Wohnmobil. Das Angebot ist also sehr groß. Als die schönsten Plätze in Baden-Württemberg gelten der Riedsee bei Donaueschingen (→ S. 114) und der Out & Back in Sigmaringen (→ S. 136). In Bayern die Felbermühle bei Neustadt (→ S. 251), der Friedenhain-See bei Straubing (→ S. 287), der Schwarzfelder Hof bei Riedheim (→ S. 191) und der Campingplatz Ilzstadt in Passau (→ S. 303). Einen Überblick über diese und weitere Plätze bietet www.deutsche-donau.de.

Golf
Besonders viele Golfplätze, nämlich 16, gibt es südlich von Passau in der »Golfregion Donau-Inn« (www.golfclub-bad-fuessing.de). Als eine der schönsten Anlagen Süddeutschlands gilt der Golfplatz Schloss Klingenburg im Hochtal der Mindel bei Jettingen. Der Öschberghof bei Donaueschingen bietet seit 2018 eine 45-Loch-Anlage und eine lizenzierte Golf-Akademie. Einen mit über 4,5 Punkten hoch bewerteten Golfplatz gibt es in Inzighofen bei Sigmaringen.

Kanu
Kanu- oder Kajakfahren kann man sowohl in der Donau als auch in vielen Nebenflüssen. Allerdings gibt es Sperrzeiten, die beachtet werden müssen (→ S. 259). Infos zu Touren und Bootsverleih finden sich in den einzelnen Kapiteln sowie unter:
www.donautal-kanuverleih.de
www.kso-outdoor.de
www.donautal-touristik.de

Auch einfache Biwakplätze warten auf Radwanderer

Klettern

Die besten Klettermöglichkeiten gibt es an den Jurafelsen von Schwäbischer und Fränkischer Alb. Infos finden sich in den einzelnen Kapiteln sowie unter www.naturpark-obere-donau.de; www.outdoor-magazin.com; www.allgaeu-plaisir.de; www.alpenverein-bw.de. Klettergärten oder Kletterhallen gibt es unter anderem in Ehingen, Neu-Ulm, Donauwörth, Ingolstadt, Bad Gögging, Straubing und Deggendorf.

Motorboot

Auch wenn man es eher selten sieht, es gibt durchaus Reisende, die mit dem Motorboot auf der Donau unterwegs sind. Detaillierte Infos findet man in dem »Führer für Binnengewässer. Die Donau. Von Kelheim zum Schwarzen Meer« von Melanie Haselhorst und Kenneth Dittmann. Motorboote mieten kann man unter anderem bei www.happycharter.com.

Öffnungszeiten, Museen

Die große Mehrheit der Museen hat an den Feiertagen die gleichen Öffnungszeiten wie am Sonntag. Allerdings mit Ausnahme von Silvester/Neujahr, Faschingsdienstag, Karfreitag, Allerheiligen, Heilig Abend und 1. Weihnachtsfeiertag, da sind die meisten Museen geschlossen.

Öffnungszeiten, Restaurants

In den meisten Restaurants ist die Küche von 11.30 bis 14 Uhr und dann wieder ab 17 Uhr bis 20.30 oder 21 Uhr geöffnet. Nur wenige Gasthäuser haben durchgehende Küche.

Radwandern

Neben dem Donau-Radweg (→ S. 117) gibt es in der ganzen Region ein ständig wachsendes Netz an Radwegen. Besonders beliebt ist der Radweg durch das Altmühltal und Radwege durch die Täler der Schwäbischen Alb. Im Internet findet sich dazu der Radroutenplaner www.radroutenplaner-bw.de sowie www.bayernbike.de. Pauschalreiseangebote bieten zum Beispiel www.ebuchen.com, www.sportive-reisen.de oder www.radurlaub.com.

Reisen in der Region

Grundsätzlich sind die Bahnverbindungen entlang der Donau in Deutschland gut ausgebaut. Allerdings handelt es sich dabei um Regionalbahnen, die häufig halten. Wer

Radweg am Donaunebenfluss Lech

Ausflugsdampfer vor der Befreiungshalle bei Kelheim

weniger Zeit hat und mit dem ICE fahren möchte, muss oft Umwege über größere Städte wie zum Beispiel Augsburg in Kauf nehmen. Andererseits bieten die Regionalbahnen oft die schönsten Ausblicke auf den Fluss, so zum Beispiel die Schwarzwaldbahn zwischen Donaueschingen und Immendingen, die Donautalbahn zwischen Tuttlingen und Sigmaringen, die Strecke von Sigmaringen über Blaubeuren nach Ulm oder die Strecke zwischen Ingolstadt über Kelheim nach Regensburg. Eine gute ICE-Verbindung gibt es zwischen Regensburg und Passau.

Schifffahrt

Die wichtigsten Standorte für Ausflugsfahrten mit Dampfern auf der Donau sind Kelheim, Regensburg und Passau. In Ulm gibt es das barrierefreie Schiff Ulmer Spatz, das von der Lebenshilfe Donau-Iller initiiert wurde. Von Straubing kann man an ausgewählten Terminen mit den Dampfer in knapp sechs Stunden nach Passau fahren, etwas schneller geht es mit der Bahn zurück (www.straubing.de, Tel. 0851/929292).

Übernachtung

Auch in den kleineren Donaustädten gibt es stets mehrere Übernachtungsmöglichkeiten in Hotels oder Pensionen. Dennoch empfiehlt sich gerade an Sommerwochenenden eine rechtzeitige Buchung. Die meisten der Hotels sind alteingesessene Familienunternehmen, von denen einige inzwischen etwas in die Jahre gekommen sind. Doch es gibt auch Gasthäuser, die eine umfassende und gelungene Modernisierung hinter sich haben. Internetzugang gehört im Übrigen bei (fast) allen inzwischen zum Standard. Viele Hotels haben sich auf die Radfahrer des Donauradwegs zum Beispiel mit speziellen Fahrradkellern oder Ladestationen für E-Bikes eingerichtet oder bieten die Vermietung von Fahrrädern an. Wellnesshotels gibt es vor allem in den Kurorten wie Bad Gögging oder dem Rottaler Bäderdreieck. Für ein Doppelzimmer ohne Frühstück muss man im Durchschnitt mit 80 Euro rechnen.

Wanderwege

Neben den Fernwanderwegen (→ S. 47) bietet die Region eine ungeheure Vielzahl an attraktiven Tageswanderungen. Dazu gehören auch geführte Wanderungen, wie sie der Naturparkverein Obere Donau (www.naoberedonau.de), der Landschaftspflegeverband Kelheim (www.voef.de) oder der Geopark-Ries (www.geopark-ries.de) zu naturkundlichen Höhepunkten anbieten. Ein ganz besondere Wanderung kann man in Ehingen unternehmen: Sie führt zu den Brauereien der Stadt (www.bierkulturstadt-ehingen.de). Und im Landkreis Günzburg ist es möglich, sich per App auf sogenannte »Lauschtouren« zum Beispiel auf die Spuren der Kelten (www.familien-und-kinderregion.de) zu begeben. Wer nicht nur wandern, sondern auch noch gut essen möchte, findet unter www.donau-wellen.de gleich sechs »Sahnestückchen« durch das Donaubergland. Überhaupt bietet diese Region zwischen Tuttlingen und Sigmaringen ganz besonders viele Rundwanderwege: Über 100 sind es insgesamt (www.donaubergland.de).

Überblicke über die schönsten Wanderwege finden sich unter www.deutsche-donau.de, www.komoot.de und www.donautal-touren.de.

Literatur

Bikeline-Radtourenbuch, Donau-Radweg 1, Esterbauer-Verlag 2019.

Blühberger, Günther: Wie die Donau nach Wien kam. Die erdgeschichtliche Entwicklung der Landschaft des Donautals und der Nebenflüsse vom Ursprung der Donau bis zum Wiener Becken, Böhlau Verlag 1996.

Dettelbacher, Werner: Zwischen Neckar und Donau, DuMont Kunst-Reiseführer, Köln 1976.

Dreppenstedt, Hinnerk: Kreuzfahrten Donau. Von Passau zum Schwarzen Meer, umfangreicher Reiseführer, Trescher Verlag 2019.

Donau-Krimis: Lesenswerte Regionalkrimis, die vor allem in Regensburg spielen, schreibt Hilde Artmeier. So zum Beispiel »Stille Donau« oder Nacht an der Donau«. Emons-Verlag, Köln.

Esterházy Péter: Donau abwärts, Roman, Fischer, Salzburg/Wien 1993.

Hemmer, Jörg: Die Auwälder der Donau, Books on demand, Norderstedt 2011.

Huby, Felix: Bienzle und die schöne Lau, Krimim Fischer E-Book 2018.

Kluger, Martin: Deutsche Donau, Von Donaueschingen bis Passau, context verlag, Augsburg 2007.

Lebensraum Bayerische Donau, herausgegeben vom Bayerischen Staatsministerium für Umwelt und Verbraucherschutz, München 2016.

Mooser, Bruno; Fink, Alois: Niederbayern. Steine zu einem Mosaik. Rosenheimer Raritäten, Rosenheim 1988.

Naturerlebnis Donautal, Morsak-Verlag, Grafenau 2002.

Niederbayerische Donau, herausgegeben vom Haus der Bayerischen Geschichte, Augsburg 2015.

Magris, Claudio: Donau. Biographie eines Flusses, Hanser Verlag, München 1988.

Petershagen, Wolf-Henning: Ulm und Neu-Ulm. Kleine Stadtgeschichte, Pustet Verlag, Regensburg 2019.

Rieple, Max: Donaufahrt mit Dir, Stähle & Friedel Stuttgart 1969. Landschaft, Geschichte, Kunst und Brauchtum des Donauraums.

Schrenk, Johann: Die Donau. Von der Quelle bis Passau, Michael Müller Verlag 1995.

Slow Food Genussführer 2019/20, oekom Verlag, München 2018.

Weithmann, Michael W.: Die Donau. Ein europäischer Fluss und seine 3000-jährige Geschichte, Pustet/Styria 2000.

Ausflugsboote bei Kelheim

Die Donau im Internet

www.deutsche-donau.de Die wohl beste Homepage für alle Urlauber an der Donau in Deutschlands. Mit Tipps zu kulturellen Highlights, Sportmöglichkeiten oder Lieblingsplätzen an der Donau.

www.donaubergland.de Infos über das Donautal in der Schwäbischen Alb.

www.bayern.by Alles über die junge Donau in Bayern.

www.quermania.de Kurze, aber umfangreiche Präsentation von Zielen zwischen Donaueschingen und Passau.

www.fahrrad-tour.de Routenplaner mit Beschreibung der einzelnen Etappen des Donauradwegs mit Tipps für Streckenkarten.

www.donau-radweg.info Pauschalangebote für Radwanderer an der Donau.

www.naturpark-obere-donau.de Alle Infos über Freizeitmöglichkeiten rund um den Donaudurchbruch beim Kloster Beuron in Schwaben.

www.naturparkaltmuehltal.de Wandern, Radfahren und Fossilien suchen auf der Fränkischen Alb.

www.ferienland-donau-ries.de Alle touristischen Informationen über die Gegend zwischen Nördlingen und Donauwörth.

www.geopark-ries.de Ferien auf den Spuren des Meteoriteneinschlags im Nördlinger Ries.

www.komoot.de Wander und Radfahr-App; u.a. Beschreibung der Etappen des Donauradwegs mit ihrem jeweiligen Schwierigkeitsgrad.

www.outdoor-magazin.com Viefältige Informationen für alle Outdoor-Aktivitäten, zahlreiche Routenvorschläge auch für den Donauraum: Wandern, Kajak, Trekking etc.

Radfahren

www.donau-radweg.info (s.o.)
www.donauradwegunterkünfte.de
www.bettundbike.de
www.sportive-reisen.de
www.fahrrad-tour.de
www.radweg-reisen.de
www.ebuchen.com

Angeln

Die wichtigsten Vereine und Internetseiten:

Donaueschingen: www.avdonaueschingen-pfohren.de
Tuttlingen: www.sav-tuttlingen.de
Sigmaringen: www.sigmaringer-sportfischereiverein.de
Riedlingen: www.fv-riedlingen.de
Ehingen: www.bfv-ehingen.de
Ulm/Neu-Ulm: www.fv1880.de
Landkreis Günzburg: www.fischereiverein-guenzburg.de
Landkreis Dillingen: www.anglerclub.de
www.fischereiverein-lauingen.de
Rund um Donauwörth: www.angeln-donau.de
Neuburg: www.fischerverein-neuburg.de
Ingolstadt: www.kfv-in.de
Kelheim: www.kfv-kelhheim.de
Regensburg: www.angler-regensburg.de
Straubing: www.bfv-sr.de
Deggendorf: www.bfv-deggendorf.de
Passau: www.bfv-passau.de

Informationen zum Angeln generell:
www.monsterfisch.de
www.hejfish.de
www.anglermap.de
www.fisch-hitparade.de
www.alleangeln.de

Die Autorin

Sabine Herre, geboren 1962 in Stuttgart, lebt als freie Journalistin und Reiseleiterin bei Passau. Die ehemalige taz-Redakteurin schreibt regelmäßig für das Slow Food Magazin, gelegentlich aber auch für Merian oder Die Zeit. Den Donau-Raum lernte sie schon bei ihrem Studium der Osteuropäischen Geschichte in Wien kennen. Im Trescher-Verlag erschienen von ihr die Reiseführer »Bayerischer Wald« und »Saarland«.

Register

Kartenregister

*unter Verwendung von Daten von ©OpenStreetMap-Mitwirkende www.openstreetmap.org

Bildnachweis

Alle Fotos Sabine Herre, außer:
Michele Aldeghi/shutterstock.com: 36
Bildagentur Zoonar/shutterstock.com: 102/103
Borisb17/shutterstock.com: 234o.
cityfoto24/shutterstock.com: 217
Pavel Dobrovsky/shutterstock.com: 12
Bassem Elmeligy/shutterstock.com: 299
steve estvanik/shutterstock.com: 274
Sina Ettmer Photography/shutterstock.com: 160
Sabine Fach: 58, 62, 262, 263, 266, 269
Dmitry Naumov/shutterstock.com: 250
footageclips/shutterstock.com: 16/17
FooTToo/shutterstock.com: 237
Gugerell_CC-Commons: 72
imageBROKER/shutterstock.com: 55
jopelka/shutterstock.com: 11o.
Karl Allen Lugmayer/shutterstock.com: 297
makasana photo/shutterstock.com: 162/163
Mikhail Markovskiy/shutterstock.com: 176, 268
milosk50/shutterstock.com: 174, 286o.
mindscapephotos/shutterstock.com: 10o.
nuncfluens/shutterstock.com: 75
T. Schneider_/shutterstock.com: 83
travelview/shutterstock.com: 68
UllrichG/shutterstock.com: 270
VanoVasaio/shutterstock.com: 54
Andreas Vogel/shutterstock.com: 255
Ivo Zaloudek/shutterstock.com: 271u., 272
Wolfgang Zwanzger/shutterstock.com: 43
Zyankarlo/shutterstock.com: 10u.

Kartenlegende

Autofähre
Bahnhof
Bank
Bar
Brunnen
Burg/Festung
Burgruine
Busbahnhof
Café
Campingplatz
Denkmal
Dorfkirche
Fähre
Flughafen
Hafen
Höhle
Hotel
Internetcafé
Kino
Kirche
Kloster
Klosterruine
Krankenhaus

Leuchtturm
Markt
Moschee
Museum
Naturschutzgebiet
Oper
Parken
Parkhaus
Post
Restaurant
Ruine/Ausgrabungsstätte
Segeln
Sehenswürdigkeit
Seilbahn
Strand
Supermarkt
Synagoge
Theater
Tor
Touristeninformation
Turm
Zoo

Sehenswürdigkeit
Burg
Kirche
Friedhof
Zeltplatz
Berggipfel
Seilbahn

Autobahn
Schnellstraße
Hauptstraße
sonstige Straßen
E 65 Europastraße
A 65 Autobahn
243 Bundesstraße
Eisenbahn
Grenzübergang
Staatsgrenze
Hauptstadt
Stadt/Ortschaft

Zeichenlegende

allgemeine Informationen, Reisebüros, Tourismusämter
Hotels und Pensionen
Campingmöglichkeiten
Restaurants
Cafés
Museen, Gedenkstätten
Einkaufsmöglichkeiten, Souvenirs

Festivals und sonstige Kulturveranstaltungen
Freizeitparks
Bademöglichkeiten
Hinweise für Radfahrer
Kanuverleih
Wandervorschläge
Tiergärten
sonstige Sportmöglichkeiten